한국 사상의 맥

단군에서 위정척사 사상까지

김재영 지음

이담 Books

머리말

이 책은 지난번 필자가 내놓았던 [한국사상 오디세이, 2004]를 근거로 이를 전면 개편하여 새로 썼다.

이 책의 내용은 한국 사상에 관심이 있는 분들에게 단군사상으로부터 실학사상에 이르기까지 한 권으로 읽을 수 있도록 구성하였다. 필자가 이 책에서 지향하고 있는 중요 항목들 내용의 특징은 대개 다음과 같다.

단군신화는 이제 우리나라의 엄연한 역사적 사실로 편입되어 조만간 그에 필요한 여러 근거 자료와 이론들이 더욱 체계화되리라 기대한다. 현재 시중 서점가에 쏟아져 나오고 있는 단군신앙에 관한 서적들을 보면 이 분야 연구가 더욱 광범하고 심도 있게 이루어지리라는 신념을 주기에 충분하다.

단군사상의 핵심은 홍익인간(弘益人間: 사람을 널리 이롭게 함)과 재세이화(在世理化: 세상을 이치로 교화함)이다. 한국 사상의 맥(脈)은 이를 바탕으로 오늘에 이르렀다고 본다.

신라의 화랑정신은 신라가 백제를 병합할 때의 상무정신으로, 그동안 세속오계가 마치 민족정신인 것처럼 잘못 알려져 왔다. 화랑은 조선조에 박수(남자 무당)로 전락하였으며 요즘 '미실'에 관한 이야기가 안방 드라마에 방영되어 위작 여부의 문제가 제기되고 있는 실정이다. 이에 관한 보다 새로운 차원에서의 접근이 필요하다.

삼국시대부터 우리나라에 유입된 불교사상은 원융회통을 기본으로 하여 고려에까지 이어졌다. 특히 미륵신앙은 나라의 안녕을 기원하고, 가난과 고난에 시달리던 백성들에게 꿈과 희망을 주는 생활의 동력을 제공하였으며 오늘날까지 국내 산야의 여러 곳에 미륵부처가 세워져 신앙의 대상이 되고 있다.

고려 태조의 [훈요십조]는 애당초 불에 타 없어졌거나 위작(僞作)이었다는 주장이 설득력 있게 제기되고 있다. 설사 [훈요십조]를 고려 태조가 직접 전수한 것이라 해도, 그 내용의 해석에 문제가 있으며 이는 망국적인 지역감정을 유발했던 것으로 필자가 누누이 주장해 왔다.

조선조에 들어와서 이황과 이이의 이기론 논쟁은 너무 잘 알려져 왔고 방대하여 비교적 간단히 다루었다. 다만, 이후에 대두된 실학자들의 이론을 좀 더 자세히 논의하여 한국 사상의 흐름을 설명하였다.

실학의 대표적 학자로 유형원, 이익, 박지원, 박제가, 정약용을 선정하여 그들의 사상과 정책 내용들을 비교적 쉽게 풀이하여 쓰도록 노력하였다. 당시의 실학자들에게는 [사서오경(四書五經)]이나 청나라에서 수입한 한문책들이 아마 유일한 참고 서적이었고, 그 대상도 정, 주학에 편집된 양반 사대부들이었기 때문에 애당초 글의 한계가 있었다.

하지만 법과 윤리의 타락, 지도자들의 부패와 독선, 공과 사의 혼돈, 공동체 의식의 결여 등 우리 민족의 고질적인 병폐에 대한 지식인들의 고뇌는 계속되어 지금까지 이어져 왔다. 정다산의 방대한 글을 보면 그가 백성을 위하여 얼마나 많은 생각과 연구를 했는지 알 수 있다.

마지막 성리학자로 이항로, 김평묵 등의 위정척사론이 있다. 이들은 서세동점(西勢東漸)이라는 엄청난 변화의 충격을 역시 구태(舊態)의연한 성리학적 차원의 해법을 더욱 강화하여 막아내고자 하였다. 송, 명의 빛나는 주자 정통을 우리 조선이 이어받았다는 이른바 '소중화주의(小中華主義)'를 내세웠다. 동학이나 개화사상에 밀려 결국 설득력을 잃었지만, 최익현 등 그들 제자의 의병투쟁은 그래도 높이 평가할 만하다.

상전이 벽해가 되고 세상 문명이 첨단과학의 시대를 치닫고 있다 해도 사람들의 생각과 태도에는 예나 지금이나 크게 달라진 것이 없다.

오랜 역사를 거치는 동안 우리 선조들의 생각과 논리를 공부해 보면 그 속에서 우리는 분명 오늘날 우리 사회가 안고 있는 사람들 사이의 고민을 해결할 길을 찾아낼 수 있으리라 믿는다.

이 책은 될수록 독자들이 쉽게 읽을 수 있도록 배려하여 각주를 생략하고 인용한 책들은 뒷면에 모두 소개하였다.

끝으로 필자의 글에 항상 관심을 가지고 선뜻 출판을 허락해 주신 한국학술정보(주) 사장님과 문진현, 박재규 선생님에게 감사드린다.

2009년 12월
김재영

목차

하나. 단군신화와 단군사상

가. 신화(神話)와 관련된 이야기들

신화가 없는 민족은 그들의 생명을 지탱해 주는 혼이 없는 것과 같다.

신화가 있어서 그 민족은 자신들의 역사와 문화에 대하여 긍지와 자부심을 갖고 또한 흩어진 민족감정을 하나로 통합할 힘을 과시한다.

신화는 단지 역사가들의 상상력만으로 이루어지는 것이 아니다. 때로 암흑 속에 묻혀 있던 과거를 복원하여 엄연한 역사적 사실로 거듭 태어나게 하는 경우도 있다.

이집트 사람들에게는 죽은 사람의 부활을 믿는 오시리스(Osiris) 신화가 있다.

이집트인들은 육체가 썩으면 영혼이 편히 거처할 곳을 잃는다고 믿었다. 시체를 미라로 보존하고 무덤을 건축하는 데 모든 힘을 기울였다. 나일 강 서쪽에 우뚝 서 있는 피라미드는 국왕의 분묘로 국력을 기울여 만든 문화유산이다. 오늘날 피라미드는 이집트인들의 긍지요 민족적인 자랑거리다.

기원전 3000년－2000년경 지중해 크레타(Creta) 섬에 존재하였던 에게문명에 관한 이야기는 100년 전만 해도 학계에 알려지지 않았다.

19세기 후엽부터 학자들의 발굴과 고증으로 한낱 신화나 서사시인(敍事詩人)들의 공상(空想)에 불과했던 일이 역사적 사실로 밝혀졌다.

크레타의 미노스(Minos)왕에 관한 전설이나 트로이(Troy) 전쟁의 영웅들에 관한 이야기들이 그 대표적인 사례다.

중국인들에게는 삼황오제(三皇五帝)의 신화가 있다.

삼황이란 '중국 고대 전설에 나오는 세 임금, 즉 천황씨(天皇氏), 지황씨(地皇氏), 인황씨(人皇氏) 또는 수인씨(燧人氏), 복희씨(伏羲氏), 신농씨(神農氏)'로 알려져 있다.

오제(五帝)는 [사기(史記)]에 나오는 황제(黃帝), 전곡(顓瞫), 요(堯), 순(舜), 우(禹)를 말한다.

수인은 불을 발명함으로써 화식하는 법을 알게 하였으며, 인류를 추위로부터 보호하였다.

복희는 사냥의 기술을 창안하였고 신농은 쟁기와 괭이를 발명하여 농경시대를 열었다. 삼황은 약간 괴상한 모습을 가진 초인적인 영웅이다.

복희는 머리는 사람이지만 몸은 뱀이며, 신농은 머리는 소인데 몸은 사람이다.

오경(五經) 중의 하나로 공자가 편찬한 [서경(書經)]에는 삼황오제의 전설에 관한 기록이 없다. 다만 오제(五帝)의 마지막 왕인 요, 순, 우에 관한 사적(事蹟)이 머리글에 있다.

전통적 유교에서는 요, 순, 우를 삼성(三聖)으로 받들고 하, 은, 주로 이어지는 삼대(三代)의 이상적 도덕정치를 왕조의 모범으로 설정하였다.

요(堯), 순(舜)의 대를 이은 임금은 우왕(禹王)이다.

하(夏)의 시대는 우왕을 비롯해서 많은 뛰어난 임금과 신하가 있어 나라가 평화로웠다. [서경]은 요, 순과 하, 은, 주(周) 역대 사관(史官: 역사를 기록하는 사람)들이 왕의 사적과 그 치적을 서술 형식으로 기록한 것이다. 하지만 중국에서 문자는 은대(殷 혹은 商代) 후기부터 사용되었다. 당시의 문자란 것도 어떤 사실(史實)을 서술 형식으로 체계화한 것이 아니고, 점복(占卜)을 위한 단편적인 복사(卜辭: 점괘를 적은 글)에 불과하였다. 최근 상(商)왕조시대의 문자가 새겨진 갑골이 발견되어 신화의 연구에 새로운 시각을 제기해 주어 주목된다.

상왕조시대의 중국인들은 점술수단으로 동물의 뼛조각이나 구갑(龜甲: 거북등 껍데기)을 불에 굽는 습관을 가지고 있었다. 복법(卜法)은 청동기시대에 왕실 활동의 중요한 일부분을 차지하였고 점술에 사용되던 골편(骨片: 뼛조각)은 매우 신중하게 준비되었다.

20세기 초기부터 발견되기 시작한 문자가 새겨진 구갑과 골편의 수는 무려 10만 개 이상이다. 이들은 거의 모두 상왕조 최후의 수도(즉 殷 후기의 도읍지인 殷墟이다)에서 발견되었는데 그중 약 5,000개에 새겨져 있는 갑골문자(甲骨文字)는 그 분야 전문가들에 의하여 상당히 자세히 연구 발표되었다.

이를 처음에 발견한 사람은 중국의 금석문학자 왕의영(王懿榮, 1845 – 1919)이다.

1899년 어느 날이었다.

왕의영은 마침 '말라리아' 병이 있어서 그 특효약으로 알려진 '용골'을 어떤 약국에서 우연히 얻게 되었다. 그 용골에 범상치 않은 문자가 새겨져 있는 것을 발견하였다. 유악(劉鶚: 1857 – 1909)에 의하여 그 글자가 상대(商代)의 자료임이 밝혀졌다.

이를 출발점으로 수많은 중국학자들이 복고문자(卜古文字: 갑골문)를 연구하였다. 1927년 - 1936년 사이에 중국학술원의 과학적 발굴조사가 시작되고 1950년부터 더욱 이에 관한 연구가 본격화되었다.

갑골문자는 일종의 고문서(古文書)로 점술학의 발전에 큰 도움을 주었다. 이들 고문서의 연구로 중국에서 가장 오래된 문자의 서체(書體)를 밝혔다. 5,000여 개의 갑골문자 중 1,500자를 해독하였으며 이와 관련하여 서체의 역사를 기원전 11세기에서 14세기에 이르는 시대에까지 끌어올리게 되었다.

하여튼 요(堯), 순(舜), 우(禹)의 3대 치세(治世)는 [서경]을 통하여 유교 본연의 전통으로 흠모와 존경의 귀감이 되었고, 하(夏), 은(殷), 주(周)로 이어지는 고전세계의 이상이었다.

중국의 지배계급은 정치, 사상적 차원에서 유교경전 특히 [서경]을 일상생활과 유술(儒術: 정치적 전술)의 기본으로 중요시하였다.

조선시대 우리가 성현으로 받들어 온 학자들은 과연 어떤 조상을 모셨을까? 단군 할아버지일까, 아니면 요, 순, 우일까?

조선왕조 초기 개혁사상가로 이름난 조광조(趙光祖: 1482 - 1519)는 그가 지향한 이상정치의 모델을 요, 순, 우에서 찾았다.

조광조는 임금(중종)과의 대화에서 요, 순을 말할 뿐이었다. 즉 그가 "아랫사람이 우리 임금으로 하여금 요(堯), 순(舜)처럼 태평시대를 이루게 하려 하고, 전하께서 채택하는 것도 비상하여 조그마한 착한 일도 다 받아들였습니다."라고 말하자, 임금이 답하여,

"요, 순 때는 다스림과 교화(敎化)가 찬란하여 유도(儒道)가 자연히 성행하였다."고 하였다.

퇴계 이황이나 율곡 이이도 마찬가지로 요, 순을 이상화하였다.

이황은, "이 세상은 처음 개벽한 이래 거칠고 소박할 뿐이었는데 복희(伏羲)에 이르러 팔괘(八卦)를, 그리고 신농(神農)이 온갖 풀을 맛보아 의약을 제조하였습니다. 황제(黃帝) 때에 비로소 제도를 만들고 요, 순 때에 인문이 크게 갖추어졌습니다." 하였다.

이이는, "[맹자]에 요는 순을 얻지 못하는 것을 자기 근심으로 삼았고, 순은 우와 고요(皐陶: 순 임금 때의 충신)를 얻지 못한 것을 자기 근심으로 삼았으니 임금의 직무는 어진 이를 얻는 데 있을 따름입니다." 하였다.

조선조 관리들은 요, 순의 이상 정치를 심지어 그 정적(政敵)들을 모함하는 데도 이용하였다. 그 실례로 정여립의 역모를 들 수 있다.

언젠가 정여립이, "요, 순, 우가 서로 (임금의 자리를 세습에 의하지 않고) 전수하였다."는 말을 만들어, 서인들은 그를 불사이군(不事二君)에 반대하는 역모자로 몰았다.

후일 실학자인 성호 이익의 주장을 보면,

"제계편(帝系篇)을 보면 요, 순, 우는 모두 황제(黃帝)의 혈통에서 나왔다. 황제를 할아버지로 임금의 자리를 주고받은 것은 후세에 임금이 아들이 없을 때 집안에서 들어가 임금의 자리를 계승하는 예가 되어 할아버지의 종묘에는 변동이 없는 것이다."고 하여 요, 순, 우가 서로 대를 전수한 것은 왕의 세습이나 다름이 없다고 하였다.

조선조 유학자들은 요, 순, 우 3대의 이상정치와 공맹(孔子와 孟子)의 도(道)를 절대시하여 우리의 존재가치를 중화(中華)에서 찾으려 하였다. 송(宋), 명(明)이 망하고 이미 청(淸)나라가 중국을 지배한 지 200년이 지난 19세기까지도 유교적 사대주의(事大主義) 사상은 조금도 변하지 않았다.

1846 - 1847년 프랑스 함대의 내침, 1866년 병인양요, 1871년 신미양요, 1875년 운양호사건 이후 일본의 개국 요구와 침략의 위협 등 외부의 도전이 나라의 기틀을 위협하고 있을 때, 유교 일각에서는 위정척사(衛正斥邪)의 소중화(小中華)론으로 이에 맞서고자 하였다.

이에 관하여는 제4장에서 따로 논의하겠다.

뿐만 아니라 나라를 빼앗긴 후에도 우리네 양반들은 명(明) 의종(毅宗: 재위 1628 - 1644)의 연대(年代: 예를 들어 60갑자를 기준으로 숭정 경오, 숭정2 신미, 숭정3 임신 등으로 연대를 표기하였음)를 비문에 사용하였다. 그러다가 일제 침략으로 주권을 모두 잃은 뒤, 또다시 그 숭배의 대상이 바뀌었다.

일본의 헌병 경찰들은, 각급 관청이나 학교, 심지어는 마을 동산에 신사(神社)를 세우고 일제(日帝)의 수호신 아마데라스 오미가미(天照大神)에게 참배토록 강요하였다. 학생들은 아침마다 일본 수호신에게 절을 하고, 마을 신사에서도 경배를 하였다. 그 신사참배가 요즘 일본에 문제가 되고 있다.

결국, 우리는 조상의 뿌리도 없고 조상 대대로 전승되어 온 신화도 전설도 없는 오랑캐 신세가 되었던 것인가.

이제 우리는 우리 고유의 신화와 상고시대에 실존했던 우리 문화의 유산을 찾아야 한다. 지금 학계에서 다방면으로 이에 관한 노력이 이루어지고 있다.

한편 중국 대륙에서는 [동북공정(東北工程)]이라는 연구 단체가 창설되어 새로운 침략의 바람을 일으키고 있다.

중국인들 중에는 참으로 염치가 없는 사람들이 많다. 중국의 이른바 [동북공정]이란 단체가 있어 계속 역사를 왜곡하더니 이제 단군신화도 자기들 이야기라고 우기고 있다(조선일보 2009년 9월 16일 A20).

[동북공정]을 주도한 중국 사회과학원 비교연구실 주임인 예수센(葉舒憲)은, "한민족(韓民族)의 기원을 담은 단군신화는 중국의 황제족(黃帝族)의 곰 토템에서 나왔다."는 주장을 하여 문제가 되고 있다. 그는 그의 저서, [중화조선신화탐원(中華祖先神話探源)]을 통하여 황제(삼황오제 중의 한 사람), 곰 토템설을 주장하였다. 이에 대하여 중국신화 연구학자인 김선자 박사는 이를 전면 부인하였다. 즉

"황제가 곰 토템을 갖고 있었다고 하려면, 황제를 대표로 하는 이른바 화하족(華夏族)이 곰과 혈연관계가 있거나 곰을 자신들의 보호신이라고 믿는 관념이 있어야 한다. 그런데 그에 관련된 기록이 전혀 없다."고 하였다.

이토록 엄청난 민족적 수모와 비극의 씨앗이 과연 어디에서부터 비롯되었을까?

부모에 효도하고 조상을 숭배하는 일을 목숨보다 중요한 덕목으로 존숭(尊崇)해 오던 조선의 성현들은 겨레의 조상이요 민족의 뿌리인 단군신화에 관하여 침묵하였기 때문이다.

이 소중한 우리 조상에 관한 이야기들을 어떻게 알게 되었을까. 그리고 앞으로 어떤 책들을 참고해야 할 것인가. 그 자료들을 살펴보자.

관련 자료들

조선 상고사에 관련된 자료로 잘 알려진 국내문헌으로는 김부식(1075 - 1171)의 [삼국사기], 일연(1206 - 1289)의 [삼국유사], 이승휴(1224 - 1301)의 [제왕운기]가 있다. 그 외에 [조선왕조실록], 권

남(權擥, 1416 - 1465)의 [응제시주(應制詩註)], 서거정의 [필원잡기], 성종대에 완성된 [동국통감], 안정복(1712 - 1792)의 [동사강목], 이긍익(1736 - 1806)의 [연려실기술] 등을 들 수 있다. 중국서적으로는 사마천의 [사기], [조선열전], [산해경], [회남자(淮南子)] 등이 열거된다. 위의 문헌들에 언급된 단군신화의 내용은 부족하나마 한국의 상고사회로 들어가는 소중한 출입문으로 여겨져 왔다. 최근의 저서로 신채호의 [조선상고사]가 있다.

단군신화에 관한 자료는 위의 [삼국유사], [제왕운기]가 13세기 말에 처음 나왔다. 이와 함께 단군신화에 대한 구체적인 내용들을 담고 있는 서적으로는, 숙종대의 북애(北崖)가 편찬한 [규원사화](1675)와 계연수(桂延壽)의 [한단고기](1911)가 있다.

단군신화에 관하여 가장 중요한 자료는 [삼국유사]다. [삼국사기]에는 이에 관한 기록이 한 줄도 없다.

시중 서점에서 구할 수 있는 [삼국유사] 한글 번역본은 사서연역회에서 간행한 [삼국유사](서울: 고려문화사, 1946), 고전연역회 편의 [삼국유사](서울: 학우사, 1954)를 비롯해서 이병도의 [원문, 역주 삼국유사](서울: 동국문화사, 1956), 이민수의 [삼국유사](서울: 을유문화사, 1975) 등 수십 종의 번역서가 있다.

[삼국유사]를 번역한 이민수의 [해제]를 요약하면 다음과 같다.

"[삼국유사]는 당시까지 전해지던 많은 고(古)기록들을 인용하여 [삼국사기]에 수록되지 않은 상고의 역사를 기록하였다. 고조선에 관한 서술은 오늘날 우리 민족으로 하여금 반만년의 유구한 역사를 자랑할 수 있고 단군 이래 배달민족의 긍지를 갖게 해 주었다. [삼국유사]에는 많은 신화와 전설이 수록되어 있다. 우리 고유의 원형적 신화와 옛 전설의 모습을 알 수 있는 귀중한 책으로 가위 설화문학(說話文學)의 보고(寶庫)라 할 만하다. [삼국유사]에 실린 단군신화는 [위서(魏書)]와 [고기(古記)]에서 인용하였다. 하지만 현재 남아 있는 [위서]에는 단군에 관련된 기록이 없고 또 [고기]라는 책의 정확한 실체를 알 수 없다." 하였다

[제왕운기]

이승휴의 [제왕운기]는 당시 원(元)의 지배와 정치 간섭에 대한 불만에서 출발하여 조상을 향한 숭조관념의 제고로 민족의 긍지를 살리고 외세 지배에 대한 굴욕을 역사서로 극복하고자 했던 책이다.

[규원사화]

[규원사화]는 숙종 원년(1675년) 3월 북애(北崖)가 저술했다는 역사서 형식의 사화(史話)로 단군실사(檀君實史)라고도 한다. 조선 상고시대의 역대 단군 이름과 업적이 수록되어 있다. 이 책은 국립중앙도서관(1945년 10월 15일 개관)에서 구입하여(1946년 5월 25일) 1972년 11월 3일 고서심의위원회에 의하여 숙종 때 쓴 진본으로 인정받았다. 현존하는 [규원사화]의 필사 및 등사본은 국립중앙도서관본과 동국대본, 서울대본, 한국학중앙연구원본 등이 있다.

[규원사화]의 출처 중에는 고려 공민왕대 사람인 이명(李茗)이 썼다는 [진역유기]가 포함되어 있다. [진역유기]는 발해의 역사서인 [조대기(朝代記)]를 참조하였으며 단군신화의 내용이 많이 담겨져 있다. [규원사화]의 중요 내용은 규원사화서(揆園史話序), 조판기(肇判記), 태시기(太始紀), 단군기(檀君紀), 만설(漫說) 등으로 구성되어 있다.

[규원사화]에 소개된 내용은 대략 다음과 같다.

[조판기]는 수백만 년간의 혼돈의 시대가 지나, 하늘과 땅이 나누어지고 환인의 의지, 환웅과 그 거느리는 작은 신들의 활동으로 동, 식물이 땅 위에 나타나 번성하여, 사람들이 만들어지는 20만 년간의 내용이 시간 순으로 기록되어 있다.

[태시기]는 환웅이 환인의 명을 받아 치우씨(蚩尤氏), 고시씨, 신지씨 등으로 대표되는 3천의 무리와 함께 인간 세상을 다스리는 1만 1천 년간의 치세 내용을 설명하고 있다.

[단군기]는 단군 임금이 고조선을 세우고 이후 역대 임금들이 47대에 걸쳐 만주와 요동, 한반도 북부 일대를 다스리는 1천200여 년간의 치세 내용이 기록되어 있다.

우리나라 역사학계에서는 [규원사화]가 조선 숙종 년간에 저술되어, 이후 근대기 민족 사학과 대종교의 성립에 영향을 주었다는 주장과, 20세기 초에 민족의식을 고취시키기 위해 위작(僞作)되었다는 주장이 병립하고 있다. 조선 후기의 저술은 인정하지만 그 내용을 실제 역사로서 받아들이는 것은 성급하다는 견해도 있다.

[한단고기(桓檀古記)]

[한단고기]에 관한 이해를 돕기 위하여 이 책을 번역한 김은수와 운초 계연수(? - 1920) 선생의 서문, 범례를 요약하면 다음과 같다.

[한단고기]는 옹기그릇에 담아 땅속에 매장하여 일제(日帝)의 마수(魔手)를 벗어나게 된 가장 소중한 역사책이다. 주로 발해의 전적을 근거로 썼다. 그 내용은 크게 [삼성기], [단군세기], [북부여기], [태백일사]를 합찬하였다.

[삼성기]는 안함로(安含老: ? - 640)가 편찬한 것을 계연수의 집

에 보관하고 있었는데 전(全) 상편이다. 안함로는 [해동고승전]에 의하면 왕명으로 수나라에 가서 그곳 대흥사에 있다가 605년에 귀국하였다 하고, [삼국사기]에서는 576년에 귀국한 것으로 되어 있다.

원동중(元董仲)이 찬한 [삼성기]는 태천(평북, 서남부 지방)의 백관묵 진사로부터 계연수가 얻은 것으로 전(全) 하편이라 하여 이상을 합하여 [삼성기전]이라 했다.

[단군세기]는 홍행촌수(紅杏村叟)가 엮은 것을 행촌 이암(李嵒: 1296 – 1364)이 전한 것이다. 이 책 역시 백관묵으로부터 얻었다. 백진사의 집은 본시 고가(古家)로 장서가 많았고 귀중한 사서(史書)가 모두 그의 집에서 나왔다. 이암은 고려 충정왕 때에 찬성사를 지냈고, 1359년 수 문하시중으로 서북면 도원수가 되었다.

[북부여기] 상, 하는 북애거사 범장(范樟: 고려 말기 학자)이 찬한 것으로 진사 이형식의 집에서 얻은 것이다.

[태백일사]는 이맥(李陌: 행촌 이암의 현손)이 엮었다.

계연수는 해학 이기(李沂: 1848 – 1909)의 문인으로 백가의 책을 섭렵하고, 1898년에 [단군세기]와 [태백일사]를 간행하였다. 1919년 상해 임시정무령 이상룡 막하에서 참획군정으로 공을 세우고 1920년 만주에서 별세하였다.

[한단고기]는 1948년 필사본 초판이, 1979년 재판이 나왔다. 운초 계연수는 이 책을 경신년(1980년)이 되거든 공개하라고 하였다.

[한단고기]의 내용에 대한 사실의 진위(眞僞: 참과 거짓)에 관련하여 다음과 같은 연구 결과가 있어 학계의 주목을 끌었다.

지난 1998년 2월부터 8월까지 6개월에 걸쳐 서울대학교 천문학과 박창범 교수와 표준 연구원 라대일 박사가 상고사 서적들에 대하여 '복권작업'을 하였다. 그 평에 다음과 같은 내용이 있다.

"B. C. 1733년 흘달(屹達: 13세 단군 재위 61년) 단제시대에 조선인들이 보았다는 오행성의 결집을 슈퍼컴퓨터를 이용하여 역으로 추적하여 시각화하였다. 그 결과 흘달 무진 50년 '다섯 별이 모여들었다(五星聚婁)'는 해인 1733년은 이 컴퓨터가 제시한 연도(B. C. 1734년)와 1년 차이밖에 나지 않았다. 박 교수팀의 연구 결과로 그동안 [한단고기]에 대한 부정적인 입장을 취해 온 '한국상고사학회'에서도 그 결과에 긍정적인 반응을 보였다."고 했다.

[단기고사]는 대조영의 동생 대야발의 저작이다.

이 책은 원래 발해문자로 기록되었으나 11세기 초에 황조복(皇祚福)에 의하여 한문으로 번역되었다. 그 후 원본은 없어지고 한문 번역본만이 비장되어 왔다.

1907년 중국인이 발견하여 이경식(李景植: 대한제국 학부 편집국장)이 입수하였고 이어 이운규란 사람이 같은 책을 가져와 진서(眞書)로 믿고 국한문으로 간행하였다.

[단기고사]는 1959년 충북신보사가 출판하였다. 번역자는 정해박 씨이고 김재형 씨가 교열을 보았다. 정해박 씨가 작고한 뒤 원본이 분실되었다. 이 글은 한국정신문화원 명예교수 박성수의 글이다.

[조선왕조실록] 중에 단군에 관한 기록은 태조 때부터 고종대에 이르기까지 약 150여 개 기사에서 나온다.

태조, 태종 때에 나오는 기사는, 단군은 우리의 조상이니 제사를 지내야 한다는 것과 우리의 역사가 오래되었다는 내용이다. 즉

태조 때의 예조전서 조박 등이 올린 상서(上書)에,

"조선의 단군은 동방에서 처음으로 천명을 받은 임금이니 평양부로 하여금 제사를 드리게 할 것입니다. 우리 동방은 단군이 시조

인데, 대개 하늘에서 내려왔고, 천자(중국의 천자를 말함)가 분봉(分封: 천자가 땅을 나누어 제후를 봉함)한 나라가 아닙니다. 단군이 내려온 것이 당요(唐堯: 요왕을 말함)의 무진년(B. C. 2333년)에 있었으니, 오늘에 이르기까지 3천여 년이 됩니다. 하늘에 제사 지낸 사실이 어느 시대에 시작하였는지 모르지만 천 년이 되도록 이를 고친 일이 아직 없습니다." 하였다.

세종대왕은 단군 사당을 별도로 세우고 신위(神位)를 남향(南向)하여 제사를 지내게 하였다. 세조도 단군의 신주를 모셨다. 그때 [조선단군신주]를 고쳐 [조선시조단군지위(朝鮮始祖檀君之位)]로 하였다.

조선조 말, 고종이 반포한 사령(赦令)의 교문(敎文)내용을 보면, "중국 태고(太古) 적에 복희씨(伏羲氏), 신농씨(神農氏) 등의 임금이 있었듯이 우리나라에 단군(檀君), 기자(箕子)와 같은 분들이 있었기 때문에 당초 나라 이름을 옛날에 부르던 조선(朝鮮)으로 정하였다."고 하였다.

단군을 시조로 섬기고 제사 지내는 일에 관한 기사는 세종 때와 고종 때에 가장 많이 나온다. 다만 조광조, 이언적, 이황, 이이, 성혼 등 유교의 현자들이 조정에 영향력을 행사했던 중종, 명종, 선조대에 단군 관련의 상소를 올린 내용이 전혀 없었던 것은 이상하다.

야사에서도 [조선왕조실록]과 같은 기사가 나온다. [연려실기술]에 "단군의 이름은 왕검이다. 구사(舊史)[단군기]에, '신인(神人)'이 태백산(지금의 묘향산) 단목(檀木) 아래에 내려오시니 나라 사람들이 받들어 임금으로 삼았다. 때는 당나라 요 임금 무진년이었다. 상(商)나라 무정(武丁) 8년에 이르러 아사달산에 들어가 신(神)이 되었다." 하였다.

또 [고려지리지]를 인용하여 단군 제단을 소개하였다. 즉 강화현 서쪽 마니산(摩尼山) 꼭대기에 참성단이 있다. 전해 오는 말에, "단군이 하늘에 제사 지낸 단(壇)이라 한다. 전등산(傳燈山)에는 삼랑성(三郎城)이 있는데, '단군이 세 아들에게 명하여 쌓았다.'(高麗地理志)"고 하였다. 그 외의 글들은 대개 [삼국유사]를 인용한 것들이 많다.

단군릉에 관한 기록

그동안 우리가 몰랐던 단군릉에 관한 기록이 [조선왕조실록]에 이미 기록되어 있고, 또 최근에는 북한에서 단군릉을 개발하고, 이를 주제로 학술대회까지 열었다. [실록]의 내용과 북한 학자들의 주장을 들어보자.

정조 10년 단군의 묘소를 수리하고 수호할 호구를 두었다.

당시 왕의 비서관인 승지 서형수는 자신이 강동에서 벼슬할 때 단군 무덤을 보았고 유형원의 기록에도 단군릉에 관한 기록이 있다는 증거를 제시하면서 단군릉 수호에 관한 상소를 올렸다. 즉

"단군은 우리 동방에서 맨 먼저 나온 성인으로서 역사에 편발개수(編髮蓋首: 관례 전에 머리를 단장하는 예법)의 제도를 제정했다고 합니다. 군신(君臣)상하의 분수와 음식과 거처의 예절을 모두 단군이 창시하였다면 단군은 동방에서 사실 세상이 끝나도록 잊지 못할 은택이 있는 분이니 모든 예절을 극도로 갖추어 높이 받들어야 할 것입니다. 신이 강동에서 벼슬할 때에 보았는데, 고을 서쪽 3리쯤 되는 곳에 둘레가 410척 되는 무덤이 있었습니다. 옛 노인들이 서로 단군의 묘소라고 하였습니다. 유형원(柳馨遠)의 [여지지(輿地志)]에 기록되어 있습니다. 그 진위를 불문하고 어떻게 그 거룩

한 무덤을 황폐해지도록 놔두고 사람들이 마음대로 그곳에서 땔감을 채취하거나 가축을 놔먹이도록 방치할 수 있겠습니까.

만일 단군이 아사달 산에 들어가 신(神)이 되었으므로 묘소가 있을 수 없다고 이의를 제기한다면, 중국 황제(黃帝: 삼황오제의 한 사람)의 교산(喬山)에 신발이 있었던 일과 공동산에 무덤이 있었다는 고사는 어떻게 해석하겠습니까.

더구나 평양에 단군의 사당이 있고 본 고을에서 숭령전을 높였는데 이 묘소만 떳떳한 전장(典章: 법조문)에서 빠진 것은 정말 하나의 흠결입니다." 하니 왕이 하교하기를, "비록 믿을 만한 증거의 흔적은 없으나 고을 옛 노인들이 가리키는 곳이 있다면 병졸을 두어 수호하거나 돌을 세워 사실을 기록하는 등 근거할 수 있는 사례가 하나뿐만이 아니다. 더구나 이곳의 사적이 읍지에 자세하게 기록되어 있는데도 불구하고 비석을 세우지 않고 수호하는 사람이 없었으니 매우 흠결된 일이다. 본 고을 수령이 봄가을로 직접 살피도록 하라." 하였다.

고종 37년, 백호섭(白虎變)이란 내각의 자문을 맡은 의관(議官)은 상소를 올려 단군릉의 위상을 높여 받들어야 한다고 하였다. 즉

"평양은 바로 단군, 기자, 동명왕, 세 성인이 수도를 두었던 곳입니다.

단군은 맨 먼저 나타나 태고시대에 나라를 개창하셨습니다. 단군이 나라를 세운 것은 당요(唐堯)와 때를 같이하였고 나라를 보전한 것은 천 년이나 오래되었습니다. 지금 그의 능(陵)이 강동군 읍치(邑治)에서 서쪽으로 5리 떨어진 태백산 아래에 있습니다. 이는 이 고을의 읍지와 [관서문헌록]에 명백히 실려 있습니다. 고(故) 허목(許穆)이 지은 '단군세가'에 이르기를 '송양(松壤) 서쪽에 단군총이

있는데 송양은 곧 오늘의 강동현이다.'라고 하였으니, 증거가 명백합니다.

생각건대 우리 성조께서는 숭보(崇報: 은덕을 갚음)의 전례를 거행하지 않는 것이 없었습니다. 지난 기축년(1889년)에는 기자능을 봉하고 신묘년(1891년)에는 동명왕릉을 봉하여 예법대로 상설하여 모두가 기뻐하였습니다. 무릇 세 성인이 서로 이은 순서로 단군묘를 단군릉으로 숭봉하는 것이 앞섰어야 하는데 아직까지 미처 겨를이 없었으니 어찌 숭보하는 거조(擧措: 행동거지)에 결함이 되지 않겠습니까.

삼가 바라건대 황상께서는 조정의 의논을 널리 모으셔서 특별히 본도 도신(道臣)으로 하여금 강동의 단군묘도 기자와 동명왕 두 능의 예에 따라 똑같이 숭봉케 하옵소서." 하니 왕이 비답하기를,

"숭보의 논의는 오히려 늦었다고 할 수 있다. 그러나 사체가 신중한 만큼 정부로 하여금 품처토록 하라." 하였다.

북한의 단군릉에 관하여, 1993년 북한은 평양 강동읍 대박산에 옛날부터 단군 무덤으로 전해 내려온 '단군릉'을 개발하여 단군의 실체를 확인하였다고 발표하였다.

북한 사회과학원은 1993년 10월 12, 13일 평양인민대회당에서 [단군 및 고조선에 관한 학술 발표회]를 가졌다.

북한 사회과학원에서 주관한 논문 발표대회의 주제는, '단군발굴의 정형(박진욱)', '단군릉 뼈의 인류학적 특징(장우진)', '단군릉에 있는 사람 뼈의 년대 측정(김교정)', '단군릉에 대한 역사 자료(리준영)' 등이다.

그 내용 중 다음 대목이 있다. 즉

"단군릉은 일본 제국주의자들에 의하여 몇 차례 훼손, 도굴당하

여 선인과 장수를 그렸다고 하는 벽 그림은 흔적도 없이 사라지고 유물도 거의 남아 있지 않다. 이번 발굴에서는 몇 점밖에 발견하지 못했지만 두 사람분의 뼈, 금동왕관을 장식하는 조각, 금동허리띠 조각 등이 있었다. 그 가운데 뼈는 매우 주목되는 유물이다.

이 뼈를 6개월 동안 [전자상자성공명법]으로 연대를 측정한 결과 5011년이라는 수치가 나왔다. 5011년 된 뼈, 벽 그림, 유물 등은 이 무덤이 진짜 단군릉이라는 것을 과학적으로 밝혀 준다. 단군의 유골이 바로 단군릉에서 나왔고 그 뼈의 절대 연도가 과학적으로 논증됨으로써 우리 민족사는 단군을 원시조로 하여 반만년 전에 시작되었다는 것이 움직일 수 없는 역사적 사실로 증명되었다.”고 하였다.

[전자상자성공명법]이라는 연대 측정기는 5만 년 이상의 유물에 사용되는 것이므로 5천 년 전 유물의 연대를 측정하기에는 적절치 않다.

설사 이를 인정한다 해도 만주와 한반도 유물, 유적들은 기원전 3018년(5011년 전)이라면 아직 신석기시대에 해당된다. 나라가 성립된 것은 청동기시대이고 고조선의 성립은 그보다 훨씬 후의 일이기 때문에 북한이 주장한 단군의 무덤은 시대에 맞지 않는다는 평이 있다.

나. 단군신화의 내용

우리나라 역사에서 단군신화에 관한 최초의 기록은 [삼국유사]에

나온다. 그 기이(紀異: 신통하고 이상한 일)편에,

"대체로 옛날 성인은 예의와 음악을 가지고 나라를 일으켰고 인의(仁義)로 백성을 교육하였다. 때문에 괴력난신(怪, 力, 亂, 神: 괴상한 일이나 용력, 어지러운 일이나 귀신)에 대하여는 말하지 아니하였다(이 말은 '논어'에 나온다).

하지만 제왕이 일어날 때에는 부명(符命: 하늘의 명령에 순응함)과 도참(圖讖: 예언)을 받아서 보통 사람과 다름이 있다.

그런 뒤에 능히 큰 변화를 타고 천자의 지위를 얻어 제왕의 사업을 이룰 수 있다. 따라서(복희 때) 하도(河圖: 황하에서 나온 그림)가 나오고(夏禹 때) 낙수(洛水)에서 신구(神龜)의 그림이 나와 이 때문에 성인이 나타났다.

무지개가 신모(神母: 이상한 늙은 여인)를 둘러 복희(伏羲)를 낳았고, 용이 여등(女登: 염제 신농씨의 어머니)과 교접하여 염제(炎帝: 불을 맡은 신농)를 낳았다. 황아(皇娥: 소호의 어머니)가 궁상(窮桑: 지역 이름) 뜰에서 놀 때 신동이 자칭 백제(白帝)의 아들이라 하고 교접하여 소호(小昊)를 낳았다. 간적(簡狄)은 알 하나를 삼키고 설(契: 商나라 시조)을 낳았고 강원(姜嫄)은 어떤 사람의 발자취를 밟고서 기(弃: 周의 시조인 후직의 이름)를 낳았다. 요(堯)는 잉태한 지 14개월 만에 낳았고, 용이 큰 못에서 올라와 교접해서 패공(沛公: 한 고조 유방)을 낳았다. 이 밖의 일이야 어찌 다 기록하랴. 우리나라 삼국의 시조는 모두 신이한 데서 나왔다는 말도 괴이할 것이 없다. 이 기이한 일을 이 책 첫머리에 실린 원인도 그 뜻이 여기에 있다.

(복희(伏羲), 신농(神農)은 고대 중국의 삼황(三皇)이고 제곡(帝嚳), 소호(小昊), 요(堯), 순(舜)은 오제(五帝)이다.)

위서(魏書)에 이르기를 '2000년 전에 단군왕검이 있었다. 도읍을 아사달에 정하고 새로 나라를 열어 조선이라고 불렀으니 이는 고(高: 堯를 말함)와 같은 때였다.'고 하였다. 고기(古記)에 말하기를, '옛날에 환인의 서자 환웅이 있었는데 항상 천하에 뜻을 두고 사람의 세상을 탐내고 있었다. 아버지가 그 아들의 뜻을 알고 삼위태백(三危太白: 산 이름)을 내려다보니 인간을 널리 이롭게 할 만하였다. 이에 천부인(天符印: 신의 상징인 符印) 세 개를 주어 세상을 다스리게 하였다. 환웅은 삼천 무리를 이끌고 태백산 꼭대기 신단수 밑에 내려와 이곳을 신시(神市: 신정시대의 도시)라 이르니 이가 환웅천왕이다.'

그는 풍백, 우사, 운사(風伯, 雨師, 雲師: 바람과 비, 구름을 맡은 신)를 거느리고 곡식, 인간의 수명, 질병, 형벌, 선악에 대한 일 등 무릇 인간의 360여 가지 일을 맡아 다스리고 교화하였다.

이때 호랑이와 곰이 같은 동굴에서 살면서(時有一熊一虎同穴而居) 항상 환웅에게 빌기를 사람으로 변하게 해달라고 빌었다(常祈于桓雄 願化爲人).

이에 환웅이 신령스러운 쑥 한 줌과 마늘 20개를 주면서, '너희가 이것을 먹고 100일 동안 햇빛을 보지 않으면 곧 사람이 되리라.' 하였다.

이것을 받아먹고 곰은 37일 만에 여자의 몸으로 변했으나 범은 조심하지 못하여 사람으로 변하지 못하였다.

웅녀(熊女)는 그와 혼인해 주는 이가 없으므로 항상 신단수 아래에서 아이 갖기를 빌었다. 환웅이 이에 잠깐 변하여 아들을 낳으니 이를 단군왕검이라 하였다. 왕검은 당요(唐堯)가 즉위한 지 50년 만인 경인년에 평양성에 도읍을 정하고 조선이라 일컬었다.

단군은 그 후 장단경으로 옮겼다가 아사달에 돌아와 숨어 산신이 되었는데 나이는 1908세였다." 하였다.

[한단고기]의 내용은 좀 다르다.

이 책의 특징은, 환인시대에 7명, 환웅시대 18명, 단군시대 47명의 임금이 재위했다는 기록이 있어 주목된다.

환인은 7세를 전(傳)했다고 하지만 그 연대를 알 수 없다. 환웅으로부터 개천(開天)하여 18세를 전했으며 역년(歷年: 왕업을 누린 햇수)은 1565년이다. 단군은 47세를 전했으며 역년은 2096년이나 지났으니 지금까지 무려 5846년에 이른다.

[고기]에 이르기를,

"단군왕검의 아버지는 단웅(檀雄: 18세 환웅)이요 어머니는 웅씨 왕녀인데 신묘년(B. C. 2370년) 5월 2일 인시에 단수(檀樹) 아래에서 단군을 낳았다. 신인(神人)이 덕이 있으므로 원근(遠近)에 있는 자들이 두려워 복종하였다. 나이 14세 갑진년(B. C. 2357년)에 웅씨 왕이 왕검의 신성함을 듣고 비왕(裨王: 副王_{부 왕})을 삼아 대읍(大邑: 큰 나라)의 국사를 맡겼다. 무진년(B. C. 2333년) 당요(唐堯: 중국의 요임금) 때에 아사달 단목의 터에 이르러 국인이 추대하여 천제자(天帝子)로 삼으니 구환(九桓: 9개국)이 하나가 되고 신화(神化)가 먼 곳에까지 미쳤다. 이를 단군왕검이라 한다. 비왕에 있은 지 93년이며 나이는 103세였다." 하였다.

이상의 단군 관련 내용을, 학자들은 어떻게 생각하였을까.

고려, 조선왕조시대 학자들의 주장과 현대학자의 해석, 문화 발전단계에 따른 해석 등 세 부분으로 나누어 그 평가 결과를 알아보자.

1) 고려, 조선왕조시대 학자들의 주장

이규보는 [동명왕편] 서문에서, 공자의 말을 인용하여 단군신화의 의미를 높이 평가하고 있다. 즉

[논어]에 공자는, '괴, 력, 난, 신을 말하지 않았다(子不語 怪, 力, 亂, 神).'는 내용이 있다. 이에 관하여 이규보(李奎報, 고려 의종 - 고종, 1168 - 1241)는 그의 [동명왕편] 서문에서 다음과 같이 썼다.

"나는 일찍이 동명왕의 신이한 일에 대하여 듣고 웃으면서 말하기를, '선사(先師) 공자께서는 괴·력·난·신의 일에 말씀하지 않으셨는데, 이 설화는 실로 황당 기괴하여 우리가 말할 바 아니다.'고 하였다.

그 뒤 계축년 4월 [구삼국사]를 얻어 [동명왕 본기]를 보니 그 신이(神異)한 자취가 세상에서 말한 것보다 자세하였다. 처음에는 이 설화를 믿지 못하였는데, 이는 귀환(鬼幻)스럽다고 생각한 때문이다.

그런데 이를 여러 번 깊이 음미하여 그 근원을 살펴보니 환(幻)이 아니라 성(聖)이고 귀(鬼)가 아니라 신(神)이었다. 동명왕의 일은 변화와 신이(神異)로 뭇사람의 눈을 현혹한 것이 아니고, 실로 창국(創國)의 신성한 자취이니 여기에 기록하지 않으면 장차 후에 무엇을 보겠습니까, 이런 까닭에 시를 지어 이를 기념하고 천하로 하여금 우리나라가 본래 성인의 고장임을 알게 할 따름인 것이다." 하였다.

[삼국유사]의 기이편은 이규보의 [동명왕편]에 실린 위의 글과 상통한다. 이규보는 상고대의 전설에 나오는 이야기들의 특징으로 보아 단군신화가 충분히 논의할 가치가 있다고 본 것이다.

[신증동국여지승람]의 내용은 단지 단군신화를 소개한 것으로 의

미가 있다. 조선조 초기에 완성된 이 책에서는 [삼국유사]에 나오는 단군신화를 우리 역사의 한 부분으로 기록하였다. 다만 환웅 대신 '환인(神)이 잠시 사람으로 변하여 혼인하여 아들을 낳으니 이가 단군이다.' 한 것은 착오인 듯하다.

조선조에 들어와서 정주의 성리학자들은 앞서 설명한 바와 같이 주로 요, 순 3대를 정치의 이상으로 말했을 뿐 단군 할아버지의 이야기에 대하여 말하지 않았다. 다만 남인 학자 허목과 실학자 유형원 등의 글에 단군신화가 소개될 뿐이다.

허목의 [단군세가]

[조선왕조실록]에 소개된 단군신화 및 단군릉에 관한 글로 허목의 글이 있다. 허목(許穆: 1595 - 1682)은 그의 [단군세가]에서 단군신화에 대하여 좀 더 자세하게 실화(實話)의 내용으로 썼다. 즉

"상고(上古) 구이(九夷: 고구려를 말함)시대 초기에 환웅씨(桓雄氏)가 있었다. 환인이 신시(神市: 환웅을 가리킴)를 낳고 비로소 생민(生民)의 정치를 가르치니, 백성들이 그에게로 돌아갔다. 환웅이 단군을 낳으니, 단군이 신단수 아래에 살면서 처음으로 나라 이름을 조선이라 하였다. 조선이 평양에 도읍한 것은 도당씨(陶棠씨: 堯를 말함)가 즉위한 지 25년(B. C. 2333년)이 되던 해였다. 단군이 부루(夫婁: 해부루를 말함)를 낳았다. 단군은 그 뒤에 당장(唐藏) 땅에 옮겨 살다가 중국 상(商)나라 무정(武丁, B. C. 1317년)에 이르러 죽었다. 송양(松壤: 지금의 강동현) 서쪽에 단군총(檀君塚)이 있다.

어떤 사람은 말하기를 단군은 '아사달로 들어갔다.' 하고 그의 죽음을 말하지 않았다. 태백산과 아사달에 모두 단군 사당이 있다.

환인 신시에 대하여는 그 시대를 상고할 바가 없다. 단군의 정치는 요 임금 25년에서부터 순 임금, 우 임금의 3대를 거쳐 상(商)의

무정 8년까지 1048년이고 해부루의 뒤로 갈사가 망하던 왕망(王莽) 시대까지 또한 1천 년이다.” 하였다.

왕조실록에 소개된 실학자 유형원의 여지지(輿地志)는 현재 그 자료가 없고 이익(1681 – 1764)의 [성호사설]에 단군신화가 나온다.

이익은 그의 ‘삼성사(三聖祠)’에서 단군에 관하여 다음과 같이 썼다.

“[동국여지승람]에 [고기]를 끌어대어 이르기를, 천신(天神) 환인이 서자 환웅으로 하여금 ‘천부인’ 3개와 졸도(卒徒) 3천 명을 거느리고 태백산 상봉에 내려오게 하였다. 이때에 곰이 변화하여 여신(女神)이 되니, 환인이 혼인을 하여 단군을 낳았다. 단군이 비서갑(非西鉀) 하백(河伯)의 딸에게 장가들어 부루(夫婁)를 낳아서 그가 북부여 왕이 되었다고 하였는데 그렇다면 단군의 세대는 단지 한 대를 지나고 끊어진 셈이다.”고 하였다. 역시 환웅을 환인이라고 쓴 것은, 이익이 [삼국유사]를 참고하지 않은 탓일까. 다음 이익의 항목에서 다시 서술하겠다.

안정복(1778 – 1791)은 그의 [동사강목]에서 단군에 관하여, “상고하건대 단군은 맨 먼저 나라를 다스렸고, 기자는 문물을 처음 일으켰다. 단군은 당요(唐堯) 무진년에 개국하였는데 전세(傳世)에 관한 기록이 없다. 역년(歷年)은 1017년이다.”고 하였다.

신채호의 [독사신론(讀史新論)]

구한말에 들어와서 민족 사학자인 신채호(1880 – 1936)는 단군을 개국시조로 보았으나, 단군은 추장(酋長)이고, 단군시대는 ‘추장정치 최성의 시대’라 하였다.

신채호는 그 논거로 삼국초엽은 추장정치가 끝나고 군현제도가 시작되는 시기였기 때문이라고 한다. 당시 기록에 아직도 소국이 열립(列立)하여 고구려는 17국을 통합하였고 신라는 32개국을, 백제는 45개국을 통합하였다. 이 일로 단군 후대를 미루어 보면 그 시대에는 10리에 10국, 100리에 100국이 존재하여 많은 추장들이 자웅을 겨루고 있었다.

단군은 신공(神功: 신령의 공덕)과 성덕(聖德)으로 작은 추장국들을 통합 혹은 신복시켜 추장정치 속의 왕이 되었다. 단군이 처음 몸을 일으킨 땅이 장백산 밑이고 정치의 중심지는 졸본부여라고 하였다.

2) 김종서의 단군사상에 관한 연구

김종서의 저서, [신시, 단군조선사 연구, 2003]에 나오는 단군신화에 대한 새로운 해석이 돋보인다.

최근 고조선연구소 김종서 소장의 위 책은 [삼국유사]를 새로운 시각에서 해석하여 이채롭다. 그는 "은유적 표현 속에 숨은 역사적 진실을 찾아서."란 주제의 항목에서 다음과 같이 주장하였다. 즉

"삼위태백 중의 한 지역으로 추정되는 만주의 요녕성 조양(朝陽)과 내몽고 적봉시 등을 중심으로 한 문화 유적지에서 환웅천왕이 3,000명의 종족을 이끌고 세계 최초 국가인 신시(神市: 배달 국가)를 건설하였다. 신시국을 건국한 이후 2천 년 내외의 세월이 흘렀고 수십 명 이상의 천왕들이 자리를 물려주며 나라를 다스렸다. 이 때에 웅씨부족 호씨부족은 신시의 지배세력에 편입되기를 희망하였다. 당시의 기록으로 [삼국유사]의 내용은 다음과 같이 해석해야 한다."고 하였다.

우선 [삼국유사]의 한문 내용을 소개하면,

"時有一熊一虎　同穴而居　常祈于神雄　願化爲人　時神遺靈艾一
炷　蒜二十枚(시유일웅일호　동혈이거　상기우신웅　원화위인　시신유
령애일주　산이십매)　曰爾輩食之　不見日光百日　便得人形　熊虎得
而食　之忌三七日(왈이배식지　불견일광백일　편득인형　웅호득이식
지기삼칠일)

熊得女身　虎不能忌　而不得人身(웅득여신　호불능기　이부득인신)

熊女子無與爲婚　故每於神壇樹　呪願有孕　熊乃假化而婚之　孕生
子　號曰檀君王儉(웅여자　무여위혼　고매어신단수　주원유잉　웅내가
화이혼지　잉생자　호왈단군왕검)"의 내용이 있다.

이에 대한 김종서의 해석은 다음과 같다.

"환웅천왕이 천손(天孫)들의 국가인 신시를 건국할 당시(기원전
6000년 전)(時), 하나의 웅씨 부족과 하나의 호씨 부족이 있었다(有
一雄一虎). 이들은 각기 무리를 지어 한 가지로(同) 움집을 지어
마을을 이루고 살았다(穴而居). 항상 환인과 환웅에게 간절히 빌기
를(常祈于神雄), 사람다운 사람이 되도록 교화해 주시기를 간절히
바랐다(願化爲人). 이때에(時) 이들의 기도에 감동한 환인께서(神)
신통한 약효가 있으면서(靈), 향(香)으로 쓸 수 있는 약쑥 한 다발
과 마늘 20줄기를 주시면서(遺艾一炷蒜二十枚) 말씀하시기를, (曰)
너희들은(爾輩) 이를 먹어라(食之) 하고, 밖에 나가서 일광을 보지
말고, 21일 동안(백일의 착오)(不見日光百日) 수행을 정진하면 곧
바로 깨달음을 얻어서(便得) 사람의 면모를 드러내게 될 것이다(人
形) 하였다. 곰족과 호족은 마늘과 쑥을 얻어서 이를 먹으면서(熊
虎得而食之) 37일을 참아(21일을 말함, 忌三七日), 곰 부족(熊)은
유순한 품성(女)과 행실(身)을 깨닫게 되었다(熊得女身). 호랑이 족
은 참지 못하여 행실을 깨닫지 못했다(虎不能忌　而不得人身).

웅씨족 출신의 웅녀라는 사람(熊女者)은, 그녀와 함께(與) 혼인 (婚)할 만한(爲) 사람이 없었다(無). 고로 늘 환웅천왕의 제단(故每 於神壇樹)에 (훌륭한) 아이를 임신하여 갖게 되기를(有孕) 주문을 외우며 기도하였다(呪願). 환웅천왕께서는(雄) 마침내(乃) 크게(假) 감화를 받으셨다(化). 그래서 웅씨족 처녀와 혼인하셨다(而婚之). 웅녀가 임신하여 아들을 낳으니 단군이시다. 그의 이름을 왕검이라 하였다(孕生子 號曰 檀君王儉)."고 하였다.

이 글은 앞으로 더욱 새로운 해석들이 나와 활발한 논의가 이루 어지리라고 믿는다.

3) 문화의 발전단계에 따른 해석

곰 숭배 신앙과 관련하여 선사시대 우리 조상들의 삶의 모습을 더듬어 보면, 우선 구석기시대, 신석기시대, 청동기시대로 문화발전 의 단계를 구분할 수 있다.

구석기시대 사람들은 동굴 속에서 살면서 나무 열매를 따 먹거 나 동물을 사냥하여 먹이를 구하였다. 그들의 연장은 돌을 깨트리 거나 떼어내 만든 도끼, 칼 등 타제석기(打製石器: 뗀 석기)였다.

신석기시대 사람들은 농사를 짓기 시작하였다.

나무 기둥과 서까래를 얹어 움집을 지어 거주하였고 사용하는 도구도 다양해졌다. 돌을 갈아서 만든 돌괭이, 돌보습, 돌낫 등 마 제석기(磨製石器: 간석기)가 등장하였다. 또 진흙을 빚어 불에 구 운 빗살무늬토기(즐문토기)를 만들어 곡식을 쪄 먹거나 식량을 저 장하였다.

신석기인들은 자연물에 영혼이 있고 무당은 그런 영적인 힘과 사람을 연결시켜 준다고 믿었다. 대략 기원전 4000년부터 약 3000년 동안 이 땅의 주인공이었던 신석기인들은 한 지역에 정착하면서 같은 기후 아래에서 비슷한 경제력과 신앙, 언어, 음악이 형성되었으리라 해석된다.

고조선(단군조선)의 건국은 이러한 신석기시대에서 청동기시대로 이동하면서 이루어진 역사적 사실을 바탕으로 한다. 환웅이 웅녀와 혼인한 것은 청동기로 무장한 천족(환웅)과 토템으로서 곰이나 범을 숭배하는 씨족사회의 동맹 혹은 동화 정책이었음을 짐작할 수 있다.

단군신화의 등장에 관하여, 다음 주장들이 있다.

첫째, 단군시대는 신석기시대(B. C. 1만 년 – 1000년) 말기에서 청동기시대(B. C. 1000 – 400)로 이행하는 변혁기에 해당된다. 이때는 생산력의 발전과 사유재산의 등장, 정복과 유이민을 통해 씨족과 부족의 단위를 넘어서 성읍국가가 등장하는 시기이다.

둘째, 단군신화 전체를 면밀하게 고찰해 보면 신석기시대, 청동기시대 모두를 시대적 배경으로 하고 있다. 단군신화 속에는 신석기시대 후기에 살았던 선주민(先住民)들의 의식과 문화가 스며들어 있다. 상고인(上古人)들의 사상을 고찰함에 있어서는, 곰과 범을 숭배하는 토템신앙(totemism)과 정령숭배(animism), 태양숭배 및 조상숭배 등에 관한 연구도 아울러 이루어져야 할 것이다. 단군신화를 청동기시대의 사람이 주인공으로 등장한 건국신화라 해도 신석기인들의 삶과 그 문화를 함께 연구해야 한다.

이들 모두 충분한 논거가 있다. 다만 시대 구분이 확실치 않는 상황에서 그 틀에 맞추어 선사시대를 해석하는 데는 논의의 여지가 있다고 본다.

우리 민족의 뿌리를 형성한 부족들에 대하여는, 예맥 1부족설, 예맥 2부족설, 한족(韓桓), 예족(웅족), 맥족(호족) 3부족설 등이 있다.

또 웅녀족은 선국인 고아시아족이고 환웅족은 이주민인 알타이 어족의 갈래 또는 예맥족이라는 설도 있다.

다. 단군사상

우리는 강한 민족적 자긍심을 갖고 있다.

우리 민족을 상징하는 말로 '배달민족', '백의민족', '동방예의지국' 등 그 용어도 다양하다.

요즘은 '우리 것이 최고'라는 말이 유행하고 실제로도 우리 상품은 세계적으로도 우수하다는 평가를 받고 있다.

흔히 우리가 주고받는 용어나 상호에 있어서도, '우리 집', '우리 마누라', '우리 은행', '우리 병원', '우리 당' 등 유난히 '우리'라는 말을 많이 사용하고 있다. 그렇다면 우리 고유의 사상과 문화는 무엇인가.

학자에 따라서는 정확히 말하여 우리 고유사상은 규명하기 어렵다는 입장과, 무속신앙(巫俗信仰)에서 고유사상의 뿌리를 찾을 수 있다는 주장도 있다. 혹은 유교(儒敎), 불교(佛敎), 선교(仙敎)의 삼교 통합을 내세우기도 한다.

이러한 주장들은 결국 우리 고유 사상이 처음부터 존재하지 않았거나 비록 존재한다 해도 이론체계를 갖출 형편이 아니라는 뜻으로 해석되는 경우가 있다.

하지만 우리는 분명히 우리 고유의 신화와 사상이 있고 이를 바탕으로 민족의 얼과 문화가 발달하였으며 지금도 그 흐름을 벗어날 수 없음을 확인하였다.

우리의 현재가 소중하고 미래에 희망이 있음은 바로 이를 바탕으로 이루어진 과거가 있기 때문이다.

단군신화는 우리 민족정신의 저변에 자리 잡고 있는 생각의 뿌리이며 우리 겨레가 살아온 삶의 보편화 과정을 표현한 것으로 우리 고유의 사상을 담고 있다.

단군신화에 나오는 천, 지, 인의 원리에 관한 관념체계를 보면,

첫째, 인간을 널리 이롭게 하는 홍익인간(弘益人間)의 목적의식이 천명되어 있다.

둘째, 하늘을 숭배하면서도 하늘과 땅, 사람이 한데 어울러져 있다. 이들은 인간이 살고 있는 이 세상을 가장 소중하게 여기고 땅 위에서 일어나고 있는 모든 일들을 기꺼이 수용한다.

셋째, 이 세상에는 늘 하늘과 땅, 남자와 여자, 밤과 낮, 빛과 그림자 등 음과 양이 조화를 이루어 변화 발전한다는 화합의 원리가 작용하고 있다. 다음에서 이들 내용을 좀 더 자세히 살펴보자.

1. 사람을 널리 이롭게 한다

사람은 사람다워야 한다.

사람이 사람답게 살아가자면 몸과 마음이 모두 중요하다. 또 사람들이 서로 융합하고 더불어 살아가는 원만한 인관관계가 필수적이다.

인간의 육신은 교부철학자 아우구스티누스(Aurelius Augustinus,

354-430)가 주장한 것처럼 카인의 피가 흐르는 죄의 덩어리도 아
니고, 불가(佛家)에서 염려하고 있는, 생로병사(生老病死)나 팔고
(八苦)에서 헤어나지 못하는 괴로운 존재만도 아니다.

하늘의 아들 환웅이 살고 싶어 하는 동방의 세계는 사람이 살
만한 홍익(弘益)의 터전이다. 사람다운 사람이 되기 위하여 쑥과
마늘(쓰고 맵지만 건강에 아주 유익한 음식)만을 먹으며 고통을 겪
었다. 다음 곰(웅씨 부족의 사람 혹은 곰을 신앙하는 사람)과 혼교
(婚交)를 하는 행위는 지극히 자연스럽다. 남녀가 혼인을 하고, 성
적 교섭을 갖는 행동은 사회적 상호의존성의 가장 원초적 관계이
며 신성한 의무이기도 하다. 인간에게 가장 소중한 보금자리이며
행복한 터전은 가정이다.

가정은 남녀의 결합에 의하여 이루어진다. 이렇게 하여 이루어진
인간의 집단은 상호의존성을 기본으로 사회에 확대된다. 그 기본은
천(天)이요 인(仁)이다.

2. 하늘과 땅, 사람이 한데 어우러져 있다

[삼국유사]에서는 환인, 환웅, 단군의 관계를 삼대(三代)로 이어
지는 부자(父子) 사이로 설명하고 있다.

[한단고기]에서는 이들을 각기 다른 시대(환인 7대, 환웅 18대, 단
군 47대)의 통치자로 보고, 그 연대와 역사적 사실을 기록하고 있다.

학자에 따라서는 [삼국유사]가 2천 년의 역사를 단지 삼대의 부자
관계로 축소하고 곰을 신앙하는 족장과 호랑이를 신앙하는 족장을
각각 한 마리의 곰과 호랑이로 둔갑시켜 놓았다고 비판한다. 또한

[한단고기]가 서술한 내용의 역사성을 믿을 수 없다는 주장도 있다.

하지만 구태여 이를 평가하자면, 전자의 경우 천, 지, 인(天, 地, 人)을 밀접한 관계로 부각시켰고, 후자의 경우 역사적 사실을 강조한 점에 그 의미가 있다. 두 주장이 모두 이치가 있다는 뜻이다.

이들 두 책(삼국유사와 한단고기)이 공통적으로 상징하는 사상을 간추려 보면 다음 세 항목으로 나누어 논의할 수 있다.

첫째, 하늘(天), 땅(地), 사람(人)이 융합되어 있다. 서양의 철학자 플라톤(Platon, B. C. 428 − 347?)은 시간과 공간을 초월한 '선의 이데아'를 내세웠다. 기독교나 불교에서 말하는 천국이나 극락도 너무 먼 곳에 있어서 아무나 쉽게 갈 수 없다.

우리의 단군신화에서는 하늘과 땅, 신과 인간은 서로 융합되어 있기 때문에 천당과 극락이 바로 우리가 사는 이곳이라고 한다. 또한 삼국시대 이래 끊임없이 밀려오는 외래의 문물을 수용하는 과정에서 우리 조상들은 이들을 창의적으로 통합하는 지혜를 보여주었다.

둘째, 단군신화는 우리가 살고 있는 인간세계에 대한 무한한 신뢰를 바탕으로 한다. 플라톤은 이 세계를 동굴에 비유하였고, 불교에서는 고통의 바다에 비유하였다. [구약성경]에서 야훼는 "내가 지어낸 사람이지만 땅 위에서 쓸어버리리라. 공연히 사람을 만들었다. 사람뿐 아니라 짐승과 땅 위를 기는 것과 공중의 새까지 모조리 없애버리리라."고 하면서 탄식하였다.

하지만 우리 조상들은 이 땅이 신(환웅)도 탐내며 살고 싶어 하는 곳이라 믿었다. 곰족과 호랑이족은 축복받은 이 세상에서 살고자 혹독한 시련을 참고 견디었다.

셋째, 환인은 파밀공원에서 환국을 세웠고 환웅과 단군은 동아시아를 완전 통합하였으며 인류문화의 첫 등불을 밝혔다는 [한단고기]의 내용은 앞으로 더욱 밝혀야 할 우리의 과제이다.

지금 중국과 일본에서 다투어 역사를 왜곡하고 너무나도 명백한 사실을 가지고도 억지를 부리는 것을 보면 우리 고대사가 축소되거나 소멸되었을 가능성은 충분하다.

단군은 죽어서 산신이 되었다고 하였다. 사람과 신이 공존한다는 의식이 지배하던 때에 환인, 환웅, 단군을 모두 신의 존재로 숭배한 것은 당연하다. 단군이 하늘로 승천하지 않고 산으로 들어가 우리 가까이에 머물러 계신다는 이른바 하늘과 땅, 인간이 공존하는 삼신사상(三神思想)은 분명 우리 고유의 신앙형태라고 볼 수 있다.

우리 조상들은 삼신사상을 이 땅에 실천하여 이상국가를 건설코자 하였다. 홍익인간(弘益人間)은 그 통치이념이요, 재세이화(在世理化: 세상에서 이치로 백성을 다스림)와 접화군생(接化群生: 민중을 직접 교화함)은 그 방침이었다.

삼신사상은 당시 사람들의 생활철학이요, 행동강령이었으며 주로 소도(蘇塗)를 통하여 제천행사와 교육 혹은 가무(歌舞)를 통한 놀이가 행해졌다. 최근 삼신사상을 [천부경]과 관련하여 연구한 학자가 있다.

3. [천부경] 81자에 더욱 깊은 진리가 담겨져 있다

[삼국유사]에는 환인이 환웅에게 천부인(天符印) 세 개를 주었다고 하여 그 해석이 학자마다 약간씩 다르다.

'천부인'을 풍백(風伯: 바람의 신), 우사(雨師: 비를 맡은 신), 운사(雲師: 구름의 신)의 삼신(三神)이라는 주석, 또 '신(神)의 위엄과

영험한 상징이 있는 부인(符印)'으로 해석한 주석이 있다.

[한단고기]에 의하면, [천부경]은 총 81자로 되어 있다.

[천부경]은 천제(天帝) 환국(桓國)에서 구전(口傳)되어 오던 것을 쓴 글이다. 환웅 대성존(桓雄大聖尊)이 하늘에서 내려오신 뒤 신지(神誌: 글을 맡은 관직) 혁덕(爀德: 환웅시대의 신하)에게 명하여 녹도문(鹿圖文: 환웅시대 사용한 글씨체의 일종)으로 기록하게 하였다. 최치원 선생은 신지가 쓴 전서(篆書)로 된 옛 비석을 보고서 다시 첩을 만들어 세상에 전했다. 그 후 [천부경]이 자취를 감추었는데, 1911년 계연수가 중간(重刊)한 [태백일사]를 통하여 세상에 알려졌다.

요즘, 단일문화원 김백호 원장이 내놓은 [천부경]의 강설 내용을 요약하면 그 대강의 의미는 다음과 같다. 즉

"[천부경] 첫 구절에 일시무시일(一始無始一: 하나는 비롯됨이 없는 하나에서 시작되었다)이라는 말은 천, 지, 인의 삼신사상이 '하나에서 시작하여 하나로 귀착된다.'는 뜻이다. 다시 말하여 우주와 존재는 나뉘어 있는 것이 아니라 하나이다. 하나의 특징은 시간과 공간을 초월한 부동의 존재이고. 천만 개로 분화된다 해도(혹은 천, 지, 인으로 분화되어도) 결국 하나일 뿐이다. 하나의 덩어리 속에서 하늘과 땅, 사람의 세 요소로 분화한 것이다.

[천부경]의 사상과 주돈이(염계: 1017－1073. 북송의 철학자)의 태극론에는 차이가 있다. 즉 염계가 내놓은 [태극론]의 분화과정을 보면, '무극이면서 태극인 곳에 음(陰)과 양(陽)이 나와 다시 만물의 분화가 계속된다.'고 설명하고 있다. '하나'의 극이 내부적으로 음과 양의 요소로 나뉜 뒤 이 음양이 계속 만물을 낳는다는 양극체제(兩極體制)라는 뜻이다.

하지만 [천부경]에서는 '하나'가, 천, 지, 인(天, 地, 人)의 삼극(三極)의 요소로 분화하고, 계속 분화하여 삼극체제를 이루어 나간다.

염계의 [태극도설]에서는 음과 양 두 개의 개체가 합해야만 새로운 개체를 분화할 수 있지만, [천부경]에서는 하나의 개체가 새로운 개체를 분화해 나갈 수 있다.

천, 지, 인이 음양으로 나뉘는 것이 아니라 각각 맨 처음에 '하나'의 성질을 가진 채, 천, 지, 인이 그대로 각각 두 개로 분화되는 것이다.

[태극도설]의 음양론은 서로 대립하는 짝수 대립의 수이므로 항상 대립을 야기할 수 있는 요인을 안고 있다. [천부경]의 삼극체제에서 3이라는 수(數)는 조화의 요인을 갖고 있어 어울림을 이룰 수 있다. 우리 민족이 고래로 3이라는 숫자를 좋아한 것도 이처럼 조화를 선호하는 품성을 갖고 있기 때문이다.

동양철학의 대립 개념은 이로 인하여 길흉(吉凶)과 선악(善惡), 반상(班常), 남녀(男女), 빈부(貧富), 군자와 소인 등 사람을 갈라놓는 대립적 시각을 낳았다.

[천부경]의 3수(數)철학은 이러한 대립적인 사회를 조화와 융합으로 이끌어 가는 통합의 철학인 것이다.

우리 민족 사상에서 인내천(人乃天)이나 홍익인간(弘益人間) 등 인간 중심의 사상이 [천부경]에 융합되어 있다. 하늘과 땅, 사람이 겉으로는 나뉘어 있는 듯하지만 사람과 하늘이 본래 하나에서 쪼개져 나왔으므로 근본 바탕은 하나이며 여기서 '사람이 곧 하늘이다.'라는 사상이 성립되었다. 재세이화(在世理化)나 접화군생(接化群生)의 이론 역시 [천부경]의 사상 구조와 맥을 같이한다.

끝으로 [천부인]에서 인(印)이라는 글자는 우리가 현재 사용하고 있는 인장이란 뜻의 도장이 아니다. 그 뜻은 '진리의 도장', 즉 천, 지, 인의 도리를 깨닫는 진리라고 말할 수 있다." 하였다.

위 글에서 음양의 차별론 대신 하나로 융합하는 조화의 원리를 추구하는 논리는 앞으로 더욱 구체적인 연구로 이어갈 가치가 있다고 본다.

둘. 화랑정신

화랑은 우리의 우상이었다.

화랑정신은 곧 민족정신이요 삼국을 통일한 정신적 바탕이 되었다.

원광법사의 세속오계(世俗五戒), 호국의 영웅이 된 귀산과 추항, 임전무퇴의 정신으로 나라를 지킨 화랑 관창, 죽음으로써 우정을 지킨 화랑 사다함, 김유신과 김춘추의 무용담은 초등학교 교과서에 소개되어 후세의 귀감이 되었다.

화랑무공훈장, 화랑의 집, 화랑부대, 화랑담배 등 화랑이 붙은 이름만 들어도 깊은 감동을 받았던 세대가 있다.

6·25 전쟁 직후 전쟁의 폐허를 딛고 일어선 젊은이들에게, 화랑 담배 피어오르는 '전우가'의 노래 가사는 지금도 잊히지 않는다.

전우의 시체를 넘고 넘어 앞으로 앞으로
낙동강아 흐르거라 우리는 전진한다.
원한이야 피에 맺힌 적군을 무찌르고서
화랑 담배 연기 속에 잠들은 전우야

지금 남북이 대립하고 또한 동, 서가 지역감정의 타성을 벗어나지 못하고 있는 상황에서 화랑정신은 과연 무슨 의미가 있으며 우리는 그 실체를 어떻게 접근해야 할 것인가. 우선 그에 관련된 자료부터 소개하고 다음에 그 내용과 해석의 순으로 알아보겠다.

화랑에 관한 자료는 [삼국사기]와 [삼국유사]에 비교적 자세히 실려 있다. 그 외에 [고려사]와 [조선왕조실록]에서 그 후의 흐름을

파악할 수 있다

최근 김대문저 [화랑세기]의 필사본이 1,300여 년 만에 나타나 한국 역사학계에 큰 충격을 주고 있다. 이 책이 일반 독자들에게 널리 알려진 것은 1989년 2월 3월 사이에 [서울신문]에 그 발췌본 전문이 발표되면서부터였다.

사학자 이태길에 의하여 그 모습을 드러낸 [화랑세기] 필사본은 박창화(1889 – 1962)가 1933년부터 1945년까지 일본 궁내성 도서료의 조선전고조사사무(朝鮮典故調査事務) 촉탁으로 근무하면서 필사한 것이라 한다. 필사본의 내용은 서기 540년(진흥왕 1년)부터 681년(신문왕 1년)까지 140년간 32명의 풍월주에 관한 전기(傳記)로 되어 있다. [화랑세기] 필사본은 1989년에 발견된 32쪽의 발췌본과 1995년에 이종욱이 입수하여 공개한 162쪽의 필사본 두 종류가 출판, 판매되고 있다.

그동안 1300년이라는 세월이 흘렀고, 더구나 일본의 관청에서 베껴온 이 책이 과연 신빙성이 있을까 하는 것은 논의의 여지가 많다.

이와 관련하여 [화랑세기]를 역주해하여 펴낸 이종옥 교수의 변을 인용하면 다음과 같다.

"이 책은 최초로 [화랑세기]의 사서(史書)로서의 신빙성을 인정한 견해는 아니다. 그러나 신라사 연구에 바탕을 두고 [화랑세기]를 사서로서 인정하는 최초의 본격적인 주장이 된다. 이런 주장은 아직 완성한 것은 아니다. 다만 필자의 주장이 계기가 되어 [화랑세기] 자체와 그 내용에 관한 연구가 활발하게 이루어지기를 바란다. 그 결과 신라사에 대한 새로운 패러다임을 세워 한국 고대사 연구의 새로운 장을 여는 데 도움이 되기를 바란다."고 하였다.

이 책에 소개된 신라 왕족과 화랑들의 문란한 성관계는 [미실]이

란 소설에 자세히 나온다. 최근에는 MBC TV 드라마의 [선덕여왕]
에서도 '미실'이 등장하여 시청률을 높이고 있다.

가. 화랑의 활동 내용

화랑의 활동에 관하여는, [삼국사기]와 [삼국유사], [고려사], [조
선왕조실록]과 [화랑세기] 필사본 등에 나온다. 순서대로 그 중요한
내용만을 간단히 소개하겠다.

[삼국사기]
"진흥왕 37년 봄에 처음으로 원화(源花)를 만들었다.

이보다 먼저 군신(君臣)들이 인재(人材)를 알지 못하여 근심한
끝에 많은 사람들을 무리 지어 놀게 하여 그들의 행실을 보아 이를
등용하려고 하였다. 아름다운 두 여자를 뽑았는데 그 이름은 남모
(南毛)와 준정(俊貞)이다. 이들 두 여자는 300여 명의 무리를 모았
다. 이들은 차츰 그 아름다움을 다투어 서로 질투하게 되었다. 준
정은 남모를 자기 집으로 유인한 뒤, 독한 술을 권하여 취하게 하
고, 그를 이끌어 강물에 던져 죽였다. 이 일로 준정은 사형을 받고
무리들은 실망하여 흩어졌다.

그 후 다시 미모의 남자를 뽑아 곱게 꾸며 화랑이라 하였다. 이
들을 받드는 무리들이 구름처럼 모여들었다.

화랑은 서로 도의(道義)를 연마하고 혹은 가락(歌樂)을 즐기며
산수를 유람하였다. 이로 인하여 사람의 옳고 그름을 알게 되고,

그중에서 착한 사람을 뽑아 조정에 추천하였다.”

김대문의 [화랑세기]에서 언급하기를, “어진 재상과 충성된 신하, 그리고 양장(良將)과 용졸(勇卒)이 여기에서 나왔다.”고 하였다. 김대문의 [화랑세기]는 현재 전해지지 않고, 다만 [화랑세기] 발췌본만이 나온 것이다.

화랑 사다함(斯多含)

사다함은 진골계통으로 내물왕의 7대손이요 급찬 구리지(仇梨知)의 아들이다. 높은 가문의 귀한 자손으로 의표가 청수하고 지기가 방정하여 화랑으로 삼아 그들의 환심을 얻었다.

진흥왕이 이찬 이사부에게 명하여 가야국을 습격하게 하였다. 그때 사다함의 나이 15, 16세로 종군하기를 청하니 왕은 나이가 어리다 하여 허락하지 않았다. 하지만 그 청이 정성스럽고 뜻이 확고하여 귀당비장(貴幢裨將: 지방군의 부대장)으로 삼으니 따르는 자가 많았다. 가야의 성문에 들어가자 그 나라 사람들은 불의에 (신라)군사를 맞아 놀라 방어할 능력을 잃었다. 사다함이 공격하여 드디어 나라를 멸하였다.

군사가 돌아오자 왕은 공(사다함)을 책정하여 가락 인구 300명을 주었으나 모두 방면하여 한 명도 남기지 않았다. 또 전지(田地)를 주니 군이 사양하므로 왕이 강경히 권하자 알천 땅의 불모지를 청하여 받았다.

사다함이 처음에 무관랑(武官郎)과 약조하여 사생(死生)을 같이 하는 친구가 되었다. 무관랑이 병들어 죽자 매우 슬퍼하다가 7일 만에 사다함도 역시 죽었다. 그때 사다함의 나이 17세였다.

화랑 관창(官昌)

관창은 신라 장군 품일의 아들로 인품이 우아하여 젊어서 화랑이 되었으며 남과 교제를 잘하였다.

왕이 군사를 내어 당나라 장군과 더불어 백제를 칠 때, 관창을 부장(副將)으로 삼아 황산들에 이르렀다. 두 군사가 마주치자 아버지 품일이 말하기를,

"네가 비록 나이 어리지만 지기(志氣)가 있으니 오늘은 공명을 세워 부귀를 얻을 때다. 용맹이 없을 수 있겠느냐." 하였다.

관창이 말하기를, "그렇게 하겠습니다." 하고 곧 말에 올라 창을 비껴들고 적진(백제의 진)으로 달려가 여러 명을 죽였다. 저쪽(백제) 군사는 많고 우리(신라) 군사는 적어 적(백제군)에게 사로잡혔다. 산 채로 끌려가 백제의 원수(元帥), 계백의 앞에 갔다. 계백은 갑옷을 벗기고 그의 나이 어림과 용기를 사랑하여 차마 가해하지 못하고 감탄하기를, "신라에는 기사가 많다. 소년도 오히려 이와 같은데 하물며 장사이겠는가." 하고 살려 돌려보낼 것을 허락하였다.

관창은 말하기를, "전에 나는 적중에 들어갔으나 능히 장수를 베고 기를 빼앗지 못하였으니 깊이 한이 된다. 두 번째 들어가면 반드시 성공할 것이다." 하였다. 손으로 우물물을 움켜 마시고 다시 적진으로 돌진하여 맹렬히 싸웠다. 그때 계백이 다시 사로잡아 목을 베고 말안장에 매달아 보냈다. 품일은 그 머리를 붙들고 옷소매로 피를 씻으며 말하기를, "내 아들의 면목이 살아 있는 것 같구나. 왕사(王事)에 능히 죽었으니 후회가 없을 것이다." 하였다.

3군(軍)이 보고 강개하게 여겨 뜻을 세우고 북을 두들기며 진격하니 백제가 대패하였다. 대왕은 그에게 급찬의 벼슬을 추증하고 예로써 장사 지냈으며 그 집으로 당견(唐絹) 30필, 20승, 포(布) 30

필, 곡식 100석의 부의를 보냈다.

[세속오계]와 귀산, 추항 등 화랑정신에 관하여는 다음 항목에
있다.

[삼국유사]

진흥왕은 천성이 풍미(風味)가 있어서 크게 원화(源花)와 화랑의
도를 숭상하였다. 민가(民家) 처녀들 중에 아름다운 자를 뽑아서
원화를 삼았다. 이는 효제(孝悌)와 충신(忠信)을 가르치려는 것이고
또 나라를 다스리는 대요(大要)였다. 남모랑(南毛郎)과 교정랑(嬌貞
郎) 두 원화를 뽑았으며 모여든 사람이 3백~4백 명이나 되었다.
이때 교정랑은 남모랑을 질투하여 일부러 술자리를 마련하고 남모
랑에게 술을 취하도록 권한 뒤, 남몰래 북천으로 끌고 가서 큰 돌
속에 묻어 죽였다. 그 음모를 아는 자가 있어서 노래를 지어 거리
의 어린이를 꾀어 부르게 했다. 남모랑의 무리들이 이 노래를 듣고
시체를 찾은 뒤 교정랑을 죽였다. 이 소식을 듣고 대왕은 영을 내
려 원화의 제도를 폐지하였다.

그 후 여러 해가 지난 뒤, 왕은 또 나라를 일으키려면 먼저 풍월
도(風月道)를 만들어야 한다고 생각하였다. 다시 영을 내려 양가(良
家)의 남자들 중에서 덕행이 있는 자를 뽑아 이름을 고쳐 화랑이라
하였다. 맨 처음으로 설원랑(薛原郎)을 받들어 국선(國仙)을 삼았
다. 이것이 화랑 국선의 시초다. 그 때문에 명주(강능 지역)에 비석
을 세우고 사람들로 하여금 악한 것을 고쳐 착한 일을 하게 하고,
이웃 사람을 공경하고 아랫사람에게 유순하도록 하게 하였다. 이에
오상(五常: 仁, 義, 禮, 智, 信)과 육례(六藝: 禮, 樂, 射, 御, 書,
數), 삼사(三師: 제왕을 보좌하는 최고 관직인 太師, 太傅, 太保)와

육정(六正: 육정신, 즉 聖臣, 良臣, 忠信, 智臣, 貞臣, 直臣)이 왕의 시대에 널리 행하여졌다.

[화랑세기] 필사본

이 책의 내용과 관련이 있는 풍월주들을 소개하면,

1세 풍월주 위화랑, 2세 풍월주 미진, 3세 풍월주 모랑, 4세 풍월주 이화랑, 5세 풍월주 사다함, 6세 풍월주 세종, 7세 풍월주 선화랑(설원랑), 8세 풍월주 문노, 10세 풍월주 미생랑, 11세 풍월주 하종, 13세 풍월주 김용춘, 15세 풍월주 김유신, 18세 풍월주는 김춘추이다.

1세 풍월주 위화랑은, 비쳐왕(소지왕)의 미복자가 되었다. 위화랑은 원래 섬신공(눌지왕의 손자)의 아내인 어머니 벽아부인이 비쳐왕의 왕비가 되어 미복자가 되었다. 모계로 따져 그 신분이 진골이다. 미복자란 다른 남자의 아이를 임신한 여자가 왕의 부인이 되어 아들을 낳는 경우를 말한다.

법흥왕이 위화랑을 총애하여 그때부터 화랑이란 용어를 사용하였다.

남모(南毛)는 법흥왕의 딸이다. 그 어머니는 백제 보과공주(동성왕의 딸)이다. 법흥왕이 국공으로 있을 때 백제에 들어가 왕녀(보광공주)와 사통(私通: 몰래 정을 통함)하여 그녀를 낳았다. 그녀가 후에 신라로 도망쳐 와서 남모와 모랑을 낳았다.

준정(俊貞: [삼국유사]의 교정)은 삼산공의 딸로 법흥왕비 옥진의 사부(私夫: 남몰래 두는 샛서방) 영실공을 짝사랑하였다.

위화랑은 법흥왕의 사랑을 받고 있던 오도부인과 사통하여 옥진과 금진 두 딸을 낳았다.

옥진은 법흥왕을 섬겼다. 그녀는 영실과 혼인하여 묘도를 낳았고 묘도는 미진부공과 혼인하여 미실을 낳았다.

금진도 법흥왕을 섬겼으나 아들이 없었다. 금진은 여러 남자와 정을 통하였는데 입종과는 숙흘종(김유신의 외조부, 김유신의 어머니인 만명부인의 아버지)을 낳았고, 구리지공과 몰래 통하여 토함공, 사다함을 낳았다. 또 구리지의 용양신(龍陽臣: 남색, 비역)인 설성과 사통(私通)하여 설원랑을 낳았다. 설성은 모습이 아름답고 교태를 잘 부렸다.

위화랑은 준실과 혼인하여 이화랑(二花郎: 4세 풍월주)을 낳았다.

이화랑은 숙명공주(진흥왕 왕후)와 정을 통하여 보리공, 원광을 낳았다. 보리공의 증손이 김대문이다.

숙명후는 이화랑과 정을 통함이 더욱 심하여 여러 번 왕에게 들켰다. 왕이 왕후를 폐하려 하자 울면서 간하더니 결국 공(이화랑)과 도망쳐 나갔다.

풍월주(화랑)는 대개 군주와 비슷한 권위를 누리고 있는 진골 계통으로 몇몇 가문이 최고위직을 독점하였다. 예를 들어 1세 풍월주 위화랑의 딸 옥진은 법흥왕의 왕후이고, 둘째 딸 금진은 구리지와 설상과 통하여 풍월주 사다함과 설원랑을 낳았다. 4세 풍월주 이화랑은 위화랑의 아들이고. 10세 미생랑은 미실의 동생, 11세 하종은 미실의 아들, 20세 풍월주 예원공은 보리공(이화랑의 아들)의 아들이다.

김용춘 공은 금륜태자의 아들이다. 공의 형 용수는 혹은 동륜태자의 아들이라 하고 혹은 금륜태자의 아들이라고 하는데 그 진실은 알 수 없다. [전군열기(殿君列記)]에, "공(용춘)은 곧 용수 갈문왕의 동생이다."고 하였다.

참고로 [삼국사기]와 [삼국유사]의 기록에는 용춘과 용수를 동일인으로 보고 있다. [화랑세기]에서는 형제로 되어 있다.

대왕(진평왕)은 적자가 없어 용춘공의 형 용수전군을 사위로 삼아 왕위를 물려주려 하였다. 용수공은 처음에 천화공주를 아내로 맞았는데 천명을 아내로 맞게 되자 천화공주를 동생 용춘에게 주었다.

용수공은 두 번째로 천명공주를 아내로 맞았다.

원래 천명공주는 용춘 공을 사랑하였다. 용수 공이 죽기 전에 그의 부인 천명과 아들(춘추공)을 용춘 공에게 맡겼다. 첫 부인(천화공주) 다음으로 두 번째 부인(천명공주)도 또 동생에게 준 것이다.

선덕공주가 왕으로 즉위하자 용춘 공을 지아비로 삼았는데 공은 자식이 없다는 이유로 스스로 물러날 것을 청하였다. 하여튼 용춘 공은 형의 부인 천명과 아들 태종(무열왕)을 처자로 삼았다.

2세 풍월주 미진부의 집안은 그 독주와 타락이 그 극에 달하였다.

미진부의 딸 미실은 이미 그 출생과 성장과정에서 창녀와 같은 기질을 갖고 있었다. 그녀는 타고난 미색을 바탕으로 남자를 사로잡을 수 있는 온갖 교태와 비법을 모두 익히고 있었다. 그녀는 삼조(三朝), 삼주(三柱) 혹은 삼대(三代)에 걸쳐 첩실로 지내며 신라의 왕권을 뒤흔들었던 신라 최대의 세력자 중 하나였다. 그녀는 풍월주 제도를 폐하고 대신 자신이 원화로 그 직을 대신하여 권세를 휘둘렀던 일도 있다. 미실은 진흥왕, 진지왕, 진평왕을 섬겼고, 세종전군과 통하여 자녀를 낳았으며 또 사다함을 사랑하였다.

미실은 진흥왕과 통하여 반야, 난야, 수종을 낳았고, 동륜태자에게서 애송을, 진평왕에게서 보화를, 설원랑에게서 보종을, 세종에게서 하종과 옥종을, 도합 8남매를 낳았다. 미실은 처음 동륜과 통하여 애송을 낳았으나 그 아버지 진흥의 사랑을 받아 세 딸을 낳았다. 다시 진흥의 아들 진지를 섬기고 그 후 동륜의 아들 진평을 섬겼다. 진흥왕은 풍질(미치광이가 되는 병)로 죽었고, 동륜태자는 처음 미실을 사랑하였으나 미실이 아버지의 총애를 받자, 다시 보명 궁주를 찾아 궁의 담장을 넘어 들어가다가 큰 개에 물려서 죽었다. 진지대왕은 미실 때문에 왕위에 올랐는데 색을 밝혀 방탕하였다. 이에 미실은 원화(화랑)가 되어 문노 등 여러 사람과 연합하여 진지왕을 폐위시키는 데 성공하였다. 동륜태자와 진지왕(금륜태자)은 진흥왕의 아들이다.

최근 김별아의 소설 [미실]이 세계일보가 실시한 제1회 세계문학대상을 받았다. 그 서문 한 대목을 소개하면 다음과 같다.

> 그녀의 치마가 펄럭였을 때
> 세상은 그녀 앞에 무릎을 꿇었다.
> 돌이킬 수 없는 폐허처럼,
> 그녀는 뒤를 돌아보지 않고 끝까지 갔다.
> 부박한 생이여.
> 손아귀 가득 움켜잡은 치맛자락을 놓아라.
> 뿌리치는 비단 천에 미끄러져 더욱 붉어진 알몸뚱이로
> 그녀는 간다.
> 끝까지 오직 아득한 끝만을 주시한 채로.

5세 풍월주 사다함은 위화랑의 딸 금진공주가 구리지공과 몰래 사귀어 낳은 아들이다. 그는 격검에 능하고 사람을 사랑하여 아버지의 풍모가 있었다. 낭도들이 서로 일러 말하기를, "구리지공의 음덕으로 받은 복이다." 하였다. 사다함은 밖으로 굳세고 안으로 어질었고 우애가 독실하였다. 비록 설성(어머니 금진의 情夫, 남색)

은 거역하였으나 어머니를 섬기는 효도는 지극하였다.

사다함공의 신하로 무관랑이란 자가 있다. 무관랑도 또한 공이 많았는데 미천하여 보답을 받지 못하고 죽었다. 공이 그 때문에 마음이 아팠다.

금진낭주(사다함의 어머니)는 평소에 색에 빠졌다. 여러 남자를 사통하고도 부족하여 아들의 신하인 무관랑을 몰래 끌어들였다. 무관랑은 사다함을 대하기가 어려웠다. 사다함이 위로하여 말하기를, '네가 아니라, 어머니 탓이다. 너는 나의 벗이다. 내 어찌 작은 허물을 문제 삼겠는가.' 하였다. 무관랑은 도망치려고, 밤에 궁의 담을 넘다가 구지(성 밑에 파놓은 못)에 떨어져 다쳤다. 얼마 지나지 않아 죽었다.

사다함공은 애통해 하였다. 공 역시 병들어 7일 만에 숨이 끊어지려 하였다. 금진은 공을 품에 안고 발을 구르며 말하기를,

'나 때문에 너의 마음이 상해서 이 지경에 이르렀다. 내가 어찌 살겠는가.' 하였다.

공이 서서히 눈을 뜨고 말하기를, '죽고 사는 것은 운명입니다. 내가 어찌 어머니 때문에 마음을 상하겠습니까. 살아서 어머니의 큰 은혜를 갚을 수 없었는데 저 세상에서 그 은혜를 갚겠습니다.' 하였다.

13세 풍월주 김용춘은 김유신의 사돈이며 처조부이고, 본인도 15세 풍월주다. 18세 풍월주 김춘추공은 그의 처남이며 장인이다.

15세 풍월주 김유신은 그의 아버지가 금관가야의 왕족이다. 하지만 그의 할머니, 어머니가 신라의 왕족이다.

19세 풍월주 흠순공은 유신의 동생이고, 26세 풍월주 진공(眞功)은 흠돌의 매제이고 유신의 조카사위다. 27세 풍월주 흠돌은 유신

의 사위이며 조카다. 31세 풍월주 흠언은 흠돌의 아들이고, 32세 풍월주 신공(信功)은 진공의 아들이다.

이들은 대를 이어 권세를 누리고도 부족하여 신라가 삼국을 병합한 후, 문무왕의 장자인 신문왕이 즉위한 다음날, 반란을 일으켰다(이 사실은 [삼국사기]에도 있다) 즉 김유신의 조카이며 사위인 흠돌은 그의 딸이 신문왕의 왕비였음에도 31세 풍월주 흠언(흠돌의 아들), 26세 풍월주 진공(유신의 조카사위), 32세 풍월주 신공(진공의 아들), 23세 풍월주 군관과 그의 아들 천관(흠돌의 사위) 등과 함께 반란을 일으켰다가 모두 붙잡혀 사형을 당하였다.

[고려사]

고려왕조에 들어와서 화랑은 주로 연등, 팔관회에 참석하였고 국선(國仙) 혹은 선랑(仙郎)이라 불렸다. 정월 보름의 연등회와 11월 15일의 팔관회는 고려의 2대 법회요 명절이었다. 연등회는 원래 부처님에 대한 공양의 한 의식이며, 팔관회는 일종의 추수 감사제였다. 고려 태조는 이 두 행사를 극히 중요시하여 그의 [훈요십조]에 남겼다. 화랑은 바로 이 행사의 주관자가 된 것이다. 다음에서 그에 관련된 기록들을 보자.

사례 1

고려 예종 3년, 왕이 건원전(乾元殿)에 나가 조신들의 축하를 받고 영을 내렸다. "국선(國仙: 화랑)에 대하여, 근래에 벼슬길로 통하는 곳이 많아서 국선으로 되려는 자가 없으니 대관(大官)의 자손들로 하여금 그 일을 실행하여야 할 것이다." 하여, 당시까지만 해도 화랑들의 벼슬 길이 열려 있었음을 말해준다.

사례 2

그 후 의종은, "조정 이래로 선풍(仙風)을 숭상한 지 오래되었는데 근래에 양경(兩京)의 팔관회에는 날로 구격(舊格: 옛날 격식)이 감소되어 유풍(遺風: 신라의 풍속)이 점점 쇠퇴하였다. 지금으로부터 팔관회는 양반으로 가산이 풍족한 자를 뽑아 선가(仙家)를 정하고 고풍을 따라 이를 행하여 사람과 하늘이 모두 기뻐하도록 할 것이다." 하였다. 화랑은 양반의 대열에 속해 있었으나, 그들이 주관하는 팔관회는 별로 인기가 없는 행사였다. 왕은 특별히 그들로 하여금 국가의 중요 행사인 팔관회를 주관하도록 하였다.

사례 3

신라 시대 화랑의 유풍으로 재산이 풍족한 귀문이나 양반 가운데 결혼하지 않는 자를 선발 하여 선랑이라 하였는데, 이들은 고려 초기부터 연등, 팔관회 등과 함께 국풍(國風)의 하나로 인식되었다.

그런데 충렬왕이 명하여, "성조(聖祖: 고려 태조)의 자손은 비록 20대의 사위까지도 뽑아 특별명부에 기록하라. 만일 남반(南班: 문무관에 속하지 않은 양반)에 있으면 동반(東班: 문관의 반열)에 고치고 국선(國仙)으로 보내지 말라."고 하여, 화랑을 특히 왕씨족과 구별하여 차별화한 것을 볼 수 있다.

[조선왕조실록]

조선왕조에 들어서서 화랑은 무당으로 전락하였다. 이들은 일종의 사회악으로 간주되어 단속 대상이 되었다.

사례 1

성종 2년, 사헌부 대사헌 한치형 등의 상소에는,

"남자가 화랑(花郞)이라 호칭하고 사람을 속이는 짓을 하면서 재물을 낚아 취함이 거의 여자 무당이나 다름이 없고, 그 꾀하는 방법이 더욱 허깨비 같다." 하였다.

예조에서는, "화랑과 유녀(遊女: 노는 계집)가 음란한 짓을 하여 이득을 꾀하고 승려와 속인(俗人: 속세인)이 이들과 서로 즐겨하니, 이들을 단죄하라."고 청하였다.

사례 2

중종 8년, 전라감사 권홍의 상소에, '양중(兩中: 남자 무당으로 화랑을 말함)이 횡행하여 풍속을 그르침이 심하니, 화랑과 유녀(遊女)등은 소재관(所在官)이 단속하여 [대명률]에 의거하여 본죄에 1등을 더해야 한다.' 고 하였다.

사례 3

영조 30년, 평안감사 이태중은, 인삼, 환은, 수전 등 세(稅)를 거두어들이는 과정에서 화랑을 매도하였고, 그의 상소에, '중신(重臣)이 일마다 변명하고 화랑이니 반인(泮人: 성균관에 딸려 쇠고기를 팔던 사람)이니 하는 말로 번거롭게 하고 있다.' 고 하였다.

이상 항목별 설명들을 요약하면 다음 내용들이 주목된다.

[삼국사기]나 [삼국유사]의 내용에서 우리는, 신라가 원시적인 전통문화 사회로 부터 한 단계 높은 문화를 지향한 과정에서 실행한 지도자 양성의 방식을 엿볼 수 있다. 즉 진흥왕은 새로운 청년 지

도자를 양성하려고 하였으며 이를 위하여 설정한 제도가 화랑이었다.

화랑은 신라의 전통문화에 뿌리를 둔 주체적인 청년 집단으로, 불교와 중국문화 등을 흡수하여 신라인으로서 인격을 가진 청년 엘리트였다. 남모와 준정의 이야기는 여성 화랑제도에 관한 것이다. 즉 화랑제도 이전에 이미 여성을 중심한 젊은이들이 모이는 풍속이 있었다.

다음으로 여성 대신 아름다운 청년을 뽑아 남성 화랑제도가 이루어진 과정을 볼 수 있다. 화랑의 활동은 가무(歌舞)를 즐기는 특수 귀족층의 청년 사교클럽과 같은 것으로, 국가 사회적 관심사에 관한 교육을 받고 유사시에 나라를 지키는 역할을 담당하였다.

하지만 우리의 화랑은 로마의 '백인대'나 일본의 '사무라이(武士)'처럼 국가 발전에 어떤 적극적인 역할을 하지 못하였다. 로마인들은 '백인대'라는 켄트리아를 조직하여 병역의 의무를 과하고, 동시에 이들에게 평등한 투표권을 주었다. 일본의 사무라이 집단은 엄격한 규율에 복종하면서 국가에 충성을 다하여 576년 동안(1192년 가마쿠라 막부 - 1868 명치유신) 일본사람들의 정신적 근간이 되었다. 신라의 화랑에 관한 기록 중, 화랑 관창과 귀산, 추항 등의 무용담은 단지 군주 개인에 대한 충성이며, 타도의 대상은 같은 민족인 백제인이라는데 논의의 여지가 있다.

고려와 조선조에 들어와서 화랑은 점차 그 의미가 퇴색해졌다.

고려시대에는, 비록 연등, 팔관회에 참여하는 등 대접을 받기는 하였지만, 점차 권력의 중심에서 소외되었다. 조선조에 들어와서는 화랑은 사람을 속이고 풍속을 해치는 유해(有害)집단이 되어 단속의 대상으로 전락하였다.

[화랑세기]의 필사본은 과연 그 내용을 어떻게 해석해야 할 것인가.

우선 김부식이 [삼국사기]를 편찬할 때, 김대문의 [화랑세기]가 존재했었는지 의문이다. 김부식이 자신의 역사적 시각에 따라 [화랑세기]에 나온 자료들을 취사선택하고 아예 그 책을 폐기했을 가능성도 있다. [화랑세기]가 언제 어떤 과정을 거쳐서 없어졌으며, 혹은 어떤 경로를 거쳐 일본에 전달되었는지도 알 수 없다.

하여튼 필사본 [화랑세기]는 일제 강점기에 일본의 국가기관에서 필사한 것으로 그 용어가 일본 사료에 나타난 기록과 유사한 부분이 있다고 한다. 일본인에 의하여 위작되었다는 의혹이 제기된 것도 충분한 이유가 있다. 아직도 그 전달과정이 확실히 밝혀지지 않고 있으며 그 원본을 구하지 못하였다. 또 신라 왕실의 남녀관계가 너무 문란하여 진정 사람이 사는 세상에서 그런 일이 가능할까 하는 의문이 있다.

아무리 시대와 상황이 다르다 해도, 적어도 도의와 계율을 생명으로 권력을 유지하던 지배층 내부에서 동물보다 못한 혼음의 시대가 있었다는 것은 상상하기 어렵다. 우리의 자랑스러운 역사인 화랑이나 신라를 헐뜯기 위한 위작이라고 할 수 있다.

하지만 그 내용 중 [삼국사기]나 [삼국유사]의 것과 합치되는 기록이 있고 또 ([삼국사기]나 [삼국유사]의 내용이)너무 간단하여 설명이 안 되는 부분을 복원해 주는 일도 있어서, 어느 정도 의미를 부여할 필요가 있다고 본다. 가령 남모와 준정의 살인적인 질투와 시기의 배경이나, 사다함과 무관랑에 관한 이야기는 [삼국사기]가 언급하지 않은 내용을 설득력 있게 보충해 주고 있다. 물론 다른 역사서가 그렇듯이 필사본 [화랑세기]는 근거 없는 소설이거나 왜곡, 윤색되었을 가능성은 언제나 가지고 있으리라 본다.

나. 화랑정신

화랑정신은 앞에서 말한 바와 같이 우리 조상의 얼이요, 숭고한 민족정신으로, 각급 학교의 교과서, 사전, 학자의 논문뿐 아니라, 어린이들의 동화, 만화, 텔레비전의 연속극 등에 이르기까지 광범위하게 알려져 있다.

우리가 흔히 사용하고 있는 [국사대사전]을 보면,

"화랑도의 정신은 한국 민족 고유의 전통과 이념의 발로이다. 그러므로 화랑정신은 신라의 멸망과 더불어 소멸되지 않았고 고려와 조선조를 통하여 면면히 이어져 왔다. 국가 유사시에는 화랑정신이 독립, 애국정신의 상징으로서 민족의 핏속에 힘차게 존속되어 왔다."는 내용이 있다. 또 다른 역사 교재에서도,

"화랑도의 중요한 생활양식은 이성의 도야를 통하여 도의를 닦고 시와 음악을 즐겨 정서를 함양하는 것이다. 이들은, 명산대천을 두루 돌아다니며 공동생활을 통해 몸과 마음을 단련하였다. 경제력이 뒷받침되어 성장한 화랑 중에서 우수한 자를 뽑아서 조정에 천거하였다. 화랑정신의 골자는 원광법사의 세속오계(世俗五戒)이다. 이는 지식계급의 사실상 지도이념이 되었다. 이를 통하여 유능한 인재를 배출하고, 신라인의 국민정신을 단결시켰으며, 삼국통일의 원동력이요, 국가발전의 기반이 되었다."고 하였다.

[삼국사기]와 [삼국유사]에 나오는 화랑정신에 관련된 것으로 우리가 흔히 알고 있는 다음 세 내용이 있다.

1) 세속오계(世俗五戒)

세속오계는 원광법사가 귀산과 추항에게 전한 내용이다.
우선 세속오계를 주고받은 사람들의 면모를 살펴보자.

원광법사

"원광법사는 [당속고승전(唐續高僧傳)]에 의하면 그의 속성(俗姓)은 박씨다. 25세 때 진(陳)나라 수도(金陵: 남경지역)에 들어갔다. 진이 망하고 589년, 수(隋)나라가 중국을 통일하였다. 원광법사는 그곳에서 융승한 대접을 받았다. 600년 59세 때에 신라왕의 초청을 받아 귀국하였는데 99세까지 살았다(즉 원광은 중국에 34년 동안 머물렀다)." 등의 내용이다.

한편 안일 호장(安逸 戶長) 정효(貞孝)의 집에 고본(古本) [수이전(殊異傳)] '원광법사전'이 있는데 그 내용은 위와 약간 다르다고 하였다.

"원광은 설씨(薛氏)이고, 30세에 삼기산(三岐山, 경북 안강지역)에서 홀로 살았다. 그 뒤 34세에서 36세까지 2년간 절을 짓고 살면서 3천 세된 신(神)의 도움을 받았다. 그는 중국에 11년 동안 머물다가 돌아왔는데(600년이다) 나이 80여 세(혹은 84세) 때 세상을 떠났다.

원광법사는 귀국 후(600년) 귀산과 추항에게 세속오계를 전수하고, 이들 두 군인은 602년 아막성(전북 남원 지역)전투에서 전사하였다.

원광법사는 608년 수(隋) 양제(煬帝)에게 군사를 보내 고구려를 정벌해 주기를 구걸하는 걸사표(乞師表)를 썼다.

진평왕 35년(613년) 가을, 수나라 사신 왕세의(王世儀)가 오자, 황룡사에 백좌도장(百座道場)을 열고 여러 고승(高僧)들을 청해다가 불경을 강의하였다. 이때 원광이 제일 윗자리에 앉았다.”고 하였다.

[화랑세기] 필사본에 의하면 원광법사는 신라 왕손인 이화랑(二花郞)의 아들이다. 그렇다면 원광법사의 성은 박, 설, 김씨 등 셋이다.

위의 자료들을 보면 우선 원광법사의 성씨와 출생 및 사망 연대(99세, 80여 세, 84세 등), 중국 체류의 기간(34년과 11년 등)이 다르다. [삼국유사]에서도 ‘어떤 자료를 믿을지 헷갈려 모두 기록한다.’고 하였다.

귀산(貴山)과 추항(帚項)

귀산은 신라의 사량부 사람으로 아버지는 아간 무은(武殷)이다.

귀산이 그의 벗 추항과 서로 말하기를, “우리들이 사군자와 놀기를 기약하였으니 먼저 마음을 바르게 하고 몸을 닦아야 할 것이다. 어진 이 곁에서 도를 닦아야 하지 않겠는가.” 하였다. 이때 원광법사가 수나라에서 돌아와 가실사에 거처하고 있었는데 사람들이 존례하였다.

귀산 등이 문하에 들어가 옷자락을 걷어 올리고 말하기를,

“속사(俗士)가 용매하여 지식이 없으니 원컨대 한 말씀 내리시어 종신의 계명으로 삼게 해 주소서.” 하였다. 법사가 말하기를, “불계(佛戒)에는 보살계(菩薩戒)가 있어 그 종류가 열 가지인데 그대들은 남의 신자로서 능히 감당할 수 없다. 마침 세속오계가 있다.”고 하면서 이를 가르쳐 주었다.

참고로 보살이 지켜야 할 10선계(十善戒)는 살생하고 도둑질하지 말 것, 사음(邪淫: 사특하고 음탕함)을 금할 것, 거짓말, 간사한 말,

이간 부치는 말, 악담을 하지 말 것, 탐욕을 부리지 말 것, 성내지 말 것, 어리석음을 범하지 말 것 등이다.

세속오계

세속오계의 내용은, 첫째, 임금께 충성하고(事君以忠), 둘째, 부모님께 효도할 것(事親以孝), 셋째, 신의로 벗을 사귀고(交友以信), 넷째, 싸움에 임하여 물러서지 아니하고(臨戰無退), 다섯째, 생명을 죽이되 가려서 하라는 것(殺生有擇)이다.

귀산 등은 말하기를, "다른 명은 받을 수 있으나, 살생을 가려서 하라는 말은 잘 모르겠습니다." 하자, 법사가 말하기를, "육제일(六齊日)과 봄, 여름에는 죽이지 않으니 이는 시일을 가리라는 택시(擇時)요, 기르고 부리는 것을 죽이지 않으니 말, 소, 닭, 개를 이름이요, 또 그 고기가 한 점도 되지 않는 작은 것을 죽이지 않으니 이는 택물(擇物)이다. 이와 같이 오직 그 소용에 한하여 많이 죽이지 않으면 이는 세속의 선계(善戒)인 것이다." 하였다.

2) 난낭비 서문(鸞郎碑 序文)

최근 학자들이 자주 인용하는 최치원의 난낭비 서문이 있다. 그 내용에, "나라에 현묘한 도가 있으니 이를 풍류라 한다. 가르침의 근원은 선사(仙史)에 자세히 실려 있다. 실로 이는 3교를 포함하였으며 민중과 접하여 이를 교화하였다. 가정에서 효도하고 나라에 충성하니 이는 노나라 사구(司寇: 공자를 말함)의 취지이고, 무위(無爲)의 일에 처하고 불언(不言)의 교를 행하는 것은 주주사(周柱史: 노자를 말함)의 교지이다. 악한 일을 하지 아니하고, 착한 일을 신봉하여 행하는 것은 죽건태자(竺乾太子: 석가모니)의 교화이다.”
고 하였다. 위에서 말한 선사는 현재 찾아볼 수 없는 자료다.

3) 삼미정신(三美精神)

[삼국유사]의 다음 대화는 역시 학자들이 자주 인용하는 내용이다.
왕(경문왕)의 이름은 응렴인데 그의 나이 18세에 국선이 되었다.
약관(弱冠: 20세)에 이르자 헌왕대왕이 그를 불러 궁중에서 잔치
를 열고 묻기를,

“낭(郎: 화랑을 말함)은 국선이 되어 사방을 주유(周遊)하였으니
무슨 특이한 일을 본 일이 있는가(優遊四方 見何異事).” 하니 낭은
말하기를, “신은 아름다운 행동을 하는 자 셋을 보았습니다(臣見有
美行者三). 남의 윗자리에 있을 만하면서도 겸손하여 남의 아래에
있는 자, 부자이면서도 옷을 검소하게 입는 자, 본래 귀하고 세력
이 있으면서도 그 위엄을 부리지 않는 자입니다.” 하였다. 응렴은
후에 헌안대왕의 사위가 되어 그의 대를 이어 왕이 되었다.

위의 내용을 자세히 살펴보면 대개 다음과 같은 문제점이 있어
이들을 관통하는 하나의 원리가 필요하다고 본다.

(1) 세속오계

우선 세속오계를 전수한 원광법사와 전수받은 귀산, 추항이 모두
화랑이라고 증명할 만한 근거가 없다.

첫째, 원광법사는 그 정체가 정확하게 알려 있지 않고 [삼국유사]
를 쓴 일연(一然) 자신도 헷갈린다고 말할 정도이다.

그의 승려로서 태도도 애매하다. 그가 백좌도장의 맨 윗자리에 앉았다고 하였으니 그의 그 권위는 어디에서 나온 것일까.

그가 귀산과 추항에게,

"너희들은 남의 신하된 자로 불교의 10가지 보살계를 견디지 못할 것이니 부득이 세속오계를 알려준다."고 해 놓고 자신도 [걸사표]를 쓰면서 귀산 등과 같은 입장이 되었다. 즉

"자신이 살기 위해서 남(고구려와 백제)을 멸하고자 한 것은 사문(승려를 말함)의 길이 아닌 줄 아오나 빈도(원광 자신을 말함)는 대왕(진평왕)의 토지에 살고 그 땅에서 나오는 수초(水草)를 먹고 있으니 감히 명령을 따르지 않을 수 없다."고 하였다.

더욱 중요한 것은 우리 역사에서 가장 자랑스러운 을지문덕의 살수대첩과 관련하여 문제가 발생한다.

원광법사는 신라왕의 뜻을 거스르지 못하여 부득이 수나라 양제에게 같은 민족인 고구려를 정벌할 것을 구걸하는 걸사표를 썼다(608년). 그 4년 후 고구려 장군 을지문덕은 수양제의 30만 대군을 무찔러 우리 역사상 가장 통쾌한 승전을 올렸다(612년). 6년 후인 618년 수양제는 피살되고 드디어 수나라는 패망하였다.

둘째, 귀산과 추항은 개인 차원에서, 장차 사군자와 교유하기 위한 처신의 요령을 말해 줄 것을 요청했음에 불과하다. 다시 말하여 세속오계는 원광이 화랑이 아닌 속사(俗士: 평범한 사람)와 만나서 주고받은 사적인 덕담(德談)에 불과하다.

물론 그들이 아막성 전투(신라와 백제의 싸움)에서 전사하여 임전무퇴의 표본이 된 것은 사실이다. 그들은 그 공로로 내마 사지(奈麻, 舍知: 신라 17관등 중 11번째의 위계)의 벼슬을 추서받았다.

하지만 그들의 죽음은 오늘의 상황에서 큰 의미가 없다. 오히려 과

거 군국주의 시대나 근래의 과격 테러 집단이 자행하였던 극히 비인
간적인 자폭 수단 등이 횡행하는 때에, 그 신중한 해석이 필요하다.

셋째, 세속오계의 내용 중 충, 효, 신(忠, 孝, 信)은 삼강오륜의
유교적 덕목이다. 임전무퇴(臨戰無退)는 인명을 경시하던 고대사회
에서 군주 한 사람의 권좌를 유지하기 위해 수많은 민중을 희생시
켰던 악습이고, 살생유택은 더욱 규명하기 어려운 무의미한 항목이다.

(2) 풍류도

최치원의 풍류도는 한국인의 대인적(大人的) 사상의 바탕을 표현
한 것으로 원효의 원융회통사상과 그 맥을 같이한다고 볼 수 있다.
하지만 그것은 우리의 이상이요 희망 사항이다.

고려 현종은 최치원에 대하여, "그는 고려의 왕업을 비밀히 협찬
하였으니 공을 잊을 수 없다."고 하면서 내사령의 벼슬을 내리고,
공자묘에 배향하였다(현종 11년). 그리고 그 3년 후에는 문창후(文
昌侯)로 추봉(追封)하였다. 이에 관하여 성호 이익은 평하기를,

"최치원은 신라의 대신인데 만약 이미 고려의 왕업을 비밀히 협
찬한 뜻이 있었다면 그것은 패역(悖逆)에 해당되어 신하답지 못하
다. 하물며 그가 말한 문구가 참서(讖書)의 투식(套式: 글 쓰는 방
식)에 불과하니 어찌 족히 높일 수 있겠는가.

난낭은 화랑이다. 화랑은 비설(鄙媟: 더럽고 추잡함)하기가 심하
다. 노자와 석가까지 공자와 같이 높여 이단(異端)으로써 유교를
해치는 우두머리가 되었다. 퇴계가 일찍이 말하기를, '내가 그(최치
원)의 불(佛: 부처)에 아첨하는 글을 보니 늘 마음이 통분하였다.
그의 신(神: 최치원의 신주를 말함)이 어찌 양무(兩廡: 문묘를 말함)

의 배향을 편안히 하겠는가.' 하였으니 이것이 정론이 있는 것이다." 하였다.

이 글을 보면 결국 최치원의 풍류사상이 난낭비 서문에 새겨져 있을 뿐, 그 이후의 학자들에 의하여 특별히 의미 있는 뜻으로 받아들여지지 않았음을 알 수 있다.

(3) 삼미정신(三美精神)

국선 응렴이 말했다는 국선의 세 가지 아름다운 정신은 극히 바람직한 태도다. 삼미정신은 남모와 준정 등 원화에 이어 화랑의 기본 태도로 제시한, '도의를 연마하고 가락(歌樂)을 즐기며 마음을 닦는 등'의 덕목과 맥을 같이한다. 하지만 이 내용도 결국 헌왕대왕과 경문왕(응렴)의 대화에 불과하고, 왕위를 계승한 일 외에 별다른 주목을 끌지 못하였다.

신라의 역사에서 화랑의 상징적 인물로 관창이나 사다함, 김유신 등은 '임전무퇴'의 정신으로 나라를 위해 충성을 다하였고, 귀산, 추항, 해론 등도 그 뒤를 이어 목숨을 바쳤다. 하지만 세속오계가 곧 화랑정신이라는 근거가 없고, 이는 또 오늘날 우리 민족정신에 걸맞지도 않는다. 화랑의 후예들은 그 뒤 고려시대에는 연등, 팔관회에 참여하는 정도의 소외 계층으로 전락하였다. 조선조에 들어서서 이들은 박수(남자 무당)가 되어 돌이킬 수 없는 타락의 길을 걸었다.

최치원의 풍류정신과 국선 응렴의 겸손하고 검소한 미덕은 화랑에게 가장 필요한 정신이며 바람직하다고 생각한다. 다만 화랑도들이 그 행동에서 '이들 덕목이 화랑정신이다.'라고 할 만한 신념을 각인시키지 못하고, 후에 타락의 길을 걸었던 것이 아쉬울 뿐이다.

셋. 불교사상(佛敎思想)

우선 불교 진리의 대강을 알아보고, 편의상 불교 역사의 맥을 이룬 원융회통사상과 민중 신앙의 형태로서의 미륵신앙, 호국불교 등 순서로 다음에서 이들을 설명하겠다.

가. 불교의 진리

불교는 깨달음의 종교이다.

부처님의 가르침으로부터 시작한 불교는 이 세상 모든 번뇌와 망상, 잡다한 집착으로부터 벗어나 깨달음을 성취하고 마침내 스스로 불타가 되는 길로 나가는 것이다.

불교는 기독교처럼 우주 안에 절대적 권위를 가지고 이 세상 모든 일을 주관하신 하나님이나 신(神)을 신앙하는 것이 아니다. 불교는 연기론(緣起論)을 바탕으로 한 신앙형태로 오직 자기 자신의 힘으로 수행(修行)의 길을 닦아 생사(生死) 해탈(解脫: 이 세상 번뇌에서 벗어남)의 큰 길을 성취한다는 자력(自力) 성도(成道)의 종교다.

깨달음이란 진리를 깨치는 일로, 불타의 가르침을 받아들이는 사람의 총명이나 식견의 정도에 따라 세 근기(根機: 중생의 마음)로 나누어 성문(聲聞), 연각(緣覺), 보살(菩薩)법이 있다.

불교에서는 미계(迷界)와 오계(悟界)가 있다. 깨닫지 못하고 번뇌에 허덕이는 중생들의 세계를 미계로 보고, 진리를 이미 깨달은 세계를 오계로 본다. 오계에서 성문은 불교의 가르침을 듣고 깨친 자이며, 연각은 부처의 가르침이 없어도 어떤 인연을 보고 스스로 깨달은 자이다. 보살은 육도만행(六度滿行: 보살이 수행을 원만히 하는 것)을 닦아서 깨친 자이다.

비유를 들어서 말하자면 나무를 태워서 숯을 만든 것은(번뇌의 찌꺼기를 태우고) 성문위(聲聞位)요, 숯까지 삭아서 재가 된 것은 연각위다. 그리고 재까지 날려 보내고 아무것도 없는 것은 보살위라 한다.

불교의 교리상으로 말하여 성문은 고(苦), 집(集), 멸(滅), 도(道), 사성체(四聖諦)에 대한 불타의 설법을 듣고 깨친 사람이고, 연각은 독각(獨覺)이라고도 하며 12인연을 관찰하고 혼자서 스스로 깨친 자이다. 보살은 앞에서 말한 것처럼 육도만행(六度滿行)을 닦아서 깨친 자이다. 끝으로 부처님은 대각성존(大覺聖尊)이다. 육도의 실천 덕목은 보시(布施), 지계(持戒), 인욕(忍辱), 정진(精進), 선정(禪定), 지혜(智慧) 등 6종류이다.

1. 사성체(四聖諦)

체(諦)란 진리를 가리키는 말로 사성체는 곧 인생의 근본 문제와 그 해법에 관한 네 가지 진리이다.

고체(苦諦)

사성체 중에서 가장 중요한 것이 고(苦)요, 무상(無常)이다. 불교에서 고(苦)를 절실하게 이야기하고 있는 것은 그것이 무상에 기인하기 때문이다.

전통적으로 인간의 고통을 4고(四苦), 8고(八苦) 혹은 3고(三苦)로 나누기도 한다. 사람은 태어나는 순간부터, '으앙' 하고 울면서 고통을 호소한다. 예나 지금이나 험악한 세파를 헤쳐 나가자면 힘들지 않는 일이 없다. 불로초를 먹었다는 진시황도, 재주가 많다는 제갈공명도, 삼천갑자를 살았다는 동방삭이도 늙고 병들어 세상을 떠났다. 생로병사(生老病死)의 고통이야말로 아무도 비켜갈 수 없다.

팔고(八苦)에는 애별리고(愛別離苦), 원증회고(怨憎會苦), 구득불고(求得不苦), 오온성고(五蘊盛苦) 등이 있다.

사랑하는 사람과 헤어지는 고통이나, 사별(死別)하는 고통(愛別離苦)은 정말 견딜 수 없다. 사람은 천재지변이 아니더라도 예상치 못한 일로 서로가 헤어져 가슴 태우는 일이 많다. 사랑하는 사람을 잃거나 떠나보내는 것도 고통스럽지만 싫어하는 사람, 미운 사람과 자주 만나 더불어 사는 일도 참기 힘든 고통이다(怨憎會苦). 주로 인간관계에서 생기는 이러한 고통은 인간이 태어날 때부터 발달한 감정에 관한 일로 어쩔 수 없는 굴레이다.

인간은 이런 인간관계의 감정뿐 아니라 자신이 얻고자 하는 것을 구하지 못할 때 또 고통을 느낀다(求得不苦). 인간은 본능적으로 자신의 목숨을 유지하기 위한 생존권과 최소한의 인간다운 품위를 유지하기 위한 생활권을 주장한다. 생존과 생활을 누리기 위한 인간의 욕구와 그에 따른 고통은 그 끝이 보이지 않는다.

오온성고(五蘊盛苦)는 사랑과 이별, 증오와 만남, 갖고 싶은 것을 구하지 못한 일 등을 둘러싼 심신(心身)의 고통 모두를 말한다. 구체적으로 색(色), 수(受), 상(想), 행(行), 식(識)이다.

색(色)은 단지 지(地), 수(水), 화(火), 풍(風)에 불과하고, 수(受)는 외계로부터 받아들이는 지각작용, 상(想)은 이를 마음으로 생각하는 사고의 측면, 행(行)은 말과 행동으로 뜻을 표시하려는 심리작용 혹은 행태, 식(識)은 개개의 심리작용을 종합한 정신활동 혹은 막연한 의식을 말한다.

오온(五蘊)은 바로 이 육체적, 물질적인 색(色)과 정신적인 수, 상, 행, 식(受, 想, 行, 識)의 집적된 요인을 합친 것이다.

[반야심경]에는 이러한 물질적, 정신적 작용이 모두 공(空)하다는 오온개공(五蘊皆空)의 구절이 있다.

공(空)은 인도어로 수우나타아(sunyata)를 번역한 말로 아무것도 없는 상태를 말한다. 공은 물질적인 것도 정신적인 것도 없는 아무것도 없는 '제로'의 상태이다. 우리의 육체도 마찬가지로 생멸(生滅)하여 아무것도 없는 존재에 불과하다. 결국 자기라는 존재가 없다는 뜻이다.

자아(自我)는 가상(假想)의 자기이며, 본체의 자아가 아니다.

내가 있다고 하는 것은 가상일 뿐 엄격한 의미에서 자기는 있을 수 없다. 그저 일어났다(成) 머물렀다(住) 무너졌다(壞) 없어지는(空) 과정을 거쳐 물질적인 것은 모두 소멸하고 없어질 뿐이다. 불교의 제법무아(諸法無我)란 말이 여기에서 나온다.

3고(三苦)란 육체로 느끼는 감각적 고(苦)와 사태가 파괴되어 쇠망할 때 느끼는 정신적 고뇌인 괴고(壞苦), 현상계 그 자체가 고통스럽다는 행고(行苦)를 말한다.

사성체의 고(苦)에 관하여 [비유경]에 나오는 [검은 쥐와 흰 쥐]에 관한 유명한 이야기가 있다.

"길 잃은 한 나그네가 넓은 광야를 정처 없이 헤매고 있었다.

그때 난데없이 미친 코끼리가 뒤쫓아 오는 것을 보고 나그네는 도망치기 시작하였다. 마침 깊은 우물 같은 마른 구덩이가 눈에 띄어 그 속에 몸을 감추려고 하였다. 코끼리는 계속 뒤쫓아 와서 이 사람의 목숨을 노리고 있었다. 구덩이는 칡덩굴이 늘어져 있어 나그네는 그 줄기를 타고 코끼리의 공격을 피하였다. 하지만 바닥에는 큰 독룡 한 마리가 혀를 날름거리며 그의 생명을 위협하고 있었다. 옆을 바라보니 사방 벽에 무서운 독사 네 마리가 또 그를 위협하고 있었다. 설상가상으로 칡넝쿨 위쪽을 보니 검은 쥐와 흰 쥐 두 마리가 그 넝쿨을 쉴 사이 없이 갉아 먹고 있는 것이다.

이런 절박한 상황에서 어디선가 꿀벌이 벌집을 짓고 있었던지 벌꿀 한두 방울이 똑똑 떨어지고 있었다. 이 나그네는 그 꿀 한 방울, 두 방울, 세 방울, 네 방울, 다섯 방울을 받아먹으며 꿀맛에 취하여 생명을 위협하는 주변의 상황을 잊고 있었다."

참으로 절박한 상황에서 이 가여운 나그네는 몇 방울의 꿀맛에 취하여 취생몽사(醉生夢死)하고 있는 것이다. 인생이 바로 그 나그네의 처지에 있다. 미친 코끼리는 인생무상이요, 마른 웅덩이는 생사의 샘이다. 그 밑에 있는 독룡(毒龍)은 죽음의 그림자이고 네 마리의 독사는 인간의 육신인 지, 수, 화, 풍이다. 칡덩굴은 생명줄이고, 이를 갉아 먹고 있는 두 마리의 쥐는 밤낮을 가리지 않고 조만간 사라져 갈 인간의 짧은 수명이다.

그럼에도 사람은 다섯 방울의 꿀물, 즉 재, 색, 식, 명, 수(財, 色, 食, 名, 睡: 재산, 성욕, 음식, 명예, 잠)에 취하여 한 방울의 꿀이라도 더 마시려고 발버둥치고 있는 것이다.

집체(集諦)

고통의 원인은 집착이다. 인간은 끝없이 이어지는 욕심의 굴레를 벗어나지 못하고 있다. 집(集)이라고 하는 것은 '이 세상 모든 것이 고(苦)의 종자요 원인인데도 미혹한 중생들은 그것을 깨닫지 못하고, 허망한 욕심과 망상으로 스스로 자신의 심신을 속박, 집착하고 있는 것'을 말한다.

고(苦)의 근원인 인간 무상은, 존재하는 모든 것이 계속 변하고 있다는 데 그 의미가 있다. 변해 가는 것에 아무리 집착을 해도 결국 그것은 흘러가 버리고 만다. 이런 무상한 세상에서 그 무엇에 집착할 필요가 있겠는가, 부질없는 짓이다.

이상이 고(苦)의 원인이 되는 집체의 뜻이다.

집체는 고통들을 모아서 생기는 것으로 애착, 집착이며, 12연기 중의 애(愛)와 갈애(渴愛)와 같은 것이다. 부처님은 욕심, 욕망이 쌓인 상태에 관하여 갈애라는 말을 썼다.

목마른 자가 애타게 바라는 욕망, 좀 더 극적인 표현으로 목이 타들어 갈 정도의 극렬하고 사나운 욕망이라고 한다.

비구들이여, 일체는 타고 있다.
눈이 탄다. 눈의 대상이 탄다.
눈이 닿는 곳 일체가 탄다.
무엇에 의해 타는 것이랴.
탐욕의 불에 의해 타고,
노여움의 불에 의해 타고,
어리석음의 불에 의해 타고,
늙음과 죽음, 걱정, 슬픔, 고뇌, 절망에 의해 타고 있는 것이다.

부처님은 눈 외에 귀, 코, 혀, 몸, 마음에 대하여도 같은 말을 하였다. 이 여섯 부분을 육처(六處)라고 한다.

멸체(滅諦)

앞에서 말한 탐욕과 집착에서 오는 고(苦)의 원인을 밝히고 이를 멸(滅)하여 없애는 것을 말한다. 사리불(舍利佛: 석가모니의 수제자)의 표현대로 '탐욕의 소멸, 노여움의 소멸, 어리석음의 소멸이 멸(滅) 혹은 적멸(寂滅)이요 열반이라' 할 수 있다.

도체(道諦)

열반의 길에 이르는 방법으로 팔정도(八正道)가 있다.

① 정견(正見)은 불교의 세계관, 인생관, 사성체, 연기설 등을 바르게 아는 지혜를 의미한다.

② 정사유(正思惟)는 올바른 마음가짐과 생각을 뜻한다.

③ 정어(正語)는 바른 말을 하는 것, 즉 거짓말, 나쁜 말, 중상, 모략 등을 삼가는 것이다.

④ 정업(正業)은 살생, 도둑질, 불륜행위 등을 삼가고 자선행위 등 선행을 하는 것이다.

⑤ 정명(正命)은 바른 직업에 의한 생활이며, 도박, 매음 등 사회에 해를 끼치는 일을 금하는 일이다.

⑥ 정정진(正精進)은 올바른 깨달음으로 권선징악(勸善懲惡)의 노력을 의미한다. 올바른 노력과 용기로 꾸준히 자신의 몸을 닦아 나가야 한다.

⑦ 정념(正念)은 부처님의 가르침을 항상 마음속에 간직하는 올바른 의식을 의미한다.

⑧ 정정(正定)은 뜻을 고요하게 갖고 평정하며, 정신을 통일시키는 선정(禪定)을 뜻한다.

2. 12연기설(12緣起說)

부처님께서는 이 세상에서 한없는 번뇌와 고통에 허덕이는 가여운 중생들을 위하여 그의 모든 세속의 탈을 털털 털어 버리고 성불하셨다. 부처님이 깨달은 과정을 보면, 6년 고행을 마치고 마지막 '붓다가야'의 보리수(앗삿다나무) 밑에 앉아 초저녁에 숙명통(宿命通: 과거를 아는 지혜), 밤중에 천안통(天眼通: 미래를 아는 지혜), 새벽에 누진통(漏盡通: 절대의 근본 지혜)을 차례로 깨닫고 난 뒤 그 깨달음을 스스로 사유해 본 내용이 바로 이 연기(緣起)였다.

연기설은 불교의 중심 사상으로 원시 경전에서 부처님은 "연기를 보는 사람은 법을 보고 법을 보는 사람은 부처를 본다."고 하였다.

연기는 도리요 곧 진리다. 이 연기 속에 자기도 있고 우주도 있고 진리도 있는 것이다. 부처님이 연기를 보고 관찰했다고 하는 것은 곧 진리를 보고 관찰했다는 말이 된다.

연기와 관련하여 [반야심경] [법화경] 등 여러 경전에 기록되어 있는 내용들을 보면 대개 다음과 같은 설명이 있다.

연기(緣起)는 원래 인연(因緣)이란 말로 쓰였다. 인(因)이 직접적인 원인이라면 연(緣)은 간접적인 원인이다. 이 두 원인은 소극적이고 동적(動的)이지 못하다. 연기는 분명히 적극성을 가지고 움직인다. 인연취산(因緣聚散: 인연으로 만나고 헤어짐)이란 말이 있듯이 우리가 만나고 헤어지는 모든 일들이 인연이고 연기다. 불법(佛法)을 만난 것도 인연이다.

따라서 이를 바라보는 모든 것이 불교의 중요 관심사이고 중심 사상이다. '이것 있음으로 인하여 저것이 있고, 이것이 생김으로 인하여 저것이 생긴다. 이것이 없으면 저것도 없고, 이것이 없어졌기 때문에 저것도 없어진다.' 부처님께서는 '사람이 무엇이 있음으로 인하여 늙고 병들어 죽는 것일까?' 하고 고민하다가,

"비구들이여, 그때 나에게 바른 생각과 지혜로 해탈이 생각났다."고 하였다. 생(生)이 있음으로 인하여 노(老)와 사(死)가 있다는 연기설(緣起說)을 정식화한 것이다.

부처님은 12연기를 순(順)으로 관찰하고, 역(逆)으로도 관찰하여 우주의 이치를 밝혔다. 연기란 곧 우주의 이치요 법을 깨달은 것이기 때문에 불교의 진리인 공(空)과 무아(無我)와 같은 맥락에서 이해할 수 있다. 즉 아무것도 없는 것이 인연에 따라 변화하고 있을 따름이다.

12연기의 내용

① 무명(無明)

무명은 밝지 않은 상태, 즉 선악(善惡)이나 인과(因果)도 모르고, 바른 인생관이나 세계관이 없는 상태다. 무명은 죄악과 불행의 근본이며 존재와 분별의 근원이기도 하다.

② 행(行)

무지(無知), 무명(無明)이 있고 그 다음 행이 생긴다. 몸의 행, 말의 행, 생각의 행, 즉 삼행(三行)이 아무런 분별없이 잠재적 습관에 의하여 행하여진다.

③ 식(識)

식(識)은 눈으로 보는 안식(眼識), 귀로 듣는 이식(耳識), 코로 맡는 비식(鼻識), 혀로 맛보는 설식(舌識), 몸으로 느끼는 신식(身識),

뜻이 생기는 의식(意識)의 5식과, 지각, 추리, 기억, 판단 등 6식(六識)을 말한다. 식(識)은 분별해서 알아내는 의식작용 및 이러한 작용을 하는 주체를 말하는 것으로 과거의 모든 행위가 습관적으로 작용하게 되는 것이다. 사람의 정(情)이 처음 어머니의 태내에 들어가는 것이 찰나식(刹那識)이다.

④ 명색(名色)

마음(心)과 육신(色)을 말한다.

아이가 어머니의 뱃속에 있으면서 4주의 단계까지는 앞의 인식에 의하여 (일체의 현상적 존재가) 형성된다. 즉 앞의 6식에 의하여 6식의 대상으로서의 색과 소리와 냄새, 맛과 다스림과 법의 6경(六境)이 생기는 것을 말한다.

⑤ 육처(六處)

육입(六入) 혹은 육근(六根)이라고도 한다.

태아의 5주 이후로 눈, 코, 귀, 혀, 몸, 뜻의 6근이 발생하는 단계이다. 5근까지는 감각기관이고, 제6근은 지각기관이다.

⑥ 촉(觸)

태아가 여섯 가지의 식(識)을 가지고 그 식의 근(根: 혹은 육처)과 경(境: 다스림과 법의 6경)이 합쳐 촉이 생긴다. 말하자면 여섯 가지 기능이 합쳐서 만삭이 되어 출생하면 비로소 바깥세상을 접촉하게 되며 이것이 촉이다.

⑦ 수(受)

6근의 촉으로 바깥세상의 고락을 받아들이는 것이 수(受)다. 사람의 나이로 치면 5~6세에서 13~14세까지의 연령이다. 수(受)는 즐거움을 받는 낙수(樂受), 고통을 받는 고수(苦受), 불고불낙(不苦不樂)의 사수(捨受) 혹은 삼수(三受)가 있다.

⑧ 애(愛)

갈애(渴愛)라고도 번역되고 있다. 애에는 욕애(慾愛), 유애(有愛), 무유애(無有愛)가 있다. 욕애는 감각적 물리적 욕구이고, 유애는 내세에 있어 천국에 가고자 하는 욕구이며, 무유애는 존재하지 않는 허무를 희구하는 욕구다. 모두가 부질없는 욕구다. 14~15세 이후가 이에 해당된다.

⑨ 취(取)

앞의 욕애에 대한 집착을 말한다.

⑩ 유(有)

유(有)는 위의 애(愛), 취(取) 행위가 잠재적으로 존재하는 것으로 여기에도 욕유(慾有: 감각적 욕락), 색유(色有: 물질적 욕락이 남아 있음), 무색유(無色有: 정신적인 것)의 3유(三有)가 있다.

⑪ 생(生)

유(有)의 습관력에 의하여 경험이 생기는 것과 같은 것이다.

⑫ 노사(老死)

고(苦)의 대표적인 말이다. 생(生)에 의하여 생기는 모든 고통을 말한다.

사람이 늙고 병들어 죽는 것은 그 마음이 이미 무명에 병들어 있기 때문이고, 그로 인하여 고뇌에서 빠져나오지 못한 탓이다. 이러한 현상은 가벼운 사색이나 분별로는 이해할 수 없는 심원하고 근본적인 이치에 바탕을 두고 있다. 연기설은 이런 관점에서 인간들에게 큰 깨달음의 틀을 마련해 준 것이며, 무명을 없이 하는 것이 생로병사의 고통을 극복하는 길이다.

3. 보살(菩薩)의 길

보살의 실천덕목에 관하여, 원효는 수행(修行)의 5문(五門)이라 하여 보시(布施)의 문, 지계(持戒)의 문, 인욕(忍辱)의 문, 정진(精進)의 문, 지관(止觀)의 문을 들었다. 지(止)와 관(觀)은 다시 이문으로 나누어 6문이 된다. 이들을 보통 6도(六度)라고 한다. 지(止)는 단좌(端坐) 등의 선정(禪定)을 말함이요, 관(觀)은 지혜(智慧), 즉 선정을 수행하여 밝은 심성(心性)에서 일어나는 참된 지혜를 말함이다.

보시에는 재물을 베푸는 재시(財施), 진리를 가르쳐 주는 법시(法施), 공포로부터 마음을 평안하게 해 주는 무외시(無畏施)가 있다. 지계는 계율을 지키는 일로 3취정계, 5계, 10중금계(十重禁戒), 10선계(十善戒) 등이 있다.

나. 한국의 불교사상

우리나라 불교사상의 흐름으로 대개 원융화통사상, 미륵신앙, 호국불교 등을 들고 있다. 그동안 우리 역사에서 가장 널리 알려진 분은 신라의 원효대사이다. 그 외에 고구려의 승랑스님, 신라의 의상대사, 고려의 대각국사 의천, 보조국사 지눌, 그리고 원광법사, 자장율사, 진표율사, 고려의 도선스님 등을 열거할 수 있다. 이들의 사상을 알아보기 위하여 우선 인도, 중국지역 불교 학자들의 이론적 맥을 더듬어 볼 필요가 있다.

1. 대승불교의 맥

대승불교의 4대논사(四大論師)로 용수(龍樹, 150 – 250), 제바(堤婆, 170 – 270), 무착(無着, 310 – 390), 세친(世親, 320 – 400)을 들고 있다.

용수(龍樹)

용수(龍樹)는 남인도 출신으로, 대승불교를 크게 일으킨 비조(鼻祖)이다.

그의 저작으로 [중론(中論)], [십이문론(十二門論)] 등이 있다. 그의[중론]을 중심으로, 서기 500년경에 중관파(中觀派)가 출현하였고, 그를 조사(祖師)로 하는 종파가 나타나 삼론종(三論宗), 화엄종(華嚴宗), 천태종(天台宗), 진언종(眞言宗), 정토종(淨土宗), 선종(禪

宗) 등이 수립되었다. 그는 제2의 석가이며 8대종의 조사라고 알려져 있다.

제바(堤婆)

제바(堤婆)는 세이론(스리랑카) 출신으로 용수의 중론 사상을 계승하였다. 그의 저서로 [백론(百論)]이 유명하다.

무착(無着), 세친(世親) 형제

무착(無着)은 북인도 간다라 출신으로 그의 동생인 세친과 함께, 유가(踰伽), 유식(唯識) 계통의 대승불교를 일으켰다. 그의 저서로 [섭대승론(攝大乘論)]이 유명하다. 세친(世親)은 불교 교학을 크게 이룬 자로 그의 저서로 [유식론(唯識論)]이 있다.

중국불교의 종파는 비담종, 성실종 등 13개 종파로 이루어졌다. 이들은 시대와 상황에 따라 다양하게 발생, 발전하였다. 그중 앞에서 소개한 사대논사와 관련이 있는 대표적인 종파를 들면 다음과 같다.

비담종(毘曇宗)

부처가 입적(入寂: 열반에 드심)한 뒤 약 100년 이후 불교 교단이 분열을 시작하여 부파불교(部派佛教)시대가 열렸다. 소승 20부(小乘二十部)로 나뉘어졌다. 비담종(毘曇宗)은 소승의 논으로 전해지고 있다.

성실종(成實宗)

서기 4세기경 하리발마가 소승 비담의 교리에 만족하지 않고 부파 분열의 일파인 경량부(經量部)의 입장에서 성립시킨 종파다.

이 종파는, '제법(諸法)은 세속체(世俗諦)의 현실은 인정되나, 본질 면에서 공(空)이다.'라 하여 이체설(二諦說)을 주장하였다. 길장(吉藏, 549 - 623) 등은 이를 소승서(小乘書)로 단정하였다.

섭론종(攝論宗)

무착(無着)이 지은 [섭대승론]을 근본 성전으로 연구 강술한 학파인데 사실상 세친(世親)의 [섭대승론석(攝大乘論釋)]에 의한 것이라 한다. 진체(眞諦, 499 - 569)가 이를 번역, 무착, 세친의 학설을 체계화하였다. 이때부터 유식파의 종의(宗儀)가 널리 보급되었다. 이 종은 제9식을 세운 곳에 특징이 있다. 서기 645년 당나라 때 현장(玄奘, 602 - 664)이 법상종(法相宗)을 열면서 이에 병합되었다.

삼론종(三論宗)

중관종(中觀宗)이라고도 불린다.

용수가 지은 [중론], [십이문론], 제바가 지은 [백론]의 3부를 중요 경전으로 한다. 구마라습(鳩摩羅什, 343 - 413)이 도안(道安, 312 - 385)의 권유로 여러 경전을 번역하고 그 제자들이 삼론의 대의를 품수하여 크게 번성하였다. 길장(吉藏)이 용수의 공관불교(空觀佛敎)를 중국식으로 발전시켰다. 현장은 '무득(無得)의 정관(定觀)'이라 하여 '아무것에도 구애받지 않는 입장에 선 새로운 불교 통일론'을 주장하였다. 길장 이전의 교의를 [구삼론(舊三論)], 그 이후를 [신삼론(新三論)]이라 한다.

2. 원융회통 사상

우리나라에 불교가 처음 들어온 것은 고구려 소수림왕 2년(372
년)이고, 신라가 불교를 공인한 것은 법흥왕 14년(527년)의 일이다.
중등학교 교과서에서 모두 배운 사실이다. 그 후 고려가 멸망할 때
까지 불교는 국가의 강력한 비호를 받았지만, 조선조에 이르러서는
모진 탄압과 소외를 감수해야 했다.

부처님의 인자한 모습 앞에 무릎을 꿇고 앉아서 마음을 모아 기
도와 정성을 드리는 중생들의 소원은 예나 지금이나 변함이 없다.
다만 믿는 사람들의 생각이나 신앙의 형태는 시대와 상황에 따라
크게 달라졌다.

불교는 인도에서 처음 시작하여 중국을 거쳐 우리나라에 들어온
뒤 나름대로 풍토에 맞게 적응하는 과정이 필요하였을 것이다. 학
자들은 몇 가지 특성을 열거하면서 우리 고유의 불교 특색을 규정
하려고 노력해 왔다. 그 대표적인 것으로 원융회통 사상과 미륵사
상, 호국불교 등 앞에서 언급하였다. 원융회통 사상이란 모든 사상
을 분리, 대립의 관계로 보지 않고, 더 높은 차원에서 조화, 융합된
하나의 존재로 보는 불교 특유의 사상이다.

우선 원융회통 사상의 학자들을 소개하면 다음과 같다.

1) 승랑(僧朗)

승랑은 고구려 요동성 사람이다. 중국에 건너가 구마라습 계통의
삼론사상을 연구하였다. 당시 중국 제나라 양무제(502 – 549년간)는
불교를 경신(敬信)하였는데 대사(大師: 승랑을 말함)의 사상을 얻고

는 성실론(成實論)을 버리고 대승에 의하여 장소(章疏)하였다.

중국의 하북지방(중국 북방)에서는 유(有)를 밝히는 비담종이 유행하였는데 비담의 취지는 무아(無我)의 경지를 체득하면서도 법유성(法有性)에 집착하여 가유(假有)에 미혹(迷惑)되고 있었다. 반면, 강남지역에서는 성실종(成實宗)의 공(空) 사상이 성행하였다. 이들은 각기 유(有)나 공(空)의 집착에서 벗어나지 못하고, 모두 불교의 참된 뜻을 잃고 있었다. 승랑이 강남에 이르러 성실론자들과 토론을 거듭하여, 결국 그의 삼론(三論)사상을 강남에 널리 보급하게 되었다.

삼론종은 승랑을 계기로 거듭나서 길장이 대성(大成)하였다. 승랑의 신삼론(新三論)에 관하여 그가 말하기를,

"진속이체(眞俗二諦)란 중도를 들어내는 묘교(妙敎)이다.

중도는 유와 무를 밝히지만 유와 무는 도리를 어기지 않는다. 중도가 비록 둘(二)을 단절한다 해도 그 둘에 의하여 이(理)를 얻게 된다. 이로써 진(眞)과 속(俗)의 문을 열게 되니 이체법(二諦法)으로 모든 중생을 교화한다."고 하였다.

모든 존재는 인연에 의하여 생멸한다는 현상계의 진리인 속체(俗諦)와, 일체개공(一切皆空)이라는 선험적 진리인 진체(眞諦)로 구별되지만 여기서 말하는 이체(二諦)는 불공의 공(不空의 空)인 중도를 들어내는 인식방법이다. 중도는 유(有)도 무(無)도 아니요, 일(一)도 이(二)도 아니다. 다만 그것을 넘어선 것이다.

길장에 이르러 삼론종이 대성(大成)하였다면, 승랑은 가히 그의 선구라고 말할 수 있다.

2) 원측(圓測, 613 - 696)

원측은 신라 진평왕 35년에 왕손으로 태어나 3세에 출가하고 15세에 중국으로 건너가 법상(法常, 567 - 645), 승변(僧辨, 568 - 642)으로부터 강론을 들었다. 그는 타고난 재질이 뛰어나고 두뇌가 명석하여, 한 번 들으면 모두 기억하였고, 중국어, 산스크리트어(옛 인도어), 티베트어 등 6개 국어에 능통하였다. 당(唐)의 측천무후가 그를 생불처럼 존경하여 신라 신문왕의 귀국 요청을 거절할 정도였다.

원측이 주장한 불법(佛法)의 근본은 공, 유(空, 有)의 편집(偏執)을 넘어선 중도(中道)였다. 그는 [반야심경찬]과 [반야심경소]를 찬술하였는데 그의 요지는 대강 다음과 같다.

"불멸 후 1200년이 지난 후에 남인도 지방 건지국에 청변(淸辨)과 호법(護法) 두 보살이 한때에 태어났다. 청변은 반야경과 용수의 사상에 의하여 [반야등론] 등을 저술하여 무착 등 유식론의 유상대승(有相大乘)을 공격하였다. 호법은 [해심밀경] 등에 의하여 유종(有宗)을 세워 반야의 공종(空宗)을 공격하였다. 다시 말하여 청변보살은 공(空)을 고집하고 유(有)를 공격하여 유에 대한 집착을 없애려 하였고, 호법보살은 유(有)를 내세워 공(空)에 대한 집착을 없애려 하였다. 그러나 원칙은 말하기를, '공(空)은 유(有)를 어기지 아니하니 색즉공(色卽空)의 이(理)가 있게 되고, 유(有)는 공(空)을 어기지 아니하니 공즉색(空卽色)의 설이 저절로 이루어졌다. 역공역유(亦空亦有)는 진속이체(眞俗二諦)를 순조롭게 이룬 것이요, 비공비유(非空非有)는 중도에 맞아떨어졌으니 불법(佛法)의 대종(大宗)이 어찌 이렇지 아니할까.' 하였다.

원측은 또한 중도사상(中道思想)을 바탕으로 일승중도(一乘中道)의 유식사상(唯識思想)을 확립하였다.

유식론은 물질적, 정신적인 모든 현상을 유식의 차원에서 접근한다. 주관도 식(識)이요, 객관도 식이므로 모든 우리들의 경험은 식이다. 유식설은 이렇게 현상을 식으로 규정하여 체계적으로 접근한다.

식(識)에는 성문종성(聲聞種性), 독각종성(獨覺種性), 보살종성(菩薩種性), 부정종성(不定種性), 무성종성(無性種性)이 있다. 이 중 무성종성은 무루종자(無漏種子: 번뇌를 떠난 완벽한 종자)가 없으므로 성불할 수 없다고 하는 것이 현장의 제자인 규기(窺基)의 법상종이었다.

이에 대하여 원측은 [법화경], [화엄경] 등의 사상에 의하여, '무성종성(無性種性)도 성불할 수 있다.'고 하여, 여러 대승사상(大乘思想)을 포괄(包括)한 유식론(唯識論)을 전개하였다."

3) 원효(元曉, 617 - 686)

원효스님의 속성은 설씨(薛氏)다. 원효는 우리나라의 가장 큰 스님이요, 참스님으로 알려져 있다. 모든 일에 구속받지 않는다 해서 원효불기(元曉不羈)라 했다. 원효의 사상은 그의 깨달음의 과정과, 대중성, 특히 화쟁사상(和諍思想)으로 유명하다.

원효의 깨달음과 귀일심원(歸一心源)

모든 것은 일심(一心)에 귀착된다.

신라의 불교사상에 있어서 원효의 독창성은 그의 '깨달음의 원리'에 나타나 있다. 이와 관련하여 그가 의상(義湘)과 함께 당(唐)

으로 가던 도중에 다시 돌아왔다는 설화는 유명하다. 즉

두 사람은 구법(求法)하고자 당으로 유학을 떠났다. 원효는 도중에 뜻을 바꾸어 다시 돌아왔다. 원효는 길 가던 도중 어느 날 밤 무덤 옆에서 노숙을 하였다. 마침 갈증이 심하여 근방에 있던 바가지에 고인 물을 찾아 마셨다. 다음 날 아침 깨어 보니 그 물이 사람의 해골에 고인 썩은 물이었음을 알고 구역질을 하여 모두 토해 버렸다. 이때에 원효는 어젯밤 아무 생각이 없을 때에는 마실 수 있었던 물도 해골에 담긴 물임을 알고 난 후에는 마실 수 없음을 깨달았다.

'마음이 발생하면 가지가지 법이 나는 것이요, 마음이 죽으면 곧 해골이나 다름없구나(心生則種種法生, 心滅則龕墳不二), 삼계(三界: 중생이 사는 세계)가 유심(唯心)이요 만법(萬法)이 유식(唯識)이라 마음 외에 법이 없으니 어찌 따로 구별할 필요가 있겠는가.' 하고 '일체의 현상은 마음에서 우러나온다.'는 귀일심원의 진리를 터득한 것이다.

깨달음(覺)과 일심론(一心論)에 관하여 원효의 [대승기신론소, 별기(大乘起新論疏. 別記)]에 다음과 같은 글이 있다.

"깨달음은 마음의 본체가 생각(잘못된 생각)을 떠나 있어 어느 곳이나 미치지 않는 곳이 없는 허공계(虛空界)와 같은 상태를 말한다. 허공계란 어두움이 없고 지혜의 광명이 있어 법계(法界: 현상계, 절대계, 전체)를 두루 밝히고 평등하여 둘이 아님을 말한다. 법계는 하나의 모습이며 여래의 평등한 법신(法身: 진리의 몸)과 같다.

깨달음은 마음의 원천을 깨닫는 것이요, 불각(不覺)이 없는 것, 즉 무명(無明)을 일으키는 일체의 염법(染法: 세속에 물든 법)이 없음을 말한다.

우리가 살아가는 생(生)에는 세 가지 생상(生相)이 있다.

첫째, 무명(無明)을 깨닫지 못하여 망념이 움직이는 업상(業相).

둘째, 망념을 전전시켜 주관적 견해를 형성하는 전상(轉相).

셋째, 주관적 견해에 의해 대상에 나타나는 현상(現相)이 있다.

또 주상(住相), 이상(異相), 멸상(滅相)이 있다.

주상(住相)은 무명과 생상이 화합하여 마음은 그 고유한 성격이 없고, 그 마음이 보는 객관적인 사물도 고유성이 없다는 것을 깨닫지 못하여 네 가지 종류의 주상을 일으키는 것을 말한다. 즉 나를 모르는 어리석음, 나를 주장하는 고집, 나만을 중히 여기는 생각, 나에 대한 교만함이 그것이다.

이상(異相)이란 무명과 앞의 주상이 화합한 것이다.

내가 공(空)하고 나 이외의 객관적 사물도 공한 것을 깨닫지 못한 것이다. 이로 인하여 여섯 가지 이상을 일으킨다. 즉 탐욕(貪), 질투, 시기(瞋), 어리석음(痴), 교만함(慢), 의심(疑), 자기고집(見)이다.

멸상(滅相)은 무명이 이상과 화합하는 것이다. 불가의 외부적인 번뇌가 순리를 거스르고 성(性)을 떠나 멸망을 자초하는 것이다.

깨달음의 궁극적인 단계는 생각을 끝까지 다하여 오직 일심(一心)만이 존재하는 경우다. 이 단계에 오르면, 무명은 완전히 다 없어지고, 일심의 원천으로 복귀하게 되어 다시는 움직임을 일으키지 않는다.

모든 부처와 여래는 주관적인 견해와 망상을 떠나 있어 어느 곳에서나 두루 미치지 않는 곳이 없다. 마음이 진실하므로 그것은 곧 모든 법의 성품이 된다. 부처님과 여래의 진리는 평등하며, 그 의미가 저절로 형성된다. 그리하여 그 뜻이 중생의 몸에 의하여 나타난다."

일체 무애인(無碍人)은 생사를 벗어난다.

원효에 관한 이야기는 [당승전(唐僧傳)] 그의 행장(行狀) [향전(鄕傳)]에 실려 있다. [삼국유사]에서는 그 자세한 기록은 빼고 [향전]의 한두 가지 이상한 이야기만을 소개한다고 하였다.

스님이 어느 봄날 마음이 움직여 거리에서 노래를 불렀다.

"그 누가 자루 빠진 도끼를 내게 빌려, 내가 하늘 떠받칠 기둥을 찍게 하려나(자루는 남자의 성기를 가리키며, 자루 없는 도끼는 과부를 비유하고 있다. 하늘을 떠받칠 기둥이란 국가 동량의 인재이다.)." 하니, 사람들은 아무도 그 뜻을 알지 못하였다.

태종(무열왕)이 이 노래를 듣고 말하기를,

"이 스님이 귀한 부인을 얻어 어진 아들을 낳고자 하는구나. 나라에 큰 어진 이가 있으면 그 이로움이 이보다 더한 것이 있겠는가." 하였다.

이때 요석궁에는 과부 공주(태종의 둘째 딸)가 있었다. 왕이 관리들에게 명하여 원효를 찾아 그를 맞아들이게 하였다. 원효는 마침 남산에서 내려와 교천교를 지나다가 이들을 만났다. 원효는 일부러 물에 빠져서 옷을 적시니 관리는 원효를 모시고 요석궁으로 갔다.

그곳에서 옷을 말리고 휴식하도록 하였다. 그 뒤 공주가 과연 태기가 있어서 설총을 낳았다. 설총은 나면서부터 지혜가 있고 민첩하여 경사(經史: 경서와 역사)를 널리 통달하였다. 그는 곧 신라의 현자가 되었다.

원효는 이미 계(戒)를 잃어 설총을 낳은 뒤로는 속인(俗人)의 옷을 바꾸어 입고 스스로 소성거사(小姓居士)라 했다. 그는 우연히 광대들이 가지고 노는 큰 박을 얻었는데 그 모양이 괴상하였다.

원효는 그 모양을 따라서 도구를 만들어 화엄경(華嚴經)에서 말한 "모든 무애인(無碍人)은 한결같이 죽고 사는 것을 벗어난다."는 글귀를 따라 이름을 무애라 하고 계속 노래를 지어 세상에 퍼뜨렸다.

그는 어느 날 이것을 가지고 수많은 마을을 돌아다니며 노래하고 춤추면서 사람들을 교화하였다. 이 때문에 가난한 백성들과 어리석은 무리들까지도 모두 부처의 이름을 알고 '나무아비타불'을 부르게 했으니, 그의 교화가 이토록 위대하였다.

원효가 탄생한 마을을 불지촌(佛地村), 절 이름을 초개사(初開社)라 하고 스스로 호를 원효라 한 것은 모두 불교를 처음으로 빛나게 한 것이다. 원효란 역시 방언이니 당시의 향언(鄕言)으로 그 말은 새벽이란 뜻이었다.

원효는 태어날 때부터 일상을 벗어났고 신앙에 관한 깨달음은 스님답지 않게 여자와 술, 노래와 춤, 광대놀이 등에 관련되어 있다. 요즘 풍토 같았으면 틀림없이 그에게, '과부와 놀아난 땡땡이 중' 주정뱅이, 불도(佛道)를 스스로 무너뜨린 요승 등 욕을 하면서, 그를 몰아세웠을 것이다.

원효는 바로 그와 같이 더럽고 누추한 삶의 현장에서 인간의 참된 모습을 발견하고 폭넓은 불법(佛法)으로 대중의 믿음을 수용한 점에서 상구보살(上求菩薩) 하화중생(下化衆生)을 실시한 그의 위대성을 확인할 수 있다. 위로 보살의 법을 닦고, 밑으로 중생을 교화한다는 뜻이다.

원융회통(圓融會通)의 화쟁사상(和諍思想)

원효 불교는 해동종, 중도종, 법성종, 분황종, 화엄종 등 여러 형태로 불리고 있다. 그의 모든 저서를 관통하고 있는 종지(宗旨)의 근본은 융화사상이며 특히 이를 화쟁(和諍)이라고 한다.

[대승기신론소, 별기(大乘起信論疏. 別記)]에서 표현하고 있는 원융은 진속(眞俗) 평등이다. 일심(一心)이 곧 일법계(一法界)이며 일법계는 진여(眞如)의 두 문을 모두 포괄하고 있다. 모든 것이 다 진(眞)이니 차별을 깨뜨리지 않고, 곧 그것대로 평등하다는 것이다.

원효는 중국에서 종파적 편견을 가지고 지도해 오던 교상판석(敎相判釋: 석가의 교리를 해석함)에 나서서, 가장 공정한 판단을 내리고자 하였다. 그는 체계 없이 전개되어 온 불교의 사상체계를 세웠으며 현실에 적합한 불교를 판별하여 교화의 실을 거두는 데 큰 역할을 수행하였다. 종래 교판가들의 종파주의적 입장을 지양(止揚)하고 화쟁(和諍)의 입장에 섰다

원효는 참된 대승의 입장에서 불교의 여러 사상에 고유한 역사적 의미와 상대적 가치가 있음을 인정하면서도 그들을 회통하는 일심(一心)의 정화(淨化)에 최고의 가치를 부여하고 중생의 제도에 중점을 두었다.

원효는 말하여, "대승의 참모습은 깊고, 고요하고, 맑고, 평화스럽고, 그윽이 미묘하다. 대승의 논리는 광범위하다. 그것은 크게 텅 빈 것처럼 사(私)가 없고 바다처럼 넓어서 지극히 공평하다. 공평하기에 동정(動靜)이 인연 따라 움직이고 사(私)가 없기에 물들고 맑은 것이 모두 하나가 되었다. 염과 정(染, 淨)이 하나 되었기에 진과 속(眞俗)이 평등하고, 동정이 함께 이루어졌기에 모든 운동(昇降: 오르고 내리는 운동)에 차별상(差別相)이 있는 것이다." 하였다.

원효는 거의 모든 경전의 주석을 화쟁 논리의 자료로 삼았다. 그 명시적 증거는 그의 유명한 [열반경소]에서 볼 수 있다. 그 글에, "여러 경전의 부분을 한데 묶고, 만 가지 흐름을 귀납시켜 부처님

뜻이 지극히 공경함을 열어주어 백 가지 서로 다른 쟁론을 조화시켜 주었다.”고 하였다.

4) 의상(義湘)

의상(625－702)은 [송고승전]에 의하면 속성은 박씨고 계림부에서 살았다고 한다. 20세에 출가하여 26세 때 원효와 함께 당나라로 유학길에 떠났다. 원효는 도중에 깨달은 바 있어 다시 돌아왔고, 의상은 처음 뜻대로(661년에) 당으로 건너갔다. 등주(登州) 해안에 도착하여, 어느 신도(信徒) 집에 머물고 있을 때 그 집에 선묘(善妙)라는 여인과 유명한 설화를 남겼다.

“선묘라는 아름다운 아가씨가 스님과 가까이하고 싶었으나 스님이 이에 전혀 응하지 않았다. 선묘는 스님의 굳은 의지를 알아차리고 도심(道心)을 일으켜, ‘생생세세(生生世世: 환생이 되풀이되는 것)에 화상(和尙: 수행이 깊은 스님)님께, 귀명(歸命: 몸과 마음을 불교에 의지함)하겠습니다. 제자는 반드시 시주가 되어 스님께서 필요로 하는 생활 자료를 바치겠나이다.’라고 자기 소원을 말하였다. 그 일이 있은 후 의상이 중국 종남산(終南山) 지상사(至相寺)에서 지엄삼장(至儼三藏)을 스승으로 모시고 7년 동안 공부하여 화엄경의 묘지(妙旨)를 전수받았다. 귀국 길에 그 신도 집에 들러 감사의 뜻을 표하고 배에 올랐다. 선묘는 미리 의상을 위한 법복 등을 가지고 급히 해안으로 달려갔으나, 의상의 배는 이미 멀리 떠나간 뒤였다. 그녀는 말하기를,

‘나의 본디 마음은 법사님을 공양하는 일입니다. 원하옵건대 이 옷함이 저 배에 닿기를……’ 하고 옷함을 던졌다. 또 맹세하기를,

'이 몸이 변하여 저 법사님이 탄 배가 무사히 신라 땅에 닿아 그 나라에 법을 전할 수 있게 해 주소서.' 하고 바닷속에 몸을 던졌다.

선묘의 애틋한 마음과 정성에 신(神)도 감동하여, 그녀는 용의 모습으로 변하여 의상이 탄 배가 무사히 신라에 도착하도록 도왔다.

의상은 귀국 후 화엄불교를 널리 보급하는 데 선묘의 영혼이 그를 도왔다. 의상은 화엄(華嚴)사상의 대가가 되었다."

그의 저서인 [화엄일승법계도(華嚴一乘法界圖)]의 칠언삼십구(7글자 30구절)는 총 210자로 화엄의 뜻을 쉽게 표현하고 있다. 그 30구절은 법성원융무이상(法性圓融無二相)에서 시작하여 구래부동명위불(舊來不動名爲佛)로 끝을 맺었는데, 그 뜻은 법으로 원인(因)이 된 수행방편을 써서 불(佛)이라는 결과(果)를 얻기 위함이었다.

의상의 [법계도]를 보면, '법계(法界)의 법은 비록 다할 바가 없이 무진(無盡)한 것이라 할지라도 210자를 벗어나지 않는다. 이를 다하여 30구를 이루고 또 다해서 7자를 벗어나지 않는다.' 하였다.

의상은 법기(法記)를 인용하여 원융무이(圓融無二)를 다음과 같이 해명하였다.

'무엇이 법(法)이냐?

인연의 분수를 빌려 나타낸 것이다.

만약 억지로 지적하라 한다면 내 몸과 마음이 그것이다.

무엇이 성(性)이냐?

즉 원융(圓融)이 그것이다.

그러면 어떤 것을 원융이라고 하느냐?

무이상(無二相)이기 때문이다.

하나인 까닭에 무이냐, 둘이면서도 무이냐?

하나가 아니기 때문에 무이(無二)이다.

그 이상(二相)이 즉 무이인 것이다.’고 하였다.

성(性)이란 원융하다는 뜻이며 이상(二相)이 없는 것이다.

하나가 아니면서도 둘이 하나로 융합되어 무이(無二)라는 뜻이다.

그러므로 법성이란 원래 원융무이상이라 하였다. 법상은 원융하여 진(眞), 속(俗) 모두를 포괄한다. 하나가 곧 일체요 다(多)가 곧 일(一)이라는 상즉관계(一卽一切 多卽一의 相卽關係)이다.

여기서 상즉이란 인도 불교의 특징인 상비(相非)에 대칭되는 말이다. 상즉은 끝없는 긍정의 방식에 의한 포용적 논리고, 상비는 끝없는 부정의 방식을 통하여 진리를 설명하려는 것이다. 현실 긍정의 취향에 부합되는 것이 중국의 화엄사상이다.

의상의 [법계도]에 [일미진중함십방(一微塵中含十方)], [일체진중역여시(一切塵中亦如是)]란 말이 있다. 이 말은, ‘한 티끌 속에 우주가 다 들어 있는데 모든 티끌이 역시 그러하다. 즉 하나 속에 전체가 다 들어 있다는 뜻으로 이를 육상(六相)과 관련하여 설명하고 있다.’

의상에 의하면 전체(總相)는 개체(別相) 없이 이루어질 수 없고, 동질성(同相)을 유지하기 위해서는 개체 상호 간(異相)의 특수성이 인정되어야 한다. 전체가 총화로서 하나의 이상을 실현하자면(成相) 필연적으로 자기 헌신(壞相)이 있어야 한다. 따라서 일즉일체(一卽一切), 일중일체(一中一切)가 가능하고 다중일(多中一) 다즉일(多卽一)이 가능하다. 의상의 [화엄일승법계도]에 다음 글이 있다.

대기(大記)에 육상(六相)이란 다음과 같이 씌어 있다(누구의 대기인지는 알려져 있지 않고 있음).

총(總)과 별(別)의 두 상(相)은 법이 무진(無盡)함을 나타내고, 동
(同)과 이(異)의 두 상(相)은 법이 무애(無碍)함을 나타내며, 성(成)
과 괴(壞)의 두 상(相)은 법이 치우침이 없음을 보여주는 것이다.
의상이 말하는 일승법의 뜻은 이 세 가지를 벗어나지 않았다.

5) 의천(義天)과 지눌(知訥)

신라 불교가 화엄과 유식을 중심으로 교학(敎學)이 크게 발전한
배경에는, 이들이 왕조의 비호와 지배세력의 정신적 기반을 이루고
있었기 때문이다. 이러한 교종의 전통과 권위에 대항하여 중국으로
부터 유입된 선종(禪宗)이 새로운 세력으로 대두되었다. 신라 하대
에 들어서서 주로 지방 호족 세력을 기반으로 선종의 구산파(九山
派)가 형성되었다. 선종은 지배체제로부터 홀대를 받고 있으면서도
스스로 생각하고 깨달음을 얻겠다는 종지(宗旨)를 내걸고 활동하였
다. 이른바 불입문자 교외별전 견성성불(不入文字 敎外別傳 見性
成佛: 문자에 의존하지 않고 교 밖에서 따로 전하여 본래의 성품을
보아 성불한다)을 말한다.

즉 그동안의 불교가 교학의 복잡한 이론과 계율, 문자나 교의에
얽매어 진정한 깨달음을 주지 못했다는 비판을 제기한 것이다.

고려시대에 들어와 역대 제왕들의 적극적인 호불 정책에도 불구
하고 오히려 대립과 갈등을 초래한 불교를 융합하고 회통한 큰 스
님으로 대각국사 의천(1055 – 1101)과 보조국사 지눌(1158 – 1210)
을 들 수 있다.

대각국사 의천(大覺國師 義天)

의천은 고려 문종 9년 제4왕자로 태어났다. 그는 어릴 때부터 영특하고 슬기로워 왕의 사랑을 받았다. 어느 날 문종은 왕자들을 불러 놓고 누가 출가하여 부처님의 뜻을 따르겠느냐고 물었다. 이때 11세 된 의천이 서슴없이 출가의 뜻을 밝혀, 13세에 승통(僧統: 승군통솔의 직)을 수여받았다. 왕은 문종 19년 경덕국사(景德國師)를 내전으로 불러, 그와 같이 영통사(靈通寺)에서 수업토록 하였다. 그는 마침내 송나라로 건너가 천태(天台), 화엄(華嚴) 두 종파의 묘의를 배웠다.

당시는 선종의 교세가 확대되어 선, 교가 크게 맞서고 있는 상황이었다. 의천은 이들을 모두 수용할 수 있는 근거를 교관겸수(敎觀兼修: 교리공부와 수행을 겸함)에서 찾았다.

교상(敎相)이란 화엄의 원융 회통한 교리를 말하고, 관행(觀行)은 선(禪)의 실천 수행을 의미하며, 교관겸수는 천태종을 창설하여 교와 선을 융합하겠다는 그의 일관된 논리였다.

그는 원효를 가리켜 효성(曉聖) 혹은 원효보살이라고 하면서 최고의 존칭을 썼다. 의천 스스로 말하기를, “저는 일찍이 천행의 도움을 얻어 어릴 때부터 불승을 사모하고 선철(先哲)들의 사이를 편력하며 살펴보았습니다. 그중에 성사(聖師: 원효를 말함)보다 훌륭한 분이 없었습니다.”고 하였다.

의천은 당시 떠돌았던 유불도(儒佛道) 삼교(三敎) 일치설(一致說)에 대하여는 반론을 제기하였다. 불교는 유교 및 노장(老莊)과는 차원이 다르다는 입장이었다.

신라로부터 고승(高僧)들이 유교와 노장을 겸하여 연구하고 그것을 활용하는 사례가 많았으며 그러한 경향은 중국적 불교를 토착

화하는 과정에서 나온 것이었다. 의천 역시 이 분야에 대한 연구가 많았다. 하지만 그는, "공자의 유도(儒道)는 인승(人乘: 사람에 관련된 교리)에 해당하고, 노장의 도가(道家)는 천승(天乘)에 해당되어 불교의 근본 원리와 큰 차이가 있다."고 하였다. 즉

"성인의 용심(用心: 마음 씀)은 넓고 커서 모두 갖추어 있습니다. 인승도 있고, 천승도 있으며, 성문승, 연각승, 보살승도 있습니다. 이 5승은 불교의 원리를 배우는 사람이 마땅히 마음을 다해야 할 대계(大戒)입니다. 십선(十善)과 오계(五戒)는 인승(人乘)이요, 사선(四禪)과 팔정(八定)은 천승(天乘)이며, 사성체(四聖諦)의 법은 성문승이요, 십이인연은 연각승(緣覺乘)이며 육도만행(六度滿行: 六度萬行)은 보살승입니다. 옛사람들이 이른바 유(儒)의 도를 닦으면 사람과 하늘의 과보(果報: 인과응보)를 잃지 않을 수 있으니, 고금의 현자(賢者)들이 모두 지혜로운 말이라 했습니다. 하지만 뒤의 삼승(三乘: 성문, 연각, 보살의 원리) 출세간(법계, 세속계에 대응한 말)의 법을 어찌 세속적인 가르침과 비교해 말할 수 있습니까."라 하여 삼교(三敎: 유교, 불교, 도교)의 독자성과 불교의 우위성을 주장하였다.

이러한 그의 의지와는 무관하게 그가 살았던 당시 고려의 상황은 부패와 타락, 기복신앙적(무술적) 음양론, 풍수 도참설이 성행하여 그의 귀족주의적 원융 회통이나 불교 교리의 우월성은 애당초 현실에 맞지 않는 것이었다.

보조국사 지눌(普照國師 知訥)

지눌의 속성(俗姓)은 정씨로 황해도 서흥에서 태어났다.

지눌은 8세 때, 선문의 종휘(宗暉) 문하에 출가하여 25세(명종

12년)에 선과(禪科)에 급제하였다. 그는 명종 15년 경북 양천에 있는 보문사에 머물면서 [화엄경]을 읽고 크게 깨우친 바가 있었다. 33세 때에 공산(公山)의 거조사(居祖寺)로 가서 여러 동지들과 정혜사(定慧社)를 만들었다. 그는 정혜사의 조직을 통하여 정(定)과 혜(慧)를 함께 닦을 것을 주장하고 그 일을 실천에 옮겼다. 또 지리산 상무주암(上撫住庵)으로 옮겨 대혜선사어록(大慧禪師語錄)을 읽고 홀연히 마음이 열려 깨달았다. 선에 관하여 지눌은,

'선(禪)이란 고요한 곳에도 있지 않고

또한 시끄러운 곳에도 있지 않으며

일월응연(日月應緣: 인연에 상응한 곳)한 곳에도 없고

사량분별(思量分別: 생각하고 분별함)이 있는 곳에도 없다

만일 갑자기 눈이 열리면 비로소 그것이 자기 본분(本分)임을 알 것이다.' 하여, 불교에서 이른바 돈오(頓悟: 깨달음)를 강조하였다.

지눌이 살았던 당시의 상황은, 불교에서 말하는 말법(末法)의 시기였다. 악사(惡事)와 사심(私心)이 넘쳐흐르고 정법(正法)이 통하지 않았다. 무신란(武臣亂)이 일어나, 조정이 혼탁한 중에 백성들에게 수범을 보여야 할 왕공귀족들의 행동은 거짓되고 흉악하기 짝이 없었다. 이에 따라 불교계도 엄청난 변화를 겪어야 했다. 그중에서 가장 주목할 만한 현상은 개경의 귀족 중심 불교에 대한 각 지역에서 일어난 비판적 결사의 움직임이었다.

그 대표적인 결사가 지눌의 정혜사이다.

의천이 교와 선을, 교(敎)의 입장에서 융합 절충한 것이라면 지눌은 이를 한 단계 넘어서서 교선(敎禪) 일치의 완성을 지향한 것이라고 볼 수 있다.

지눌의 대표적인 저서는, [정혜결사문(定慧結社文)], [수심결(修

心訣)], [진심직설(眞心直說)] 외에 다수가 있다. 그 중요한 내용은 대개 정혜쌍수(定慧雙修), 습정균혜(習定均慧), 돈오점수(頓悟漸修)로 요약할 수 있다.

정(定)은 익히는 것이고 습정(習定)은 많은 세월을 두고 익히는 것이다. 선정(禪定)은 정도(正道), 정도피안(正道彼岸)이라고도 하며 진리를 올바로 사유하고 조용히 생각하여 마음을 한곳에 모아 산란치 않게 하는 것이다.

혜(慧)는 지혜(知慧), 반야라고도 한다. 이 반야라는 지혜는 보통 사람의 지혜와 달리 선정을 수행하여 명심견성(明心見性) 하는 것, 밝은 심성에서 일어나는 참된 지혜를 말한다. 다시 말하여 열린 마음 평등하고 원만한 마음이며, 우리의 모든 인식적 혼란이나 속박에서 벗어난 지혜이다. 이러한 습정균혜(習定均慧)는 돈오점수(頓悟漸修)에 의하여 깨닫고 닦는다. 돈오(頓悟)란 햇빛이 쏟아져 갑자기 밝아지듯 문득 깨닫는 것이고, 점수(漸修)는 마치 거울을 닦아내듯 옛날의 못된 타성을 끊임없는 수행으로 연마하는 것이다.

정혜쌍수란 선정(禪定)과 지혜(知慧)를 함께 닦는 일이다.

지혜 두 단어는 바로 삼학(三學: 불교 수행자들이 꼭 닦아야 할 법, 즉 戒, 定, 慧를 말함)의 준말로서 갖추어 말하면 계율과 선정, 지혜이다.

계율이란 잘못을 막고 악을 그친다는 뜻으로 삼도(三途: 지옥, 아귀, 축생)에 떨어짐을 면하게 하는 것이요, 선정이란 이치에 맞추어 산란한 마음을 거두어 잡는다는 뜻으로 육욕(六欲: 여섯 가지 물질에 대한 탐욕)을 뛰어넘게 하는 것이요, 지혜란 법(法: 佛法)을 가지고 공(空)을 관(觀)한다는 뜻으로 묘하게 생사를 벗어나게 하는 것이다. 번뇌가 없는 성인이 처음 수행할 때에 모두 이것을 배웠기 때문에 이를 삼학(三學)이라고 하였다.

선정(禪定: 즉 定)과 지혜(知慧: 즉 慧)의 명칭은 서로 다르나 그 요지는 당사자들이 신심(信心)으로 (정과 혜를 닦는 일을) 물러나지 않고 끝까지 수행해 내는 데 있다.

지눌은 [대지도론(大智度論: 용수의 저서)]에서 말하기를,

"세상의 보통 일에 있어서도 정신을 한 가지 일에 전념하지 않으면 그 일을 이루지 못한다. 하물며 불도(佛道)를 배움에 있어서 선정과 지혜 연마에 힘쓰지 않아서야 되겠는가. 계송(揭頌)에 말하기를,

선정은 금강(金剛: 가장 강한 무기)의 갑옷일세

능히 번뇌의 화살을 막네

선정은 지혜를 지키는 고장(庫藏: 저장창고)이며

온갖 공덕의 복전(福田: 공덕을 쌓은 결과 얻은 복)이로다.

분주한 티끌이 하늘의 해를 덮으면

큰 비가 그것을 능히 씻고,

망상의 바람이 마음을 흩뜨리면

선정이 능히 그것을 없애네." 하였다.

또 말하기를, "세상의 티끌을 잘 씻고, 마음을 늘 겸손하게 하여 교만을 부리지 아니하면 현재의 번뇌를 억제하고, 선정과 지혜의 힘을 입어 차츰 밝고 고요한 성품을 갖게 될 것이다. 만일 그가 최선을 다하여 제 힘을 개발하지 않으면, 먼 길로 돌아가거나 앞길이 막히기 쉽다."고 하였다.

지자(智者)대사가 그의 임종(臨終)에 당하여 말하기를,

"죽는 찰나 지옥의 불 수레(지옥에서 죄인을 태운다는 차) 모양이 나타난다 해도, 한결같은 마음으로 회개(悔改)한다면 그래도 왕

생하거늘, 하물며 계율과 선정, 지혜로 마음을 닦아 수행한 도의 힘이야 어찌 그 공이 헛되겠는가." 하였다.

지눌은, [수심결(修心訣)] '정혜쌍수'와 '습정균혜'에 관한 문답에서,

문(問)

"깨친 뒤의 법문 중에 선정과 지혜를 고루 가진다는 뜻은 아직 자세히 모르겠습니다. 다시 자세히 설명하여 미혹을 깨우치고 해탈의 문으로 인도하여 주십시오."

답(答)

"만일 법과 이치를 말한다면 그 이치에 들어가는 천 가지 문이 모두 선정과 지혜 아님이 없다. 그 강령의 요지는 자성(自性: 자성본불, 본래부터 갖추어 있는 불성)의 본체와 그 작용의 두 가지 뜻이다. 그것은 공적(空寂)과 허지(虛知), 즉 맑고 깨끗한 마음이다. 선정은 본체요 지혜는 작용이니, 지혜는 선정과 분리될 수 없고, 역시 선정도 지혜로부터 분리될 수 없다.

선정이 곧 지혜이기 때문에 고요하면서 항상 알고 지혜가 곧 선정이기 때문에 알면서 항상 고요하다.

조계 스님이 말한바, '마음이 혼란스럽지 않는 것이 자성의 선정이요, 마음이 어리석지 않는 것이 자성의 지혜이다.'고 한 것과 같다. 만일 이와 같은 일을 깨달아 고요히 아는 것에 맡김으로써 선정과 지혜가 둘이 아니게 되면 그것은 당장 깨치는 문에 들어간 사람의 선정과 지혜를 겸하여 닦는 것이 될 수 있다.' 하였다."

역시 [수심결], '돈오점수(頓悟漸修)'에 관한 문답에서,

문(問)

"스님께서는 견성(見性: 자기의 심성을 깨달음)했다고 하는데, 남보다 다른 점도 없고 왜 지금 마음을 닦는 무리들 가운데 한 사람

도 신통한 변화를 나타내는 사람이 없습니까?”

답(答)

“도(道)를 배우면서 앞뒤를 알지 못하고, 이치를 말하면서 본말(本末)을 분간하지 못하면 그것은 잘못된 견해로 수학(修學)이라 할 수 없다. 자신만 그르칠 뿐 아니라 남까지 그르친다.

대개 도(道)에 들어가는 데는 그 문이 많지만 요약해 말하면 돈오(頓悟)와 점수(漸修)의 두 문에 불과하다. 돈오와 점수는 최상의 근기(根機: 교법을 받는 중생의 마음의 작용)를 가진 사람이 들어갈 수 있는 문이라 한다. 과거의 경우를 미루어 본다면 이미 여러 생(生)에서 깨달음에 의지하여 점수(漸修: 닦아서 차츰 익힘)해 오다가, 금생(今生: 현재의 생)에 이르러 돈오(頓悟: 듣는 즉시 깨달음)하여, 일시(一時)에 (그 깨달음을) 모두 마친 것이니, 이를테면 그것도 먼저 깨닫고 뒤에 닦는 것이다. 돈오, 점수의 두 문은 모든 성인(聖人)이 밟은 길이며 과거의 성인들은 모두가 먼저 깨닫고 뒤에 닦았다. 이른바 신통 변화는 깨달음에 의하여 닦아 차츰 익혀야 나타나는 것이요 깨달은 때에 곧 나타난다고 할 수 없다.” 하였다.

당시 고려 사회에서 지눌의 출현은 불교계에 참신한 활력을 불어넣어 주었다. 그는 부패 타락한 귀족 불교의 탁류가 적어도 나라 안의 심산유곡에 이르기까지 침투되는 것을 막아내고 싶었다. 요세(了世), 승형(承逈) 등 그의 제자들은 지눌의 뜻을 이어받아, 그가 창건한 조계산 수선사를 중심으로 불교 정화의 활동을 이어갔다.

3. 미륵신앙

우리나라 남부 지방에는 특히 미륵보살이 눈에 많이 띤다.

산중 곳곳에 우뚝 솟아 있는 바위벽이나 산사 혹은 암자 주변의 양지 바른 곳에 흔히 미륵보살이 새겨져 비바람을 견디고 있다. 심지어는 논두렁이나 언덕배기 같은 곳에서도 보살의 모습을 볼 수 있다.

우리나라에 들어온 초기 불교는, 연기설이나 사성체, 사법인 등 불교의 핵심 교리를 익히거나 철저한 깨달음, 고행, 수행 등 철학적이고 추상적인 초월적 종교가 아니었다. 무지와 가난에 시달리는 대중 속에 깊이 침투되어 불교의 구체적 세속화에 기여한 것은 바로 불교의 미륵신앙, 정토적(淨土的) 경향에서 그 계기를 찾을 수 있다.

미륵신앙은 이미 삼국시대 때부터 대중 속에 확산되어 그 이후의 정치, 사회, 문화의 여러 측면에 영향을 미쳤으며 이러한 전통이 고려, 조선조에 이르기까지 그 맥을 이어갔다. 특히 가난과 폭정에 시달리는 소박한 민중들에게 꿈과 희망을 심어주고, 위안과 마음의 안식처를 제공하였으며, 때로는 혁명의 원동력이 되기도 하였다. 그렇다면 미륵신앙은 그 내용이 무엇이며, 경전과 사찰, 대표적 스님은 누구인가 다음에서 살펴보자.

우선 미륵불에 관하여, 한마디로 그 내력을 요약하면,

미륵은 인도의 바라문 집안에서 태어났는데, 중국어로 자씨(慈氏) 혹은 자존(慈尊)이라고 번역된다. 미륵보살은 석가의 일생보처(補處: 석가의 업적을 돕는다는 뜻)의 보살이며, 현재불(現在佛)인 석가에 이어 다음 대의 부처가 되기로 정해진 당내불(當來佛: 미래불)이라고 한다. 석가가 보살이었을 때, 미륵보살이 (석가와) 같이 수행하고 있었으며, 원래는 미륵이 석가보다 먼저 성불할 수 있었다. 석가보살의 수행은 맹렬하고 진실하여 보통 백겁(百劫: 1겁이 사람 나이로 8만 4천 세에서 백 년마다 1세를 빼고 10만세에 이르는 사이를 말한다)을 요하는 보살의 수행 기간을 91겁으로 마치고 성불하였다.

미륵보살은 이 지상에서 죽은 후 하늘에 있는 '도솔천'에 올라가 그곳에서 수행하면서 많은 천중(天衆)들에게 설법을 하였다.

석가가 입멸(入滅)하고 56억 7천만 년이 지난 후 전륜성왕이 이 세상을 다스릴 때 인간세계로 하강할 것이라 하였다(미륵 하생).

미륵은 용화수 밑에서 인간의 모습으로 성불하여(마치 석가가 성불한 것처럼)세 번에 걸쳐 인연 있는 사람들에게 설법을 한다. 그리하여 그동안 석가가 미처 제도하지 못한 중생을 설법을 통하여 제도하고 이상적인 용화세계를 건설하러 올 것이라고 한다.

미륵보살의 실제 존재에 관하여는 여러 설이 있다.

실존의 불제자로 후에 그를 이상화하여 신앙의 대상이 되었다는 설, 서기 350년경에 생존했던 무착(無着)의 스승이며 많은 경전이나 저술을 남긴 인물로, 그가 미륵보살과 혼돈되었다는 설, 미륵경전에 나온 미래불로 도솔천(兜率天)에서 인간세계에 하강하여 내세를 구원할 미래불이라는 설 등이다.

미륵경전은 그 내용에 따라 크게 [미륵하생경], [미륵상생경], [미륵성불경] 등으로 분류된다. [미륵성불경]을 한문으로 번역한 것은 서기 300년경이다. 미륵 신앙은 그 이전(대개 B. C. 2세기에서 A. D. 2세기까지)에 대승불교인들에 의하여 인도에서 발생하였다고 본다. [미륵상생경]과 [미륵하생경] 중 어느 책이 먼저 발생했는지는 알 수 없다. 미륵 상생 신앙의 경우 사람이 죽은 뒤 곧바로 도솔천에 올라가 윤회의 고통에서 벗어나기를 강구하는 것이 오늘날의 천당론과 비슷하다.

미륵신앙은 위에서 살펴본 바와 같이 미륵이 하강하여 용화수 아래에서 성불하여 설법을 펴고 용화세계를 건설할 때, 민중들은 그 설법을 듣고 용화세계에 살게 된다는 내용을 담고 있다.

백제인들은 당시 그들 앞에 솟아 있는 신비의 산, 용화산(현재 전북 익산에 있는 미륵산)은 용화수이고 그들이 살고 있는 세상은 용화세계라고 믿었다. 신라인들도 마찬가지로 법흥왕, 진흥왕이 (나라를)흥륭케 하는 전륜성왕이고, 신라 땅이 불국이요 정토(淨土: 극락)라고 믿었다. 지금의 흥륜사나 불국사의 이름이 이러한 믿음을 바탕으로 하여 나왔다.

미륵신앙은 처음 도솔 상생(上生)을 바라는 미륵상생신앙이 그 일반적 경향이었다. 그 후 [아미타경]을 바탕으로 한 정토신앙이 주류를 이루면서 내세 신앙으로서 존재의의를 잃은 미륵신앙이 현세적 색채를 띤 하생신앙으로 발전하였다. 한국의 미륵신앙은 삼국 시대에서부터 아미타 정토신앙과 혼돈하여 신앙되었다.

특히 신라의 미륵신앙은 화랑과 깊은 관련하에 하생신앙이 발달하였고, 이를 통하여 정치적, 종교적 통제를 가하려고 하였다. 백제의 미륵신앙은 후기에 이르러 하생신앙이 발달하였고 이는 율령사회(律令社會)와 깊은 관계를 맺고 있다. 신라 말기에 궁예는 현세 정토의 실현을 그 기치로 내걸었다.

[삼국유사]에 나오는 신라와 백제의 미륵신앙에 관한 기록을 우선 시대별로 소개하면 다음과 같다.

미륵선화(彌勒仙花) 미시랑(未尸郎)과 진자사(眞慈師)

신라 제24대 진흥왕의 성은 김씨요 중국의 양(梁)무제 6년(540년)에 즉위하였다. 백부 법흥왕의 뜻을 사모하여 한마음으로 불교를 믿어 절을 세우고 많은 사람들에게 중이 되기를 권하였다. 그 뒤 진지왕(진흥왕의 둘째 아들, 576－579) 때에 이르러 흥륜사(興輪寺: 신라에서 제일 먼저 세워졌다고 전하는 절) 중 진자(眞慈)가 항상 불당의 주인인 미륵상 앞에 나아가 발원하고 맹세하기를:

"우리 대성(大聖)이신 미륵님께서는 화랑으로 태어나서 항상 그 높으신 모습을 가까이 뵙고 받들어 시중을 들게 해 주소서." 하였다.

그 정성스럽고 간절한 기원이 날로 더하여 어느 날 밤 꿈에 노승(老僧) 한 분이 나타났다. "네가 웅천(지금의 공주) 수원사(공주 월성산에 있다)에 가면 미륵선화를 볼 수 있다."고 하였다. 스님이 그곳에 가니 잘생긴 한 소년이 그(진자스님)를 맞아들였다. 스님이 소년에게,

"그대는 본래 나를 모르는 터에 어찌하여 이렇게 친절히 대접는가?" 하니 그 소년은, "나도 역시 서울(경주를 말함) 사람인데 스님이 먼 곳에서 오신 것을 보고 위로하려고 왔을 뿐입니다." 하고 문밖으로 나갔다.

진자스님은 절에 들어가서, "미륵선화를 보러 왔습니다."고 말하자, 노승이, "문밖에서 이미 미륵선화를 보았는데 다시 누구를 보려는가." 하여, 진자는 그제야 아까 만난 소년이 미륵선화임을 알고 문밖에서 찾았으나 소년은 이미 그곳에 없었다.

진자는 서울로 돌아와 그를 찾아, "소년의 집은 어디에 있으며 성은 무엇인가." 하고 물었다. 소년은, "내 이름은 미시(未尸: 미시는 미륵이란 뜻을 함축한 말이다)이나 어렸을 때 부모를 잃어 성은

모릅니다." 하였다. 진자스님은 그 소년을 가마에 태우고 대궐로 들어가 왕을 뵈오니, 왕은 이를 공경하고 받들어 국선(國仙)을 삼았다.

그는 화랑의 무리들과 화목하게 지내고 예의와 풍교(風敎: 풍속을 교화함)가 보통 사람과 달라 풍류로 세상을 지냈다. 그 후 7년쯤 되어 그가 갑자기 어디론가 떠나서 진자는 몹시 슬퍼하였다. 그는 그동안 미시의 자비스러운 혜택을 많이 입었고, 맑은 덕화를 받아 스스로 뉘우치고 도(道)를 닦았다. 그 또한 만년에 어디 가서 죽었는지 알 수 없다. 지금까지도 나라 사람들은 신선을 가리켜 미륵선화라 하고 중매하는 사람을 '미시'라고 하는 것은 모두 진자스님이 남긴 풍도다.

이 설화는 신라가 처음 세운 흥륜사에 미륵을 그 본존불로 모시고 미륵이 화랑으로 출현했다는 내용으로 요약할 수 있다. 즉 신라의 불교는 처음부터 미륵신앙을 중요시하였고 화랑의 가르침도 바로 미륵의 풍류, 교화를 그 덕목으로 하였다.

미륵삼존불(彌勒三尊佛) 백제 법왕(法王)조

제30대 백제 무왕은 그 어머니가 과부로 서울(경주) 남쪽 못가에 집을 짓고 살았다. 그녀가 못 속의 용(龍)과 관계하여 아들을 낳으니 그가 바로 무왕이다.

어릴 때 그의 이름은 서동(薯童)이다. 그는 마를 캐다 팔아서 사는 직업으로 살았기 때문에 사람들이 그렇게 불렀다. 그는 진평왕의 셋째 딸 선화공주가 미인이라는 소문을 듣고, 서울(경주)로 들어와 아이들을 꾀어 동요를 부르게 하였다. "선화공주님은 남몰래 서동님과 정을 통하여 도련님을 밤에 몰래 안고 간다네." 하는 노래가 임금의 귀에까지 들렸다.

드디어 공주가 궁에서 쫓겨나 서동과 함께 백제에 이르렀다. 공주는 서울을 떠날 때 어머니인 왕후가 몰래 준 순금 한 말을 내놓았다. 서동은 크게 웃으면서 자신은 이미 흙덩이처럼 많은 금을 쌓아 둔 곳을 안다고 하였다. 그리고 그 금을 공주 부모님께 보내줄 것을 약속하였다.

서동과 공주는 용화산 사자사(獅子寺: 현재의 미륵산 사자암)에 있는 지명법사(知命法師)에게 상의하였다. 법사는 그의 신통력으로 그 금을 진평왕에게 보냈다. 진평왕은 그 신비스러운 일을 이상하게 여겨 서동을 더욱 존경하였다. 후에 항상 글을 보내 안부를 물었다.

[삼국유사] 법왕금살(法王禁殺 : 법왕이 살생을 금함)조

백제 법왕이 당시 서울인 사비성(泗比城)에 왕흥사를 세웠는데 겨우 터를 닦다가 죽었다. 무왕(武王)이 아버지 법왕(法王)의 왕위를 이어받아 부왕이 닦아놓은 터에 절을 세워 수십 년 만에 완성하니 그 절의 이름이 미륵사다.

무왕의 출생에 관하여는 여러 주장들이 있다. 위에 기록된 왕흥사는 따로 있고, 현재 익산에는 미륵산 옆에 용화산이 있다. 미륵사는 오늘날 왕궁에 있는 미륵사지가 분명하며 아마도 미륵산과 용화산을 통틀어 미륵산이라 호칭했으리라 생각한다.

하여튼 서동은 왕위에 올랐다. 그가 무왕이다.

어느 날 왕과 부인이 사자사에 가려고 용화산(미륵산) 아래 큰 못가에 이르자, 미륵삼존(彌勒三尊)이 못 속에서 나타났다. 이들은 수레를 멈추고 공손한 마음으로 예를 올렸다. 부인이 왕에게 말하

기를,

"모름지기 이곳에 큰 절을 짓는 것이 소원입니다." 하자 왕이 허락하였다. 지명법사에게 가서 못을 메울 일을 묻자, 법사는 신의 힘으로 하룻밤 사이에 산을 헐어다가 못을 메워 평지를 만들었다. 여기에 미륵 삼존의 상(像)을 세우고 회전(會殿)과 탑(塔), 낭무(廊廡)를 각각 세 곳에 세워, 이름을 미륵사라 하였다. 진평왕도 백공(百工: 백관)을 보내 그 공사를 도왔으며 지금까지도 그 절이 있다.

백제의 미륵신앙에 대하여 김삼용 교수의 주장을 인용하면,

"익산 미륵사에는 하늘 위의 도솔천에서 교화한다는 미륵보살을 봉안하지 않고 현재 백제 땅에 출현한 당래불을 모시고 있는 것이다. 막연하게 장차 출현할 당래불을 모시기 위해서 석불(石佛)이나 금불상(金佛像)을 인위적으로 조성한 것이 아니라 미륵보살이 못 속에서 저절로 출현하였다고 한다. 그 출현한 장소도 바로 용화산 밑이며 때마침 국왕이 왕비와 함께 그곳에 도착한 때였음을 유념할 필요가 있다.

[미륵하생경]에 의하면 미륵이 성불하였을 때 전륜성왕이 불소(佛所)에 이른다고 하였다. 백제의 무왕이 그곳에 도착하였을 때 미륵삼존불이 지중에서 출현했다는 이야기는 백제 땅에 미륵불이 출현했음(백제의 미륵불국토사상)을 의미한다. 미륵이 성불한 곳이 용화수가 아닌 용화산 아래이며, 출가, 수도하여 성불하는 미륵불이 아니라 지중 출현의 삼존불을 받들었다는 데 그 의미가 크다."고 하였다.

선화공주에 관한 설화는 설화에 불과했다

2009년 1월 19일, 문화재청 국립문화재연구소가 미륵사지의 유

적을 해체 보수하는 과정에서 사리장엄구(舍利莊嚴具: 사리를 담은 그릇)를 발굴하여 유물 505점을 공개하였다. 금으로 된 사리호(舍利壺: 사리를 담은 병)와 석탑 조성 내력을 적은 금판(金板)인 사리봉안기(舍利奉安記), 은으로 된 사리함 6개 등도 포함되어 있다.

[금제 사리봉안기]의 해석문을 소개하면 다음과 같다.

"우리 백제 왕후께서는 좌평 사택적덕(佐平 沙택積德)의 따님으로 지극히 오랜 세월에 선인(善因)을 심어 금생에 뛰어난 과보(果報)를 받았다. 만민을 어루만져 가르치고 불교의 동량이 되셨기에 능히 정재(淨財)를 희사하여 가람(伽藍)을 세우시고 기해년 정월 29일에 사리를 만들어 맞이했다(동국대 사학과 김상형 교수 번역)."

[삼국사기]에는 선화공주에 관련된 내용이 전혀 기록되어 있지 않다. 또한 [삼국유사]에 나오는 기록들 중에는 확실한 근거가 없는 설화가 많기 때문에 이를 역사적 사실로 논의하는 것은 문제가 있다는 주장이 있다. 아마도 그 진위에 관한 연구는 이 [봉안기]의 발견으로 완전히 종결된 것은 아닌 것 같다.

진표전간(眞表傳簡: 진표가 간자, 즉 점을 치는 대쪽을 전함)

진표율사는 전북 김제에 금산사를 중건하고 39척 되는 미륵불상을 건립하였다. 사람들은 절 안에 있는 그 미륵불상이 우리나라에서 가장 키가 큰 불상으로 알고 있다. 진표스님은, 천상의 미륵보살께서 이 세상에 강림하여 환란의 시대를 구제해 주실 것을 기원하였다. 이에 감동한 미륵보살은 진표스님에게 자신의 모습대로 불상을 건립할 것을 계시해 주셨다 한다.

한말에 강증산(증산교 교주)은 하늘에서 내려와 그 미륵불상에 30년 동안(1841 – 1870) 머물고 있다가 1871년, 드디어 사람으로 탄생하였다는 증산교 측 이야기가 있다.

진표에 관한 글은, [삼국유사]의 '진표전간' 외에 '관동풍악산발연수석기(關東楓岳山鉢淵藪石記)' [송고승전]에 있다. '진표전간'에 나온 기사는 대개 다음과 같다.

신라 효성왕(737－741) 대에 이름 높은 스님으로 진표(眞表)가 있다.

그는 완산주 만경현 사람으로 성은 정(井)씨다.

그는 12세 때, 아버지의 허락을 얻어 금산사 순제법사의 강석(講席)에 가서 중이 되기를 청하였다. 스님이 말하기를, "나는 당나라에 들어가 선도삼장(善道三藏: 經, 律, 論에 정통한 당나라 선도라는 스님)에게 배운 뒤에 오대산에 들어가 문수보살의 현신(現身: 부처가 중생을 구하기 위해 육신을 나타냄)에게 오계(五戒)를 받았다." 했다. 진표가 아뢰기를, "부지런히 도를 닦으면 얼마나 되어 계(戒)를 얻게 됩니까." 하니 순제는, "정성이 지극하면 1년을 넘지 않을 것이다." 하였다.

이때 진표는 법사의 말을 듣고 이름난 산을 두루 다니다가 선계산(仙溪山) 불가사의암(不可思議庵)에 머물면서 삼업(三業: 말과 행동과 의지의 작용)을 닦아 망신참법(亡身懺法: 몸을 희생시켜 참회하는 법)으로 계(戒)를 얻었다. 그는 처음에 7일 밤을 기약하고 오륜(五輪: 두 무릎과 두 손, 머리)을 돌에 두들겨서 무릎과 팔뚝이 모두 부서지고 피가 바위 언덕에까지 쏟아졌다. 그래도 부처의 감응이 없자, 몸을 버리기로 결심하고 다시 7일을 더 기약하여 도합 14일을 마쳤다. 드디어 지장보살을 뵙고 정계(淨戒)를 받으니 이때가 개원 28년(서기 740년) 3월이요 그의 나이 23세였다.

그러나 진표의 뜻은 자씨(미륵보살)에 있었으므로 감히 중지하지 않고 영산사(靈山寺: 전북, 부안 소재)로 옮긴 다음 처음과 같이 부지런하고 용감하게 도를 닦았다. 과연 미륵보살이 나타나 점찰경(占察經) 2권과 증과(證果: 불가에서 수행으로 얻은 果), 간자(簡子) 189개를 주면서 말하기를, "너는 이것으로 세상에 법을 전하여 사람을 구제하는 뗏목으로 삼으라." 하였다.

진표는 미륵보살의 성별(聖別: 신성한 과업)을 받고 금산사에 들어가 풍교(風教)와 법화(法化)를 두루 베풀었다. 그가 여러 곳에 다니면서 설교하다가 강능에 이르렀을 때, 섬 사이에 있던 물고기와 자라가 다리를 만들어 놓고 그를 물속으로 맞아들였다. 여기서 진표가 불법(佛法)을 강의하니 물고기와 자라들도 계(戒)를 받았다.

경덕왕이 이 말을 듣고 그를 궁중으로 맞아다가 보살계(菩薩戒)를 받고 곡식 7만 7천 석을 주었다. 또 왕후와 외척들도 모두 계품을 받고 비단 500필과 황금 500냥을 시주하였다. 그는 이것을 모두 받아 여러 절에 나누어 주어 널리 불사(佛事)를 일으켰다. 그의 사리(舍利)는 지금 금강산 발연사(鉢淵寺)에 있으니 곧 바다의 물고기들을 위해서 계를 주던 곳이다.

진표율사가 김제 땅에 미륵사를 창건한 일에 관하여 김삼룡 교수는, "진표율사는, 미륵국토를 건설하려던 백제 땅에, 미륵의 인격적 구현을 목적으로 한 신라의 미륵신앙을 융합함에 의하여 인격적, 국토적 미륵신앙운동을 백제 땅에 전개해 나간 것이다."고 하였다.

한편 윤여성(尹汝聖)의 석사 논문에서는 다음 주장이 제기되었다.

첫째, 진표는 그가 추구했던 미륵신앙에서 계율(戒律)을 중요시하였는데 신라의 경덕왕은 그의 계율주의적 미륵신앙을 후원함으로써 백제유민들을 율령정치(律令政治)의 틀 속에 포용하려고 하였다. 진표율사의 계율적 미륵신앙은, 그가 지향하고 있던 전제왕권의 강화와 율령정치의 실현에 부합되었기 때문이다.

둘째, 진표의 출가 동기 중에는 특별히 백제 유민을 살려야겠다는 각오가 있었다는 기왕의 주장을 뒷받침하였다. 그 근거로 [송고승전]에 진표를 구태여 백제인이라 하였고 또 다음 기록을 들고 있다.

"진표는 매우 날쌔고 민첩하였으며 활쏘기를 가장 잘하였다.

개원 년간(713 - 742)에 짐승을 쫓다가 잠시 밭두렁에 쉬었다.

그 사이 개구리를 잡아, 버들가지를 꺾어서 한 꿰미를 물속에 두었다. 그 뒤 산으로 올라가 사냥 중 사슴을 쫓다가, 집으로 돌아갔는데 개구리에 관한 일을 깜박 잊었다. 다음 해 봄이 되어 개구리의 울음소리를 듣고, 물에 가보니 지난 해 꿰어둔 개구리 30마리가 아직도 살아 있었다. 진표는 스스로 책망하여 말하기를,

'괴롭도다, 어찌 입과 배가 저같이 꿰어 해를 넘기며 괴로움을 받았는가.'라고 하였다. 이에 버들가지를 끊어 모두 놓아 주고, 인하여 뜻을 세워 출가하였다."[송 고승전 14, 진표전] 하였다.

'여기서 개구리는 고통받는 백제인을 상징하며 진표는 그때 특히 백제인을 살려야 되겠다는 각오를 하였다.'고 하였다. 이 이야기는 다시 윤색되어 근간 횡행하는 지역감정으로 비화하고 있다. 경덕왕이 곡식과 비단, 황금 등을 준 것은 마치 지난날 군사 정권이 광주 지역주민들을 회유하기 위하여 막대한 자금을 투입한 것과 같은 방법이라는 주장들이 있다.

중국인들은 흔히 나라 이름이나 지방 이름을 혼돈하는 일이 많다. 원광, 자장도(신라 사람이 아니고) '진한 사람'이라 했고 최근 손문은 그의 [삼민주의]란 책에서 우리나라를 '조선' 혹은 '대한국'이라고 하지 않고 계속 '고려'라 했다. 요즘 세상에서도 충남 청주,

전남 남원이라고 말하는 자들이나 신문 기사를 종종 접할 수 있다. 또 개구리의 고통이 하필 '호남인의 한'이라고 해야만 했을까, 백제가 멸망한 지도 벌써 70여 년이 지났고 신라는 당시 광범한 기층 민중들의 한이 충만된 사회였다고 해도 과언이 아니다.

진표스님은 이들을 달래기 위하여 전국을 돌며 절을 짓도록 노력하였고, 마침 경덕왕은 미륵 신앙으로 재변을 막아야 되겠다는 신앙을 갖고 있는 군주였다. 다음 월명사의 이야기를 들어 보자.

월명사(月明師) 도솔가

"경덕왕 19년(760년) 4월, 태양이 둘이 한꺼번에 나란히 나타나 열흘 동안이나 없어지지 않았다. 이것을 보고 일관(日官)은 인연 있는 중을 청하여 꽃을 뿌리면서 정성을 드리면 재앙을 물리칠 수 있을 것이라고 위에 아뢰었다.

왕이 조원전(朝元殿)에 깨끗이 단을 만들고 친히 청양루에 나가 중을 기다리니 이때 월명사는 긴 밭두둑 남쪽을 걸어가고 있었다. 왕이 그를 불러 기도하는 글을 짓게 하였다. 월명사가 말하기를, '저는 국선(國仙)의 무리에 속해 있으므로 단지 향가(鄕歌)만 알 뿐입니다.' 하자 왕이, '이미 인연 있는 중으로 뽑았으니 향가라도 좋다.'고 하여, 월명사가 도솔가를 지어 바쳤다.

> 용루(대궐)에서 오늘 산화가(도솔가)를 불러,
> 청운에 한 송이 꽃을 뿌려 보내네.
> 은근하고 정중한 곧은 마음의 시킴이니
> 멀리 도솔천의 부처님(미륵좌주)을 맞으소서.

월명사가 도솔가를 지어 바친 뒤 조금 있다가 태양의 괴변이 사라졌다. 왕은 이를 가상히 여겨 좋은 차 한 봉과 수정 염주 180개를 하사하였다. 월명의 지극한 덕과 지성이 미륵보살을 감동시킨 이 이야기는 조정이나 민간에서 모르는 자가 없었다. 왕은 더욱 그를 공경하여 다시 비단 200필을 주어 큰 정성을 표하였다." 하였다.

미륵신앙은 고려조에 와서 그 대중적 성격이 특히 농후해졌다. 왕조 초기에는 태조 왕건이 개태사(논산 천호산)에 미륵삼존불을 모셨고, 그의 아들 광종은 관촉사에 거대한 미륵불(은진 미륵불)을 세워, 미륵국토 구현을 기원하는 등 많은 관심을 보였다. 그 후 고려 불교가 주술(呪術: 초자연적 힘을 빌려 길흉을 점치고 화복을 가져오려는 술) 의존적 경향을 가지면서 민간신앙과의 융합이 더욱 긴밀해졌다.

특히 전통의 용왕신앙 내지 미리신앙은 미륵신앙에 있어서, 불교의 민간 신앙화 혹은 민간신앙의 불교화 현상을 가져올 정도였다.

민간의 저변에 확대된 미륵신앙은 대개 사회가 불안하고 어려울 때일수록 대중들에게 더욱 가까워질 수 있는 것으로 주로 득남, 재액의 방지 등 기복신앙의 형태가 그 주종을 이루었다.

이러한 현상은 조선조에 들어와서도 큰 변화가 없었다. 조선조 양반 관료들은 성리학 위주의 사림(士林)들로 배불숭유(排佛崇儒) 사상이 철저한 듯하면서도 다른 한편의 내면에서는, 불교화된 무속신앙 혹은 기복의식이 강하게 잔존하여 있었다. 이러한 기류를 타고 구한말 나라가 혼탁할 때 스스로 미륵을 자처하는 신흥종교가 발생하여 머지않아 우리 앞에 미륵하생의 용화세계가 실현되리라고 호소한 교주가 나타나기도 하였다.

4. 호국불교사상

우리는 부처님께서 나라를 지켜주는 고마우신 존재로 믿어 왔다. 가끔씩 나라에 위기의 징조가 보일 때는 불상에서 눈물이 흘러 내리는 것을 보았다는 사람도 있다. 부처님이 나라와 민족을 보살펴 주신다는 믿음 때문에 북방에서 원나라가 쳐들어 왔을 때, 고려 왕조는 모든 정성을 다하여 '팔만대장경'을 각판하였다. 조선조에 들어와서도 임진왜란으로 나라가 존망의 위기에 처하자, 승려들이 의병을 일으켜 목숨 걸고 나가 싸웠다.

이러한 현상은 신라 때부터 전해 온 불교의 호국 사상에서 연유한 것이라고 한다. 진흥왕은 인도의 성왕인 아육왕의 본을 받아 정치를 하나의 보은행위(報恩行爲)이며, 불법(佛法)에 의한 교화라고 하였다.

진흥왕은 백좌강회(百座講會)와 팔관회를 처음 열었다. 백좌강회는 100명의 고승, 대덕을 초청하여 실시한 호국 강연이고, 팔관회는 전사한 장병의 위안제였다.

진평왕(579 – 631) 때 특히 많은 호국 승려가 배출되었다. 우리가 잘 알고 있는 승려로, 원광, 자장, 원효, 의상, 명랑 등을 들 수 있다. 이들을 차례로 알아보자.

원광법사: 귀산, 추항과 해론부자

세속오계에 관하여 이미 앞에서 다루었기 때문에 이 항목에서는 다른 부분만 간단히 설명하겠다.

원광법사는 중국에서 돌아온 즉시 자신을 찾아온 귀산과 추항에게 '세속오계'를 말하면서 특히 임전무퇴의 정신을 그 속에 포함시켰다.

귀산은 진평왕 24년(602년), 백제군과의 아막성(남원 운봉에 있음) 싸움에서 소감(少監: 신라 때 하위 무관직) 벼슬로 그곳에 참전하였다. 이때 그의 부친, 무은(武殷)이 후군이 되어 끝에 섰는데 갑자기 복병이 나타나 갈고리로 그를 끌어 내렸다. 귀산은 큰 소리로 말하기를,

"나는 일찍이 스승(원광)에게 들으니 군사는 싸움에 후퇴가 없다 하였다. 어찌 감히 패하여 달아나랴." 하며 아버지를 말에 태워 보내고 추항과 더불어 창을 휘두르며 싸웠다. 여러 군사가 분격하여 싸우니, 적(敵: 백제군을 말함)의 시체가 들에 가득하고 한 필의 말도 돌아간 것이 없었다. 그곳에서 귀산 등은 온몸에 창을 맞아 중도에서 죽었다. 왕은 위(位)를 추증하여 귀산에게는 내마, 추항에게는 대사를 내렸다.

해론(奚論: ?-618)의 아버지 찬덕(讚德: ?-611)은 진평왕 33년 (611년), 10월에 백제가 대군을 일으켜 공격해 오자 이를 격퇴하지 못하였다. 그는 사졸들에게 말하기를, "장수로서 적(백제)의 강함을 보고 나아가지 못하고 성의 위태로움을 보고 구원하지 못한다면 의리가 없는 것이다." 하면서 싸우고 또 싸웠다. 양식이 다하고 식수가 고갈되었는데도, 오히려 시체와 오줌을 먹어가며 힘껏 싸웠다.

그는 하늘을 우러러 보고 외치기를,

"우리 왕이 나에게 한 성을 맡겼는데 능히 보전하지 못하고 적에게 패하였으니, 원컨대 죽어서 여귀(제사를 못 받는 귀신)가 되어 백제 사람들을 다 씹어 먹고 이 성(城)을 회복하겠다." 하고 드디어 팔을 흔들며 눈을 부릅뜨고 달려가 괴수(槐樹: 홰나무)에 부딪쳐 죽었다. 진평왕 40년 그의 아들 해론(?-618)이 단잠성에서 백제군을 맞아 싸우면서 여러 장수에게 말하기를, "옛날 우리 아버지가

여기에서 돌아가셨는데 나도 지금 또한 백제 사람과 싸우게 되었으니 오늘은 내가 죽는 날이다.” 하면서 단도를 들고 적진에 달려가 여러 사람을 죽이고 자신도 죽었다.

태종무열왕 7년, 화랑 관창(645 – 660)도 역시 16세의 꽃다운 나이에 그의 부친 품일(品日)의 명을 받고 적진(敵陣: 백제의 진영)으로 달려가 죽었다. 백제의 계백장군이 그를 살려 주었다가 다시 쳐들어오자 그의 목을 베어 말안장에 매달아 보냈다는 이야기는 앞 구절에 있다.

이상 원광법사가 가르쳤다는, ‘임전무퇴’의 몇 가지 사례들을 보면 신라의 젊은 용사들이 단신으로 적진에 뛰어들어 귀중한 목숨을 잃었고 그 상대의 적(敵)이란 바로 같은 민족인 백제 군사였다. 한편 원광법사는 젊은 나이에 진(陳)나라에 들어가 명망(名望)을 얻었고, 다시 수(隋)나라에 영입되어 공업(功業)을 쌓았다.

그는 신라에 들어와서 ‘세속오계’를 가르쳤지만, 자신은 불자(佛子)로서의 자세보다는 왕을 위한 충신으로 자처하며, 진평왕 29년(607년) 수나라에 고구려를 공격해 달라는 [걸사표]를 지어 올렸고, 수나라 사신이 왔을 때, [백좌도장]의 제일 윗자리에 앉았다는 말도 앞 절에 썼다.

이상의 이야기들은 신라의 상무정신에 관한 무용담으로 가치가 있다. 하지만 죽은 시체와 오줌까지 먹으면서 백제 사람들을 다 씹어 먹겠다는 말이나, 또한 승려의 몸으로 [걸사표]를 써서 같은 민족인 고구려 침공을 구걸한 일들을 가지고 ‘세속오계’의 호국이념을 설명하는 것은 별로 설득력이 없는 사례라고 생각한다.

자장율사의 황룡사 구층탑

　자장(慈藏)은 진골(眞骨), 소판의 아들로, 석가모니와 같은 날에 태어나 그 어려운 고골관(枯骨觀: 피골이 상접되도록 고행을 감수하며 모든 집착을 떨쳐 버리는 수행과정)을 닦은 완벽한 불자(佛子)이다.

　선덕왕은 그에게 대신 자리를 주면서, "만일 벼슬에 취임하지 않으면 목을 베이리라." 하였다. 하지만 그는, "차라리 하루 동안 계를 지키다가 죽을지언정 계율을 어기고 1백 년 동안 사는 것을 원하지 않는다." 고 하였다. 그는 구석진 나라에 태어난 것을 스스로 탄식하고 선덕왕 5년(636년) 임금의 명을 받아 당으로 건너가, 그곳에서 불교의 교화를 구하였다. 자장은 그곳 청량산(중국의 오대산)에 있는 문수보살의 소상(塑像: 진흙으로 만든 조각) 앞에서 기도하고 명상하였다. 꿈에 소상(塑像)이 나타나 그의 이마를 만지며 범어로 계를 주었는데 깨어나서 생각이 나지 않았다. 이튿날 이상한 중(혹은 神人이라 하였음)이 나와서 이를 해석해 주고 말하였다.

　신인이 묻기를, "어째서 그대는 이곳에 왔는가."

　자장이, "보살을 구하려 한다." 하였다.

　신인이 또 묻기를, "너희 나라에 어떤 곤란한 일이 있느냐." 하자, 자장이 말하기를,

　"우리나라는 북으로 말갈에 접하고 남으로 왜와 연하고 있다. 또 고구려, 백제의 두 나라가 차례로 변경을 침범하는 등 외구(外寇)가 종횡하니 이것이 백성들의 환란이다." 하였다.

　신인(神人)이 말하기를,

　"황룡사 호법룡(護法龍)은 나의 큰 아들로 범왕(梵王: 고대 인도왕)의 명을 받아 그 절을 보호하고 있다. 본국에 돌아가 그 절에 구층탑을 세우면 이웃 나라가 항복하고 구한(九韓: 九夷)이 와서

조공하고 왕업이 태평할 것이다. 그 후 팔관회를 베풀고 죄인들을 용서해 주면 외적이 쳐들어오지 못할 것이다.” 하였다.

자장은 신라에 돌아와 황룡사 구층탑을 세우고 대국통(大國統: 신라의 제일 높은 승려직)이 되어 중들의 모든 규범을 관장하였다.

후에 고구려왕이 신라를 칠 계획을 하다가 말하기를,

“신라에는 세 가지 보배가 있어 침범할 수 없다.”고 하였다. 이에 관하여 신하들은 말하기를 그 세 보물이란, 황룡사 장육존상과 구층탑, 진평왕의 천사옥대(天賜玉帶)라고 하였다.

그는 조정에서, 우리나라의 복장(服章)이 중국과 같지 않다고 하면서 왕에게 건의하여 허락을 받았다. 진덕왕 3년(649년), 왕은 신하들에게 중국 의관을 입게 하고 이듬해에 또 정삭(正朔: 정월 초하룻날)을 받들어 비로소 영휘(永徽)라는 당의 연호를 썼다. 그 이후 중국에 사신을 보낼 때 주변국 중 신라의 순위가 윗자리에 올랐다.

만년에 그는 강능부(지금의 명주)에 수다사를 세우고, 그곳에서 살았다. 그때에 중국에서 만났던 신인이 꿈에 나타나 그를 만나겠다는 말을 하고 사라졌다. 자장이 석남원(지금의 부석사)을 짓고 그곳에서 기다리고 있는 중, 어떤 늙은 거사(居士)가 남루한 옷을 입고 죽은 강아지를 삼태기에 담고 와서 시종들에게 말하기를,

“자장을 보러 왔노라.” 하였다. 문인이 묻기를,

“내가 어른을 모신 이후로 우리 스승의 이름을 부른 자를 아직 보지 못하였다. 누구이기에 그런 미친 말을 하느냐.” 하자, 다시 거사가,

“너는 다만 너의 스승에게 아뢰기만 해라.” 하였다.

시종이 그대로 자장에게 고하였다. 자장이 미처 깨닫지를 못하고 “필시 미친 사람이겠지.” 하였다. 문인이 나가 그를 꾸짖어 쫓으

니 거사는 말하기를,

"돌아가리라, 돌아가리라, 아상(我相)을 가진 자가 어찌 나를 볼 수 있겠는가." 하며 삼태기를 거꾸로 내던지고 어디론가 가버렸다.

삼태기 속의 강아지는 사자보좌가 되고 거사는 그 위에 올라가 빛을 발하다가 사라졌다. 자장이 그 말을 듣고 그제야 위의를 갖추고 빛을 찾아 올라갔으나 따라가지 못하였다. 그 자리에서 자장은 몸을 던져 죽고, 화장하여 그 유골을 바위 속에 묻었다 한다.

여기서 아상(我相)이란, 아인(我人)의 사상(四相)을 말한다. 즉 아상(我相: 내가 잘났다는 생각), 인상(人相: 남은 나보다 못 하다는 생각), 중생상(衆生相: 아에 집착하여 고통을 피하고 낙에 집착하는 생각), 수자상(壽者相: 오래 살겠다는 집착)의 네 가지다.

의상(義湘)은 원효와 달리 중국에 건너가 공부하는 동안, 당 고종이 장차 군사를 크게 일으켜 신라를 공격하리라는 흠순(欽純)의 말을 듣고 급히 신라에 들어가 조정에 알렸다. 조정에서는 신인종(神印宗)의 고승 명랑을 명하여 밀단을 세우고 비법으로 기도하여 국난을 면하였다.

명랑법사의 신인종(神印宗)

명랑은 신라 사간 재량(才良)의 아들로 그 어머니는 자장의 누이이다.

선덕왕 원년(632년) 당나라에 들어가 그 3년 후에 돌아왔다. 각간 김천존의 말에 그는 "용궁(龍宮)에 들어가 비법(秘法)을 알아가지고 왔다."고 하였다. 명랑은 왕의 부름을 받고, "낭산 남쪽에 신유림이 있사오니 그곳에 사천와사(四天王寺)를 세우고 도장을 개설하면 좋겠습니다." 하였다.

문무왕 8년(668년)에 당나라 장수 이적(李勣)이 큰 군사를 거느리고 쳐들어왔다. 그는 신라와 합세하여 고구려를 멸망시킨 뒤에 나머지 군사를 백제에 머물게 하고 또 장차 신라를 멸망시키려 하니 신라는 이것을 알고 군사를 내어 막았다. 이때 당 고종은 이 말을 듣고 크게 노하여 설방(薛邦)에게 명하여 군사를 거느리고 신라를 치게 하였다.

문무왕은 이를 두려워하여 명랑을 시켜 비법을 써서 이를 물리쳤다. 그 비법이란 다음과 같다.

명랑은 채색이 있는 비단으로 절을 거짓 세우고 풀로 오방(五方)의 신(神)의 모양을 만든 후에 명랑이 우두머리가 되어 문두루(文豆婁: 중앙의 높은 단 위에 올라가 밀교 계통의 주문을 외우는 의식)의 비법을 썼다. 이때 당나라 군사와 싸우기 전인데, 바람과 물결이 크게 일어나서 당나라 배는 모두 물에 빠졌다. 그 뒤에 절을 짓고 사천왕사라 하였다. 2009년 5월 경주박물관에 사천왕사 특별전이 열렸다.

우리가 흔히 호국불교의 주역으로 알고 있는 원광법사나 자장율사보다 필자는 원효대사의 행적에서 그 진수를 찾고 싶다.

원효(元曉)는 중국에 건너가서 명승 고덕을 만났거나 그 밑에서 공부를 한 일도 없고 어떤 신비한 비법을 전수받은 사실도 없다. 또 아직 어린 젊은이들에게 목숨 바쳐 나라를 지키라는 덕목을 가르치면서 스스로는 높은 자리에 오른 일도 없었다. 다만 더러운 해골 물을 마시고도 불교의 깊은 진리를 깨달았고 형편없는 거지 소년들과 춤을 추면서 불교대중화의 길을 열었다. 그는 불교의 모든

교리를 섭렵하여 원융회통의 넓은 도량을 보였으며 그의 화쟁사상
은 우리 민족 정신사에 영원히 그 맥을 이루어 오늘에 이르고 있
다. 아마도 우리는 원효의 불심에서 진정한 호국의 얼을 발견할 수
있으리라 생각한다.

도선(道詵)

도선은 우리나라 풍수가들의 신화적 존재로 알려져 있다.

도선은 아직도 일부 풍수를 믿는 사람들의 마음 저변에 절대적
인 권위를 누리고 있다. 과연 그는 실존하였으며 그의 [도선비기]
가 존재하였는가 그 구체적인 내력을 알아보자.

도선(827 – 898)은 고려 초 왕건의 출생을 예언한 대표적인 호국
스님이라고 한다. 그는 신라 말의 승려로 속성은 김(金)이요, 영암
출신이다. 도선은 15세에 중이 되었고, 태조 왕건(877 – 943)이 22
세 때 세상을 떠났다. 당시 72세였다.

도선의 생존 시 활동에 관한 기록은 정확히 그가 죽은 252년 후
에 나왔다. 그가 왕건을 만나 정사를 논의했다는 기록은 없고, 왕
건의 출생을 예언했다는 이야기도 고려 중기 이후의 일이다.

도선에 관한 이야기는 [훈요십조]와 풍수도참설로부터 시작된다.

고려 태조 왕건은 그가 죽기 한 달 전에 박술희(? – 945)를 통하
여 [훈요십조]를 전달하였다. 그 [훈요십조]는 병선(兵燹: 병화)에
불타 없어졌다. [고려사] 최승로 편에 다음 글이 있다. 즉

"이전에 '신서훈요'가 병선에 소실되었다. 최제안(? – 1046년)이
최항(972 – 1024)의 집에서 얻어 보관하였다가 왕에게 올리니 이때
부터 세상에 전파되었다." 하였다.

우선 [훈요십조]의 내용과 내력을 알아보고 도선을 논의하자.

① [훈요십조]의 내용은

1. 불교 숭상 2. 사찰 건립에 있어 도선의 추점 3. 왕위의 형제상속 4. 거란의 풍습을 본받지 말 것 5. 서경을 중시할 것 6. 연등 팔관회를 거행할 것, 7. 백성의 어려움을 중시할 것, 8. 차현 이남과 공주강 외 지역의 인물 등용을 제한할 것, 9. 관직과 국방에 관한 것, 10. 경사(經史)를 중시할 것 등이다.

[훈요십조]의 끝에는 '중심장지(中心藏之: 마음속에만 깊이 간직함)라는 네 글자를 붙여 왕들이 이를 비밀히 간수하여 대대로 준수하라고 하였다.

'병선'으로 [훈요십조]가 없어졌다는 그 병선이란,

강조의 정변(1009년)과 거란의 침입(1차 침입은 993년, 2차는 1010년, 3차는 1014년이다) 중 어느 것을 말한다.

도선에 관한 내용은 [훈요십조] 제2훈에 나온다. 즉

모든 절은, 도선이 산수(山水)의 순역(順逆)에 따라 추점(推占: 앞으로의 일을 미루어 점침)한 것이다. 도선은, "내가 점쳐서 정한 곳 외에 함부로 또 절을 세우면 지덕(地德)을 손상하여 국운이 길지 못할 것이다."고 하였다.

도선은 그가 죽은 지 124년이 지난 현종 13년(1022년)에 대선사(大禪師)가 되었고, 숙종 6년(1101년)에 왕사(王師)가, 인종 4년(1126년)에 선각국사(先覺國師)가 되었다. 의종 4년(1150년), 그가 죽은 252년 후에는 그의 비석이 세워졌다. 비문을 지은 최유청은 그가 비문을 찬술할 때, 의종의 말을 인용하여, "도선에 관한 자료는 일체 없었다."고 하였다.

② [훈요십조] 내용의 문제점

위에서 언급한 바와 같이 도선은 훈요십조 제2훈에 "모든 절은 그가 산천의 순역에 따라 추점했다."는 말이 있다.

첫째, '훈요십조'의 존재가 애매하다. 이미 병선으로 문서가 소실되었다. 그 후 최제안이 최항의 집에서 무슨 내용의 글을 언제 어떻게 발견하여 왕에게 어떻게 바쳤는지 아무런 기록이 없다.

둘째, '훈요십조' 10개조의 내용 중,

제3훈, 형제상속도 가하다(형제 상속은 태조 때에 예상 못 한 일이었음). 제4훈, 거란의 제도나 풍속을 본받지 말라(거란이 고려를 침공한 것은 제6대 성종 12년 때부터임). 제6훈, 연등, 팔관회를 중히 하라(연등회는 태조 때 한번 실시하고 중단되었다가 현종 이후 재개됨) 등의 내용은 태조 생존 시의 상황과 다르다. '훈요십조'는 필시 그 이후에 조작되었거나, 수정, 가필되었을 가능성이 크다.

셋째, 현종 13년(1022년) 도선에게 대선사를 추증한 것도 예사로운 일이 아니다. 그 시기에 [훈요십조]가 개작, 윤색되었을 가능성이 있다.

넷째, 제8훈, '차현 이남과 공주강 외 지역은 산형(山形) 지세(地勢)가 배역(背逆)으로 달리고 있어 인심 또한 그러하니, 그 지역 사람들의 인재 등용을 제한해야 한다는 내용은 문제가 있다.

'훈요십조'의 내용으로 보면, 도선은 (제2훈)모든 절은 그가 추점하여 세웠고, (제8훈)차현 남쪽 지역은 산과 땅의 모양새가 배역의 지세이므로 그곳에는 절을 세워도 소용없다는 식의 모순된 논리를 주장하였다. 다시 말하여 한편으로는 자신이 추점한 곳에 사찰을 세우고 부처님을 모시면 (비록 역수의 땅이라도) 국운이 순조로울 것이지만, 차현 남쪽의 지역은 산수가 배역한 곳이므로(아무리 사찰을 세우고 부처님을 모셔도) 소용이 없을 것이라는 정반대의 논리를 주장하였다. 산천 순역의 비보사상이 아니고 차현 이남의 차별논리를 주장한 것이다. 더구나 그는 자신의 출생지가 전라도 영암이라고 하였다.

이 대목에서 유념해야 할 문제가 또 하나 있다.

우리가 지금껏 차현을 차령산맥으로 잘못 알게 된 것은 1903년 일본 지질학자 고또분지로(小藤文次郎)의 잘못된 주장에 근거한 것이다. 최근 '국토연구원'이 새로 발표한 [산경표] 지도를 보면, 차령산맥은 우리 땅에 없다. 고또는 오대산에서 시작한 차령산맥이 한강 지하의 지질구조로 맥을 이루어 충청도에 이어진다고 하였다. 하지만 그런 지질구조는 존재하지도 않고 설사 존재한다 해도 세계 지질학자들이 인정하지 않는 주장이라고 한다. [산경표]는 일찍이 김정호가 만든 일이 있다. 최근 국토연구원이 항공사진과 컴퓨터 그래픽으로 이를 더욱 정확하게 구체화하여 곧 교육과학기술부에서 교과서에 반영한다고 한다.

'공주강 외'라는 글귀를 '금강 이남'이라고 해석하는 것도 잘못이다. 전주천이 만경강이 아니고, 남강이 낙동강과 다르듯이 공주강과 금강은 분명 다르며 안과 밖(內, 外)이란 글자도 보통 '문안과 문밖'의 개념처럼 성문 주변을 말한다고 볼 수 있다.

우리가 천안 고속도로를 타고 달리다 보면, 천안과 정안 접경지역에 차현터널이 있다. 왕건이 처음 나라를 세웠을 때 차현 이남과 공주강 북쪽 지역에서 환선길, 이춘길, 이흔암 등의 반란이 일어나서 그곳의 치안이 불안했던 일이 있다. 이상의 여러 사정을 종합하여 보면,

첫째, '훈요십조'가 언제 어느 때 다시 왕의 수중으로 돌아왔으

며, 태조 왕건은 언제 어떻게 도선을 만나서 불사(佛寺)를 추점받았는지 그리고 왜 도선에게 계속 대선사, 왕사, 선각국사의 벼슬을 추증하였는지 등이 의심스럽다.

둘째, '훈요십조'의 내용이 서로 모순되고, 최근 그 내용에 관한 해석이 왜곡되어 오히려 지역감정을 유발하고 있는 실정이다.

셋째, 도선의 존재를 확인할 확실한 근거자료가 없다. 그 구체적인 설명은 다음 항목으로 넘어가자.

③ 최유청(崔惟淸: 1095 – 1174)의 옥룡사비명

최유청이 작성했다는 이 비명의 정확한 명칭은 백계산옥룡사증시선각국사비명(白鷄山玉龍寺贈諡先覺國師碑銘)이다.

이 비명은 가장 신빙도가 있는 자료라 한다. 미국 컬럼비아 대학 출판부에서 한국문명자료(sourcebook of Korean civilization, vol. 2, 1995 – 1996)란 이름으로 출간한 바 있다. 현재 이 비석은 남아 있지 않고 비문의 내용만 [동문선(東文選)] 제117권에 전하고 있다. 1930년대에 일본 학자인 이마니시(今西龍)가 소개한 내용이다.

최근 발간된 [도선연구]란 책에 의하면 다음 글이 있다. 즉

의종은 즉위 4년에 최유청에게 분부하기를, "선각국사의 높은 도덕은 훌륭하고 국가의 창업에 그 공로가 지중하여 우리 선왕들께서도 여러 번 봉증(封贈)을 더하여 극도로 존중하였다. 그의 행적이 지금까지 전하고 있지 않는 것은 부끄러운 일이다."고 하자 최유청이, "신이 이 분부를 받고 황송하게 여겨 집에 돌아와 초고를 만들어 그 사실의 상세한 것을 여러 차례로 기록하겠습니다."고 대답하면서 비문을 창술하였다.

도선에 관한 자료가 신라 말 고려 초의 금석문이나 [삼국사기], [삼국유사] 등 그 어디에도 없는데, 그가 죽은 252년 후인 의종 4

년(1150년)에 비문을 작성했다는 사실 자체가 의문이다.

하여튼 위의 비문은 처음부터 끝까지 고려의 창업과 태조 출생 등 고려왕실과의 인연관계, 고려왕조의 정당성을 신이(神異)의 선승(禪僧)이며 풍수지리의 대가인, 도선 국사의 존재와 권위를 빌려 입증하기 위하여 의도적으로 찬술한 것이다.

도선국사의 존재는 위 비문의 내용에 의하여 비로소 나타났는데 그 중요한 것은 다음과 같다.

첫째, 신라 혜공왕 2년에 도선이 입적하니, 왕이 그에게 요공선사(了空禪師)의 시호와 탑호를 하사하였다. 홍적(洪寂)이 눈물을 머금고 그의 표문을 기록할 것을 청하니, 왕이 박인범에게 비문을 찬술하도록 명하였다. 하지만 이 내용은 [삼국사기]나 [삼국유사]에도 없어 신빙성이 없다.

둘째. 도선이 갑자기 나타난 이상한 노인으로부터 신통력을 전수 받았으며 그로 인하여 왕건의 출생과 고려 건국을 예언했다는 이야기는 유명하다. 즉

"대사가 옥룡사를 중건하기 전에 지리산 암자에 있을 때, 이상한 노인이 나타났다. 그는, '내 나이 수백인데 대보살이 세상을 구하고 인간을 제도하는 술법을 가르쳐 주겠다.'고 하면서 남해 물가에서 모래를 쌓아 산천 순역의 형세를 가르쳐주고 사라졌다. 대사는 이로부터 환하게 깨달아 음양오행설의 술법을 더욱 연구하여 모든 비결을 가슴속에 숨겨 두었다. 대사가 이미 천명을 받아 큰 인물이 나타난 곳을 미리 예견하고 송악에 갔다. 마침 왕건의 부친이 그곳에서 집을 짓고 있었다. 대사는, '이 집이 바로 장차 왕이 태어날 곳이다.'고 하면서 한 권의 책을 주었다. 왕건의 부친은 대사가 시킨 대로 집을 짓고 그의 예언에 따라 태어난 왕건에게 책을 주었

다. 왕건은 이 책을 보고 천명이 자신에게 있는 것을 알고 국가를 이룩하여 삼한을 통일하였다."고 하였다.

이에 대한 [도선연구]의 평은

김관의의 [편년통보]를 인용한 [고려사] 세계(世系)에 왕건의 출생을 예견한 동리산 도사 도선이라는 말도 있지만 이도 역시 옥룡사 비문과 같은 시기의 기록이며 믿기 어렵다.

도선이 이상한 노인으로부터 배운 방법은 종이로 그리는 지도가 나타나기 이전의 원시적 방법으로 시대에 맞지 않는다. 또한 도선이 신인(神人)으로부터 세상을 구제하고 인간을 제도하는 술법으로 깨달음을 얻고 지혜를 배운 것이 음양오행설이라는 논리는 필시 불교적인 정법은 아니다.

셋째, 도선의 비문에 그는 동리산 선문의 개조인 혜철국사의 법을 이어받았고, 도선의 선법을 이은 제자로 경보(慶甫, 869 – 948)와 윤다(允多: 864 – 945)가 있다고 하였다.

하지만 혜철선사의 비문(872년 건립)을 비롯하여 동리산 선문을 계승한 윤다의 비문(951년 건립), 도선비법을 계승한 인물로 일반화된 경보의 비문(958년 건립) 등에 도선이란 인물의 존재가 한군데도 언급되지 않았다. 특히 경보는 도선의 선법을 이어받은 옥룡사 선문의 제자로 출신지(영암)와, 수학처, 교화지가 모두 같은데, 200년 전에 세운 그의 비문에 도선의 이름이 없다는 것은 정말 이상한 일이다. 또 도선 문하에 수백 명의 제자들이 구름처럼 몰려왔다고 하면서 정작 제자의 이름은 홍적(洪寂)이라는 미지의 인물뿐이다.

위의 여러 내용을 종합해 보면, '도선은 (대선사가 아니고) 단지 신라 말 고려 초에 있었던 이름 있는 풍수지리가에 불과하다.'고 하였다.

④ [도선비기], [도선밀기]는 실재하였는가

이에 관하여 언급한 자료들의 내용을 보자.

[고려사] 세가(世家)와 열전(列傳) 등에 나오는 [도선밀기]에 관한 기록은 주로 천도에 관한 근거로 거론되었다.

사례 1

숙종 원년(1096년) 위위승동정(衛尉丞同正) 김위제가 [도선밀기]를 근거하여 왕에게 수도를 옮길 것을 요청하면서 말하기를, "양주에 목멱양(木覓壤)이 있습니다. 그곳에 수도를 정할만 합니다." 하였다.

사례 2

의종 2년, 대화전(大化殿: 궁전)을 짓고 음양가들끼리 말하기를, "이곳은 도선의 이른바 경방(庚方)의 돌, 즉 호랑이가 머리를 추켜들고 와서 덮치는 형세로, 궁궐을 창설하였으니 나라에 위급한 환란이 생길까 두렵다." 하였다.

사례 3

충렬왕 1년 관후서(觀候署)에서 말하기를, "삼가 [도선비기]를 상고하건대 산(山)이 드물거든 높은 누각을 짓고, 산이 많거든 낮은 집을 지으라 하였습니다. 우리나라는 산이 많으니 높은 집을 짓는다면 지기(地氣)가 소모 손상될 것입니다. 태조 이래로 대궐 안에 집을 높게 짓지 않고 민가에서도 이를 금지하였습니다." 하였다.

사례 4

서운관(書雲觀: 기후관서)에서 [도선비기]를 근거로 천도를 청하자. 박의중(1337 - 1403)은,

"옛날의 임금들이 참위(讖緯)의 술수(術數)를 이용하여 나라를 보존하였다는 말을 들은 적이 없습니다."라고 하여 천도를 반대하였다. 한편 이인임(? - 1388)은 다음과 같이 말하면서 천도를 주장하였다.

"도선의 밀기에 삼경(三京) 순어(巡御)의 설이 있습니다. 지금 변괴가 자주 나타나 들짐승들이 성안에 들어오고 새떼들이 궁중에 날아 모이며, 우물이 끓고 고기가 싸우고 있으니 청컨대 서울을 옮기소서." 하였다.

'상고하건대'라든가, '설이 있다.' 등 별로 정확한 근거 없이 [도선비기]를 주장했을 뿐, 그 책의 진본(眞本) 여부나 도선의 실체에 관한 언급은 없다. 말하자면 요즘처럼 근거 없이 떠돌던 사이비 [도선비기]일 가능성이 있다.

[신증동국여지승람]

이 책의 영암군 편을 보면 다음과 같은 설화가 있다.

"속설에 신라사람 최씨가 있었다. 뜰 안에 오이 하나가 그 길이가 한 자가 넘어 모두 이상하게 여겼다. 그 집 딸이 몰래 그 오이를 따 먹고 임신하여 아들을 낳았다. 부모는 그 아이를 대숲 속에 버렸다. 그 두어 주일 후에 딸이 가 보니 비둘기와 수리가 와서 아이를 날개로 덮고 있었다. 부모가 이 말을 듣고 그 아이를 데려다 키웠다. 아이가 자라서, 중이 되었다. 그분이 도선(道詵)이다. 도선은 당나라에 건너가 일행선사(一行禪師)의 지리법을 배우고 돌아

와, 산을 답사하고 물을 보는 데 신명스러움이 많았다. 최유청의 옥룡사 비에는 그의 어머니가 강씨라 했고 여기서는 최씨라 하였으니 누가 옳은지 모르겠다."라 하였다.

한편 옥룡사 비문에는 "어머니 강씨의 꿈에 어떤 사람이 광채나는 구슬을 삼키라고 해서 그로 인하여 잉태하였다."고 하였다.

이들 자료에 관하여 다음과 같은 평가들이 있다.

"도선 저술로 알려진 11종의 책들은 대부분 후대에 지은 것으로 신빙성이 없다. 도선 관계의 다양한 기사들은 그가 입적한 200년 후에 찬술한 것으로, 당시의 시대적 요청에 의하여 찬술자가 고의적 편의적으로 조작한 것으로 역사적 사실로 믿기 어렵다. 오늘날 도선의 주장이라고 생각되는 진짜 기록은 단 하나도 찾아볼 수 없다.

[도선비결]이란 이름이 붙은 책들은 후세 사람들이 도선(道詵)과 도선(道仙)을 혼돈하거나 잘못 착각한 경우도 있다. 하지만 고려시대 도선의 저작은 결코 존재하지 않았다.

김관의의 [편년통기]는 왕권 가계의 신화화, 송악지역의 성역화 등 왕건 개국신화 조작을 위한 방편적 인물로 도선을 편입시켰다. 중국의 밀교승 일행의 권위를 도선에 부여하여 비보적 풍수설로 고려 왕권 지배의 논리를 합리화하려는 것이었다.

김관의의 [편년통보]에서 주장한바, 도선이 일행(673－727)으로부터 지리법을 배웠다는 이야기는 잘못이다. 도선은 당에 가지 않았고 일행이 죽은 뒤 100년 후에 그가 태어났다. 왕건이 17세 때 도선을 면담했다는 (충숙왕 때) 민지(閔漬)의 주장도 사실이 아니다.

김관의의 글은 오늘날 전하는 것이 없고 다만 민지에 의하여 [본조편년강목]에 인용되고 있을 뿐이다. 도선과 왕건의 관계를 사실처럼 전제하여 논리를 전개하고 있는 것은 '고금(古今) 문인(文人)

들의 폐(弊)'라고 상현(尙玄: 이능화)은 지적하였다." 하였다.

한편, "[삼국사기]에 도선 국사의 풍수비법에 대한 대표적 문헌인 [도선비기]란 풍수책이 있다고 하나, 현재는 이름만 남았을 뿐, 문헌 자체가 없다. 아마도 그 유저(遺著)가 분명 전해지고 있을 것이다. [현묘경(玄妙經)]이란 책을, 도선이 죽은 500년 후, 무학대사가 지리산 청학동 석탑에서 찾았다. 그는 7일 동안을 금식, 금민하고 기도로 신을 통한 후에 이치를 깨달았고 사후 대비 필사본을 만들어 비밀히 보관하였다([현묘경]이 [도선비기]라는 뜻임)."는 이색적인 주장도 있다.

이상의 평가를 종합해 보면 도선이 직접 쓴 [도선비기] 혹은 [도선밀기]는 실재하지 않는 책이다. 그 실체가 애매한 도선을 상징화하여 그를 계속 풍수지리에 능한 도참사상가로 미화해 온 것은 바로 고려 불교의 병폐라고 볼 수 있다.

불교는 점차 그 종교적 신성성이나 계율, 경건성을 상실하고 미신과 결합하여 기복신앙에 빠져 들어갔다. 도선의 풍수도참설이 성행한 것은 필시 그에 걸맞은 사회상황이 존재하고 있었음을 말해준다.

다. 불교정책의 변화

고려 태조 왕건은 건국 후 수많은 절을 세우고 이름난 승려들을 우대하였다. 태조는 명실 공히 불교국가의 체제를 갖추어 새 왕조의 기틀을 세웠다.

광종 이후 역대 왕들의 불교정책을 간추려 보면 다음과 같다.

제4대 광종(재위 949 - 975)은 과거제도를 실시(958년)하여 인재를 고루 등용하였고 호족 및 귀족들의 세력을 약화시키는 등 개혁정책을 단행하였다. 광종의 개혁정책은 불교 부문에도 반영되어 국가가 승려 지도자를 선발하여 국사 혹은 왕사로 임명하였다.

광종은 법안종의 혜거(? - 974)를 국사로, 화엄종의 탄문(900 - 975)을 왕사로 임명하였다. 그 후 혜거가 입적하자 탄문을 국사로 임명하였다.

균여(923 - 973)는 '물과 불'로 비유할 만큼 극단적인 대립을 해오던 화엄종의 북악, 남악파를 통합한 승려로 광종의 숭봉(崇奉)을 받았다. 그는 승과의 선발과목으로 화엄학을 채택하여 그 기준을 삼았으며 왕실 불교의 본산인 귀법사의 주지가 되어 광종의 불교정책에 영향을 미쳤다.

광종은 선, 교의 융합에 노력하였고, 뿐만 아니라 유교와 노장사상까지를 융합하는 법안종의 도입에도 크게 노력하였다.

반면 고려 불교는 역대 군왕들의 호불적인 태도와 명승 대덕들의 이론 통합 노력에도 불구하고 점차 쇠퇴의 길을 걸었다. 권력의 부패와 타락, 귀족들의 전횡과 저항세력들의 지속적인 반란, 불교신앙의 무속화 경향 등으로 결국 나라의 멸망을 초래하게 되었다. 불교 폐단은 호불(護佛)의 군왕인 광종 때부터 이미 구체화되기 시작하였다.

광종은 공덕제를 올리고 참회법이나 무차수륙회(無遮水陸會)를 열었다. 결식승에게 밥을 주고 내조장의 떡과 과일을 가져다가 거지들에게 주었다. 심지어 쌀과 곡식을 실어다가 서울과 지방의 길가 사람들에게 나누어 주는 등 은혜를 베풀었다. 불교 계율대로 방생을 하고 도살을 금지하였다.

겉으로는 이토록 자비롭고 은혜로운 군주처럼 보였지만 그의 치세 후반기에는 잔인함이 그 극에 달하였다. 참소와 중상이 그치지 않았고 사람의 목숨을 초개같이 다루어 살해된 자의 시체가 산더미처럼 쌓였다. 광종은 부왕 왕건이 얻은 26명의 아내에게서 태어난 골육들을 모두 죽였다. 현재 남아 있는 개성 왕씨는 거의 90% 이상이 당시 유일하게 살아남은 동양군의 자손이라 한다.

광종은 불공과 재를 지낸다는 명분을 내세워 백성의 고혈을 짜냈으며, 국가 재정은 거의 바닥이 날 정도였음에도 오직 자신의 기복과 장수만을 위하여 전심을 다하였다. 그는 겨우 50의 나이에 세상을 떠났다.

성종(재위 981 – 997)은 팔관회 등 국가 행사를 억제하고 유교주의 정치를 펼쳤다. 최승로(927 – 989)는 불사의 비리 척결과 불교 비호 정책의 반대를 포함한 시무28조를 왕에게 바쳤다. 하지만 역대 군왕들의 원당(왕실의 명복을 비는 절) 건축과 그들 자신의 복을 비는 기복행사는 그치지 아니하였다.

목종(재위 997 – 1009)은 태조 이후 한동안 잠잠했던 불사를 또다시 일으켰다. 태후의 원당, 진관사와 자신의 원당, 숭교사를 창건하였다. 태후와 간통하고 온갖 추태를 부렸던 김치양(? – 1009)도 원당 시왕사를 짓고 부처님의 가호를 빌었다.

현종(재위 1009 – 1031)은 그가 등극하기 전 절로 쫓겨나 승려생활을 몸소 겪었기 때문에 불교의 타락상을 잘 알고 있었다. 그가 왕위에 오르자 먼저 불교를 바로잡는 데 힘썼고, 불력(佛力)에 의한 국민적 힘의 결집으로 외침을 막으려는 뜻으로 불교행사를 펼쳤다. 그럼에도 그칠 줄 모르는 왕의 주술적 기복 불사와 거듭된 외침으로 민중들은 더욱 피폐해지고 그 원성은 하늘을 찔렀다. 현종은 폐지된 팔관회와 연등회를 부활시켰고 고려대장경 각판을 시작하였다. 군량미를 공급하기 위하여 보유하고 있던 땅 1,240결을 현화사에 기부하고, 수만 명의 승려들을 궁중에 불러들여 음식을 공양하는 반승(飯僧: 승려에게 식사를 베푸는 불교행사)을 연례행사로 베풀었다.

정종(재위 1034－11046)은 기복도장을 개설하고 중앙과 양경 4도호부 8목에 있는 전국의 각 사찰에 명하여 왕의 생일을 축하하고 복을 비는 행사를 벌였다. 또한 정종 6년에는 중국에서 유행했던 나례(儺禮)를 시작하였다. 나례는 악귀역신을 구축한다는 무속행사로 조선조 때 더욱 유행하였다.

문종의 아들 의천이 천태종을 세우고 교, 선의 통합을 주장하는 등 불교 재건에 힘썼다. 하지만 민중들의 관심은 오히려 풍수도참이나 음양오행 등 기복신앙에 더욱 빠져들었다. 숙종 때 광기(光器)라는 승려는 음양서를 위조하여 형벌을 받았고, 남녀 승려가 한데 어울려 만불회라는 놀이를 하였다. 평주의 요승 각진(覺眞)은 음양서를 망발하여 뭇 백성들을 현혹한 죄로 유배되었다.

제17대 인종(재위, 1123－1146) 때에는 전후 반승(飯僧)이 무려 13회였다. 인종 6년 묘청은 백수한, 정지상 등과 함께 서경(西京) 천도(遷都)를 주장하였다. "개경은 이미 그 기업(基業)이 쇠하여 궁궐이 타고 없어져 남은 것이 없다. 서경에는 왕기가 있으니 마땅히 서울을 옮기는 것이 좋겠다."고 하였다. 인종 12년에 왕은 그를 삼중대통(三重大統) 지루각원사(知漏刻院事)로 임명하고 자색 의관을 주었다. 그 이듬해 묘청은 서경을 중심으로 반란을 일으켜 개경의 보수세력에 의하여 진압되었다.

고려 불교는 계속 타락을 거듭하여, 의종(재위, 1147 – 1170) 이후 법문(法門)의 문란은 극에 달하였다. 그 와중에서 최유청이 도선에 관한 [옥룡사비명]을 썼다.

왕이 주술적인 불사(佛事)만을 좋아하여 궁중 뜰에는 중들로 가득하고, 대신들은 물론 일반 백성들에 이르기까지 너도나도 절과 탑을 다투어 지었다. 조정의 대신들은 화려한 사찰에서 연회를 열었고, 승려들도 이에 참여하는 경우가 많았다. 국고는 급격하게 줄어들고 무신들을 차별하자, 그들의 불만이 폭발하여 무신난이 일어났다. 의종 24년 왕은 제주도로 쫓겨나 그곳에서 살해되었다.

무신이 집권한 명종(재위, 1171 – 1197) 때에 들어와서도 나라의 사정은 조금도 변화가 없었다. 무신의 난이 일어나는 동안 승려들은 이의방과의 싸움에서 수많은 목숨을 잃었다. 바로 이 시기에 지눌(知訥, 1158 – 1210)이 정혜사를 조직, 활동을 벌였다. 지눌이 입적한 그 다음 해인 희종(재위, 1204 – 1211) 7년, 최충헌의 전횡이 극심하여 왕을 폐하자 승도들이 이에 맞서 싸우는 등 혼란이 거듭되었다.

설상가상으로 몽고의 침입을 받아 이들의 격퇴를 기원하는 호국적 불사가 빈번하였다. 신종(재위, 1197 – 1204)은 거의 매월, 멸적(滅敵: 적을 섬멸함)을 기원하는 것을 조정의 일로 삼았다. 희종도 마찬가지였다. 소재도장(消災道場), 인왕 도량 등을 일 년에 몇 번씩 개설하였으며 다음 대를 이은 강종도 이들 행사를 매월 개설하여 적군의 격퇴를 빌었다.

고종(재위 1214 – 1259)은 재위 46년 동안, 글안과 몽고의 침략을 막아내기 위하여 호국적인 기도를 더욱 자주 열었다. 각종 도량을 개설하여 보살계를 받고, 담론법석, 진병법석의 모임을 갖거나, 연등, 팔관의 행사를 개최하는 일들은 모두 호국불교에서 나온 의식이었다.

현종 때 시작한 [대장경판]이 고종 19년 몽고병에 의하여 소실되자 고종은 14년간(재위 24년에서 38년까지), 각장(刻匠)을 계속하여 드디어 완성하였다. [팔만대장경]은 우리 민족의 가장 자랑스러운 장경으로 문화사적 의의를 가지고 있지만 당시는 호국의 기원을 위해서 만든 것이 더 큰 명분이었다.

끝으로 공민왕(재위 1352 - 1374) 때의 편조는 수도승 또는 학승이라기보다는 공민왕의 개혁을 도운 정치가였으므로 다른 승려들과는 그 성격이 다르다. 복구(復丘, 1270 - 1355), 보우(普愚, 1301 - 1355), 나옹혜근(懶翁慧勤 1320 - 1376) 등은 고려 불교의 끝을 장식하는 사상가요 조선 불교의 맥을 이은 중요한 스님들이었다.

넷. 유교사상(儒敎思想)

아무리 세상이 바뀌고 도덕윤리가 땅에 떨어졌다고 해도 우리나라에서 공자의 권위는 아직도 대단하다. 공자의 말씀은 흔히 말하는 격언이나 속담의 수준을 넘어 금과옥조나 다름없이 통용되고 있다.

흔히 '공자 앞에서 문자 쓴다.'는 말이 있듯이 그의 언행은 완벽한 행동철학이요 실천윤리였다.

공자의 유학사상은, 특히 조선왕조에 들어서서 국가의 지배 이념이요 우리 민족 고유의 생활철학이 되었다. 공자의 사상과 이를 발전시킨 주자의 이론을 알아보기 전에 이들이 가장 이상적인 모범으로 여겼던 주(周)의 시대사상을 간단히 살펴볼 필요가 있다.

가. 중국의 유학(儒學)

1. 서주(西周)의 상황과 논리

공자는 [논어(論語)]에서 "주(周)는 하(夏), 은(殷) 두 나라를 본떠 찬란한 문화를 일으켰으니 나는 주나라를 따르겠다(周監二代 郁郁乎文哉吾從周, 주감이대 욱욱호문재 오종주)."고 하였다.

B. C. 1050년 혹은 B. C. 1025년경, 황하의 넓은 들판에 살고 있

던 주(周)의 무왕(武王)은 종족공동체의 족장이었다.

당시 은(殷) 왕조는 계속된 무력정벌, 왕실의 화려한 사치 행각, 잔혹한 형벌 등으로 국력이 쇠하고 백성들의 믿음을 잃고 있었다. 이런 와중에서 은의 주왕(紂王)은 달기라는 여인과 사랑에 빠져 나라의 정치를 망쳤다는 이야기가 있다. 주왕은 전쟁에서 패한 뒤 궁전에 불을 지르고 스스로 목숨을 끊었다. 주(周)의 문왕과 무왕은 해방의 영웅이 되었다.

종족연맹의 우두머리인 무왕은 황하의 전 영역을 점령한 뒤 자신의 경제적 군사적 지배를 위해 종족 귀족들을 그 수하에 두었다.

당시는 사유재산이라는 것이 없었으므로 천자(天子)인 왕이 천명(天命)에 의하여 그곳에 위치한 모든 땅의 소유자로서 권한을 행사하였으며 주민에 대하여 절대적 재량권을 갖고 있었다. 그 후 왕기(王畿: 왕의 영역) 바깥에 있는 땅 3분지 2 이상이 점차 분화되어 종족귀족의 대표자들(왕의 인척, 신임자, 동맹자)에게 종토로 분배되었다.

(왕의 15형제와 그의 인척 40명을 제후로 봉하고 71개 제후국 중 55개를 무왕 인척이 통치하였다.) 이러한 분배에 의하여 봉건제도와 결합된 신분사회가 나타났다. 천자인 왕으로부터 시작해서 공(公), 후(侯), 백(伯), 자(子), 남(男)이라는 서열이 있었다.

천명설(天命說), 유덕수명설(有德受命說)

주의 무왕은 천명을 빌어 은(殷)을 정복하였다. 은 왕조는 통치자가 덕을 상실하여 붕괴되었고, 천명이 주왕(周王)에게 위임되었다고 하였다. [산해경] 등 중국 고전에 의하면 인격화된 자연력은 신(神)이라 불렀고 신들 중에는 천(天)의 주재자인 상제(上帝)가 가장 강력한 존재이다. 상제는 인간뿐 아니라 다른 모든 신들을 다스렸다. 이러한 신의 권위는 통치자에게로 옮겨졌다.

주왕(周王)은 이러한 종교사상을 배경으로 천자(天子)로 군림하였다.

천자인 왕에게만 천명이 주어졌으며 왕은 상제와 인간의 교섭 가능성을 주재하였다.

주왕(周王)은 은(殷)으로부터의 천명 찬탈을 정당화하기 위하여 덕(德)을 내세웠다.

'천명을 받은 자는 그 스스로 고유한 덕을 갖추어야 한다.'는 이념을 이른바 유덕수명설(有德受命說)이라 한다.

일성(一聖), 일폭(一暴), 일치(一治), 일란(一亂)

주 왕조의 위엄은 B. C. 9세기경부터 8세기경에 이르면서 이민족의 공세를 제압할 수 없을 정도로 쇠약해져서 유왕(幽王, B. C. 781－771) 대에 와서 그 종말을 고하였다. 유왕은 협서의 유목민 견융의 침입을 받아 살해되었고, 왕실은 동쪽의 낙읍으로 옮겨 겨우 명맥을 유지하였다. 학자들은 이때부터 B. C. 256년 진(秦)에 의하여 나라가 망할 때까지의 국명을 동주(東周)라 하고 그 이전을 서주(西周)라 했다.

역사는 같은 수레를 타고 계속 쳇바퀴처럼 맴돌기 시작하였다. 하(夏)나라 성군 우왕(禹王)의 뒤를 이어 걸왕(桀王)의 폭정이 나오고, 은나라 성군 탕왕(湯王) 뒤에 주왕(紂王)의 폭정이 나왔다. 공자가 이상화했던 주나라도 예외 없이 문왕, 무왕의 성군 뒤에 려왕(勵王), 유왕(幽王)의 폭정이 나타났다. 묵자는, 이런 현상을 "역사는 하늘의 뜻에 의여 교체된다." 하였고, 맹자는, "차별 질서의 제

왕권 체제를 실현, 완성하는 과정"이라 하였다.

유왕(幽王)에게도 은나라 주왕(紂王) 옆에 있던 달기만큼이나 철부지인 미녀가 있었다. 그녀 이름은 포사다. 그녀는 도대체 웃음이 없는 여인이었다. 때마침 주변 고을에서 봉화를 잘못 올려 제후들이 군사를 이끌고 모여들어 한바탕 웃음거리가 생겼다. 그때 포사는 처음으로 크게 웃었다. 왕은 그 뒤 그녀의 예쁜 웃음을 보기 위하여 아무 때고 심심풀이로 봉화를 올렸다. 정작 오랑캐인 견융족이 대거 침범하여 왕실이 위기에 처했을 때 올린 진짜 봉화에는 아무도 달려오는 이가 없어서 유왕은 결국 적군에게 피살되었다.

2. 공자의 사상

공자(B. C. 551 - 479)는 유왕과 포사의 웃음이 오랑캐들의 불덩이 속에 사라진 지 꼭 220년 후에 노나라 창평향 마을 언덕바지에서 태어났다. 그의 부친은 숙량흘(叔梁紇)이며 무공을 세운 무인으로 당시 그의 사회계급은 사(士)에 속하였다. 모친인 안징재(顔徵在)는 니구산 무사(尼丘山 巫祠)의 무녀(巫女)로 숙량흘의 셋째 첩이다. 그의 부친과의 나이 차이는 50세다. 공자는 세살 때 부친을 여의고 가난 속에서 자랐다. 그는 부친의 묘가 어디에 있는지도 몰랐고, 어머니를 오부(五父: 實父, 養父, 繼父, 義父, 師父)의 거리에 매장할 때도 그 부친의 묘를 몰랐다. 어렸을 때부터 글 읽기를 좋아하여 15세에 정식으로 학문에 뜻을 두었고, 22세에는 이미 제자들을 모아 교육을 시켰다.

24세에 모친을 사별하고, 35세 때에 제(齊)나라 여행을 다녔다.

당시 노(魯)나라에서는 삼환(三桓: 大夫의 세 집안)의 난이 일어나서 소공(昭公)이 제 나라로 망명을 떠나, 노나라는 공위(空位)시대였다. 그때 공자는 제나라로 가고, 그의 아내는 송나라로 피란을 갔다. 이 일로 부부가 별거를 시작하였다.

공자는 43세 때 제나라에서 노나라로 돌아와 제자들을 가르쳤다. 56세에 대사구(大司寇: 법무장관)의 직에 올라 재상의 일을 맡았다.

그 후 직을 사임하고, 순역(巡歷)의 길을 떠나 14년간의 망명생활을 시작하였다. 진(陣), 위, 송, 채나라 등을 전전하면서 난을 당하여 죽을 고비를 넘긴 일도 있었다. 65세에 부인과 사별하고 69세 때는 아들 공리(孔鯉)가 먼저 세상을 떠났다.

공자가 살던 시대의 두드러진 특징은 왕권이 유명무실하여 제후들의 공벌(攻伐: 공격하여 정벌함)이 늘어나고 이적(夷狄)의 침입으로 국가가 분열되었던 혼란의 시대였다. 공자가 이상으로 생각하였던 주(周)의 종법(宗法)질서, 즉 예(禮)가 무너져 가고 있었다.

공자는 중국 역사상 처음으로 사학(私學)을 일으켜 제자들을 가르쳤다. 그의 사상은 [논어]를 통하여 알 수 있다. 그가 오경(주역, 서경, 시경, 예기, 춘추) 전체를 저작했다는 설도 있으나 이들 책은 공자 이전부터 전해 온 과거의 문화유산이다.

공자가 [논어]에서 '술이부작(述而不作: 옮기기만 했지, 저작한 것은 아니다)'이라고 한 말에 대하여, 그 해석이 다양하다. '나는 고성(古聖)의 도(道)를 옮기기만 하였지, 새로운 설(說)을 주장한 것은 아니다.'라는 해석이다.

[논어]의 편찬 연대나 편찬자의 이름은 아직 이렇다 할 정설이 없다. 공자 사후 서기전 약 4백 년경 그 제자들이 편찬했으리라고 한다.

[논어]는 진시황의 '분서갱유(B. C. 213년)' 때 화를 입었다. 그 후 중요한 경서가 최초로 발견된 시기가 B. C. 156 – 140년이라는 주장과 또 B. C. 93년경이라는 주장이 있다.

그 무렵 [시경], [예기], [논어], [효경] 등 고전의 사본들이 공자가 기거하던 집 벽에서 발견되었고, 자손 중의 한 사람인 공안국(孔安國)이 한 무제(武帝: B. C. 141 – 87)시대에 최초로 해독을 마쳤다 한다. 후한시대 고문학을 대표하는 학자로 [시경], [논어], [예기] 등을 주석한 자는 정현(鄭玄)을 들 수 있다.

공자 이론의 주요 주제는 군자의 지배 통치이다.

주(周)사회의 신분 질서는 당초 지배층이며 세습귀족인 군자(君子)와, 피지배층인 민(民) 혹은 소인(小人)이 두 기둥을 이루고 있었다. 주(周)나라의 봉건제 실시 600년 후인 공자시대에 와서 군자와 소인 사이에 존속해 오던 계층 간 관계가 크게 동요되기 시작하였다. 농업사회의 생산력 발전으로 소인들은 하늘이 규정한 숙명을 떨치고 지배층으로 들어가려는 과감한 도전을 시도하였다. 이러한 계층 간 대립적 충돌이 혼란을 조성하고 난(亂)을 일으켰으며, 인(仁)을 무시하게 되었다. 이 문제가 바로 공자의 고민이었다.

공자는 이전의 사회질서로 돌아가는 길, 즉 고래(古來)의 질서를 회복하는 것만이 난국 극복의 바른길이라고 믿었다. 공자가 이상으로 제시한 사회질서는 군자에 의한 지배체제이다.

군자는 '천명(天命)'을 알아야 하고 덕(德)을 갖추어야 하며, 학문을 게을리하지 않는 지식인이어야 한다.

군자의 '군(君)'은 통치자를 의미하고, '자(子)'는 그 아들이다. 즉 그 본래의 뜻은 통치자의 아들에서 시작되었다. 군자는 공자 이래로 그 사회적 지위와 상관없이 도덕적 품성이 높은 덕 있는 사람, 존경받는 사람의 대명사가 되었다.

사(士)와 군자(君子)

공자는 춘추전국시대 사회 구조 변화와 더불어 사회적 세력을 얻게 되었던 식자계급, 즉 사(士)에 속한 사람이었다. 계속되는 전쟁 기간 통치자들은 그들 통치에 필요한 관료를 임명하였다. 관료들은 사(士)계층 출신으로 공자시대에 계속 그들 지위를 높여 갔다.

사(士)계층이 중국 역사에 등장하기 이전에는 유(儒)라는 은(殷)대의 종교지식인들이 있어서, 그들이 6백~7백 년 동안 통치계층의 공식적 문화를 보존해 왔었다. 다만 유(儒)에 관한 철학적 의미는 학자마다 다르다.

사(士)라는 새로운 지식계층 중에는 구세습귀족, 몰락한 세습귀족, 사회변화 과정에서 새로이 등장한 지주들도 포함되어 있었다. 관리로서 직업을 원하는 지식인, 즉 사(士)들 중에는 소인도 있었다.

[논어]에 다음 글이 있다. 즉

자공이 묻기를, "어떻게 해야 사(士)라고 할 수 있겠습니까." 하자, 공자가 말하기를, "스스로 행함에 부끄러움을 알고, 그 책임을 지며, 다른 나라에 사절로 가서 군주의 명령을 욕되게 하지 아니하면 사(士)라고 할 수 있다. 말에는 믿음이 있어야 하고 행동에 결과가 있다면 그 사람은 비록 완고한 소인이라 해도 그 다음 차례는 된다." 하였다. 또 공자가 자하(子夏)에게 말하기를, "너는 군자의 지식인(儒)이 되어야지 소인의 지식인(儒)이 되지 말라."(女爲君子儒, 無爲小人儒: 여위군자유, 무위소인유) 하였다.

공자가 말하는 군자, 즉 사(士)계층은 자연적 분업의 원리에 따라 정신적 노동, 즉 통치에 종사하는 사람들이다. 그러므로 생산적 기술적 활동에 종사하는 소인과는 다르다.

그 예로 [논어]의 다음 네 항목을 유념할 필요가 있다.

첫째, 사람의 타고난 성(性)은 비슷하나, 학덕의 습(習)에 의하여 달라진다. 다만 상위의 지식인과 하위의 어리석은 자들은 어쩔 수 없다.

(子曰, 性相近也 習相遠也 唯上知下偶不移)(양화)

둘째, 번지(혹은 번수)가 농사짓는 법을 물었다, 공자가 말하기를, "나는 늙은 농부보다 잘 모른다." 하고, 또 채소 가꾸는 법을 묻자, 공자가, "나는 늙은 채소꾼보다 잘 모른다." 하였다. (번지가 나간 후에) 말하기를, "소인(小人)이로다, 윗자리에 있는 사람이 예(禮)를 좋아하면 백성들이 그를 공경하고, 의(義)를 좋아하면 복종하고 신의(信義)를 좋아하면, 진정을 터놓지 않을 수 없다. 그렇게 되면 사방에서 백성들이 아이를 포대기에 싸 업고 모일 것이다. (위정자가) 농사짓는 방법을 알 필요가 없을 텐데." 하였다.

셋째, "백성이란 모범을 보여 그에 따라 행동하게 할 수는 있어도, 스스로 알게 하여 이해시킬 수는 없다(子曰 民可使由之 不可使知之)."

넷째, "군자는 기계적(기능인 혹은 기술자를 말함)인 인간이어서는 안 된다(君子不器)(위정)." 등이다.

다만 위 항목들은 학자에 따라 다른 해석이 가능하다.

첫째, 공자는 평등론과 차별론을 모두 내놓았다. 본래 타고난 본성은 차이가 없으며 누구나 노력하면 군자가 될 수 있다는 첫 구절은 평등론이다. 단지 상지(上知)와 하우(下愚)가 차이가 있다는 다음 구절은 차별론이다. 여기서 그 중점을 어디에 두느냐에 따라 해석이 다를 수 있다. 제3절 실학사상가인 정약용의 항목에 다시 나온다.

둘째, 서로의 역할 분담을 말했을 뿐이다. 즉

정치하는 사람이 농사짓고 채소 가꾸는 일까지 모두 알 필요가 없다는 평범한 답변으로 해석할 수 있다.

셋째, 공자는 학문을 중요시하여 무식한 사람들은 이치로 이해시키기 어렵다는 뜻이었다고 본다.

넷째, 군자불기(君子不器)에서 기(器)의 뜻을 기계가 아니고 그릇으로 해석한다. 즉 '군자가 그릇에(틀에 짜인 적은 그릇을 말함) 맞추어져서(도량이 적어서는)는 안 된다.'는 뜻으로 볼 수 있다.

천명론(天命論)

[논어]에서 공자는 자기 자신은 나이 30에 뜻을 세우고 40에 불혹(不惑)이요, 50에 천명을 알았다고 하였다. 이 말을 근거로 요즘 사람들은 아무 경우나, '불혹'이나 '천명'이란 말을 함부로 사용한다. 과연 천명의 뜻은 무엇인가. 우리나라와 중국의 전공 학자가 분석한 내용을 알아보자.

공자는 신(神) 혹은 귀신(鬼神)을 믿지 않으면서도 [논어]에서 하늘이란 말을 자주 썼다. 이와 관련하여 [논어]에 나오는 하늘에 관한 10개 항목(유명종 교수의 분석)은 다음과 같다.

① 하늘에 죄를 지으면 빌 곳조차 없다(팔일).

② 하늘이 공자를 목탁(木鐸: 지도자)으로 삼으려 했다(팔일).

③ 내가 한 일이 도(道)에 어긋난다면 천벌을 받겠다(옹야).

④ 하늘이 나에게 덕을 주셨다(술이).

⑤ 하늘이 문화를 없애지 않는다면(자한)

⑥ 내가 하늘을 속이겠느냐(자한).

⑦ 하늘만이 크시다(태백).

⑧ 하늘이 나를 버렸구나(선진).

⑨ 하늘을 원망하지 않고(헌문)

⑩ 계절은 순환되고 만물은 그 속에서 자란다. 하늘이 무슨 말을 하겠는가(양화) 등이다.

위 내용 중 ①에서 ⑥까지의 내용은 하늘을 인격천(人格天) 혹은 덕성천(德性天), 즉 하늘을 덕과 문화의 근원으로 보고, 그 후의 세 항목은 하늘을 주재천(主宰天), 즉 하늘은 자연천(自然天)이 아니라 하늘의 뜻이 유행(流行)하는 것으로 보았다.

공자가 말하는 하늘의 뜻에 관한 중국 학자 풍우란(馮友蘭) 교수의 개념 규정은 다음과 같다.

"공자는 도(道)가 온 천하에 실행된다면 그것이 명(命)이요, 도가 폐지된다면 그것도 역시 명이다."라고 스스로 말하였다. 공자는 최선을 다하여 노력하고 나머지 문제점을 명에게 남겨 두었다.

명은 대개 운명, 숙명 또는 명령으로 번역된다. 하지만 공자의 명은 천명을 의미한다. 공자는 천명이란 '의도를 가진' 힘이라고 생각하였다. 후기 유가에서는 명을 단순히 전 우주의 여건과 능력 전체를 뜻하였다. 우리 인간행위의 외적인 성공 여부는 언제나 이러한 제 조건의 상호작용에 의존하기 때문이다. 그러나 이 상호작용은 인간 능력을 초월하고 있다. 우리가 행하여야 할 최선의 일은 성공과 실패에 상관없이 단지 자기가 마땅히 해야 할 바를 행하는 것이다. 이렇게 하는 것이 바로 명(命)이다. 명을 안다는 것은 유가적인 의미에 있어서 군자가 되는 요건이다.

우리가 흔히 말하는 '수인사 대천명(修人事 待天命)'에서 공자는 천(天)을 '의도를 가진 힘', 즉 주재천의 존재로 보았다는 뜻이다.

공자는 '천명을 알아야 군자요'(요왈), '군자는 천명을 두려워해야 한다.'고 하면서, '군자가 경외(敬畏)해야 할 세 가지를 말하였다. 즉 천명을 두려워하고, 높은 인물과 성인을 두려워하는 일이다. 소인은 천명을 알지 못하므로 이를 두려워하지 않고 높은 인물을 존경하지 않으며, 성인을 업신여긴다. 명(命: 천명)을 알지 못하면 군자가 아니다.'고 하였다.

공자 자신은 이러한 천명을 50에 이르러서야 알았다(吾 五十而 知天命)고 하였다.

공자는 과연 신비에 쌓인 하늘의 명을 알고 있었을까.

부처님과 예수님은 이미 20, 30대에 깨달음을 얻고, 부활하셨으며, 중국을 통일한 진시황이나 우리나라의 성현으로 손꼽히는 율곡은 천명을 알기도 전에 세상을 떠났다. 하여튼 공자의 참뜻은 아무도 알 수 없다. 아마도 그의 의중은, "세상에는 우리가 모르는 하늘의 뜻이 있으며, 군자는 항상 하늘, 즉 천명(天命)을 두려워할 줄 알고 행동을 신중히 하라는 뜻"이었으리라 본다.

인의(仁義)사상

공자가 새로운 군자상으로 제시한 덕목은 덕(德)이다. 공자는 당시 사회의 위기 요인을 군자의 타락으로 보고 이를 극복하기 위하여 통치자가 덕을 갖추고 백성의 신뢰를 얻어야 한다고 믿었다. 그들의 행동 표준은 예(禮)이고, 덕과 예를 포괄한 원리를 인(仁)이라 하였다.

안연(顔淵)이 인(仁)에 관하여 묻자 공자는,

"자기를 극복하고 예(禮)에 복귀하는 것이 인(仁)이다.

하루라도 자기를 극복하고, 예를 실천하면 천하 사람들이 인으로 돌아갈 것이다. 인을 행함은 자신에게서 비롯되는 것이지 어찌 다른 사람으로부터 연유하겠는가."라고 답하였다.

안연이 다시 묻기를, "실천할 수 있는 요목을 말씀해 주세요." 하자,

공자가 말하기를, "예가 아닌 것은 보지도 말고, 듣지도 말고, 말하지도 말고, 예가 아닌 것은 행동하지도 말라. 내가 당하기 싫은 일은 남에게도 행하지 말라(己所不欲勿施於人)." 하였다. 또

번지(공자의 제자)가 인(仁)에 관하여 묻자, 공자가 말하기를, "사람을 사랑하라. 사람을 알아야 한다. 사람으로서 어진 마음(仁)이 없다면 예(禮)와 악(樂)이 무슨 소용이 있을까." 하였다.

인(仁)과 의(義)의 관계에 관하여 공자는 말하기를,

"군자는 의리(義)에 밝고, 소인은 잇속(利)에 밝다." 하였다.

인(仁)의 실천에 관하여 공자는, "인(仁)의 실천은 먼 곳에 있는 것이 아니고 우리가 실천하고자 하는 의지만 있으면 바로 눈앞에 있는 것이다. 나는 항상 도(道)에 뜻을 두고, 덕(德)을 베풀려고 애쓰며, 실천은 인(仁)에 의하여 예술을 즐긴다." 하였다.

공자는 이러한 인(仁)의 덕목 외에 군자로서의 해야 할 일과 하지 말아야 할 일들을 많이 열거하였다.

실천해야 할 일은,

군자는 말보다 실천을 중시하고(先行其言), 진정으로 화합하여 패거리 짓지 않으며(和而不同), 마음을 넓게 가질 것(君子旦蕩蕩), 세 가지 경계할 일(三戒, 초년의 색(色), 중년의 싸움, 노년의 욕심), 경외할 일(三畏: 천명, 대인, 성인을 경외할 것), 아홉까지 생각해야

할 일(九思: 밝고, 맑고 부드럽고, 공손하고 진솔한 생각 등), 세 가지의 변화(三變: 바라보면 근엄하고, 마주치면 온화하고 말소리를 들으면 단호함) 등이 있다.

경계해야 할 일은,

근심하지 말 것, 위구심을 갖지 말 것, 미혹하지 말 것, 편당을 짓지 말 것, 고정관념에 얽매이지 말 것, 교만하지 말 것, 싸우고 당색을 짓지 말 것(不憂, 不懼, 不惑, 不比, 不器, 不驕, 不爭, 不黨) 등이 있다.

정자정야(政者正也)

공자는 질서 있고 안정된 사회를 이룩하려면 무엇보다도 정치가 바로서야 한다고 생각하였다. 그 근본적인 원리는 덕치(德治)에 바탕을 둔 정명론(正名論)이다.

공자는, "정치는 덕(德)으로 행하여야 한다(爲政以德). 그것은 마치 북극성이 제자리에서 그 별들을 이끌고 돌아가는 것과 같다."고 하였다. 이와 관련하여 [논어] 자로편을 보면 그 대강을 알 수 있다.

자로가 정치에 관하여 묻자 공자가,

"먼저 실행하고 먼저 노력하라." 하였다. 자로가 또 묻기를,

"위나라 주군(부자간 사이가 좋지 않기로 악명이 높은 출공첩)이 선생님을 모셔다가 나라를 다스리게 한다면 무엇부터 먼저 하시겠습니까?" 하니, 공자가 답하기를,

"무엇보다 명분을 바로잡겠다(必也正名乎).

군자는 자기가 모르는 일에 대해서는 말을 하지 말아야 한다.

명분이 바로 서지 않으면, 말이 통하지 않고 말이 순조롭게 전달되지 못하면 모든 일을 성취할 수 없다. 이 일이 성취되지 못하면

예악(禮樂: 예법과 음악, 당시 사회를 움직이는 중요 기능)이 흥성하지 못하고 예악이 흥성하지 못하면 형벌이 공정하게 시행되지 않는다. 형벌이 공정하게 실행되지 않으면 백성들이 마음 놓고 살지 못한다.

군자는 명분과 언사(言辭), 행동이 일치해야 한다. 그래서 군주와 신하, 어버이와 아들 모두가 각자 자신들의 명분을 찾아 옳게 처신해야 한다는 뜻이다.” 하였다.

제경공이 정치하는 도리를 묻자 공자가 말하기를,

“군주는 군주다워야 하고, 신하는 신하다워야 하며, 아비는 아비다워야 하고 아들은 아들다워야 한다.”는 유명한 말을 하였다. 제공경도, “좋은 말씀이십니다. 임금과 신하, 아비와 아들이 각기 자신들의 역할을 제대로 하지 못하면 비록 곡식이 있다 해도 내 어찌 먹을 수 있겠습니까.” 하였다.

이 말은, ‘정치를 바로잡는 것’이라는 도덕적 원리를 기본 철학으로 하고 그에 따른 군주의 역할을 제시한 것이다. 당시 노(魯)나라 실력자였던 계강자(季康子)와의 문답에서 공자는 “정치를 바로잡는 것입니다. 당신(계강자)께서 앞장서서 바르게 행동하신다면 감히 누가 바르지 않겠습니까.” 하고 대답한 것이다.

통치자의 본질은 통치자가 마땅히 수행해야 할 왕도(王道)를 실현하는 것이다. 치자가 정말 왕도에 따라 정치를 펼쳐 나간다면, 요즘 용어로 통치의 도덕적 정당성을 확보할 수 있다는 뜻이다.

공자의 천명(天命), 정명(正名), 인(仁), 의(義), 예(禮) 등의 사상은 동양인들의 가슴속 깊이 새겨져, 수천 년이 지난 오늘에 이르기까지도 우리 사회를 지탱해 주는 도덕 표준이 되었고 지금도 많은 사람들이 이를 신봉하고 있다.

한편 그의 사상과 도덕 이론은 동양적 전제사회에서 법제화 혹은 제도화되지 못하고 오히려 권력지배층의 이데올로기로 이용되어 그들의 억압통치를 정당화해 주는 도구가 된 것도 또한 사실이다.

공자 이래 19세기 말에 이르기까지 동양사회는 일관되게 1인 통치의 전제 왕권만을 고수해 왔고, 이를 부추겨 온 지배층들은 차별적 신분 구조를 마치 하늘이 마련한 당연한 이치로 강조해 왔다.

3. 정주자의 신유학

조선조 500년의 통치 이념이 되어 역사의 굴곡을 주도했던 성리학은 언제 어떻게 발생하였으며 그 근본 철학의 바탕은 무엇인가 그 시대상황과 사상의 내용을 알아보자.

1) 정주학의 시대상황과 학통

주희(朱熹, 1130 – 1200)는 12세기의 남송(1127 – 1279) 때 사람이다. 그의 부친은 14세 때 세상을 떠났고 그 후 그는 어려운 환경에서 공부하여, 19세 때 진사시험에 급제하였다. 동안현(현재의 복건성) 주부(主簿)가 되었으며 복건, 광서, 호남 등에서 관리를 지냈다.

46세 때, 여조겸(呂祖謙: 1137 – 1181)과 함께 [논어], [맹자], [대학], [중용]의 사서(四書)에 집주를 붙였다. 그가 편찬한 [근사록]은, 주돈이, 장재, 정호, 정이 등 네 학자의 글에서 중요한 부분을 뽑고, 이를 622조항으로 나누어 문목별로 14권, 1책으로 분류 종합하였다.

주희는 47세 때 비서랑이 되었으나 얼마 안 되어 그만두고 후진 양성에 전념하였다. 송의 고종, 효종, 광종, 영종의 4대에 역사(歷事)하고 벼슬은 65세 때 보문각 시강에 임명되어 [대학]을 진강하였다. 얼마 안 되어 면직되었고 백록동 서원에서 인재를 양성하다가 71세에 운명하였다.

주희는 [사서집주]를 자기의 저술 가운데 가장 중요한 기본 교재로 생각하였다. 심지어 세상을 떠나기 바로 전날까지 이 책 주석의 수정작업을 하고 있었다. 그는 또한 [주역]과 [시경], [서경]에 대한 집주(集註)도 썼다. 그가 죽은 뒤 원(元) 인종은 1313년 [사서(四書)]를 과거시험의 기본 교재로 삼았다. 명, 청대에는 물론, 1905년 중국정부가 근대 교육제도를 도입하려고 과거제도를 폐지할 때까지 주자의 집주(集註)에 따라 위 [경전: 四書]들을 해석하였다.

주희가 살았던 남송시대는 공자와 맹자의 춘추 전국시대처럼 중국 대륙이 혼란을 거듭하고 있던 때였다. 수(隋)와 당(唐)이 망한 (907년) 뒤, 5대 10국을 거쳐서 후주(後周)의 절도사 조광윤(趙匡胤)이 송(宋)왕조를 열었다. 그가 곧 송태조(960-976)다. 그의 동생 송태종은 건국 20년에 중국을 통일하였다. 태종은 국내 통일의 여력을 빌려 요(遼)에 빼앗긴 연운(燕雲) 16주를 회복하기 위하여 요와 전쟁을 벌였다. 이 사건이 발단이 되어 결국 송의 진종(眞宗)은 요(遼)나라 황제에게 굴욕적인 화의를 맺었다. 이른바, '전연의 맹(澶淵의 盟, 1004년)'이다. 송은 요와 형제 국가가 되고 막대한 은과 비단을 요에게 보내기로 하였다.

이런 동안에도 송(宋)은 신, 구법당(法黨: 왕안석의 신법당과 사마광의 구법당)으로 갈라져 서로 싸우고 상류계급은 사치와 향락에 빠져, 임금(휘종)도 풍류와 예술에만 골몰하였다. 드디어 요의 뒤를 이은 금(金)의 침공을 받아 휘종(재위, 1100-1125년)과 그의 아들

흠종(재위, 1125 – 1127년)이 만주에 끌려가 금 태종 앞에 무릎을 꿇었다. '정강의 변(靖康의 變, 1027년)'이라 한다.

이로써 송(북송)은 망하고 휘종의 제9자가 응천부(하남성)로 피난하여 송의 명맥을 겨우 유지하여 나라 이름을 남송(南宋)이라 하였다. 이후에도 남송은 계속된 금의 침공을 받다가, 결국 또다시 굴욕적인 화약(和約)을 맺었다. 금나라의 책봉을 받고 세공(歲貢)을 바치고 동쪽 회수(淮水)와 서쪽 진령(秦嶺)산맥으로 국경을 삼았다.

그동안 중국은 중화(中華)이고, 이민족(異民族)은 오랑캐라 하여 멸시하던 한족(漢族)의 자존심이 땅에 떨어져 이에 대한 적개심이 하늘을 찔렀다. 얼마 안 되어 북쪽에서 몽고가 일어나 금도 남송도 모두 원(元)의 지배하에 들어갔다.

주희를 비롯한 많은 지식인들이 중화의 명예를 회복하겠다는 대의명분을 내세우고 양이(攘夷)를 주장하였다. 하지만 당시 송은 강남의 개발이 크게 진행되어 물자가 풍부하였고 사람들은 환락과 가무(歌舞)에만 빠져 있었다. 정부에서는 한탁주(韓侂胄, 1151 – 1202)가 외척으로 권세를 부리고 있으면서 주희 일파와 대립하고 있었다.

주희는 공자, 증자, 자사, 맹자와 주장이정(周張二程)의 전수 계통을 잇는 대표적 유학자로 널리 알려져 있다. 주장이정이란, 주돈이(周敦頤: 염계, 1017 – 1073), 장재(張載, 장횡거, 1020 – 1077), 정호(程顥, 정명도, 1032 – 1085), 정이(程頤, 정이천, 1033 – 1108) 등 북송 때 학자들을 말한다. 정호, 정이는 형제이고, 주돈이는 그들 아버지의 친구이며 장재의 사촌이다. 이들 형제는 어렸을 때부터 주돈이의 가르침을 받았고 후에 장재와도 많은 토론을 벌였다.

주돈이의 저서로는 [태극도설], [역설(易說)] 등이 있다. 그의 학설은 태극 동정(動靜)의 철학이고 음양오행으로써 모든 만물이 발생한다고 주장하고 있다.

장재는 처음에 도교와 불교를 연구하였으나 정씨(程氏) 형제와 만나면서부터 배불론자가 되었다. 그의 학설은 기(氣)의 철학이다.

정호는 이기일원론을(理氣一元論)을 주장하고 정이(이천)의 학설은, '모든 근원의 존재는 이(理)에 있다.'고 하였다.

동생 정이는 주희가 완성한 정주학파(程朱學派) 또는 이학(理學)의 창시자가 되었고, 정이의 형 정호는 육구연(상산, 1139－1193)이 계승하여, 왕수인(양명, 1472－1528)이 완성한 육왕학파(陸王學派) 혹은 심학(心學)의 창시자가 되었다. 이들 양 학파 간 차이는 정호 형제 생존 당시는 인지되지 못하였으나, 주희와 육구연이 일대 논쟁을 벌인 이후 오래도록 계속되었다. 다음에서 이들 이기론(理氣論)의 원리인 태극설과 이(理)개념의 성립에 관하여 간단히 설명하겠다.

2) 주돈이의 태극설

주돈이는, '무극이 태극이다(無極而太極).'라는 명제를 내놓았다. 그는, '태극이란 형체가 있는 것'이라고 (사람들이) 말할까 봐, "무극이 태극이다."고 하였다. "무극이란 아무것도 없는 가운데 지극한 이(理)가 있는 것이며, 지극히 높고, 현묘하고, 정미하고, 신비스러워 (궁극에 이르러) 더 이상 올라갈 곳이 없음을 표시한다. 태극이 움직여서 양(陽)이 생기고, 그 움직임이 극(極)에 이르면 정(靜)이 된다. 그 정함에서 음(陰)이 생긴다. 정이 극해지면 동으로 되돌아간다. 동과 정이 서로 그 뿌리가 되어 양의(兩儀)가 성립한다. 양의 변화와 음의 결합으로 오행(수, 화, 목, 금, 토)이 생겨난다. 오행은 음양에 하나가 되고, 음양은 곧 태극에 하나로 통합되니, 태극은 본래 무극이다. 무극의 참된 본체(眞)와 음양오행의 정수(精)가 결합하여 응결된다.”고 하였다.

주염계의 태극설은 [주역] 계사(상)에 나오는 태극설에 근거를 두고 있다. 즉 [주역]의 구절을 보면, ‘역에 태극이 있는데 이것이 양의를 낳았다.’는 말이 있다.

염계(주돈이)의 수양방법은 무욕(無慾)이다.

“맹자는 마음을 수양하는 데는 욕심을 적게 하는 것보다 더 좋은 일은 없다고 말하였다. 욕심을 적게 할 뿐 아니라 아주 없게 해야 한다. 욕심이 없으면 성실이 세워지고 밝음이 통한다. 성실(誠實)이 서면 현(賢)이 되고 밝음이 통하면 성(聖)이 된다.”고 하였다.

염계에 의하면 인간은 본래 선(善)하며, 이기적 욕심이 없는 청허(淸虛)의 상태이다. 사람들의 모든 사욕(私慾)이 없어지면 맑은 거울처럼 될 수 있다. 이를 위해서는 불교의 선사(禪師)들처럼 자연스럽게 행동하고 그렇게 살아가는 것이라 하였다.

그는 자신이 거주하는 문 앞마당에 잡초 한 포기도 뽑지 않았다. 잡초가 우거져 있는 것도 자신의 마음과 같은 것이다. 즉 이 세상 모든 만물과 함께 살아갈 것을 바라는 마음이 인(仁)이고, 자연이 만물을 생육하는 그 이치에 따라, 내 마음의 인(仁)을 살펴보겠다는 뜻이다.

3) 장재의 우주론

장재도 역시 [주역]의 계사에 근거를 두고 우주론을 전개하였으며 특히 기(氣)의 사상을 강조하였다. 장재는 말하기를, "태허(太虛)는 기(氣)로 되어 있다. 기는 모여서 만물이 되고 만물은 흩어져서 태허가 된다. 성인(聖人)은 이런 과정을 완전히 터득한 사람이다. 성인은 인과(因果)의 사슬을 끊어 적멸(寂滅)하려는 불가인(佛家人)처럼 이 과정(기의 모이고 흩어지는 과정) 밖에 있으려고 하지도 않고, 육신을 양육하여 가능한 한 인간세계에서 장생하려는 도교인(道敎人)처럼 생(生)을 연장하려고 하지도 않는다. 성인은 우주의 본성을 이해하고 있기 때문에 '살아도 얻은 바가 없으며 죽어도 잃은 바가 없다.'는 사실을 알고 있다." 하였다.

장횡거(장재) 선생은 말하기를, "기(氣)는 우주의 무한한 공간에 가득 차 있어서 오르내리고 날라 퍼짐에 잠시도 머물거나 쉬는 일이 없다. 만 가지의 변화는 형태와 산천이 융화되어 형체를 이루고 흩어져서 찌꺼기가 되는 것 모두가 가르침이 아닌 것이 없다." 즉 우주의 본체는 태허(太虛)인 기(氣)로 충만하여 있고, 천하만상은 그 기의 형상으로 만들어지고 있는데 그 모든 것에는 가르침이 있다는 뜻이다.

4) 정이(程頤)의 이(理) 개념

장재는 서로 다른 종류의 사물이 왜 생겼는지 그 이유를 설명하지 않았다. 꽃과 나무 잎은 둘 다 기(氣)가 응집해서 생긴 것이라고 인정해도, 왜 꽃은 꽃이고 나뭇잎은 나뭇잎인가? 그 이유에 대하여 알 수 없다. 여기에서 정이(程伊川)와 주희(주자)의 이(理) 사상이 나왔다.

정주(程朱: 정이와 주희)에 의하면,

"우리가 보는 우주는 기(氣)뿐 아니라 또한 이(理)의 산물이다. 기의 응집이 서로 다른 이(理)에 따라서 다른 방법으로 일어나기 때문에 서로 다른 사물이 존재한다. 꽃은 꽃의 이에 따라서 기가 응집되었기 때문에 꽃이 되었고, 나무는 나무 잎의 이에 따라서 기가 응집되었기 때문에 나무 잎이 되었다."고 하였다.

정이는 "이(理)란 영원하며 증감할 수 없다."

"천리라고 하는 것은 존망가감(存亡加減)을 상정(想定)할 수 없다. 모든 이는 그 자체로 완비되어 있고 그 속에 결코 조그만 결함도 없다."

"수양은 반드시 경(敬)으로 해야 하며 학문의 진보를 위해서는 지식을 넓히는 데(致知) 있다."고 하였다. 경(敬)이란 용어는 삼가다, 조심하다 등으로 번역되며, 성실 또는 진실의 뜻으로도 번역할 수 있다. 정호 역시 배우는 사람은 만물이 원래 하나라는 것을 먼저 알아야 하며 그런 연후에야 비로소 성과 경으로 이를 간직하고 있어야 한다고 말하였다. 경은 이때부터 정신수양방법을 설명하기 위하여 신유가들이 사용한 핵심 용어가 되었다. 주돈이가 정신수양 방법으로 사용한 정(靜) 대신에 경(敬)으로 바꾼 것은, 신유학이 선종(禪宗)과 결별하고 한 걸음 더 나아갔음을 의미한다.

5) 주자의 이학(理學)

주자의 이학 중 그 요체라 할 수 있는 이(理)와 태극, 심(心), 성(性), 격물치지론 등을 요약하면 다음과 같다.

이(理)의 원리

주자는 정이(程頤)의 원리를 훨씬 더 명석하게 밝혔다. 그가 말하기를,

"형이상자(形而上者)는 모습도 없고 그림자도 없다. 이것이 이(理)다. 형이하자(形而下者)는 실상도 있고 모양도 있다. 이것이 사물의 기(氣)다. 하나의 사물은 그 이의 구체적인 실례이다. 만일 이러한 이가 존재하지 않는다면 그에 상응하는 사물도 없다. 어떤 특정의 사물이 만들어지면 곧 그에 상응하는 이가 있다." 하였다.

"시들고 말라버린 사물 속에도 이(理)가 있느냐?"라는 질문에 주자는, "사물이 존재하자마자 곧 이(理)는 그 속에 내재해 있다. 설령 사물이 없다 해도 어떤 사물의 이(理)는 존재한다. 모든 이(理)는 물리적 우주가 생기기 이전에 이미 존재해 왔다." 하였다.

이(理)와 기(氣)의 선후관계에 관하여는 다음과 같이 말하였다.

"이(理)가 있은 다음에 기(氣)가 있다.

예컨대 아직 군신이 없을 때에도 군신의 이가 먼저 있었으며 아직 부자(父子)가 없을 때에도 부자의 이는 먼저 있었다. 기가 있으면 이(理)는 반드시 있다. 맑은 기를 품수한 사람은 성현이 되고, 성현의 본성은 맑고 찬물 속에 있는 진주와 같다. 흐린 기를 품수한 사람은 어리석고 불초(不肖)한 자가 되어 그의 본성은 흐린 물속에 있는 구슬과 같다."고 하였다.

어린 아이는 태어나자마자 혹은 이미 태어나기 전부터 부모님께 효도해야 한다는 이(理)가 발생한다. 만일 어린이가 일찍 죽으면 그는 불효막심한 죄를 부모님께 짓는 것이다.

태극의 원리

주자가 말하는 태극의 원리를 요약하면 다음과 같다.

모든 사물에는 이가 존재한다. 이는 그렇게 있어야 할 바 그대로 의 사물을 만들어 준다. 이(理)는 사물의 극(極), 즉 사물의 궁극적 표준이다. 그 극(極)은 모든 사물의 잡다한 이(理)를 포괄하며 천지 만물의 이(理)의 총화이다. 이를 태극(太極)이라 한다.

모든 사물마다 하나의 극을 가지고 있으며 이것이 궁극적인 이 (理)이며, 천지만물의 이(理)를 총괄하는 것은 바로 태극이라 하였다.

태극은 모든 사물의 이(理)의 총화이므로, 이(理)는 모두 우리에 게 갖추어져 있으나 우리의 형체 때문에 이(理)가 잘 나타나지 않 는다. 우리 안에 들어 있는 태극은 흐린 물속에 있는 진주와 같다. 이 진주를 볼 수 있는 방법이 거경(居敬)과 격물치지(格物致知)다. 신유학자들은 [대학]을 '덕 있는 생활에 들어가는 입문서'로 간주하 였다. [대학]에서 가르친 수양방법은 격물(investigation of things)과 치지(extention of knowledge)로부터 시작한다. 정주학파에서 격물(格 物)의 목적은 영원한 이(理)에 관한 지식을 넓히는 치지(致知)에 있다.

심(心)과 성(性)

주자의 사상체계에서 성과 심은 서로 다르다. 주자는 심과 성의 개념에 대하여, "심(心)은 기타의 다른 사물들과 마찬가지로 이(理) 와 기(氣)의 결합체이다. 심과 성이 다른 점은 심(心)은 구체적인데 성(性)은 추상적이다. 심은 생각하고 느끼는 활동을 할 수 있지만 성(性)은 그렇지 못하다. 하지만 우리 마음에 그러한 활동이 일어날 때마다 우리의 성(性) 속에는 그에 해당하는 이(理)가 있다고 추론 할 수 있다. 심(心)을 논함에 있어서 요는 모름지기 성(性)이 어떤 것인지 먼저 알아야 한다. 정자는 '성즉리(性卽理)'라고 말하였는데 가장 훌륭하게 그것을 표현하였다. 이제 그것을 이(理)로 말한다면, 필경에는 오히려 형상도 그림자도 없게 된다. 이 하나의 도(道)는 인간에 있어서 인의예지(仁義禮智)의 성(性)일 뿐이다." 하였다.

한마디로 주자는 이(理)와 태극, 성(性), 도(道)를 같은 맥락에서 논의하고 있는 것이다.

격물치지

원래는 [대학] 고본(古本)에 없는 것을 주자가 보망장(補亡章)에 보충하여 넣은 것이 '격물치지' 장이다. 고본에는 단지, '근본을 앎(知本)' '앎의 극진함(知之至也)'이라고만 되어 있다. 주자는 일찍이 정명도(정호, 정이의 형)가, '배움이란 앎을 투철하게 하는 것보다 먼저 할 것이 없다.'고 한 말의 영향을 받고 '보망장'에 보충하여 넣었다 한다. 이에 관련된 [대학]의 구절은 다음과 같다.

'이른바 치지(致知)란 사물을 구명(究明)함에 있다.'고 한 말은, '내가 앎을 철저히 하려면 사물의 이치를 궁구(窮究)함에 있다.'는 뜻이다. 사람의 마음은 영명(靈明)하여 항상 지식을 추구하고, 천하에는 필시 이치가 있는 것인데, 다만 사람들이 그 이치를 제대로 궁구하지 못할 것이기 때문에 이를 [대학]에서 맨 먼저 가르치려고 한 것이다.

이치를 제대로 궁구하여 활연관통(豁然貫通: 환하게 통하여 도를 깨달음)하게 되면 사물의 표리(表裏), 정조(精粗: 세련됨과 조잡함)가 드러나고 내 마음의 온전한 체(體)와 커다란 용(用)이 밝혀지게 되니 이를 격물치지라 한다 하였다. 주자는 사물을 구명하여 그 이치를 터득해 감이 깊고 넓을수록 앎의 세계가 넓고 밝아진다고 믿었다. 태학의 학사들에게 이러한 이치 궁구 과정을 겪도록 해야 하며 그렇지 못할 경우, 즉 앎이 다하지 못하면 그만큼 세계를 밝은 눈으로 바라볼 수 없다고 한 것이다.

주자에 있어서 격물치지(格物致知)는 인식주체의 본래적인 지성과 인식대상인 본질적 사물의 이치에 관계된 인식논적 사유체계로 정의하려는 것이어서, 이에 대한 해석에 이의(異議)가 제기되고 있다.

주자의 이 문제는 대개 다음과 같은 주장들이 자주 논의되었다.

첫째, [대학]의 '고본'이 옳은가, 주자의 '보망장'이 오류가 있는가.

둘째, 격물이란 사물의 모든 이치를 완전히 궁구하는 것인가.

셋째, 이른바 삼강령(三綱領: 명덕, 신민, 지선)과 팔조목(八條目: 격물, 치지, 성의, 정심, 수신, 제가, 치국, 평천하)의 실천에 따르는 상호관계는 어떻게 보아야 옳은가 등이다. 다음 실학의 장에서 거듭 설명하겠다.

이상 세 가지 항목에 대한 주자의 입장을 우선 쉽게 풀이하면,

주자는 그의 '보망장'을 내놓고, 사물의 이치를 완전히 궁구해야 한다고 하였다. 주자는 격물치지, 즉 유교경전과 주정자의 이기론을 먼저 터득해야 그 후의 덕목(수기치인)을 실천할 수 있으며, 사물의 이치를 제대로 궁구(격물치지)하면, 수기치인(수신제가치국평천하)은 쉽게 이루어질 수 있다고 보았다.

이에 관한 논의는 율곡 이이와 실학편에서 자세히 설명하겠다.

주희는, "1500년 동안 요, 순, 공자에 의하여 전해 내려온 도(道: 통치의 원리)가 이 세상천지에서 단 하루도 실천된 적이 없었다."고 한탄하면서도 "도는 예나 지금이나 항상 존재하며 사라지지 않을 것이다."고 확신하였다.

주자의 글은 주로 경(經: 중국의 고전)에 대한 주석이 대부분이

었고 사회경제적 현실이나, 자연현상의 변화에 대하여는 소홀했다
는 평가를 받고 있다. 특히 그가 음양오행설을 신봉하고 이를 그의
생활 원리처럼 중요시하였다는 이야기는 주자사상의 시대적 한계
를 말해 주는 하나의 예(例)이다. 그가 임금에게 올리는 상소문을
작성하였는데, 그에 관한 점괘가 잘못 나와서 이를 불태워버렸다는
일화도 있다. 주자의 이론을 양명학과 비교해서 합리주의와 이상주
의로 대립 분석하는 이론에 대하여는 학자마다 견해가 다르다.

나. 조선의 유학

1. 성리학의 수용

우리나라에서 성리학, 즉 주희가 체계화한 정주학을 받아들인 것
은 대체로 고려 충렬왕 때부터라고 알려져 있다. 당시 가장 먼저
문묘에 모시게 된 고려의 유학자는 안향이다. 안향의 이야기부터
시작해 보자.

1) 안향의 문묘종사

안향(安珦: 1243 - 1306)은 주자학의 선구자로 문묘에 향사되었
고, 백이정(白頤正)은 충선왕을 따라 원(元)에 건너가 10년간 머물
러 있으면서 성리학 관계 서적을 많이 구해 왔다.

안향은 흥주인으로 아버지 안부(安孚)는 그 고을에서 의업(醫業)

을 하다가, 과거에 합격하여 밀직부사에 이르렀다.

안향은 그 사람됨이 장중, 조용하고 자세하였다. 재상에 있을 때에는 계획을 잘 세우고 결단력이 있어서 동료들도 순순히 그를 따랐다. 그는 사람을 알아보는 식견을 가지고 있었으며, 유학의 진흥을 자신의 본무라고 생각하였다.

충렬왕이 복위한 뒤 충선왕이 원나라에 갔을 때, 안향은 충선왕을 수행하였다. 그 후 안향이 찬성사가 되어 국학에 섬학전(贍學錢)을 설치하였다. 지금으로 말하면 학술재단 격이다. 이에 관한 [고려사]의 기록은 다음과 같다. 즉

"찬성사 안향이, 학교의 교사(校舍)가 크게 허물어지고 유학(儒學)이 날로 쇠퇴하여 가는 것을 우려하여 양부(兩府: 문하부와 밀직사)에 의논하기를, '재상의 직책은 인재를 양성하는 것보다 더 급한 것이 없다. 이제 양현고(養賢庫: 유생에게 지급하는 식량을 저장한 곳)가 탕진되어 교육에 쓸 자금이 없으니 청컨대 6품 이상은 각기 은(銀) 한 근씩을 내고 9품 이하는 등급에 따라 베(布)를 내게 하여 양현고에 들리어 본전을 두고 이식(利息)을 받아 영구히 교육의 자금으로 만들자.' 하니 양부에서 이를 좇았다.

이에 밀직 고세(高世)란 사람이, 무인(武人)이라 하여 돈 내기를 꺼려 하니 안향이 재상으로 이르기를,

'공자의 교(敎)가 만세에 법을 내려주셨다. 나라에 충성하고, 부모님께 효도하고 형제간에 우애하는 것이 누구의 가르침이겠는가, 무인이기 때문에 돈을 내어 학생들을 가르칠 필요가 없다고 한다면 공자를 위하는 것이 될 수 있겠는가.' 하니 고세(高世)가 부끄러워 돈을 냈다."

고 하였다. 만년에 안향은 회암 선생(주자를 말함)의 화상을 벽에

걸어 놓고 경모의 뜻을 보이더니 마침내 그의 호를 회헌(晦軒)이라 하였다. 주자의 호에서 회(晦) 자를 본뜬 것이다. 그의 장사(葬事)에는 칠관(국학의 7개 분과), 12도(十二徒: 사학의 12개소)가 모두 소복을 입고 운구의 뒤를 따랐다.

충숙왕 6년(1319년), 안향을 문묘(文廟)에 종사(從祀)하였다.

세상의 논하는 자가 말하기를, "안향이 비록 국자 섬학전을 설치할 것을 건의하여 인재들을 양육한 공훈이 있으나 어찌 이것을 가지고 종사(從祀)할 수 있겠는가." 하였으나 안향의 문하생 총랑(摠郎) 신천(辛천)이 극력 주청하였으므로 이 명령이 내려졌다.

참고로, 백이정(白頤正)은 상당군 백문절의 아들이다. 그는 순박, 근후하여 재상의 기질이 있었다. 충선왕을 올바르게 보좌하려는 의도를 가지고 있었으나 왕이 그의 말을 듣지 않았다. 원종이 문절로 하여금 황제에게 보내는 글에서, '병으로 인하여 (왕위를)사양하겠다.'는 내용을 쓰도록 하였다. 백문절은 붓을 내던지며 눈물로 이를 거절하였다. 왕이 그의 뜻을 알고 드디어 감동되어 그의 의견을 따랐다. 당시 정주학은 중국에서 처음 보급되기 시작하여 고려에까지 미치지 못하였다. 백이정이 원나라에 있으면서 주자학을 배워왔다. 이제현과 박충좌가 맨 처음으로 그를 스승으로 모시고 그의 문하에서 배웠다.

고려 말 귀족 정치 세력들은 그들이 몸담고 있는 위치에 따라 당시의 정치상황의 위기에 대한 대처 방식이 서로 달랐다. 대체로 고급관료나 대지주, 귀족계층 학자들은 자신들의 기득권을 지키려는 체제유지적 도덕지향성을, 소지주나 하급관료 등 새로운 사대부들은 개혁 지향의 정치의식을 가지고 있었다.

이색(李穡, 1328 - 1392)은 귀족계층에 속한 수정(修正)보수세력이요, 정도전(? - 1392)은 급진개혁파에 속하였다. 권근(權近, 1352 - 1409)은 안정지향의 정치인식을 가지고 있었고, 정몽주(鄭夢周, 1337 - 1392)는 불사이군의 신념을 굽히지 않고 순절하였다.

권근은 고려조에 보수파에 속하였으나 조선조에 들어와서는 개혁파가 되었고, 불교에 대하여서도 고려조에서는 이색을 따랐으나, 조선조에 와서 정도전을 따랐다. 그는 생애 전반기에는 이색을, 후반기에는 정도전을 따른 셈이다.

2) 정도전의 개혁이론

정도전은 여말, 선초시대를 이끌었던 사상가로, 유학자요 정치가였다. 공민왕 때 집권층 내부에서 외교상 친명, 친원 세력들이 대립하고, 사상적으로는 배불론이 대두하여 논의가 서로 엇갈렸다. 사회적으로는 전제개혁론이 제기되어 대대적인 개혁정책을 예고하고 있었다.

마침내 조선왕조가 세워지자. 정도전은 태조 3년 유명한 [경국전]을 찬진하여, 치국의 대요와 관제를 비롯한 모든 제도의 기본방침을 제정하여 조선왕조의 기틀을 이루었다.

정도전은 [조선경국전] 외에 [불씨잡변], [경제문감별집] 등 저작을 남겼다. 그의 [불씨잡변]은 조정 안팎에서 찾아보기 드문 불교 비판서로 유명하다. 그의 중요한 이론의 대강은 다음과 같다.

천명론

[논어]에 "하늘을 원망하거나 사람을 탓하지 말고 열심히 공부하

여 위로 올라가라(不怨天, 不尤人 下學而上達)."는 말이 있다.

[주역] 중지곤(重地坤)편에, '단이 말하되 지극하도다 곤의 원이여(彖曰至哉坤元)' 만물자생 내순승천 지후재물 덕합무강 함홍광대 품물함형(萬物資生乃順承天地厚載物德合無疆含鴻光大品物咸亨: 만물이 기초하여 생성하고, 이에 순하게 하늘을 이어간다. 땅의 두터움으로 만물을 포용함이 덕의 무강함에 합치한다. 넓게 머금고 크게 빛나서 품물이 모두 형통한다.)이라는 구절이 있다.

정도전은 이들 글에서 나타난 천명론, 쉽게 말하여 흔히 우리가 이야기하는 수인사 대천명(修人事 待天命)에 관하여 그의 [삼봉집]에서 다음과 같이 말하였다. 즉

"풍우(風雨)와 한서(寒暑)는 하늘의 기(氣)가 되고 해와 달은 하늘의 눈이 되며 사람은 천지의 마음이 되는 것이다. 사람의 하는 일이 한 가지라도 그 바른 것을 잃으면 하늘의 풍우와 한서가 반드시 앙그러지고 해와 달이 가려지는 데 이른다. 이는 사람이 천지를 병 되게 하는 바가 많기 때문이다. 대개 천지와 만물이 본래 한 몸과 같으므로, 사람의 마음이 바르면 천지의 마음 또한 바르고 사람의 기(氣)가 순하면 천지의 기 또한 순할 것이다. 천지의 재앙과 상서(祥瑞)가 있음이 진실로 인사(人事)의 잘하고 잘못하는 데 연유한 것이다.

사람은 마땅히 그 이치의 바른 것을 굳게 지켜 하늘의 정하는 것을 기다릴 따름이다." 하였다.

이 대목에서 정도전의 사회개혁에 대한 적극적인 자세를 엿볼 수 있다. 인간이 할 수 있는 모든 노력을 다하되, 본래 하늘과 만물이 하나이므로 사람이 어떻게 행동하느냐에 따라서 천지도 그에 응하리라는 인간의 능동적인 행동 의지를 강조하고 있다.

태극론

정도전은 그의 [삼봉집]에서, 주돈이의 태극설에 따라 만유의 생성 구조를 설명하였다. 즉

"대개 천지만물이 있기 이전에 태극이 먼저 있어, 그 이치가 태극 가운데서 이미 갖추어진다. '태극이 양의(兩儀)를 낳고 양의가 사상(四象)을 낳는다.' 하였으니 천변만화(千變萬化)가 모두 이로부터 나온다.

이(理)와 기(氣)가 천지 사이에 있는 것은 본시 하나뿐인 태극을 말한다. 태극의 동(動)과 정(靜)이 있어서 음과 양이 나누어지고, 변(變)과 합(合)이 있어 오행이 갖추어진다." 하였다.

주염계는, "오행은 하나의 음양이요, 음양은 하나의 태극이다."라고 하였다.

"대개 동(動)하고 정(靜)하고 변하고 합하는 과정에서, 그 유행하는 것의 통(通)하고 막힘(塞)과 치우치고(偏) 바름(正)의 다름이 있다. 그 통과 바름을 얻은 것은 사람이고, 치우침과 막힘을 얻은 것은 물(物)이다. 편과 색 가운데서도 조금 통함을 얻은 것은 금수(禽獸)요 전혀 통이 없는 것은 초목(草木)이 된다. 물(物)에 정(情)이 있고 없는 것이 나누어진 까닭이다.

하늘이 음양오행(陰陽五行)으로 만물을 화생(化生)하는데, 음양오행이라는 것은 (그 속에)이(理)도 있고 기(氣)도 있어서 그 온전한 것을 얻는 것은 사람이 되고, 치우친(偏) 것을 얻는 것은 물(物)이 된다. 그러므로 오행의 이치(理致)가 사람에 있어서는 오상(五常)의 성(性)이 되고 그 기(氣)는 오장(五臟)이 된다. 이것이 우리 유가의 설이다.

형이상(形而上)의 이(理)가 있은 연후에, 형이하(形而下)인 기(氣)가 있게 된다. (理)는 마음의 품부(稟賦: 천성으로 타고남)한 바 덕

이요, 지극히 맑은 것이어서, 순수하고 지선(至善)하여 본래부터 잡된 바가 없다. 이(理)가 천지보다 앞에 존재하여 있고, 기(氣)는 그로 말미암아 생기고 또한 품부된 것이다.

이는 이(理)가 마음(心)과 기(氣)의 본원이 되는 것을 말한다. 이가 있은 연후에 기가 있어, 양기(陽氣)의 맑고 가벼운 것은 위로 올라가 하늘이 되고, 음기(陰氣)의 무겁고 탁한 것은 아래로 엉켜 땅이 된다. 사시(四時)가 유행하고 만물이 이에 화생(化生)하니 사람이 그 사이에 있어서 천지의 이(理)와 기(氣)를 온전히 얻어 만물 가운데 가장 존귀하므로 천지와 더불어 (이 세상의 만사에) 참여하게 된다." 하였다.

주희의 이기론과 염계의 음양오행론 등이 그대로 조선 개국의 이념으로 수용되었음을 한눈으로 읽을 수 있다.

전제(田制)

정도전의 제도(制度)개혁이론은 주례(周禮)라는 고전적 이상의 실현에 그 기초를 두고 이를 급진적으로 실행하는 것이다.

경제적 기반이 취약한 신흥 정치세력의 입장에서 전제개혁의 조속한 실시는 보수 세력을 약화시키고 자신들의 입지를 강화하는 중요한 수단이었다.

그의 전제 개혁에 관한 주장은 [삼봉집]의 '조선경국전', 경리(經理)편에 나온다. 이를 발췌 소개하면 다음과 같다.

"옛적에는 관청이 전지(田地)를 소유하고 백성들에게 나누어 주어 경작하게 하였다. 당시 천하의 백성들은 모두 전지를 받아 경작하였다. 빈부의 차이가 별로 없었고 전지의 소출을 모두 관가에 들게 하여 나라 살림도 풍부하였다. 그 후 전지 제도가 무너지고, 부호들과 권세 있는 자들이 땅을 겸병하여 부자의 땅은 천백이 넘지만 가난한 자들은 송곳을 꽂을 만한 땅도 없게 되었다.

고려의 전제(田制)는, 묘예전(苗裔田: 국왕의 후손에게 주는 전), 역분전(役分田: 실제 계급을 따지지 않고 인품에 따라 주었음), 공음전(功蔭田: 공신이나 귀화인에게 주는 전), 등과전(登科田: 등과인에게 주는 전) 군전(軍田), 한인전(閑人田)을 두어 그로부터 징수한 조세로 경비를 충당하였다. 백성들의 경작은 자유로운 점령을 허락하여 관청에서 간섭하지 않았다. 세력 있는 자는 대규모 개간으로 국토를 모두 차지하였고, 힘없는 가난한 자들은 또 유력자들의 땅을 빌려 그 소출을 절반으로 나누게 되었다. 한 사람이 경작한 땅에 먹는 자는 둘인 셈이 되어, 부익부 빈익빈 현상을 가져왔다.

태조께서 잠저(潛邸: 왕위에 오르기 전에 살던 집)에 계실 때, 전제의 폐단을 직접 보시고 사전(私田)을 개혁할 것을 자신의 임무로 삼았다.

대개 경내의 전지를 모두 취하여 관가에 속하게 하고, 인구를 계산하여 전지를 나누어 줌으로 옛 전제(田制)의 정법(正法)을 회복시키려 하였다. 그러나 당시 구가(舊家), 세족(世族)들은 그것이 자신들에게 불리하다고 생각하여 입을 모아 비방하였다. 이로 인하여 백성들이 지치(至治)의 혜택을 받지 못한다면 정말 탄식할 일이다.

이에 전법(田法)을 정제(整齊: 정돈하여 공평히 함)하여 일대의 전(典: 법전을 말함)을 만들고 전조(고려)의 잘못된 법을 눈 아래 내려다볼 수 있게 되니 천행이다." 하였다.

불씨잡변(佛氏雜辨)

정도전의 [불씨잡변]은 앞에서 소개한 대로 부패한 고려 불교에 대한 비판서로 윤회에서부터 인과, 심성, 자비, 지옥, 교와 선 등 22개 항목에 달한다. 이 책에서는 편의상 윤회와 인과, 자비, 지옥 등 몇 개만 발췌하여 소개하겠다.

윤회에 대하여

계로(季路)가 귀신 섬기는 도리를 물으니 공자는, "사람도 능히 섬기지 못하는데 어떻게 귀신을 섬기겠는가." 하였다. 또 죽은 후의 일을 물으니, "생전의 일도 모르는데 어찌 사후의 일을 알까." 하였다. 공자는 이 구절을 다음과 같이 주석하였다.

"살고 죽는 것은 일상의 도(道)이며, 생의 도(道)만 알면 사(死)의 도(道)도 알 것이고 사람을 섬기는 도만 다하면 귀신을 섬기는 도(道)도 다할 것이다. 생과 사, 사람과 귀신은 하나이면서 둘이고 둘이면서 하나이다." 하였다.

정도전은 이를 바탕으로 불교의 윤회설을 비판하였다.

"무극, 태극의 진(眞)과 음양오행의 정(精)이 절묘하게 합하여 엉켜서 사람과 만물을 낳고 낳는다. 이렇게 해서 생겨난 것은 흘러가서 과거가 되고, 아직 낳지 않는 것은 앞으로 와서 계속하는 것으로, 여기에는 한순간의 정지도 없다.

부처의 말에 사람은 죽되 정신은 멸하지 않고 이내 형체를 새로 받아 태어난다 하였으며, 그로 인하여 윤회설이 생겼다.

[주역] 계사전(상)을 보면, '처음에 시작하고 나중에는 돌아간다(原始反終) 그러므로 살고 죽는 설을 안다(知死生之說).'는 말이 있다.

태어난다는 것은 바로 기화(氣化)의 자연에서 얻어지는 것이요, 원래는 정신이(불교에서 주장하는 것처럼) 태허(太虛)의 가운데에서려 있던 것이 아니다. 죽음이란 것도 기(氣)와 더불어 흩어지는 것이며, 다시 형상이 아득한 광막(廣漠) 속에 남는 것이 아니다." 하였다.

[근사록]에 "미혹된 자는 유혼(遊魂: 육체를 떠난 혼)이 변하는 것을 윤회라고 하지만 불교의 그 주장은 잘못된 생각이다."라는 글이 있다. 정도전은 이 글을 인용하여, (불교의) "정기(精氣: 만물을 생성하는 원기)는 물(物)이 되고 유혼(遊魂)은 변(變)이 된다."는 말을 반박하였다.

"천지 음양의 기가 교합(交合)하여 인물이 된다. 사람이 죽으면 혼기(魂氣)는 곧 하늘로 올라가고 체백(體魄)은 땅으로 돌아가는데 이것이 바로 변이다. 정기가 물(物)이 된다는 것은 정(精), 즉 백(魄)과 기(氣)가 합하여 물이 되는 것이다. 혼과 백이 서로 떨어져 혼기(魂氣)는 하늘로 올라가고 체백(體魄)은 땅으로 내려간다고 하였으니 사람이 죽으면 혼과 백이 각각 하늘과 땅으로 돌아간다는 말이다. 유가에서 말하는 변은, 불교에서처럼 다시 인간으로 태어난다는 윤회의 변이 아니고 '단단한 것의 썩음이요, 있던 것이 망하여 다시 물(物)이 없어지는 변'이다. 불씨가 말하는, '사람은 죽어도 정신은 멸하지 않는다.'는 말은 아니다.

천지의 사이는 홍로(烘爐)와 같아, 비록 생물이라 할지라도 모두 다 녹아 없어진다. 어찌 이미 흩어진 것이 다시 합하며(혼과 백이), 어찌 이미 간 것이(죽은 목숨이) 다시 올수 있으랴." 하였다.

인과에 관하여

정도전은 사람과 만물이 모두 음양오행의 기(氣)를 받아 태어났다고 하여 불교의 윤회설을 반박하였다.

그렇다면 하늘이 만물을 내면서 사람들의 지혜로움과 어리석음이 서로 다르고, 빈부의 차이가 생기며, 오래 살고 일찍 죽는 것도 같지 않는 것은 무슨 까닭인가. 또 동물들은 왜 약육강식(弱肉强食)하며 서로 잡아먹고, 크고 작고 강하고 약한 것의 차이가 생기는 것인가 의문이 제기된다. 불교의 윤회설에 의하면 살아 있을 때에 선악의 행실이 모두 보응(報應)을 받아 후생에 그 과(果)가 나타나는 것이라 하였다.

이에 대하여 정도전은 음양오행의 이치를 들어 인생의 화복과 질병 등 모든 일을 설명한다.

[주역] 십익(十翼)건괘에, "건원(乾元)의 양기(陽氣)는 크도다. 만물이 그것에 의하여 시작되니 바로 하늘의 도를 포괄한다."는 구절이 있다. 선유(先儒)가 말한, "천도(天道)는 무심히 만물을 두루 덮는다."고 하였는데, 이 천도의 원리가 바로 음양오행의 이치이다. 즉 "약을 쓸 때에 그 성(性)의 따뜻함과 서늘함, 뜨거움과 차가움, 그 맛의 신 것과 찬 것, 단것과 쓴 것을 음양오행에 나누어 붙여서 조제하면 부합되지 않는 것이 없다. 이로써 유가의 설에 있는 바와 같이 사람과 물은 음양오행의 기를 얻어서 태어났다는 것이 명백히 증험되며 더 이상 의심할 여지도 없다. 불씨(불교)의 윤회설을 믿는다면, 사람의 화복(禍福)과 질병이 음양오행과는 관계없이 모두 인과의 보응에서 나오는 것이 된다. 그렇다면 음양오행을 버리고, 불씨의 인과응보설을 가지고서 사람의 화복을 정하고, 질병을 진료하는 사람이 어찌 한 사람도 없느냐?"고 반문하였다.

심적(心跡)에 관하여

정도전은 그의 [삼봉집]에서 다음과 같이 말하였다. 즉

"마음이란 것은 한 몸 가운데의 주가 되는 것이요 적(跡: 발자취) 이라는 것은 마음이 일에 응하고 물에 접하는 위에서 발하는 것이다. '이런 마음이 있으면 반드시 이런 적이 있다.'고 하였으니 가히 둘로 나눌 수 없는 것이다. 마음에는 인의예지의 성(城)이 있기 때 문에 밖으로 발하는 것이 또한 이 같으니 이른바 체(體)와 용(用)의 근원이다.

한편, 불교에서는 마음은 취하나 그 적을 취하지 않고, '문수보살 이 술집에서 놀았는데 그 행적은 비록 그르나 그 마음은 옳다.'고 하였다. 이와 비슷한 사례가 너무 많으니 이는 마음과 적(跡)이 서 로 다른 것이다. 정자(程子)는 말하기를, '불씨의 학문에는 경(敬)으 로 안을 곧게 하는 학문은 있으나 의(義)로 밖을 올바르게 함이 없 다.'고 하였다.

하지만 의로써 밖을 올바로 하지 못하면 결국 안을 곧게 한다는 것도 되지 않을 것이다. 마음(心)과 적(跡)이 서로 판이하게 다른 불씨의 설은 옳지 않다." 하였다.

지옥에 관하여

삼봉의 윤회설 부정의 입장에서 보면 지옥은 전혀 존재할 수 없 는 거짓에 불과하다. 삼봉의 글에,

"어떤 사람의 말에 의하면, '불교의 지옥설은 모두가 어리석은 자를 위한 것으로 지옥이 두려워서 착한 일을 하게 함이라.' 하였 다. 이에 대하여, 정자(程子)는 말하기를, '지극한 정성이 천지를 관 통하여도 오히려 사람이 감화되지 못하는데, 어찌 거짓인 가르침에 사람이 감화될 수 있겠는가.' 하였다.

옛날에 어떤 중이 나에게 묻기를, '만일 지옥이 없다면, 사람이

무엇이 두려워 악한 짓을 안 하겠느냐?' 하기에 다음과 같이 대답하였다.

'군자는 선을 좋아하고 악을 미워하기를 마치 좋은 색깔을 좋아하고 나쁜 냄새를 싫어함과 같아, 선이 마음속에서 우러나는 것이지 무엇을 위해서 하는 것은 아니다. 한 번이라도 악한 이름에 이르면 그 마음에 부끄러워하기를 마치 시장에서 종아리 맞듯 하니, 어찌 지옥의 설 때문에 악한 짓을 하지 않는다고 할 것인가.'

불교에서는 '죽은 자를 위하여 죄를 없애주고, 그가 복을 받아 극락으로 가서 쾌락을 받도록 해야 한다. 부처에게 공양하지 않고 중에게 밥을 주지 않는 자는 지옥에 떨어져, 가지가지 고통을 받는다.'고 한다. 그러나 죽은 자는 그 형체가 썩어 없어지고 정신 또한 흩어져 비록 신체적 고통을 주려 해도 손댈 곳이 없다. 불법이 중국에 들어오기 전에 사람이 죽었다가 살아난 일이 있었는데 어찌 한 사람도 지옥에 들어가 시왕(十王)을 본 자가 없단 말인가. 지옥이 있다는 말은 믿을 수 없다." 하였다.

하지만 그가 진정 미워해야 할 사람은 불씨(佛氏)가 아니라 유씨(儒氏)였다. 그는 그가 신봉하던 음양오행설보다는 인과(因果)의 덫에 걸려 비명(非命)으로 세상을 떠났다. 그의 음양오행설이나 이기론도 역시 새로이 등장한 유가(儒家)의 실학파들에 의하여 비판을 받게 된다.

2. 조광조와 이언적

정도전, 조준 등 태조 이성계를 도와 건국에 참여한 공신들은 훈구세력을 형성하고 조선의 제도를 정비하였다. 그 후 세조의 왕위 찬탈을 계기로 훈구세력은 더욱 방대하여 관직을 독점하고 집권층이 되어 많은 토지와 노비를 소유하였다. 이들은 연산조에 들어와서 사화와 옥사를 거듭하여 사림들의 비판 대상이 되었다.

한편 사림들은 고려 말 길재의 학통을 이어 성종조 이후 김종직, 정여창, 김일손 등 많은 유림들을 배출하였다. 이들은 학문적으로 경학(經學)을 중시하고 수기치인(修己治人)의 도덕적 수양에 힘써 정치에 참신한 바람을 불어넣었다. 조광조와 이언적은 중종대 대표적인 사림이면서 정계에 진출한 관료이다. 조광조와 기묘의 사림들은 개혁에 실패하였으나 이언적은 을사사화의 추관이 되어 작록을 받는 등 대조적인 모습을 보였다. 이들의 참모습을 다음에서 살펴보자.

1) 조광조(趙光祖, 1482 - 1519)

조선왕조의 유교적 기반이 확립된 후 성리학은 거듭된 사화(士禍)의 소용돌이 속에서 그 기능을 수행해야 했다.

이른바 사림(士林)의 출현은 사육신, 생육신들의 절의정신과, 정몽주 - 길재 - 김숙자 - 김종직 - 김굉필 - 조광조로 이어지는 고려풍의 절의를 토양으로 성장하였다. 이들이 체질화한 성리학은 도덕규범을 내세우고 이를 실천하기 위하여 성명을 다하는 일이다. 당시 조광조가 왕도정치로서 지치(至治)를 내세워, 개혁을 추진했던 일은 조선 역사상 가장 주목할 만한 일이었다.

조광조의 사상적 특징을 편의상 간단히 요약해 보면 다음과 같다.

첫째, 조광조의 이기(理氣)론적 입장에 관하여는 학자마다 그 시각이 다르다. 그가 임금 앞에서 진강(進講: 임금 앞에서 강론함)한 내용에 따라 혹은 주리론(主理論)에 가깝다 혹은 이승론(理乘論)이다 하여 일정치 않다. 이에 관하여 조광조가 임금에게 아뢴 다음 내용을 보면 대개 그 경향을 짐작할 수 있다. 즉 조광조가 임금께 아뢰기를,

"우리나라는 지금까지 성리학하는 사람이 가끔 있었어도 그 연원이 없기 때문에 마침내 지극한 경지에 이른 사람이 없습니다." 하여 성리학 이론에 관한 깊은 논의가 없음을 확인할 수 있다. 그 자신도 이(理)와 기(氣)에 관한 명확한 입장을 밝히지 않고 있어 그에 관한 관심이 크지 않았음을 알 수 있다.

둘째, 음양론에 관하여 조광조는 특히 음양 동정(動靜)의 변화와 결합보다는 사대양이(事大攘夷: 중국을 섬기고 오랑캐를 배척함)와 신분의 상하질서, 선악(善惡), 군자와 소인 등 유교적 차별윤리를 중시하였다. 그는 여러 가지 개혁안을 제시하였지만, 결국 그의 도덕정치론은 양반 관료계급의 입장이라는 차별윤리론의 한계를 벗어나지 못하였다.

셋째, 조광조는 왕에게 학문과 덕망을 갖춘 성군이 되기를 바라고, 경연에서의 진강에 정성을 다하였다. 다만 다음과 같은 야사의 기록은 그의 개혁정책이 안고 있는 이면의 문제점을 짐작할 수 있다. 즉

'기묘의 선비들은 매양 모일 때 글 한 장을 진강하고 의리를 인용하여 비유하고 경서를 끌어내어 그 이치를 깨치도록 하였다.

아침에 강론을 시작하면 해가 기울어서야 파하므로, 임금이 몸이 피로하고 괴로워했다. 하품을 하고 기지개를 펴며 몸을 고쳐 앉기

도 하고, 때로는 용상(龍床: 임금이 앉은 평상)에서 쿵 하고 소리를 내며 넘어지기도 하였다. 남곤과 심정, 두 사람이 임금의 뜻에 선비를 싫어하는 기색이 있는 것을 알고 꾀를 내어 일을 꾸미기 시작하였다.' 하였다.

후세 학자들은 조광조의 개혁정책을 높이 평가하고 있지만, 물론 이에 대한 반론도 있다. 그 실체를 간단히 살펴보자.

우선 정암 조광조를 '영원한 개혁의 선구자'로 평가한 글을 보면, "조광조 이전에 그만큼 왕의 신임을 받고 많은 사람들의 기대를 모은 인물은 없다. 조광조는 양식(良識)을 가진 대다수 지식인들의 희망이요 이상에 불타는 젊은이들의 우상(偶像)이었다."라 하였다. 이 글은 대개 우리가 일반적으로 알고 있는 정암에 대한 평가라 할 수 있다.

조광조 등 기묘 사림들의 개혁정책은 대개 다음 다섯 가지로 요약할 수 있다. 이들 개혁내용을 간단히 평가해 보면 다음과 같다.

정암의 개혁정책

① 균전제와 신분주의 개량책을 내놓았다

정암은 개혁 정치가로 균전제를 실시하고 서얼 등 신분제 개량책을 내놓았다는 주장이 있다. 하지만 기록을 보면,

균전제를 내놓은 것은 정암이 아니고 기준(奇遵)이다.

기준은 경연에서 [근사록]을 강하다가 정전(井田)봉건이란 구절에서 처음에 그 제도의 장점을 소개하였다. 임금이 제도는 좋지만 실현 가능성이 없다고 하자 다시 균전(均田)의 제도를 거론하다가 역시 실현 가능한 대안이 아니라 하여, 정순봉이 한전법(限田法)을

내놓았을 정도이다.

서얼(庶孽)의 통사책(通仕策)과 관련하여 처음에 그 당위성을 강조하다가, 그로부터 3개월 후 정암은 다음과 같이 말하였다.

"귀천(貴賤)의 분수는 침범할 수 없고 적서(嫡庶)의 윤리는 엄해야 합니다. 형제와 처첩으로 하여금 명백히 질서를 지키게 하여 감히 범하지 못하게 된 뒤라야 능멸하는 마음이 없어지고 분수없이 넘겨다보는 일이 끊어지게 되는 것입니다." 하였다.

② 소격서를 혁파하였다

소격서를 혁파하는 일은 유교 국가에서 당연한 조치로 이미 성종 때부터 주장되어 왔다. 이에 대하여 성종은 다음과 같이 대처하였다. 즉

"소격서 제사는 과연 정도(正道)가 아니다. 그러나 조종조로부터 있었으니 갑자기 혁파할 수 없다."고 하였다.

중종은 조광조의 청에 의하여 무리하게 소격서를 혁파하였다. 하지만 그가 패한 뒤, 대비가 병이 나자 (임금은) 대신 등을 불러 소격서를 다시 세우겠다고 하였다. 기묘년의 어진 이들은 이 때문에 죄를 얻고 소격서는 다시 부활되었다. 정암은 당연히 옳은 일을 추진하였음에도 불구하고 그 방식이 너무 과격하여 자신의 운명을 내건 결과가 되었다.

③ 향약을 실시하였다

향약은 조광조 자신도 그 문제점을 이미 인식하고 있었다. 이와 관련하여 조광조가 임금께 아뢴 내용을 소개하면,

"향약의 본뜻은 그렇지 않은데 지금의 향약 실시는 촉박한 듯하여 매우 어그러지는 일입니다. 치도(治道)는 급박해서는 아니 되고

덕으로 여유를 두고서 백성을 교화시켜야 올바른 정치라고 말할 수 있습니다.”라고 하여 향약시행을 너무 서두르기만 하고 요령을 얻지 못했다는 사실을 토로하였다.

④ 유일 천거제와 현량과 실시에 의하여 인적 쇄신을 도모하였다

조광조는 참신한 숨은 인재를 발굴하여 정치개혁을 실현하려고 하였다. 물론 당시 정치적 상황이 꼭 그의 선의를 뒷받침해 주고 있는 것은 아니었다. 과거제도는 중국과 고려, 조선조에 이르는 동안, 가장 신뢰할 수 있는 인사 채용의 원칙으로 제도화되었고, 조선조 말에 이르기까지도 별로 다른 대안이 없는 시험제도였다. 더구나 현량과 실시에 의하여 채용된 사람들이 널리 숨은 인재를 발굴하는 것이 아니었기 때문에 역시 훈구대신들의 비난의 구실이 되었다. 당시 현량과에 뽑힌 사람들은 기존의 양반 자제들이었고, 특히 안당(安瑭, 1460－1521)은 그 세 아들이 모두 일시에 급제하여 사람들은 천거가 공도가 아니라고 비판하였다.

⑤ 정국공신 개정으로 조정의 기강을 잡으려 하였다

당시 79명의 공신들은 그 책정부터 문제가 많았다.

기묘 선비들의 주장에 의하면 반정의 공신들은, ‘폐주(연산군)의 은총을 배반하고 별다른 공훈도 없이 단지 자신들의 이익만을 챙긴 사람들’에 불과했다. 이들 공신 규정을 대폭적으로 정비하여 그 수를 20명으로 축소하였다.

하지만 이들은 결국 중종을 세웠고 현재의 왕조를 지지해 온 지 14년의 세월이 흐른 기득권자들이다. 비록 불로소득으로 얻은 공훈이라 하여도 그것이 기정사실로 되면 그 공훈은 마치 자신의 생명처럼 소중한 것이 된다. 뿐만 아니라 자칫 반정의 의의가 퇴색되어

훈구대신들뿐 아니라 중종 자신의 정당성도 흔들릴 수 있다.

이상의 여러 복합적인 상황에서 정암의 급격한 개혁 추진은 결국 그 반대편에 선 훈구파들의 역풍을 이겨내지 못하고 좌초되었다.

2) 이언적(李彦迪)

이언적(李彦迪: 1491 - 1553)은 현자와 권신의 두 길에 있었다. 그 첫째는 문묘배향과 경학의 도(道)요, 둘째는 을사사화 당시 윤원형의 편당이 되어 추관으로 활동한 훈구대신의 길이다.

이언적은 망기당 답서 등 경학의 이론을 궁구하였고, 사림의 선구로서 문묘에 배향(配享)되었다. 이들을 간단히 살펴보면 다음과 같다.

문묘배향(文廟配享)

광해군 2년, 왕은 김굉필, 정여창, 조광조, 이언적, 이황 등을 문묘에 종사하였다. 그 교서의 대강은 다음과 같다.

"하늘이 대현을 낸 것은 우연치 않는 일이다. 돌아보건대 우리나라는 동방에 치우쳐 정학(正學)의 종지를 전수받은 일이 드물었다. 기자, 신라시대를 지나 고려 말에 이르기까지 천 년 동안에 겨우 포은(정몽주) 한 사람을 보게 되었을 뿐이다.

김굉필, 정여창, 조광조, 이언적, 이황과 같은 다섯 신하가 나오게 되었는데 이들이야말로 염낙관민(濂洛關閩: 염계 주돈이, 낙양의 정호, 정이, 관중의 장재, 민중의 주희)의 제자(諸子)가 전한 것을 터득하고, 격물치지, 성의정심을 이룩한 자들이다. 이들 다섯 현신을 문무의 동, 서무(東, 西廡)에 종사하기로 하였다." 하여 그는 조선조 사림의 가장 존경스런 영광의 자리에 올랐다.

망기당 답서

이언적은, 주염계의 [태극도설]을 원리로 주자의 경(敬)을 신봉하였다. 그의 사상은 대개 위의 태극도설을 바탕으로, '망기당 조한보에 대한 답서'와 [대학장구], [구인록] 등에 나타나 있다. 편의상 망기당과의 편지 내용만 간단히 소개하겠다.

망기당에 답한 제1서

이언적은 정, 주자(程, 朱子)의 이(理) 원리에 따라 망기당이 말한 적멸(寂滅)을 비판하였다. 이들 논쟁은 불교, 도교의 공(空), 무위(無爲), 적멸 등 근본적인 견해의 차이를 말한 것에 불과하다.

제2서

이 편지에서는 경(敬), 각(覺)에 관한 것으로 서로 간 그 개념이 분명치 않다는 비판이 있었다. 또 천리상달(天理上達)에 하학인사(下學人事)가 빠졌다는 지엽적인 부분도 있다.

제3서

이 답서에서 이언적은 주염계나 정명도가 주장한 이(理)의 동태성을 주장하였다. 퇴계는 이언적의 이론을 받아들여 주자의 정태적(靜態的) 이(理)론과 차별화하였다. 이언적은 군신, 부자, 부부, 장유의 상하적 원리를 하늘의 도(道)라 하였다. 망기당의 적멸은 모든 존재의 평등성을 함축하고 있다.

제4서

이언적은 정명도의 입장에서 '천지만물의 일체와 인(仁)의 혼연성(混然性)'을 주장하였다.

그 외에 이언적이 전주부윤으로 있으면서 왕에게 올린 상소와 그의 귀양지에서 서자(庶子)인 이전인을 통하여 전수한 [진수팔규]가 있다.

훈구대신으로서 이언적

이언적은 을사사화 때 추관과 금부당상으로 있으면서 공을 세워 문정왕후로부터 '추성정란 위사공신 숭록대부 의정부좌찬성 여성군'에 봉해지고 그에 따른 상품을 하사받았었다.

그는 을사사화의 참화를, 그것이 자의든 타의였든 혹은 소극적으로 혹은 적극적으로 앞장서서, 윤원형 남매와 한패가 되었던 사실을 숨길 수 없다. 그런 사실에 분노하여 선조는 끝까지 그의 문묘 배향을 반대하였다. 다음 선조의 답을 소개하며 그의 훈구대신으로서의 평을 대신하겠다. 왕이, 유생들의 상소(사현의 문묘종사에 관한 상소)에 답하기를,

"살펴보건대 이언적은 벼슬이 찬성에 올랐고 학문을 강명하여 당대의 명유가 되었으니, 한 시대의 충신이라 할 수 있다.

갑진 을사년에 두 선왕(중종과 인종)께서 잇달아 승하하자, 간신들이 마구 일어나 화란을 크게 일으켰다. 사림은 어육(魚肉: 물고기와 짐승의 밥)이 되었고 종사는 위기일발의 처지에 놓였었다.

이러한 때에 이언적으로서는 어떻게 처신했어야 그 도리에 맞겠는가?

횡류(橫流: 물이 넘쳐흐름)에 지주(砥柱: 황하 가운데 있는 산으로 격류가 넘쳐도 움직이지 않음)가 될 수 있는 힘을 발휘하여 하늘을 뒤덮는 기세를 막아내야 했다. 두 선왕의 큰 은혜에 보답하여 자신의 책임을 다하는 것이 그의 도리였다. 사생(死生)을 걸고서 화란(禍亂)이 닥쳐와도 피하지 말았어야 했다.

만일 그렇게 하지 못할 경우에는 스스로 은퇴하여 관을 벗고 돌아가 산림에서 보내며 조야(朝野)에 고도(高蹈: 세속을 초월한 몸)한 사람이 되어야 했다. 유교의 도(道)를 조금도 굴하지 않게 하고 그 몸을 욕되게 하지 않음으로써 간흉들이 두려워 꺼리는 바가 있게 하고 사기가 없어지지 않도록 하여, 평소 강명한 학문을 저버리지 않는 것이 바로 명철보신(明哲保身)하는 도리라 하겠다.

이언적은 뭇 간신들 속에 발을 딛고서 물결치는 대로 부침(浮沈)했을 뿐, 바른 말을 힘껏 주장하여 간흉들의 간담을 깨뜨렸다는 말은 듣지 못하였다. 국가를 바로잡지도 못하였고 물러가 몸을 결백하게 하여 멀리 떠나지도 않았다.

자신이 추관이 되어 남문 밖에서 여러 현자들을 국문하였으니 이날 이언적의 이마에서 땀이 나지 않았는지 모를 일이다. 다만 형장이 크니, 작으니 하는 소리만 하였으니 아! 이는 그가 형장이 작고 가벼웠다면 그 사람들을 국문하고 옥사를 이룰 수 있다고 생각해서 그런 것이었던가. 이는 '자신의 일은 제대로 하지 않으면서 남의 잘못만 책망하는 짓'이다.

이렇게 해서 끝내는 간흉들에게 휩싸여 종정(鐘鼎: 공적이 있는 사람의 이름을 사직에 새기는 것)에 공로를 기록하고 인각(麟閣: 누각)에 높은 이름을 걸고서 적신(賊臣) 이기(李芑) 등과 함께 어깨를 나란히 하여 동맹하였으니(이 말은 짐작으로 한 말이니 만일 사실이 아니면 삭제하라) 이언적이 '내가 과연 정난 위사의 공로가 있다.'고 여겼던가. 어찌하여 힘을 다하여 사양하며, 기필코 벗어나지 못하고 그대로 구차하게 대열을 따라 가다가 끝내 귀양 가는 신세가 되었던가.

예부터 지금까지 소인과 함께 주선하여 조호(調護: 도와주고 보호함)한 사람치고 화를 입지 않는 사람이 없었다.

심지어 여러 간흉들이 대궐에 나아가 종성군을 죽이기를 청할 때에 이언적이 따라갔으니, 이언적이 말하던 천리(天理)가 이쯤 되면 없어져 버린 데에 가깝지 않는가. 죄도 없는 왕자를 죽이고자 청하였으니 정말 진유(眞儒)로서 이런 행동을 할 수 있단 말인가.

이언적이 어떻게 지하에 돌아가 옛 임금을 뵙겠는가. 그런데도 이황이 지나치게 추존하자 세상이 그에 휩쓸려 시비를 말하는 자가 없었다. 다만 이언적은 도학을 강명하여 몸을 닦는 데 힘을 기울였으니 한 시대의 위인이라 할 만하다." 하였다.

광해군은 부왕 선조가 그토록 반대했던 문묘배향의 일을 등극한 지 꼭 2년 반 만에 한꺼번에 처결하였다. 그동안 문묘에 배향된 사람은 설총과 최치원, 안향, 정몽주 네 사람뿐이었다. 최치원과 안향은 앞에서 언급한 바와 같이 문제가 있었다. 최치원은 신라의 입장에서 보면 나라를 배신하고 고려 태조에게 비밀히 협조한 인물이고, 안향은 문묘 종사에 미흡하였으나 신천이 고집하여 배향되었다고 하였다. 정몽주의 경우도 중종 5년에 정언 이여, 김굉 등이 배향할 것을 아뢴 뒤, 7년이 지난 중종 12년에 결정하였다.

광해군이 결정한 5명의 명현 중 정여창(1450－1504), 김굉필(1454－1504)은 연산 4년, 무오사화를 당하여, 김종직의 제자란 이유로 유배되어 갑자사화 때 처형되었다. 이언적은 개인적인 사생활에 있어서도 맑고 청빈한 선비로 볼 수 없는 문제가 있었다.

조선조 사회에서는 중국의 본을 따라, 이미 세상을 떠난 사람을 골라 (잘못한 일은 감추고 잘한 일만 미화하여)현자(賢者)로 이상화하고 그들을 중심으로 사람들의 마음을 모았던 전통이 있었다. 이렇게 하여 추앙된 성현들의 정표(旌表)는 미구에 당색의 구심점이 되어 조선 왕조가 끝날 때까지 서로 싸우고 대립하는 중요 동인이 되었다.

3. 이황(李滉)과 이이(李珥)

퇴계 이황과 율곡 이이는 조선조 대표적인 성리학자로 널리 알려져 있다. 우리가 사용하는 천 원, 오천 원권에서 그분들을 매일 만날 수 있다. 과연 그분들의 이론은 대개 무엇이며 어떤 근본적인 차이가 있는가. 우선 이들 공통 관심사인 이기론부터 알아보자.

1) 왜 이기론(理氣論)인가

주자의 이기론에 관하여는 앞에서 간단히 살펴보았다.

이황은 주자를 존경하고 그의 성리학을 신봉하였다. 이황은 주자의 성리학 폭을 더욱 심화, 확장하여 이른바 퇴계사상을 확립하였다.

이(理), 기(氣)의 개념 규정에 관하여 다음 구절은 아주 간결하고 적절하다.

"전통유학에서 세계와 인간에 관한 인식에 있어서 제기되었던 중요 개념들, 예컨대 도(道), 천(天), 태극(太極) 내지는 성(性), 성(誠),

인(仁) 등은 분명 추상적 형이상학적이지만, 이들 간의 상관관계는 분명치 않다. 이들을 통일적으로 파악하고 세계와 인간에 관한 포괄적 인식체계를 수립한 것이 이(理)와 기(氣)를 통한 성리학 이론이다.

이(理)와 기(氣)를, 보편성과 개별성, 아리스토텔레스의 형상과 질료 혹은 이성과 감성의 개념과 일치시켜 이해하는 것은 맞지 않다. 이기의 이론은 인식론적이면서 우주론적인 것이어서 그 유추의 한계가 있다."

인간들이 살아가는 세상에 언제부터인가 지배와 복종의 권력관계가 형성되어 오늘에 이르고 있다. 지배자들은 백성들이 자신의 뜻대로 순종해 주기를 바라고, 피지배자들은 자신을 구속하는 부당한 모든 규제로부터 해방되기를 원한다.

하지만 사람들의 생각과 행동, 습관은 서로 달라서 도대체 동물보다 못 한 사람들이 있는가 하면, 사람의 탈을 쓰고도 사람답지 못한 사람들이 있다. 세상이 밝아지고 물질적 생활이 아무리 풍성해져도 사람들의 의식은 더욱 지악스러워서 서로가 자신의 뜻만을 고집하고 별로 남을 의식하지 않는 자가 더욱 많아지고 있다.

정말 이 세상 모든 잡다한 것들을 초월한 어떤 보편적인 원리나 질서, 도덕 표준이 있고, 이를 통하여 세상을 통할할 수 있을 것인가.

고대 이래로 선각자들은 이 문제를 놓고 심각한 고민을 해 왔다. 단군 할아버지는 '홍익인간', '재세이화(在世理化)'라는 보편원리로 인간을 교화하고자 하였다.

부처님은 '연기'의 법을 깨달아, '공(空)'의 개념을 발달시켰고 노장의 학자들은, '무위(無爲), 무욕(無欲)'의 비법을 내놓았다. 사람들에게 '극락'과 '도솔천', '지옥'이 있다는 믿음을 주고, 착한 일을 권장하였다. 한편, 서양에서 플라톤(Plato, B. C. 427 - 347)은 시간과 공간을 초월한 보편적 원리로 이데아(idea)를, 스토아학파(Zenon B. C. 336－264년경)는 이성(理性)을, 성 아우구스티누스(St. Augustinus, 354－430)는 신(神)의 세계를 제시하였다.

프랑스 루브르 박물관에 소장된 라파엘(Raphael, 1483－1520)의 명화 '아테네의 학원'을 보면 플라톤의 이상을 엿볼 수 있다. 그는 바른손, 엄지손가락으로 하늘을 가리키면서 "티메오(timeo), 존경한다." 고 외치고 있다. 즉 '저 하늘에 있는 이데아를 존경한다.'는 뜻이다.

반면 아리스토텔레스(Aristotle, B. C. 384－322)는 땅을 가리키면서 "존경하였다(완료형)."고 반박한다. 그는 지상에 살아 움직이고 있는 모든 구체적인 현실을 보고 있는 것이다. 그가 스승인 플라톤으로부터 배운 '이데아'는 더 이상 초월적 관념이 아니다. 그것은 개개의 사물에 내재하며, 이러한 사물은 질료(質料: matters)와 형상(形相: idea)이라는 두 가지 성질을 가지고 있다.

그 후 16세기 초에 들어서서 지리상의 발견과 종교개혁, 문예부흥의 3대 변화를 기점으로 마키아벨리(Machiavelli, 1469－1527), 베이컨(F. Bacon, 1561－1626) 등 경험론자들이 나타나 사회과학에 새로운 접근법이 소개되었다. 이런 시기에 우리나라에서 이기(理氣)의 논쟁이 벌어졌다.

중국에서 확립된 주자학이 우리나라에 수입되어 정착하는 과정에서 정작 중국에서 보다 심한 갈등을 겪었다. 그 논의의 초점은 이(理)가 우선이냐 기(氣)가 우선이냐 하는 주리(主理)와 주기(主氣)에 있다. 주리는 대개 이언적(1491－1553)－이황(1501－1570)으로 이어지고, 주기는 서경덕(1489－1546)의 기일원론(氣一元論)을 이이(1536－1584)가 비판적으로 계승한 것이다. 전자의 계통이 영남학파이고 후자가 기호학파다.

이황의 연보(年譜)

퇴계는 연산군 7년(1501년)에 경북 예안에서 태어나 그 이듬해에 부친이 세상을 떴다.

22세에 부인 허씨에게 장가들어 그 다음 해에 아들 준(寯)이 태어났다. 27세에 생원시험에 합격하였고, 그해 11월에 부인 허씨와 사별했다. 30세에 부인 권씨와 재혼하였다. 다음 해 6월에 측실(側室: 첩)에게서 아들(庶子) 적(寂)을 낳았다. 32세에 진사, 34세에 문과에 합격하였다. 이후 정자(正字: 정9품직), 저작, 박사, 선무랑, 성균관 전적, 중학 교수, 호조좌랑(戶曹佐郎: 정6품직), 선교랑, 승훈랑, 승의랑이 되었다. 37세에 모친과 사별하였다. 39세에 홍문관 수찬, 40세에 사간원 정언, 사헌부 지평, 형조정랑, 홍문관 교리(校理: 정5품)로 승진하였다. 46세 때 부인 권씨와 사별하였다. 48세에 풍기군수가 되었다.

퇴계가 53세 때 추만(秋巒) 정지운(鄭之雲: 1509 – 1572)의 [천명도설]을 수정 가필하여 발표하였다. 58세 때 35세 연하(年下)인 율곡 이이의 방문을 받아 대화를 나눈 사실은 유명하다.

60세 때부터 7년간 기대승(奇大升: 1527 – 1572)과 논쟁을 벌였다.

68세 때 새로 등극한 임금(선조)에게 [육조소(六條疏)]를 올렸고 [성학십도(聖學十圖)]라는 작품을 남겼다. 그해에 대제학을, 69세에 이조판서, 의정부 우찬성을 제수받았으나 숙배하지 아니하였다.

사실 퇴계의 생애와 사상을 살펴보면 그는 다른 사람들의 주장을 수용하고 이를 체계화하는 데 탁월한 식견을 가지고 있었으며, 스스로는 주리(主理)에 대한 확고한 신념을 가지고 있었다.

퇴계의 사상은, 정지운의 [천명도]를 수정한 [천명신도]와 기대승과의 논쟁에 나타난 사칠논변(四七論辯), 그리고 임금께 올린 [육조소]로 요약할 수 있다.

이황의 주리론

주자는 무극이태극(無極而太極)을 이(理)라 하고 이는 그렇게 되는 까닭(所以然者), 당연한 것(所當然者)으로 정적(靜的) 실체일 뿐 창조적 실체는 아니라고 하였다. 이에 반하여 북송의 주돈이는, "태극은 동적 우주 생성의 원체요, 도덕적 창조의 실체"라고 하였고, 이언적은 후자의 입장이다. 퇴계도 바로 이언적과 같은(동적 실체라는) 입장에서 주자학의 이론을 발전시켰다.

퇴계의 태극 혹은 이(理)는 자동정(自動靜: 스스로 움직이고 정지함)하고 이동(理動: 이가 동적 존재란 뜻)하는 것이므로 본체론적인 동적 실체이며, 생생발발(生生潑潑)하는 창조적 실체이다.

퇴계는 항상 주자의 이론을 원칙으로 삼고 자신의 학설을 조절해 나갔다. 퇴계는 주자의 이론을 충분히 따르기만 할 뿐만 아니라, 보다 심층적으로 이해하고 자신의 창의적 추론을 전개하였다. 퇴계가 주자의 성리학을 극복했다고 말할 수는 없으나 적어도 그의 사상을 토양 삼아 학문의 체계를 정립해 나갔다고 볼 수 있다.

이러한 퇴계의 사상은 정지운의 [천명도]와 기대승과의 사단칠정 논쟁을 중심으로 설명할 수 있다.

[천명신도(天命新圖)]

퇴계 이황이 정지운의 [천명도]를 접하게 된 내력은 다음과 같다.

퇴계가 벼슬에 나와 서울에 거주한 지 20여 년이 되었다. 그때까지 이웃에 있는 정지운이라는 사람과 서로 인사가 없어 교제를 하지 않았다. 하루는 조카인 이교가 [천명도]를 얻어 가지고 왔다. 퇴계는, 그림이 정정이(정지운)의 것인 줄을 알고 정지운을 찾아 내력을 물었다. 그가 대답하기를, "전에 김안국(金安國), 김정국(金正國) 형제의 문하에서 배울 때에, 성리의 미묘한 것을 밝히고자, 주자의 말을 바탕으로 하여 그림으로 만들었습니다." 하였다. 이에 퇴계는 [태극도]와 그 설명을 증거로 제시하며, "아무데는 잘못되었으니 고치고, 아무데는 너무 많으니 삭제하고 아무데는 누락되었으니 보충해야 하겠습니다." 하니 정지운이, "잘 알아들었습니다." 하였다.

퇴계는 이 그림을 수정하여 [태극신도]를 만들었다. 이들 [태극도]의 내용을 간단히 설명하면 다음과 같다.

첫째, 그림 외곽에 천원(天圓)이 있고, 원둘레에는 입이지(十二支)와 오행(五行), 원, 형, 이, 정(元, 亨, 利, 貞)이 둘러싸고 있다.

둘째, 그 원둘레의 내부에 천명(天命)과 지방(地方)이 있다.

셋째, 네모로 된 그림 내부에 성경(性敬)이 있고, 주변 상단에 인(人)과 형(形)이, 하단에 성(性)이 있다.

이 그림 중에서 퇴계는 천명에다가 동그라미를 치고, 정지운의 그림에 있는 이(理)와 기(氣)를 고쳐 이묘(理妙), 기응(氣凝)이라 했다. 또 상단의 경(敬)을 성경(性敬)으로 하고, 정지운이 쓴 사단발어리(四端發於理: 사단은 이에서 발한다), 칠정발어기(七情發於氣: 칠정은 기에서 발한다)를 사단이지발(四端理之發: 사단은 이의 발이다), 칠정기지발(七情氣之發: 칠정은 기의 발이다)로 고쳤다.

퇴계에 의하면, "천명(天命)의 동그라미는 곧 주자가 말한 무극과 이(二), 오(五)(음양오행을 말함)가 묘하게 합하여 엉겼다는 것이요, 자사(子思: 공자의 손자, 증자의 제자)는 이치와 기운이 묘하게 합한 가운데서, 홀로 무극의 이치만 가지고 말한 까닭에, 곧장 이것을 가지고 성(性)이다." 하였다.

사단칠정은 온갖 일이 여기서 나온 것이다. 이 그림에 나온 용어들 모두가 주염계의 그림에서 나온 것이라 하였다.

퇴계는 천명도의 원리가 모두 주자나 자사(子思), 주염계에 의하여 나왔기 때문에 옳다고 하였다.

위에서 말한 '사단(四端)과 칠정(七情)이 이(理)와 기(氣)의 발(發)'이라는 퇴계의 수정 문구는 후에 심한 논쟁의 화두가 되었다.

사칠논변(四七論辯)

퇴계의 사단칠정론은 고봉 기대승과의 7년에 걸친 논변으로 유명하다. 기대승(奇大升, 1526 – 1572)은 퇴계가 가장 아끼던 제자다. 기대승이 퇴계와 주고받은 편지 내용을 요약하면 다음과 같다.

기대승의 주장, "사단과 칠정은 다 같은 정(情)이며, 사단이라고 해서 칠정 외에 따로 존재하는 것은 아니다. 다만 사단은 칠정의 선 일변에 불과하다. 서로를 양립시켜 이발(理發)이다, 기발(氣發)이다 하여 이를 구분하면 이기(理氣)가 뚜렷이 두 가지(兩物)가 되는 것이다. 그렇게 되면 칠정이 성(性)에서 나오지 않고 사단이 기(氣)에 타지(乘) 않게 된다. 이기는 서로 떨어져 있는 존재가 아니고, 이(理)는 기(氣)를 벗어나지 못한다. 사단은 칠정 속에 포함시켜 논의해야 할 개념이 아닐까요? 이어서 '사단의 발(發)은 순리(純理)이므로 선(善) 아님이 없고, 칠정의 발은 기(氣)를 겸하므로 선과 악이 있는 것이다.'라고 고침이 어떨까요?" 하였다.

이에 대하여, 퇴계가 답하기를, "맹자께서 성선(性善)의 이(理)를 말씀하시면서 사단을 논하셨으니, 그로 미루어 이(理)가 발하여 선하지 않음이 없음을 알 수 있다. 또한 주자께서 말씀하시기를, '사단은 이의 발이요, 칠정은 기의 발이다.'고 하셨다. 즉 사단은 이

(理)의 발이며 선하지 않음이 없고, 칠정은 이기(理氣)를 겸하고 선악이 있으니 그 발하는 바가 오로지 기만은 아니나 또한 기의 섞임이 있으니 기의 발이라 이르는 것이다.”고 하였다.

퇴계는, “이기가 하나라는 것은 이기(理氣) 불상리(不相離)의 원칙에 따라 긍정하지만, 불상잡(不相雜)의 원칙 또한 결코 무시할 수 없다. 또 사단과 칠정이 다 같이 하나의 정(情)이라는 점은 수긍할 수 있지만 서로의 소종래(所從來)가 다르다. 사단은 ‘본연지성(本然之性)’에 따라서 나오고, 칠정은 기질지성(氣質之性)에서 나온다. 먼저 이(理)가 있고 뒤에 기(氣)가 있다는 것은 형이상, 하를 말한 것이니 먼저와 뒤를 나누어 말하지 않으면, 이(理)와 기(氣)가 분명하지 않을 것이다. 또 이와 기를 합하여 말하지 않으면 그것은 나뉘어져 각각 두 물건이 될 것이다.” 하였다. 참고로, 이에 관련된 주자의 입장을 보면,

주자는 말하기를, “이와 기는 원래 먼저와 뒤를 가지고 말한 것은 아니다. 다만 꼭 기로부터 나온 곳을 미루어 알고자 한다면 마땅히 이 이(理)가 먼저 있다고 말해야 한다. 이(理)가 하나의 다른 물건으로서 따로 있는 것이 아니고 곧 기(氣) 속에 간직되어 있는 것이니 기(氣)가 없으면 이(理)가 붙일 곳이 없는 것이다.” 다시 말하여

“이와 기는 본래 서로 섞이지 않는 것이지만, 또한 서로 떨어진 것도 아니다. 이기(理氣)를 나누어 말해야만 이와 기가 서로 다르다는 것을 (이가 우선이고 기가 이를 따르는 차이) 구분할 수 있고, 그것을 합해서 말해야만 이기(理氣)의 관계(理 안에 氣가 있음)를 알 수 있다.”는 뜻이다.

이상 간단한 문답과정을 거쳐서 퇴계가 내린 결론은 다음과 같다.

퇴계는 먼저 스승으로서 주자를 강조하였다. 즉

　"근간에 [주자어류(朱子語類)]에서 맹자(孟子)의 사단(四端)을 논한 마지막 1조(條)에 바로 이 문제를 논한 것을 보았다. 그 설에, '사단은 이(理)의 발이요, 칠정은 기(氣)의 발이다(四端是理之發, 七情是氣之發).' 하였다. 옛사람이, '감히 자신을 믿지 말고 그 스승을 믿으라.'고 하였다. 주자는 나의 스승이요, 또한 천하 고금의 존경받는 선생이다. 내가 주자의 이 설을 얻은 연후에 드디어 내 소견이 크게 그릇됨에 이르지 않았음을 믿게 되었다." 하고 그의 결론을 이끌어 냈다. 즉

　"사단은 이가 발함에 기가 따르고(四端 理發而氣隨之), 칠정은 기가 발함에 이가 탄다(七情 氣發而理乘之)."는 두 구절은 매우 정밀하다. 하지만 칠정은 이발(理發), 기발(氣發)이 겸해 있으나, 사단은 다만 이발 일변(一邊)이 있을 뿐이라고 이르겠다고 말하였다.

　'기발이승'의 구절에 관하여도 퇴계는, "비록 (칠정이) 기(氣)에서 발하지만 이(理)가 타서(乘하여) 주(主)가 되는 까닭에 (사단의)선함은 변함이 없다."고 하여 이와 기가 서로 같지 않음을 고집하였다.

　이에 대하여 기대승은 다음과 같은 몇 가지 불만을 남겼다 즉

　"기(氣)가 이(理)를 따라 발함을 이(理)의 발이라 하게 되면, 이(理)는 기(氣)를 이(理)로 간주하는 병통을 면치 못할 것이다.

　기(氣)가 이(理)를 따라 발하여 조금도 거리낌이 없다고 하면 그것은 곧 이(理)의 발이 된다. 이는 '이(理), 기(氣)를 너무나 나누어 말하는 폐단이다.'고 하면서 퇴계의 '이발이기수(理發而氣隨)'를 비판하였다. 그는 또, '칠정(七情)이 발(發)하면서 절도에 맞는 것은 애초부터 사단과 다른 점이 없으니, 칠정이 기(氣)에 속하나 이(理)가 원래 기(氣) 안에 있었으니 사단이 칠정 중에 포함되어야 한다.'고 하였다. 그는 주자의 이른바 '음양오행은 서로 섞여도 단서를

잃지 않는 것이 곧 이(理)'라고 한 말도 역시 따를 수 없다."고 하였다.

기대승의 이론은 후에 이이의 기발이승론에 영향을 미쳤다.

[무진육조소]

퇴계 이황은 주자 학설의 이(理) 우선에 대한 강한 신념을 가지고 그동안 흩어졌던 왕정을 바로잡으려 하였다. 말하자면 왕권 확립을 위한 도덕률의 이상을 제시한 것이다. 그의 정책안도 바로 이러한 도덕적 규범론과 같은 맥락에서 접근할 수 있다.

선조 1년, 그가 68세 되던 해에 왕에게 올린 '무진 6조소(茂辰六條疏)'의 내용은 다음과 같다.

첫째, (왕위 계승의) 계통을 중히 하고 인효(仁孝)를 다하는 것.

둘째, 참소와 이간질을 막고 양궁(양가와 친가의 어머니)을 편하게 하는 것.

셋째, 성학(聖學)을 독실하게 하여 정치의 근본을 세우는 것.

넷째, 도덕과 학술을 밝혀 인심을 바르게 하는 것.

다섯째, 복심(腹心: 마음속 깊은 곳)을 미루어 이목(耳目)을 트이게 하는 것. 임금이 한 나라의 원수라면 대신은 그의 복심이요 대간은 이목이다.

여섯째, 성심으로 몸을 닦고 살펴서 하늘의 사랑을 받는 것이다.

위 내용들은 퇴계가 말했듯이, "임금은 어질어야 하고 신하는 공경해야 하며, 아비는 자녀를 사랑하고 아이들은 부모에게 효도해야 한다."는 명제에 근거하고 있다. 우선 왕을 중심으로 대신과 경연 등 양반 관료들이 바르게 행동하면 백성들은 자연 그 위엄에 승복하고 따라올 것이라는 극히 이상적인 도덕 정치를 지향하고 있다.

퇴계의 [무진육조소]나 [성학십도]는 한결같이 경(敬)으로 통관되어 있다. [무진육조소]에 일관되게 나타난 원리는 경학(敬學)이요, [성학십도]의 근본 정신 또한 지경존심(持敬存心)이다. 즉 수기치인(修己治人)의 근본을 경(敬)하는 심법(心法: 마음을 수련하는 법), 심학(心學: 마음을 수양하는 학문)으로 보았다. 유학의 이상이 수기치인(修己治人)의 개념으로 대표된다면, 퇴계의 [성학십도]는 '수기(修己: 자신의 몸을 닦는 것)'의 결정본이요, 율곡의 [성학집요]는 '수기'와 '치인(治人: 백성을 다스림)'의 총화이다. 퇴계는 '경(敬)'으로써 그 정신세계를 일관하였으며, 율곡은 경(敬)도 중요시하였으나 성(誠)을 더 강조하였다.

퇴계는 경(敬)에 관하여, "뜻을 세워 근본을 정하고, 거경(居敬: 몸과 마음의 내적 수양)하여 그 몸을 닦을 때도 모름지기 경(敬)해야 할 것이요, 움직일 때도 경해야 할 것이며, 앉아 있을 때도 경해야 할 것이니, 잠깐이라도 이 경(敬)을 버릴 수 없는 것이다. 이 말은 학자의 생활에 가장 절실한 것이니 마땅히 깊이 체험해야 할 것이다." 하였다. 한편 율곡은, "경(敬) 공부는 일종의 과정이요 존성(存誠: 성의) 공부는 그 효과이다. 거경(몸을 닦음)과 궁리(사물의 이치를 궁구함)만 가지고 되는 것이 아니고, 역행(力行: 힘써 행함)하는 것, 즉 성실(誠實)이 그 근본이다." 하였다.

퇴계의 [무진육조소]에 대한 좀 더 적극적인 비판으로 다음 글이 주목된다.

"퇴계의 '무진 6조소'는 모두가 군주와 신하, 부모와 자녀, 웃어른과 아랫사람 사이에서 차별윤리의 확립을 강조하는 유교적(儒敎的) 당위론일 뿐, 굶주림과 학정에 시달리고 있는 백성들의 생활

안정책이나 빈번한 외침에 대한 국방책 등 급박한 현실적 과제에 대한 대책이 없다.” 하였다.

퇴계는 율곡으로 말하자면 그가 이미 세상을 떠난 나이(48세)에 학문을 시작하였으니 자연 보수적일 수밖에 없다. 이(理)를 중시하는 주리론(主理論), 이주기수설(理主氣隨說) 등은 양반 위주의 차별 논리이다. 퇴계는 이러한 차별 질서의 확립으로 또다시 명종시대의 위기가 되풀이될 가능성이 있는 새 왕조의 사태에 대처하고자 했다. 을사사화 이후 실추된 양반 사림의 위신과 ‘임꺽정의 난’으로 신뢰를 잃은 조정의 명령은 진정 집권층의 위기였다. 주자의 말대로 요, 순 공자에 의하여 전해 온 도(道: 통치의 원리)는 이 세상에 단 하루도 실현되지 않고 있었다.

이런 상황에서 퇴계는 주자학의 테두리를 벗어나지 못하고 노장(老莊)이나 불교, 양명학 등 일체의 다른 사상을 거부하였다. 하지만 당시의 객관적인 상황은 그의 성리학적 도덕 윤리의 논리로 극복할 수 있는 요, 순시대가 아니었다.

이상 살펴본 내용을 이해의 편의상 간단히 요약하면 다음과 같다.

① [주역] 계사(상)에, “역(易)에 태극이 있는데 이것이 양의(兩儀: 음양)를 낳는다.” 하였다.

② 주돈이는,

“무극이 태극이다. 태극이 동정(動靜)하여 양의가 성립하고 양(陽)의 변화와 음(陰)의 결합으로 오행이 생겨난다.” 하였다.

주돈이가 정신수양의 방법으로 사용한 용어는 정(靜)이다.

③ 장재는 [주역]에 나오는 기(氣)를 중요시하였다.

그는 “태극은 기(氣)이고, 그 이상의 아무것도 아니다.”라고 말하였다.

④ 정이(程이천)와 주희로부터 이(理) 사상이 나왔다.

그들은, "우주는 기(氣)뿐 아니라 이(理)의 산물이다."고 말하였다. 정신수양의 방법으로 주돈이의 정(靜) 대신 경(敬)을 사용하였다.

⑤ 주희는 이(理)를 형이상자(形而上者)요 기(氣)를 형이하자(形而下者)로 보았다. 태극은 이(理)를 총괄한 것이라 했고, 이선기후(理先氣後)를 주장하였다.

[주자어류(朱子語類)] 제1조에 사단시이지발(四端是理之發), 칠정시기지발(七情是氣之發)이라 하였다.

⑥ 정지운의 [천명도]를 수정하여 퇴계가 [천명신도]를 만들었다. 그는 [천명도]에 사단발어리(四端發於理), 칠정발어기(七情發於氣)를 사단이지발(四端理之發), 칠정기지발(七情氣之發)로 고쳤다.

⑦ 기대승과의 논쟁에서 퇴계는 이기불상리(理氣不相離), 불상잡(不相雜), 이선기후(理先氣後)의 원칙을 따랐다.

⑧ 퇴계의 최종 주장은 사단이발이기수(四端理發而氣隨), 칠정기발이이승(七情氣發而理乘)이다. 이에 대하여 기대승은 이기(理氣)가 각각 발하는 이발(理發), 기발(氣發)을 비판하고, 사단을 칠정 중에 포함시켜야 한다고 주장하였다. 학자들은 이들 이론을 '퇴계의 이기호발(理氣互發: 이가 먼저 발하고 기가 후에 발함)'과 고봉(기대승)의 '이기공발(理氣共發: 이와 기가 동시에 발함)'로 설명하고 있다.

⑨ 퇴계의 [무진육조소]나 [성학십도]에서 일관되게 강조한 내용은 경(敬)이요 자신의 인격완성에 치중하는 '수기(修己)'였다.

⑩ 퇴계는 경(敬), 즉 '수기'를 중요시하였고 율곡은 '경'과 더불어 '성', 즉 수기, 치인을 중요시하되, 성의(誠意)에 더 많은 관심을 두었다.

2) 이이(李珥)의 기발이승일도설(氣發理乘一途說)

율곡의 행장

[율곡 행장]은 율곡의 문인 사계 김장생이 썼다.

율곡은 중종 31년(1936년) 강릉 오죽헌에서 태어났다. 그의 아버지는 덕수 이원수이고 어머니는 평산 신씨 부인, 신사임당이다.

신사임당의 꿈에, 용이 아이를 품 안에 안겨주는 것을 보았으므로 어렸을 때 이름을 견룡(見龍)이라 하였다.

율곡의 나이 5세 때 어머니 신사임당이 병으로 위독하자, 율곡은 몰래 외조부 사당에 기도를 드렸다는 일화가 유명하다. 그만큼 율곡은 어머니에 대한 효심이 지극하였다. 13세에 진사 초시에 합격하였고, 그때부터 성현의 학문에 전심하였다.

율곡이 16세 때 어머니 신사임당이 돌아가셨다.

신사임당은 평소 남편 이원수에게, "내가 죽더라도 재혼은 하지 마세요. 자식이 일곱이나 있으니 더 이상 아이도 필요 없고요." 하면서 애원하였지만 남편은 공자나 증자의 고사를 들면서 끝까지 대답을 하지 않았다.

신사임당이 세상을 떠났을 때, 장남 선은 28세, 장녀 매창은 23세, 2남 번(?세), 3남 이이는 16세, 그 후로 2녀, 3녀가 있고 4남 이우는 10세였다.

율곡은 소년의 나이에 3년 동안 여묘(廬墓: 무덤 근처에 여막을 짓고 지킴)하면서 상복과 상띠를 벗지 않고 손수 제찬을 장만하였다. 삼년상을 마친 후 19세에 금강산에 들어가 불경을 읽으면서 생사의 이치를 터득하였다.

아버지 이원수는 부인 신사임당이 생존할 때부터 사귀던 여인이 있었다.

아내 사임당의 유언(죽은 후 그 여인을 집에 들르지 말라는)에도 불구하고 사임당 사후 그 여인, 권씨 부인을 집으로 데려와 살았다. 율곡은 서모(庶母)가 너무 패악하여 고통이 심했지만 효성을 다하였다.

26세에 부친이 돌아가셨고, 서모인 권씨 부인은 율곡보다 더 오래 살았다. 30세에 예조좌랑에 있으면서 윤원형을 논박하는 소를 올렸다.

율곡이 23세 때 퇴계를 방문한 일이 있고, 35세 때 퇴계의 사망 소식을 들었다. 37세가 되어 이기론과 사단칠정, 인심도심론을 논하였다.

율곡은 38세에 홍문관 직제학에서 우부승지, 대사헌, 대사간을 거쳐 호조판서, 대제학, 이조판서, 병조판서를 역임하였다.

율곡이 불사(佛寺)에 들어간 동기에 관하여 여러 이야기들이 있다. 그 예를 들면,

① 율곡은 부친이 애첩에게 빠져서 집안을 소홀히 하자 집을 떠나 사방을 두루 돌아다니면서 선호(禪號)를 의암(義菴)이라 하고, 승려들이 그를 존경하여 생불(生佛)이라 하였다.

② 일찍 어머니를 잃고 주야로 울부짖다가 어느 날 우연히 불가(佛家)의 글을 보고 그 사생설(死生說)을 깊이 느낀 바 있고, 또 불교학의 간편하고 맑음을 기뻐하여 세상일을 버릴 생각을 하였다. 19세에 금강산에 들어가 여러 벗들에게 글을 보내 고별하고, 이내 절에서 살면서 불교 계정(戒定: 戒, 定, 慧의 三學을 말함)을 굳게 하여 침식도 잃었다.

③ 율곡의 서모가 성격이 패악스럽고 무도한 데 그 원인이 있었다.

서모는 성질이 사납고 술을 좋아하였다. 율곡에게는 참을 수 없는 고통의 세월이었다. 그럼에도 율곡은 서모 섬기기를 친어머니 모시듯 하였다.

서모가 율곡의 효심에 감동하여 깨닫고, 후일 율곡이 죽자 삼년복을 입었다 한다.

율곡은 적통의 후사(後嗣)가 없고, 딸 하나가 일찍 죽었다. 첩실에서 두 아들을 낳았다. 그중 한 아들은 율곡의 친구인 성혼, 정철, 신응시, 윤근수 등이 쌀을 바치고 서얼 신분을 면하게 하였지만 다른 아들은 그러지 못하였다. 율곡의 부인 노씨 부인은 율곡 사후 임진왜란 때, 왜병들의 난동에 필사적으로 항거하다가 여종과 함께 칼을 맞아 순절하였다. 율곡은 소실(姜室)에서 얻은 두 아들 외에 딸 하나가 있다. 그녀는 김장생의 아들 김집(金集)의 첩(姜)이 되었다.

이이의 열린 태도

율곡은 우선 학문적인 접근 방법부터 열린 자세로 임하였다.

율곡은 당시 불교나 노장학은 이단(異端)이고 심지어 같은 유학(儒學) 중에서도 양명학은 비정통(非正統)으로 취급되었던 상황에서, 이들 제반 학문에 대하여 일단 선입견을 유보하는 자세를 보였다.

그에 관련된 사례로, 율곡이 금강산에서 1년간 머무르고 있을 때, 어떤 노승을 만나 문답한 내용과 시 한 편을 소개하면 다음과 같다.

노승이 말하기를, "유가에도, '곧 마음이 부처라.'는 말이 있느냐?"

율곡이 답하여, "맹자가 성선(性善)을 이야기할 때에 말마다 반드시 요, 순을 들어 말하였는데, 그 말(마음이 곧 부처라는)과 무엇이 다르냐. 다만 우리 유가에서 본 것이 더 득실(得實)이 있을 뿐이다." 하자, 노승이 한참 있다가, "색(色)도 아니요 공(空)도 아니란 말은 무슨 뜻이냐." 하고 물었다.

율곡이 반문하여, "솔개는 날아서 하늘을 지나가고, 고기는 못에서 뛰는 것이 색이냐, 공이냐?" 하였다. 노승이, "색도 아니고 공도 아닌 것이 진여(眞如)의 본체(本體)다." 하였다. 율곡이 웃으며 말하기를,

"이미 설명이 있으면 곧 그 언어의 개념이 있게 되는데 어떻게 본체라 할 수 있는 것인가. 만약 그렇다고 하면(非空, 非色이 본체라고 한다면), 유가에서 정미(精微)한 곳은 말로 전할 수 없을 것이고(즉 본체가 있는 것), 부처님의 도(道)는 문자로만 표현할 수 있는 것이다(즉 본체라 할 수 없다)." 하였다. 노승은 탄복하여 말하기를, "당신은 시속 선비가 아니로구려. 나를 위해서 시(詩)를 짓는데 솔개가 날고 고기가 뛰는 뜻을 해석해 주시오." 하면서 어디론가 사라졌다. 율곡의 다음과 같은 시가 있다.

> 고기 뛰고 솔개 날아 아래 위가 한가진데
> 저것은 색(色)도 아니고 또 공(空)은 아니로세
> 가만히 떨어져 빙끗 웃고 내 신세를 돌아보며
> 지는 해 우거진 숲속에 홀로 섰어라.

위 내용에서 '진여의 본체'를 유보하여 노승의 체면을 세워 주었다. 또 하산(下山) 길에 이광문의 집에 머물면서 보응(普應)이란 사람에게 준 시(詩)를 보면 역시 그의 깊은 불교적 이해와 관심을 엿볼 수 있다.

> 도(道)를 배우는 것은 곧 집착을 없애는 것이다.
> 인연을 따라 어디든지 놀 수 있도다.
> 잠깐 청학동을 떠나 백구주(白鷗洲)를 구경하니.
> 이 내 몸 신세는 구름 천리요,

건곤(乾坤)은 바다 한 귀퉁이로세.

초당에서 잘 자고 가는 도다.

매화에 비친 달이 풍치가 좋구나.

율곡이 이단(異端)의 폐(弊)에 대하여 말하기를,

"공자 말씀에, '이단을 공격하면 해로울 뿐이다.'고 하였다.

노자를 배우는 자는 유학(儒學)을 내치고 유학은 역시 노자를 내치니 도(道)가 같지 않으면 서로 꾀하지 않는다.

진씨(眞氏: 흔히 부처를 말함)는 말하여, 노자의 글은 해괴한 바가 많다고 하지만, 그의 무위(無爲), 무욕(無欲)은 이(理)에 가까운 말이라 군자가 취할 바가 있다.

비록 노장의 학문이라도 처음부터 치우치고 왜곡된 것은 아니다. 근본에서 조그만 차이 때문에 그 유폐(流弊: 나쁜 풍속)가 심하다. 이로써 말한다면 어찌 요, 순, 주(周), 공자의 도(道)로 인한 것인들 폐단이 없겠는가." 하였다.

태극설에 관하여

율곡은 주자의 말을 인용하여 태극설을 주장하였다.

주자는, "태극이 동(動)하고, 정(靜)하는 것은 천명의 유행(流行: 세상에 널리 퍼짐)이다. 태극이란 본연의 묘(妙)요, 동하고 정하는 것은 타는(乘)바 기(氣)이며, 태극은 형이상의 도(道)요 음과 양은 형이하의 기(器)이다."고 말하였다.

주염계의 태극도설에, '무극이 태극'이란 말에 관하여, 주자는,

"하늘 위에는 소리도 없고 냄새도 없으나 실로 태극은 조화(造化)의 바탕이며 만물의 근원이다. 그러므로 무극하되 태극이라고 한 것이며 태극 밖에 따로 무극이 있는 것은 아니다." 또 말하기를,

"태극이란 것은 다만 음, 양 속에 있는 것인데, 지금 사람들이 음, 양 위에 따로 형체도 없고 그림자도 없는 것이 하나 더 있다고 하여 이것을 태극이라고 함은 그릇된 것이다."고 하였다.

율곡은 박화숙에게 보낸 답에서,

"성현의 말씀도 미진한데가 있으니, 다만 태극이 양의(음, 양)를 낳았다고만 말하고 '음, 양은 본래부터 있는 것이요, 어느 때에 처음 생겨난 것이 아니다.'는 것을 미처 알지 못하였다. 그러므로 글만 보고 해석하는 자들은, '기(氣: 음, 양)가 생기기 전에는 다만 이(理)가 있을 뿐이다.'고 하였으니 이것이 병통이다. 또 어떤 이론에서는, '태허는 담일청허(澹一晴虛: 맑고 깨끗함)하여 음양을 낳는다.'(이 주장은 서화담, 즉 박화숙의 스승이 했다) 하니 이것도 한 쪽으로 치우쳐 음, 양이 본래 있는 줄을 모르는 것이어서 역시 병통이다." 하였다.

율곡은 주자의 태극설을 소개하면서, '기(氣)가 없는 이(理: 즉 태극의 理)는 없다.'는 입장을 분명히 하였다.

이발(理發), 기발(氣發)에 관하여

이(理)와 기(氣)가 서로 발(發)한다고 하는 주장에 대하여 율곡은 성호원(성혼)에 보낸 답서에서,

"대개 발하는 것은 기(氣)요, 발하는 까닭은 이(理)이니, 기(氣)가 아니면 능히 발하지 못하고, 이(理)가 아니면 발하는 바가 없어서 (이와 기 사이에) 선후도 없고 떨어지고 합한 것도 없어서 서로 발한다고 할 수 없습니다.

퇴계의 병폐는 꼭 호발(互發: 이 기가 발하되 이가 먼저 발하고 기가 후에 발함)이란 두 글자에 있습니다. 퇴계가 성리학상 실수한

것은 비교적 크다고 생각합니다.

퇴계는 자상하고 치밀함이 근래에 드문 분이지만, 그가 주장한, '이가 발하면 기가 따른다.'는 '이발이기수(理發而氣隨)의 설'은 역시 이와 기를 선후가 있게 보는 병통이 조금 있습니다." 하였다.

율곡이 [성학집요] 궁리장에서 내린 결론은 이승기발(理乘氣發)이다. 즉

"대체로 이(理)는 형체가 없고, 기(氣)는 형체가 있기 때문에 이통기국(理通氣局)이며, 이는 무위(無爲)인데 기는 유위(有爲)이므로 기발이승(氣發理乘)이 된다." 하였다. 이 이론이 율곡의 기발이승일도설(氣發理乘一途說)이다.

효도를 실례로 들어 설명하면, 율곡은 퇴계의 이발기수론(理發而氣隨論)처럼 어린이가 태어나자마자 효도의 이(理)가 발하거나 이미 효의 이(理)가 있었던 것이 아니다. 어린이가 태어나, 부모가 그 어린이를 위하여 온갖 정성을 다하여 양육하면 그것은 기발(氣發)이요, 이에 자녀가 부모에게 효도를 다해야겠다는 효심이 타고 들면 그것이 이승(理乘)이다.

율곡은 바로 이러한 논리로, '기발이승(氣發理乘)을 한 가지(一途說)'로 주장한 것이다.

사칠론(四七論)과 인심(人心), 도심(道心)설

율곡도 기대승과 같이 칠정(七情)이 사단(四端)을 포함한다고 하였다.

그는 [성학집요] 수기장(修己章)에서,

"사단은 이(理)만 말한 것이고, 칠정은 이(理)와 기(氣)를 합하여 말한 것이며, (사단, 칠정의) 두 가지 정(情)이 있는 것은 아니다.

사단의 성(性)은 본연의 성이고, 칠정의 성은 이기(理氣)로 하여

발한 것이다. 기질의 성은 기질 가운데 있는 본성이고, 두 성이 따로 있는 것은 아니다. 그러므로 칠정은 실로 사단을 포함한 것이요, 두 정이 아니다. 두 성(性)이 있어야 비로소 두 정(情)이 있을 수 있는 것이다." 하였다.

인심, 도심에 관하여 율곡은,

"도심(道心)이 나온 것은 순연(純然)히 천리이므로 선(善)만 있고 악(惡)은 없으며, 인심은 천리도 있고 인욕(人欲)도 있으므로 선도 있고 악도 있다. 예를 들면 마땅히 먹고 입을 경우에, 먹고 입는 것은 성현도 피하지 못할 것이니 이는 천리(天理)요, 먹고 여색을 탐하는 생각으로 인하여 악을 저지른다면 이는 인욕(人慾)이 된다."고 하였다.

퇴계는 인심(人心)은 칠정이 되고, 도심(道心)은 사단이 된다고 주장하였는데, 율곡은 사단이 도심인 것은 맞지만 칠정은 인심, 도심을 합한 것이라고 말하였다. 이는 율곡의 '사칠론' 중에서, '칠정(七情)이 사단(四端)'을 포함하고 있다는 견해에 나타나 있다.

격치(格致致知)와 수기치인(修己治人)의 문제

이에 대한 이해를 돕기 위하여 여기 서양철학 한 편을 소개하겠다.

영국의 경험철학자 베이컨의 비서로 그의 영향을 받았던 홉스(Thomas Hobbes, 1588 – 1679)의 접근 방법이 이 글과 연관이 있다.

그는 근대 자연과학의 원리와 방법을 원용하여, '진리에 관한 완전한 지식(the perfect knowledge of the truth)'인 정치철학을 수립하였다. 즉 그는 ① 물체와 그 일반적 속성, ② 인간과 그 고유한 능력 및 감정, ③ 시민정부 및 시민의 의무 등에 관한 공식을 만들었다.

여기서 물체의 속성이란 신(神)의 의지를 완전히 배제한 기계의 운동이다.

기계적이고 물리적인 운동의 원리에서 인간 행동의 법칙을 연역하고 그로부터 '리바이어던(Leviathan)'이라는 강력한 인공국가의 건설을 구상하였다.

지금 우리가 접하고 있는 '격물치지(格物致知), 성의정심(誠意正心), 수신제가(修身齊家), 치국평천하(治國平天下)'의 8조목도 이와 같은 맥락에서 논의할 수 있다. 즉 위 구절은, '격물치지'에서 자연의 이치를 터득하고, '성의, 정심, 수신'으로 인간의 도리를 닦아서, '제가, 치국, 평천하'에서 사회 질서에 순응한다는 뜻이 담겨져 있다. 여기에 자연법칙과 인간의 도덕규범, 사회질서가 연속적으로 통합되어 있음을 볼 수 있다.

이러한 원칙은,

"인간의 규범과 사회질서는 자연의 원리에 따라 이루어진다. 자연은 이기론에 의하여 추상적 사변적으로 파악되며, 결국 인간과 사회는 선험적 중세 교의에 의하여 철저히 구속되어 있다. 자연의 원리는 천지와 같은 차별원리이며 그 원리에 의하여 양반과 상인, 남자와 여자, 중화(中華)와 이족(夷族: 조선) 등의 차별질서와 국제관계가 정당화된다, 이러한 차별질서는 경(敬)의 덕목으로 순응하게 되고 [경국대전]과 같은 중세법으로 구속된다."

다시 말하여 홉스는 자연의 원리를 원용하여 신의 부당한 제재로부터 해방, 인간의 생명과 이익을 보호하는 이론을 내놓았고, 주자는 자연의 원리를 빌려 인간을 규제하는 차별질서를 정당화하는 주장을 폈다.

다시 [대학]에 나오는 구절을 중심으로 이를 풀이하면,

[대학(大學)]은 본래 [예기(禮記)] 제42편에 실려 있던 것을 따로 독립시킨 책이다. [격물치지(보망장, 補亡章)]는 [대학, 고본(古本)]에 없는 것을 주희가 보충하여 넣었다.

[대학] 경문의 첫 구절에 다음 글이 있다.

"대학(大學)의 도(道)는 명덕(明德)을 밝히는 데 있으며, 백성을 새롭게(新民) 하는 데 있으며, 지선(至善)에 머무름에 있다." "머무를 데를 안 뒤에야 정(定)함이 있고 정해야 동요하지 않고, 동요하지 않아야 편안하고, 편안해야 생각하게 되고 생각해야만 얻게 된다." 하였다.

주자의 주(註)에,

"명덕을 밝히는 것과, 백성을 새롭게 하는 것(新民), 지선(至善)에 그치는 것은 [대학]의 3대 강령으로, 모든 유교이론을 포괄 총섭할 수 있다."고 하였다. 이 주석에서, "명덕이란 사람이 하늘로부터 얻어온 허령불매(虛靈不昧)한 것으로 모든 이치를 갖추어 온갖 일에 응하는 것"이다.

하늘이란 이(理)의 근원으로서 본체론적(本體論的)인 의미를 가진 형이상학의 천(天)이다. '허령불매'란 인간의 마음을 말하며, 인간 본연의 상태가 영명(靈明)하다는 뜻이다. 마음에 내재하고 있는 이(理)를 성(性)이라 하고, '온갖 일에 응한다'는 것은 외계의 사물에 접할 때에 이미 그 마음에 내재해 있는 이(理)가 실현되어 감을 말한다. 그리고 신민(고본의 親民)은 한마디로 '명덕'이 다른 사람에게로 확대되는 것으로 백성을 향한 교화를 말한다.

주자의 [대학]에서 핵심이 되는 개념은 '격물'이다.

주자의 관점에서 보면 '격물'에는 세 가지 뜻이 내포되어 있다. 즉 물(物), 궁리(窮理), 지극(至極)이다. 궁리는 격물론의 핵심으로 구체적인 사물을 떠날 수 없을 뿐만 아니라 반드시 그 극에 이르도록 궁구해야 하는 것이다.

주희의 격물론은 각각의 사물들을 완전히 궁구하는 것이다. 격물에서 '격(格)은 완전하게 하는 것(盡)이니 반드시 사물의 원리를 철저하게 궁구해야 한다. 만약 그 절반 정도를 궁구한다고 하면 그것은 아직 격물이라고 할 수 없다. 어떤 사태에 대하여 대충 이해하는 것은 완전한 이해가 아니다. 겉으로 드러나는 측면으로부터 드러나지 않는 부분까지 모든 측면을 빠짐없이 철저히 궁구해야 한다.

성의, 정심 이하의 신민(新民)은 이미 격물치지가 해결해 준 바탕 위에서 실제 자기 마음의 움직임을 근거로 철저히 실현해 나가는 과정이다.

주자의 [대학장구]에서 '물에 본말이 있고 사에 시종이 있다(物有本末, 事有始終).'는 어구의 해석을 놓고 이언적은,

"그 뜻(위의 구절이 갖는 뜻)이 포함하는 바가 매우 광범한데 주자가 다만 명덕, 신민으로써 물(物)의 본말(本末)로 삼고 지지, 능득으로써 사(事)의 시종(始終)으로 삼은 것은 그 뜻이 (한쪽에) 치우친 것이다."고 비판하였다.

율곡 이이는 '격물치지'에 대한 조목이나 본말, 시종 등 논의에 집착하지 않고 그 실천적 행동이나 통합적 접근 등에 유념하여 보다 열린 자세를 보였다.

율곡은 [동호문답]에서 [격치]에 관하여,

"도학이란 것은 '격치'로써 선을 밝히고, 성정(誠正)으로써 몸을 닦아, 몸에 (그 덕이) 쌓이면 천덕(天德)이 되고, 그것을 정사(政事)에 베풀면 왕도가 되나니, 독서는 '격치' 중의 한 가지에 불과하다. 독서만 하고 실천이 없으면 앵무새가 말 잘하는 것과 무엇이 다를

것인가. 양 나라 원제 같은 이는 독서한 것이 만 권이지만 필경에는 위나라 포로가 되었으니 이것도 도학이라고 말할 수가 있겠는가.” 하였다.

이처럼 율곡은 ‘격물치지’의 학술보다는 행동으로 옮기는 실천을 강조하여 ‘격물치지’와 ‘명덕, 신민’ 등의 구절은 상하가 서로 통하여 연결된 것이니 반드시 조목을 나누어 해석할 필요가 없다. 이 말은 구봉 송익필의 뜻도 역시 그러하였다고 하였다.

후에 실학자 박세당은 [사변록]에서,

“대체로 사람의 마음이 성실하고 성실하지 않는 것은, 다만 한 가지 사물의 실정을 자세하게 살폈는가 그렇지 않은가의 여부에 달려 있을 뿐이다. 모든 이치를 두루 통달한 것을 기다려야만(격물치지 후에 수기 치인함을 말함) 되는 것은 아니다.” 하였다.

율곡의 정책대안

율곡은 선조의 신임을 받아 정치를 수행하면서 여러 정책대안을 건의하였다. 그중에서 가장 널리 알려진 [만언소], [진시폐소], [시무육조], [10만 양병설]을 다음에서 차례로 검토해 보겠다.

[만언소]

선조 7년, 임금이 직언을 구함에 응하여 우부승지 이이가 올린 [만언소]의 대강은, 일곱 가지 근심스러운 일과 5대 대책이었다. 그 근심의 일이란,

1. 나라와 백성 간에 믿음의 실상이 없는 일,

2. 신하들이 일을 행하고 책임을 지지 않는 일,

3. ‘경연’에서 임금의 덕을 성취하는 실상이 없는 일,

4. 현명한 인재를 불러도 들여 쓰는 실상이 없는 일,

5. 재난과 화를 당하여도 하늘의 뜻에 응하는 실상이 없는 일,

6. 여러 정책에 백성을 구제하는 실상이 없는 일,

7. 인심이 선으로 향하는 실상이 없는 일 등이다.

백성을 편안하게 하는 대책으로 다섯 가지 조목이 있다. 그 내용은,

1. 성심을 베풀어 여러 신하들의 뜻을 얻는다.

2. 공안(貢案)을 고쳐 (관가에서 공물을) 횡포하게 긁어 들이는 폐풍을 없앤다.

3. 절제와 검소를 중히 하여 사치의 폐풍을 고친다.

4. 노비를 뽑아 올리는 법을 고쳐 그들의 고통을 구제한다.

5. 군정을 개혁하여 내외의 방비를 굳게 한다 등이다.

군정의 폐단으로,

1. 군정행정의 부조리, 2. 군대 배치상의 문제점, 3. 군인 수 충당의 문제점, 4. 양역(良役: 양인들의 병역의무)제도의 부조리 등을 지적하고, 이들 폐단을 개혁하기 위하여, '군대 내의 부패 척결과, 군대 수 채우기 문제에서 파생하는 문제점들'을 바로잡아야 한다고 청하였다.

[진시폐소]

의정부 우참찬 이이가 올린 시폐에 관한 봉사를 보면 다음과 같은 내용이 있다.

"위망(僞妄: 거짓과 망령됨)의 형상에 대하여 주벌(誅罰)을 무릅쓰고 아뢰겠습니다. 세도(世道: 세상을 다스리는 도리)는 시속(時俗: 당시의 풍속, 인습)을 따르는 데서 나빠지고, 공적(功績: 공로와 실적)은 작록(爵祿: 관직과 녹봉)만 탐내는 자를 먹여 주는 데서 무

너집니다. 정사는 부의(浮議: 뜬 논의)를 일으키는 데서 어려워지고, 백성은 오랫동안 쌓인 폐단으로 곤궁해지는 것인데, 이 네 가지가 가장 큰 문제입니다.

첫째, 지금의 세도는 마치 아래로 흐르는 물처럼 나쁜 습관에 젖은 지 오래되었어도 (사람들은 이를) 당연한 것으로 여기고 있어, 염치가 진기(振起: 떨치고 일어남)되지 못한 지가 오래입니다. 강상(綱常)이 해이(解弛)해졌는데도 이를 고치지 않고 있다가 위급한 상황이 벌어지면 구제할 길이 없습니다. 비유하건대, 만석의 곡식을 실을 수 있는 배가 망망대해에서 키를 잡는 사람이 없어 그저 풍랑에만 맡기고 있으면 이것은 정말 위태로운 일입니다.

둘째, 대관(大官)들은 녹봉만을 유지하면서, 실지로 나라를 걱정하는 사람이 적고, 소관(小官)들도 녹 받아먹기만 탐내면서 직책을 올바로 수행하지 않아 기강이 해이해졌습니다. 자신의 직책을 성실하게 수행하는 사람이 있으면 이들을 비웃고 욕하면서, 여러 모로 저지하고 방해하여 끝내는 아무 일도 이루지 못하게 합니다. 심지어는 하찮은 서리(胥吏: 아전)들까지도 기회를 틈타 농간을 부리고 마침내 직위를 잃게 되는데 이러한 습관이 이미 준례가 되고 있습니다.

셋째, 예로부터 정사는, 삼공(三公: 삼정승)이 육경(六卿: 육판서)을 통솔하고 육경은 여러 관리를 거느려, 상하의 질서가 지켜지고 기강이 확립되었습니다. 지금은 그렇지 않습니다. 조정의 의논이 여러 갈래로 갈려서 조석으로 바뀌지만, (올바른) 시비의 권한은 누구도 주장하는 사람이 없고, 상하, 대소가 서로 간섭하지 않으며, 조정의 관리들은 오직 자기 의견만을 주장하고 있습니다. 이른바 부의(浮議)란 것은 어디에서 나온지도 알 수 없는 논의로 처음에는 아주 미세하지만 점차 치성(熾盛: 몹시 성함)해져서 나중에는 묘당 (廟堂: 의정부)을 동요시키고 대각(臺閣: 사헌부, 사간원)에 파란을 일으키기까지 하는데, 조정이 이에 휩쓸려 누구도 감히 저항하지 못합니다. 부의(浮議)의 위력은 대신보다도 무겁고, 칼날보다도 예리한 것으로 그 칼날에 한 번 저촉되면 공경도 그 존귀함을 잃고, 뛰어난 인재도 명성을 잃게 됩니다. 아랫사람이 윗사람을 업신여기고, 천한 자가 귀한 자를 무시하면서 사람들이 제멋대로 행동하기 때문에 기강도 의리도 없으며, 오직 부의(浮議)의 형세만을 관망할 뿐입니다.

넷째, 오늘날에 와서 인구수와 개간된 토지가 옛날보다 반절이나 줄었는데도 공부(貢賦: 공물과 세금)의 징수는 오히려 전보다 극심합니다. 백성들이 곤궁해지고 샘물이 고갈되어, 백성들은 뿔뿔이 흩어져 어디론가 떠나고 부역은 날이 갈수록 심하니 이런 형세로 나간다면 한 사람의 백성도 살아남지 못할 것입니다. 나라의 권병(權柄: 권력)을 맡아 책무를 다하는 사람이 없고 조정의 기강이 흩어져, 마치 주인 없는 집에 길 가던 나그네가 들어가 행패를 부리면서 집안을 떠들썩하게 하고, 각각 사견(私見)을 가지고 중구난방으로 제 주장을 하는 것과 같습니다. 또한 소를 먹이는 아이나 말을 끄는 마부, 젖내 나는 어린아이까지도 모두 조정의 시비를 논하는 데 관여하려고 하니 이는 정사가 부의로 인하여 혼탁해진 폐단인 것입니다.

창고의 양곡은 고갈되고 백성은 흩어져 군사는 쇠약한 상황에서, 군주가 은혜와 신의를 얻지 못한다면 필시 외적의 침범이나 도적들의 반란을 어떻게 막을 수 있겠습니까.

바라건대 어리석은 신(이이)이 늘 경연에서 아뢴 것은, 공안(貢

案: 공물 징수에 관한 안)의 개정과, 수령의 수를 줄이는 일, 감사
(監司)를 구임(久任: 임기를 연장하는 일)시키는 일 등 세 가지뿐입
니다.

전하께서는 신의 계책을 채용하여 인재를 얻어 정사를 맡기고,
기강을 바로잡아 오랜 폐단을 개혁하는 데 유속(流俗)이나 부의(浮
議)에 저지되거나 동요되지 마시기 바랍니다. 앞으로 3년간 이와
같이 하셨는데도 제도가 회복되지 않을 경우 신에게 기망한 죄를
내리소서.”

[계미년 육조소(六條疏)]

율곡은 선조 16년 2월 병조판서로 재임 당시 [시무 육조소]를 올
렸다.

그 내용은, 첫째, 현능을 임용할 것, 둘째, 군민(軍民)을 양성할
것, 셋째, 재용(財用)을 충족시킬 것, 넷째, 번병(藩屏)을 굳건히 할
것, 다섯째, 전마(戰馬)를 준비할 것, 여섯째, 교화를 밝힐 것 등이
다. 선조는 이에 대하여,

“이 글의 내용을 보니 나라를 위한 정성이 지극하다. 나도 할 말
이 있는데, 한마디로 줄이면, 위로 공경에서부터 아래로 사대부에
이르기까지 뇌물을 주거나 개인적인 일로 청탁하는 행위가 없다면
바른 정치를 펼칠 수 있게 될 것이다.” 하였다.

율곡은 둘째의 군민을 양성한다는 말에 관하여 다음과 같이 설
명하였다.

“양병(養兵)은 양민(養民)을 근본으로 삼는 것이기 때문에, 양민
을 하지 않고 양병을 했다는 것은 고금을 통하여 들어 본 적이 없
습니다. 오나라 임금인 부차(夫差)는 천하무적의 군사를 가지고 있

으면서도 마침내 나라가 망하였습니다. 양민을 하지 않았기 때문입니다.” 하였다. 그리고 율곡은 특히 경원(慶源) 등 북쪽에서 쳐들어오는 오랑캐들의 기병(騎兵)에 대비해서 전마(戰馬)를 갖추어야 한다고 주장하였다.

이상 율곡이 임금께 올린 [만언소]와 [진시폐소], [시무육조소]는 퇴계의 [무진육조소]와 크게 대조를 이룬 정책대안이다.

퇴계는 67세(선조 즉위년)의 고령에 접어들어 몇 번이고 중요 관직을 사임하면서 어린 선조(즉위 당시 16세)에게 형이상학적인 원리와 당위적인 도덕규범의 모범이 될 것을 요구하였다. 반면 율곡은 39세(선조 7년)와 48세(선조 16년)의 나이로 젊은 왕(당시 23세와 32세)에게 가장 현실적인 문제를 구체적이고 설득력 있게 주장하였다. 아마도 퇴계는 선조의 능력과 앞으로의 가능성에 대한 신뢰와 기대를 갖고 그의 선정을 소망했던 도학자였고, 율곡은 논리 정연한 이론가로서 구체적이고 실현 가능한 대안을 촉구하였던 유능한 정치가였다고 본다.

10만 양병설

‘이율곡’ 하면 곧장 떠오르는 것이 10만 양병설이다.

우리나라에서 발간되는 ‘국사대사전’이나 ‘백과사전’, ‘교과서’, ‘만화’ 심지어 ‘학자들의 연구 논문들’에서도 ‘율곡의 10만 양병설’은 그를 ‘선견지명이 있는 성인’으로 존숭하는 상징적 조목으로 인용하고 있다. 그런데 최근 이에 대한 연구가 심화되면서, 상당한 비판이 일어나고 있다. 과연 그 내용은 무엇이며 문제점은 어디에 있는가. 간단히 알아볼 필요가 있다.

양병설의 내용

10만 양병설은 [선조수정실록(선조 15년 9월 1일 기사)]에 있다.

[선조수정실록]은 이식(李植)이 인조 21년－24년(1643년－1646년)간에 썼다.

[선조수정실록]의 자료 근거로 '10만 양병설'은 다른 책이나 문집에는 없고, 단지 다음 [율곡행장], [율곡신도비명], [율곡시장], [임진기사], [율곡연보]에서만 나온다.

김장생(1548－1631)의 [율곡행장] 선조 30년(1597년) 찬술.

이항복(1556－1618)의 [율곡신도비명], 위의[행장] 후에 찬술한 듯함.

이정귀(1564－1635)의 [율곡시장], 광해군 4년(1612년) 찬술.

안방준(1573－1634)의 [우산집]에 나오는 '임진기사'

송시열(1607－1689)의 [율곡연보], 위의 여러 자료들을 참고한 듯함.

이상의 자료들에서 볼 수 있는 바와 같이 10만 양병설은 김장생의 [율곡행장]이 그 1차 자료이다. 다른 글들은 그 내용을 참고하여 썼거나 윤색한 것이라고 주장되고 있다.

우선 김장생의 [율곡행장]을 보면 다음과 같다.

"일찍이 경연에서, 선생(율곡을 말함)이 말하기를,

미리 군대 10만 명을 양성하여 급한 일이 있을 때에 예비하옵소서. 그렇지 않으면 10년이 못 되어 '토붕와해(土崩瓦解: 흙이 무너지고 기와가 깨져 흩어진 것처럼 사물이 여지없이 파괴됨)'의 화가 있을 것입니다." 하였다.

정승 유성룡이 말하기를,

"일이 없이 군대를 양성하는 것은 화근을 만든 것입니다." 하였다.

그때에 난리가 있은 지가 오래되어 편안한 것만 좋아하여 경연에 있던 사람들이 모두, '선생이 잘못'이라고 하니, 선생이 나와서 유성룡에게 말하기를, "나라 형세의 위태하기가 달걀을 쌓아 놓은 것 같은데, 시속 선비는 이때 어떻게 할 바를 모르니, 다른 사람이야 진실로 기대할 것이 없지만 당신이 또한 이런 말을 하는가." 하였다.

임진왜란이 난 뒤에 유(성룡) 정승이 조정에서 누구에게 말하기를, "지금 와서 보면 이문성(이율곡의 시호)은 참으로 성인이다. 만약 그 말대로 하였으면 나라 일이 어찌 이렇게 되었겠는가. 또 그가 전 후로 계획한 것이 어떤 사람은 잘못한 것이라고 하였지만, 지금은 모두 꼭꼭 들어맞아서 참으로 따라갈 수 없으니, 율곡이 만약 살아 있다면 반드시 능히 오늘날을 타개할 방법이 있었을 것이다." 하였으니 참으로 일백 년을 기다리지 않고 안다 하였다.

[선조수정실록]의 내용은 다음과 같다.

"이이가 일찍이 경연에서 '미리 10만의 군사를 양성하여 앞으로 뜻하지 않은 변란에 대비해야 한다.'고 말하자, 유성룡은 '군사를 양성하는 것은 화단을 키우는 것이다.'라고 하여 매우 강력히 변론하였다. 이이는 늘 탄식하기를 '유성룡은 재주와 기개가 참으로 특출하지만 우리와 더불어 일을 함께하려고 하지 않으니 우리들이 죽은 뒤에야 반드시 그의 재주를 펼 수 있을 것이다.' 하였다. 임진년 변란이 일어나자 유성룡이 담당하여 군무를 요리하게 되었는데, 그는 늘

'이이는 선견지명이 있고 충근스런 절의가 있었으니 그가 죽지 않았다면 반드시 오늘날에 도움이 있었을 것이다.'고 하였다 한다." 하였다.

자료의 해석

첫째, 율곡이 주장했다는 '10만 양병설', 즉 '상어 연중 청예양십만병 이비완급(嘗於筵中 請預養十萬兵 以備緩急)'이란 어귀는 율곡이 쓴 글, 즉 시부(詩賦)나 문장, 임금께 올린 계(啓), 소(疏), 책문이나 편지, 저서 등 수많은 자료 중 그 어느 곳에도 보이지 않고, 심지어 [선조수정실록] '율곡의 졸기'에도 없다. 그 이유는 아마도 율곡이 10만 양병설을 주장하지 않았거나, 설혹 주장했다 해도 기록으로 남길 만한 정도의 중요한 의미가 없었기 때문일 것이다.

둘째, 기록의 내용이 너무 애매, 모호하다.

① '일찍이(嘗於)'라는 시기에 관한 용어가 너무 애매하여 신빙성이 없다. 언제 그 말을 내놓았는지 그 날짜조차 기억할 수 없는 일이라면 당시 그 문제는 아주 사소한 일로, 별로 고려의 가치가 없었다는 증거가 된다.

② 김장생의 [행장]에서 유성룡이 말했다는 '조정 누구에게'란 말도 애매하다. 대상자가 확실치 않은 말은 '뜬소문'에 불과하다.

③ [행장]에서 유성룡이 말했다는 '이 문성은 참성인이다.'란 말이 왜 [선조수정실록]에는 누락되어 있을까. 이 또한 [선조수정실록]을 편찬한 이식의 입장에서 차마 앞뒤가 맞지 않는 거짓말을 할 수 없었기 때문이었으리라 추측된다.

[선조수정실록]에서는 확실치 않는 사실을, 간접화법으로 옮겨 썼음에 불과하다. 그 말미에, '반드시 오늘날에 도움이 있을 것이라고 하였다 한다(必有補於今日云).'의 '－라고 한다(云)'란 어휘를 사용하여 그 책임을 회피하는 태도를 보였다.

셋째, 그 내용이 너무 간단하다.

① 도대체 10만 병이란, 정병(精兵)인가 아니면 다른 어떤 기준

이 있는 것일까, 너무 간단하여 그 해석이 복잡하다.

율곡 이이가 그동안 임금께 올린 상소들의 내용을 보면, 한 가지 주장을 내세울 때, 필히 그 원인의 분석과 이에 대한 세부 조목들이 있다. 그 예로 앞에서 열거한 [만언봉사]나 [육조소] 등을 들 수 있다.

적어도 임진왜란을 예측한 선견지명으로 '10만 양병설'을 주장하였다면, [행장]의 몇 구절만 가지고는 설득력이 없다. 참고로 세종조 집현전 부교리 양성지가 내놓았던 비변십책(備邊十策)을 비교해 보면 알 수 있다.

그중 군대의 수에 관한 내용만 소개하면,

"군대의 수를 정하되, 내금위 300명, 별시위 6천 명, 갑사 9천 명, 방패 9천 명, 섭육십 3천 명, 총통위 3천 명, 그리고 외병(外兵: 외방 군대)은 기병과 보병 각각 6만 명, 경군(京軍: 서울 방위의 군사)은 기병, 보병 각각 15,000명 도합 정병(精兵) 15만 명입니다." 하였다.

② 율곡이 임진왜란을 예상했다면 그는 필시 군함을 정비하고 선군을 강화해야 한다는 내용을 빠뜨리지 않았을 것이다. 하지만 율곡의 양병설에는 그 구체적인 계획에 대한 언급이 전혀 없다.

③ 그동안 율곡이 임금에게 올린 상소 내용들을 분석한 결과를 보면, '10만 양병설'과 관련될 만한 내용을 볼 수 없다. 즉 위에서 살펴본 바와 같이 [만언소]에서는 군대의 문제에 관하여, 군정의 부조리 척결과 군대의 인원 충원을 둘러싼 문제점 등을 지적하였고, [시무 육조소]에서는 군민(軍民)의 문제, 즉 백성들의 먹고사는 일을 우선해야 한다고 주장하였다.

넷째, 이이가 죽은 전후의 글에 '10만 양병설'을 뒷받침할 만한 내용이 없다.

① 이이가 임종할 때, 특별히 임금이 사람을 보내 '변방의 일'에 관하여 자문을 구하였을 때도, 이이는 결코 10만 양병의 일을 말하지 않았다.

이이는 병조판서로 있을 때부터 과로로 인하여 병이 생겼다. 율곡 이이의 병세가 악화되자 임금이 의관을 보내 치료하게 하였다.

이때 서익(徐益)이 순무어사로 관북에 가게 되었는데, 임금이 이이에게 찾아가 변방에 관한 일을 묻게 하였다. 자제(子弟)들은 현재 병이 조금 차도가 있으나 몸을 수고롭게 해서는 안 되니 접응하지 말도록 하였다. 그러나 이이는 말하기를,

"내 몸은 다만 나라를 위할 뿐이다. 만약 이 일로 인하여 병이 더 심해져도 그것은 운명이다." 하고 억지로 일어나 맞이하여 입으로 육조(六條: 육조소를 말함)의 방략을 불러 주었다. 이를 다 받아쓰자 호흡이 끊어졌다가 소생하더니 하루를 넘기고 세상을 떠났다.

② 임진왜란이 끝난 후 유성룡이 올린 상소문을 보면, 율곡의 이른바, '10만 양병설'과 관련된 내용이 없고 또 '유성룡이 율곡을 성인이라고 말했다.'는 내용도 전혀 발견할 수 없다. 즉 유성룡이 아뢰기를,

"오늘날의 급선무 역시 많은 말이 필요 없습니다.

오직 백성을 편하게 하는 정사를 급히 실시하여, 사방 백성들로 하여금 그 소문을 듣고 재생할 희망을 갖게 하는 것입니다. 요즘 훈련도감의 군사에 소속되기를 원하는 사람이 상당히 많아 응모자가 점차 늘어나고 있습니다.

하지만 먹일 식량이 없어서 제한하는 바람에 군대를 많이 모을 수가 없으니 결과적으로 아무런 도움이 되지 못합니다.

식량이 부족하면 사람을 모을 수가 없고, 사람을 모아들이지 못
하면 군사 훈련도 시킬 수가 없습니다. 지금 국고가 텅텅 비어 경
비로 쓸 것 외에는 남은 저축이 없으니 아무리 군사를 훈련시켜 적
을 방어하려 해도 계책이 나올 데가 없습니다.

지금은 병란을 겪은 후이므로 남아 있는 군대의 수가 얼마 안
되지만, 전라도, 충청도, 경상좌우도의 다소 완전한 군, 읍과, 강원
도 황해도, 경기 등 처에 남아서 군역을 담당하는 자가 거의 10만
명에 이르거나 그 이상일 것입니다." 하였다.

위를 요약하면, 군대를 양성하기에 앞서 백성의 생계유지가 더
급선무이며, 왜란으로 많은 군인들이 희생되었음에도 불구하고, 당
시 남아 있는 군인의 수가 10만에 이른다는 내용이다.

③ 김장생의 증손 김만중(1637 – 1692)이 쓴 [서포만필]에,

"설령 10년 동안 병졸을 군적에 등록시켜 훈련과 검열을 했더라
도, 필시 도요도미 히데요시(豊臣秀吉)의 철검과 화총을 대적할 수
는 없었을 것입니다. 민심이 한번 떠난다면, 명나라 원군에게 무엇
으로 군량을 공급했을 것이며 의병은 무엇으로 규합했겠습니까. 10
만 양병의 효과를 보기도 전에 그 폐해를 받게 될 것은 필연의 사
세입니다." 하였다.

④ 성호 이익은 10만 양병설을 평하여,

"임진왜란 전에 율곡이 10만 병정을 양성하는 것이 마땅하다고
하였다. 이는 모름지기 먹을 것이 있어야 가능한 일이다.

우리나라 사람들은 하루 두 되 쌀이 아니면 배가 고프다. 10만 명
이면 하루 2만 말을 먹게 되고, 열다섯 말을 한 섬으로 계산할 경우
하루 1,330석을 소비하게 된다. 만일 한 달을 버티려면 4만 섬을 소
비해야 한다. 기병이 섞이게 되면 꼴과 콩은 별도로 계산해야 한다.

이들이 행군을 하게 되면 소나 말 한 필이 쌀 20말을 운반한다. 말 1,000필과 몰이꾼 1천 명이 필요하다. 이들이 열흘간 행군을 하게 되면 추가로 먹을 쌀과, 꼴, 콩이 필요하고 그 외에 기계와 잡용을 운반하는 것도 계산해야 한다. 만일 성을 지키려면 평소 저축한 쌀이 없으니 부모와 처자를 어떻게 구제하겠는가가 문제다. 지금 조정이 백성의 고혈을 착취하니 사람들이 늙은이와 어린이를 모두 버리고 사방으로 흩어졌다. 처참하고 마음이 아프다. 10만 명을 양성한다 해도 또한 소용이 없을 것 같다." 하였다.

이들 여러 자료를 종합해 보면, '10만 양병설'은 애당초 율곡의 일관성 있는 미래의 정책으로 제시한 것은 아닌 듯싶다. 다만 율곡 사후, 사계 김장생이 그의 스승이며, 친사돈이고, 또 서인당의 상징적 존재인 율곡에 대한 최대의 찬사로 '선견지명이 있는 분'으로 추앙하는 과정에서 이를 뒷받침하는 수식어로 가볍게 내놓았을 가능성이 있다. '10만 양병설'을 내놓았지만 사계 자신도 그에 대한 구체적인 설명을 하지 않았고, [선조수정실록]은 유성룡이 했다는 말('율곡은 성인이다.'라는)조차 기록하지 않았다.

후세인들이 정부출범과 6·25를 겪으면서 당시의 안보의식 제고 등 필요성에 의하여 '10만 양병설'을 과대 포장하여 보급했을 가능성도 있다.

4. 이지함과 정여립

퇴계, 율곡과 같은 시대의 인물로 이지함과 정여립을 들 수 있다.

이지함은 성리학의 고루한 이론에 편집되지 않고, 가난에 시달리는 백성을 위하여 여러 대안을 제시하고 자신도 몸소 이를 실천하였다. 정여립은 벼슬에 연연하지 않고 당색을 초월한 정치를 꿈꾸다가 결국 당파의 희생물이 되고, 호남인 대량 숙청의 실마리를 만들었다.

1) 이지함

이지함(1517 − 1578)은 퇴계와 기대승이 한참 성리학의 이론을 가지고 논쟁을 벌일 때 대인설, 피지음설, 과욕설 등을 주장하여 주목을 받았다. 그가 포천현감과 아산 현감으로 부임하여 올린 상소는 그를 실천적, 미래지향적 모범지도자로 평가할 중요 사례라고 생각한다. 먼저 그의 대인설(大人說)과 피지음설을 소개하면 다음 한 구절로 요약할 수 있다.

대인설(大人說)

"사람에게는 네 가지 소원이 있다. 안으로는 신령(神靈)스럽고 강(强)하며, 밖으로는 부(富)하고 귀(貴)하게 되는 것이다. 귀하기는 벼슬하지 않는 것보다 더 귀함이 없고, 부하기는 욕심을 부리지 않는 것보다 더 부함이 없다. 강하기는 다투지 않는 것보다 더 강함이 없고, 신령스럽기는 알지 못하는 것보다 더 신령스럽지 못함이 없다." 하여, 벼슬을 삼가고, 욕심을 줄이며, 다투지 않고, 아는 체하지 않는 미덕을 강조하였다.

피지음설(避知音說)

"지기(知己)를 만나서 앙화를 당하지 않았던 자는 드물고 곤욕을 당하지 않았다는 말을 아직 한 번도 듣지 못하였다. 사람들은 지기(知己)를 만들기를 원하지만 현명한 사람은 우선 이를 피할 뿐이다."고 하여, 진정한 우정이 무엇인가를 경계하여 가르쳐 주었다.

포천현감으로 있을 때의 상소

"포천은 장정은 겨우 수백 명이지만 공, 사 천인의 남자, 여자, 늙은이, 어린이를 합치면 그 수가 만 명을 넘습니다. 토지는 메말라 양식을 충당하지 못하고, 그 외에 공채, 사채 등 채무가 많아 곡식 창고는 텅텅 비고 겨우 나물을 뜯어 먹고 연명합니다. 지금 관청에서 보유하고 있는 곡식은 너무 부족하여 이를 빌려다가 종자로 사용하고 세금을 바치고 나면 먹을 것이 없습니다. 신(이지함)이 들으니 이를 극복하기 위한 창고가 셋이 있습니다.

첫째는, 임금의 덕이요, 둘째는, 이조(吏曹)와 병조(兵曹)에서 인재를 개발하는 것이요, 셋째는, 물과 바다라는 백가지 재용(財用)의 창고를 활용하는 것입니다. 이는 형이하(形而下)의 것입니다. 하지만 재용의 문제를 해결하지 않고 능히 국가를 다스리는 자 없습니다. 이들 자원을 발굴하면 사람들에게 엄청난 혜택이 돌아옵니다. 뿌리고, 거두고 나무 심는 일이 진실로 백성을 살리는 일입니다.

은(銀)과 옥(玉), 물고기와 소금을 채취하는 일이 필요합니다. 그 누가 이 세 가지 창고를 열어서 백성의 삶을 넉넉하게 해 주고 싶은 생각이 없으리오마는 사사(私事)로움을 앞세우고 아첨하고 시기하는 무리들이 이 창고의 문을 닫았습니다. 엎드려 바라옵건대 전하께서는 이 신하가 못나고 촌스럽다 마시고 조금 살피소서." 하였다.

아산현감으로 있을 때의 상소

"일찍이 들으니 아산은 부첩(簿牒: 명부)의 번거로움이 다른 현

(縣)의 갑절이나 되어 하루에도 이를 호소하는 백성이 4,500명에 이른다고 합니다.

지난 계축년(1553년, 명종 8년), 군적을 만들 때에 이 고을 현감이 아전을 채찍질하여 양민(良民)을 많이 끌어오게 하였으므로 아전들이 이를 견디다 못하여, 병들어 거의 죽게 된 노인뿐만 아니라, 나무, 돌, 닭, 개들의 이름으로 그 수를 충당하였습니다.

갑술년(1574년, 선조 7년), 군적을 고칠 때에 전(前)의 인원수(그 불합리한 인원수)를 그대로 두고 고치지 않았습니다. 그러므로 위독하게 앓아도 군역을 면하지 못하고 나이가 칠순이 넘어도 군적에서 삭제되지 않고 있어 군대의 수가 그 실(實)이 없습니다.

각 분야 군병이나 노비들은 이미 장본인이 없으면 그 값을 그 일가족에게 물렸으며, 만약 변상하지 못하면 옥에 가두고 독촉하였습니다. 남자는 번(番)을 서고 여자는 베(布)를 바치게 하였으며 만일 이를 이행하지 않으면 일가족이 책임을 지기 때문에 남자는 대열에서 울고 여자는 감옥에서 울고 있습니다.

아! 전하께서는 신(이지함)의 말씀을 들으시고 급히 명하여 군액(군대의 수)을 줄이시고 일족법을 제거하신다면 비록 늦었지만 구원이 될 것입니다.

신이 올린 이 소(疏)로 하늘의 이치가 존재하느냐 망하느냐가 결판날 것입니다. 혹 전하의 선택하심을 입는다면 종묘사직과 백성이 모두 다행히 살아날 것입니다.” 하였다.

이지함이 아산현감으로 임금께, ‘상소’를 올리던 해(선조 11년, 1578년)는 시기적으로 보아 율곡이 [만언봉사(1574년)]와 [시무육조(1582년)]를 올리던 무렵이었다.

[토정비결]

이지함이 [토정비결]을 썼다는 주장은 시판되고 있는 [토정비결]이나 [성씨대전] 등에 나온다.

토정 이지함은 백가(百家)에 통달한 경세의 대가로 천문, 지리, 술서(術書)에 능통하였으며 복서, 관상 등을 잘하여 길흉화복(吉凶禍福)을 적은 예언서에도 관심을 가졌었다. 그의 호가 '토정'인 것도 이와 관련이 있다.

또 토정은 가난하고 희망이 없는 어려운 환경 속에 살아가는 백성을 사랑하고 그들의 고달픈 운명을 동정하여 부담 없는 이야기책으로 [토정비결]을 썼을 가능성도 있다.

하지만 [토정집] 해설을 쓴, 이을호, 김용덕 교수는 위의 설을 반대하는 입장이다. "토정은 [토정비결]과 아무 관계가 없으며 단지 그 이름에 가탁한 것에 불과하다. 비록 그가 술서(術書)나 복서(卜筮)에 능하고 전도(前途)를 예측하는 등 기행(奇行)이 많았던 인물이라고는 하지만 그의 인품이나 식견으로 보아 [토정비결]처럼 애매하고 엉성한 참서(讖書)를 썼을 리가 없다."고 하였다.

2) 정여립의 사상

이상의 사상적 배경을 이루고 발달한 조선시대의 성리학은 자신들이 상징적 존재로 추앙한 성현들을 중심으로 그 전성기를 맞았다. 이들은 먼저, 주리파(主理派), 주기파(主氣派)로 대립되고, 동인과 서인의 당파 싸움으로 이어져 미구에 '기축옥사'라는 피바람을 일으켰다. 이로 인하여 새로운 선비로 등장했던 정여립(鄭汝立)은 역모의 혐의로 의문의 죽음을 당하고, 후세 사람들은 그를 '반군주

사상가' 혹은 '공화주의자'라는 호칭까지를 붙였다. 과연 그의 사상은 존재하며, 그 내용은 무엇이던가.

관련 자료

이 문제의 신빙성을 확보하기 위하여 우선 이에 관련된 자료를 보면,

[토역일기], [혼정편록], [선조수정실록]이 있고, 그 후 [연려실기술]에서 [혼정편록]과 [일월록], [조야기문]에 있는 내용을 함께 수록하였다.

[선조수정실록] 이후의 기록들은 (모두 그전의 것을 참조하였기 때문에) 별다른 의미가 없으므로 다음 세 자료만을 설명하겠다.

[토역일기]

[토역일기]를 쓴 민인백(閔仁伯: 1552 – 1626)은 정여립의 죽음을 직접 눈으로 보았다고 주장하는 관리다. 그는 선조 17년 문과에 장원 합격하여 기축옥사 당시 진안현감으로 정여립의 시신을 호송하였으며, 그 공로로 예조참의에 올랐다. 그가 쓴 [토역일기]에 다음 내용이 있다. 즉

"정개청은 곡성 사람이다. 그는 일찍이 [배절의론(排絶義論)]을 썼다. 그 내용 가운데, '충신은 두 임금을 섬기지 아니하며 열녀는 두 남편을 두지 않는다.' 하였는데 이 말은 왕촉(王燭)이 우연히 한 말이며 성인들의 공통된 이론은 아니다. 이윤(伊尹)이 말하기를, '누구를 섬긴들 임금이 아니며 누구를 부린들 백성이 아니랴 하였으니 이것이 바로 성인들의 공통된 이론이다.'라는 말이 있다. 당시 사람들은 이 주장이 역적 정개청이 지은 것이라고 생각하였으므로

이 때문에 그는 곤장을 맞고 죽었다. 나는 평소에 정여립은 조선의 반역자이고 정개청은 만고의 반역하는 신하라고 말하였다. 아마도 정개청의 근본 취지는, 후세 사람들로 하여금 임금과 신하의 큰 도리를 버리고, 군신이 원수가 되어, 온 세상 사람들을 몰아다가 정여립에게 복종하도록 하여도 부끄러워하거나 후회하지 않게 하고자 한 것이었다.”고 하였다.

정개청은 화담 서경덕의 문하에 출입하여 성리학을 공부한 학자이기 때문에 이런 문제에 관심을 가졌으리라고 추측할 수 있다. 민인백은 문과에 장원 합격한 사람으로 정개청과 정여립을 혼돈할 위인은 아니다.

그런데 서인들이 쓴 [혼정편록]과 [선조수정실록]에서는 민인백이 쓴 정개청의 사상을 정여립의 사상으로 뒤바꾸어 내놓았다.

[혼정록]

[혼정록]은 사계 김장생의 제자인 윤선거(1610 – 1669)가 인조 14년에 펴냈다. 안방준이 쓴 [은봉전서]에도 [혼정록]이 있다. 하여튼 이 책은 정여립의 역모를 기정사실로 단정하고, [토역일기]의 민인백이 죽은 10년 후에 쓴 글이다.

[혼정록]에 나온 기사는 다음과 같다. [일월록], [조야기문]과 함께 [연려실기술]에 실려 있다. 즉

“정여립이 기백이 굉장하고 말솜씨가 좋아서 입을 열기만 하면 그 말이 옳고 그른 것을 불문하고 좌석에 있는 이들이 칭찬하고 탄복하였다. 항상 말하기를, ‘사마광이 위(魏)나라로 정통을 삼아 기년한 것은 참으로 직필이다. 천하는 공물이니 어찌 일정한 주인이 있으리오. 요, 순, 우가 임금의 자리를 서로 전한 것이 성인이 아닌

가.’ 하였다. 또 말하기를, ‘충신은 두 임금을 섬기지 아니한다고
한 것은 왕촉(王燭)이 죽을 때에 일시적으로 한 말이고 성현의 통
론은 아니다.’ 하고 유하혜는 ‘누구를 섬기든 임금이 아니겠는가.’
하였으니 그는 성(聖)의 화(和)가 아닌가. 맹자가 제(齊)나라, 양(梁)
나라 같은 제후들에게 천자가 될 수 있는 왕도 정치를 권하였으니
성인의 다음이 아닌가.” 하였다. 이 말을 듣고, 정여립의 제자 조유
직(趙惟直), 신여성(辛汝成) 등이,

“선생(정여립)의 이러한 의논은 고금의 유현들이 아직까지 말하
지 못하였던 것이다.” 하였다.

참고로 정여립의 말에 찬사를 올렸다는 조유직과 신여성은 정여
립이 죽은 나흘 뒤인 선조 22년 10월 19일, (공초에)자복하지 않고
죽었다.

[선조수정실록]

[선조수정실록]은 이식이 인조 21－24년에 [선조실록]에 나오는
동인들을 반박하고 서인의 입장을 옹호하기 위해서 사초(史草)가
전혀 없는 상태에서 썼다.

[선조수정실록]은 앞의 [혼정록]을 그대로 인용하였다. 다만 조유
직과 신여성에 관한 말을 쓰지 않았고, 사마온공(史馬溫公: 사마광
을 말함)이 위(魏)로 기년을 삼은 일에 대하여 좀 다르게 썼다. 즉

“사마온공의 [통감]은 위로 기년을 삼았으니 이것이 직필인데 주
자가 그것을 그르게 여겼다.”의 다음에 “대현(大賢)의 소견이 이렇게
각각 다르니 나(정여립)는 이해할 수 없다.”라는 구절을 추가하였다.

반불사이군(反不事二君)에 관한 정여립의 말을 듣고 탄복했다는
조유직과 신여성이 불복하고 처형당함으로 인하여 그 말들이 신빙

성이 없게 되자 [선조수정실록]에서는 그 이름들을 삭제한 것이다. 사마온공의 이야기에 관하여도 "대현들의 이야기가 다르니 이해할 수 없다."는 말을 추가한 것은 그만큼 정여립의 말에 대한 확신이 없기 때문이다.

관련 자료의 해석

첫째, 요, 순, 우가 임금의 자리를 서로 전수한 내용에 대하여, 성호 이익의 다음 글을 참조할 필요가 있다. 즉

"제왕들의 혈통을 적은 [제계편(帝系篇)]을 보면 요, 순, 우가 모두 황제의 혈통에서 나왔다. 이들은 모두 한 황제를 할아버지로 하였으니, 그 임금의 자리를 주고받은 것은 후세의 임금들이 아들이 없을 때에 집안에서 들어가 임금의 자리를 계승하는 예와 같아서 할아버지의 종묘는 변동이 없는 것이다." 하였다.

둘째, 이윤(伊尹)을 쓰지 않고 유하혜(柳下惠)의 성지화(聖之和)를 썼다. 이윤은, "어느 사람을 섬기면 군주가 아니며, 어느 사람을 부리면 백성이 아니겠는가."라고 말한 사람이지만,

유하혜는, "더러운 군주를 섬긴들 부끄러워하지 않고, 작은 벼슬을 사양하지 않으며, 벼슬길에서 버림받아도 원망하지 않는다."고 말한 사람이다.

그리고 그의 풍도를 들은 사람들은, "비루한 지아비가 너그러워지고, 박한 지아비가 인심이 후해졌다."는 글이 있으며, 맹자는 그를 '성지화자(聖之和者)'라 하였다. 말하자면 유하혜의 논리는 비루하고 박한 지아비도 화합(和)하여 너그럽고 후하게 하듯, 임금도 (불사이군의 정신으로) 잘 섬겨서 성군이 되게 한다는 취지이다.

셋째, 정여립의 자살은 아직도 의문에 쌓여 있으며, 그가 군대를

가지고 훈련시켰다는 주장도 그에 따른 확실한 근거자료가 없다.

그가 자살을 했다는 장소와 시기, 방법에 관하여,

① [토역일기]와 [선조수정실록]의 기사가 서로 다르다. 전자는 진안군 부귀면이라 하고 후자는 죽도라고 하였다.

② 그 시기에 관하여, 정여립이 자신의 고변 사실을 알린 변승복을 만난 이후 8일간(10월 9일에서 여립이 자결한 10월 17일까지)의 행적이 수상하다. 진안은 전주에서 하룻길에 불과하다.

이미 그동안 진안현감 민인백이 진안 죽도의 정여립 서실(書室)을 다녀갔고 필시 군사들이 그곳을 에워싸고 있는 상황에서, 정여립이 그곳에 잠입했을 리가 없다.

③ 칼을 땅에 꽂고 목을 늘어뜨려 자결했다는 그 방법도 마치 오늘날의 묘기대행진에서 나오는 연극처럼 수긍하기 어렵다.

모두가 짜 맞춘 연극의 한 장면 같다.

④ 정여립이 군대를 동원했다는 정해왜변의 경우도, 정여립은 자신의 군대를 가진 것이 아니고 단지 분군(分軍: 군대를 나누어 지휘함)의 책임자로 참여했을 따름이다.

[토역일기]를 보면 정여립이 평소 활 잘 쏘는 사람들을 황산에 모아 놓고 술이 반쯤 취하자 말하기를, “가까운 날에 조정에서 나에게 군사를 주어 토벌할 일이 있을 것이다. 누가 나를 따르겠느냐.”고 물었다. 이에 교생 최팽진이 대열에서 나와, “제가 선생님을 따르겠습니다.” 하였다. 옥사(정여립의 옥사)가 일어나자 이 일이 역도들의 공초에서 나왔는데 최팽진이 죄를 자백하였으므로 법에 따라 처리하였다 하였다.

⑤ [토역일기]의 다음 구절은 아직도 의문투성이다. 즉

“주상이 또 나(민인백)에게 이전에 정여립을 만나 대화한 일이

있느냐고 물으셨으므로 나는, '무자년(1588년) 가을에 동곡에 있는 정여립의 집을 지나다가 들렀고 또 작년(1588년) 3월에 정여립이 병조좌랑으로서 구사(邱史: 노비)를 대동하고 그의 조카 정기 및 지경함을 이끌고 죽도 서당에 가는 길에 진안현에 들렀으므로 신이 나가 만나보고 저녁 식사를 대접하였습니다."란 구절이 있다. [토역일기]의 내용대로 정여립이 무자년(기축년의 전해)에 병조좌랑으로서 직위를 가졌다면 그것은 [혼정록]이나 [선조수정실록]의 기록과 내용이 판이하게 다르고, 또 거짓이라면 [토역일기]를 믿을 수 없어 이에 관한 전혀 새로운 해석이 필요하다.

이상 자료들의 분석 결과를 종합하면, 다음과 같이 말할 수 있다. 즉

설사 정여립의 주장이 혁명성을 갖고 있다 해도 이에 대한 확실한 근거 자료와 이를 심층 분석한 내용이 없다. 황차 그것이 어떤 체계적인 이론을 갖추거나 그의 [문집] 혹은 [서한] 등에서 구체적으로 표출된 것이 아니고 단지 그를 역모로 몰아넣기 위하여 조작함에 불과한 한 구절의 글귀가 아니던가. 그럼에도 이를 너무 과장하여 그의 혁명사상을 서구의 공화주의 사상으로까지 비화함은 무리라고 생각한다.

다. 실학사상(實學思想)

1. 실학사상이란 무엇인가

실학사상은 다양하고 범위가 넓어서 그 실체를 규명하기 어렵다. 우리가 통상 알고 있는 실학사상은 임진왜란, 병자호란의 양대 국난을 겪고 난 후 영조, 정조시대에 대두한 '실생활에 유용한 학문이다.'로 규정하고 있다. 하지만 실학이란 용어는 주자 때부터 사용하였고, 우리나라에서도 고려 때 이제현이 이 개념을 사용하였다.

실학자와 실학사상의 범위

① 고려 말 이재현(1278 – 1367)은, 주자의 실학이란, 노장학이나 불교에서 말하는 허(虛)나 공(空)개념에 대한 대체 개념으로, 이(理)를 강조하면서 이(理)가 도덕적 이상을 실천하는 실학(實學)이라 하였다.

익제 이제현은, "실학이란 천박하고 경솔한 훈고사장(訓古詞章: 자구의 해석이나 시가, 문장 등)이나 일삼고 과거 보기 위해 글을 배우는 속학(俗學), 현학(玄學: 노장의 학문), 이학(異學: 이단의 학문), 불교 등과 구별되는 도덕적 실천철학이다."고 하였다. 송(宋), 명(明)대의 성리학자들이 말하는 실학은 성(性), 이(理) 등 보편적 개념을 제시하여 실(實)의 문제를 해결하려는 형이상학적 발상이었다.

② 실학의 개념을 넓게 해석하여 율곡 이이(1536 – 1584)를 그 선구자로 보고 이지함(1517 – 1578)과 그 후의 학자로서 한백겸(1552 – 1615), 이수광(1563 – 1628), 허균(1569 – 1618) 등을 실학의

선구자로 포함시키는 주장과 박규수(1807 - 1876), 최한기(1803 - 1879), 오경석(11831 - 1879), 이기(1848 - 1909) 등 19세기 중엽 이후 개항기의 학자들까지 포함하는 주장이 있다.

③ 최근 학자들이 실학사상을 논하면서 분류한 실학자들을 열거하면,

*토지제도 등 제도개혁을 주장한 실학의 선구자, 유형원(1622 - 1673)

*경세치용학파, 성호 이익(1682 - 1764)은 반계의 제도 개혁을 이어받아 농업을 개선하고 사회를 개혁하는 여러 정책들을 내놓았다.

*이용후생학파, 연암 박지원(1737 - 1805), 초정 박제가(1750 - 1805) 등은 북경을 다녀와서 해외통상, 기술 혁신, 상공업 진흥, 민족의식 고취 등 근대적 이론을 내놓았다.

* 실사구시(實事求是)학파. 완당 김정희(1786 - 1856)는 경서, 금석 전고(典故)의 고증을 주로 한 실사구시의 개념을 정립하였다.

*실학을 집대성한 정약용(1762 - 1836).

다산은 실학의 확고한 논리적 근거를 구축하기 위하여 경전, 경학 및 성리학 등을 비판적으로 재검토하고 새로운 이해를 발전시켰다.

실학사상의 쟁점

실학 관련 학자들이 실학사상의 쟁점으로 분류한 내용은 대개 다음과 같다.

첫째, 주자학의 이기론(理氣論), 심성론(心性論), 음양오행 등 자연과 인간, 사회에 관한 천리(天理), 예(禮) 혹은 경(敬), 및 종묘사직의 문제.

둘째, 토지제도를 비롯한 관료제도, 교육 및 인재 등용제도, 군사

제도, 노예제도 등의 개혁방안.

셋째, 과학기술 도입, 상공업 발전, 해외통상 등 이용후생의 방안.

넷째, 신분타파와 민족 자주의식, 근대화 의식 등으로 분류할 수 있다.

이상에서 분류한 실학자들 중 우리에게 가장 잘 알려진 다섯 분 학자들(유형원, 이익, 박지원, 박제가. 정약용)의 이론과 제도 개혁 안을 다음에서 간단히 알아보겠다.

2. 유형원(柳馨遠)

반계 유형원은 실학의 일조(一祖)요, 비조(鼻祖)로 알려져 있다. 그는 또한 왕좌재(王佐才: 왕을 보좌하는 인물)라 말할 정도로 그 도량과 자상함 등 능력을 갖추고 있음에도 전북 부안으로 남행하 여 학문에 전력을 쏟았다. 그는 문예, 사장, 천문, 지리, 복서 등 광 범한 분야에 걸쳐 많은 저서를 남겼지만 현존하지 않고, [반계수록] 이 영인본으로 출판되었을 뿐이다. 학자들은 그 한 권의 책만 보아 도 다른 책을 능가할 큰 저작이라고 평가한다.

1) 생애와 저서

유형원(1622 – 1673)은 천재적 재능을 타고난 선비로, 본가와 외 가, 처가가 모두 문벌 있는 유교 집안이다. 그는 주자학을 신봉하 고 살았으며 출세가 보장된 관직을 단호히 버리고 전라도 부안 땅, 초야에 묻혀 제자들을 가르치며 평생을 살았다. 그는 국내외의 어려운 시기에 태어나 어려서 아버지를 사별하고 격랑 속에서 성장기를 보냈다. 유형원이 태어난 1년 후인 1623년에 인조반정이 일어났다. 반정의 여파로 아버지 유순은 정7품 벼슬(세자 시강원 설서)에서 물러났다가, 유몽인 옥사에 연루되어 매를 맞고 죽었다. 그때 유형원의 나이 겨우 두 살이었다. 유형원은 그런저런 이유로 외가에서 외숙 이원진과 고모부 김세겸의 보호를 받으며 자랐다. 7세에 [서경]을, 8세에 [경사]를 읽었고 9세 때 [주역]을, 10세 때부터는 [백가서]를 읽었다.

유형원의 52년 생애에서 가장 주목할 만한 인생의 전환점은 그가 32세 때 전북 부안의 우반동에 남행한 일이다. 그는 저술과 교육활동을 하면서 평생 그곳에 머물러, 지금도 자손들이 그곳에 번창하여 살고 있다. 그는 서울을 떠나 남쪽으로 내려가면서 도연명의 귀거래사에 화답한 형식의 '화귀거래사'를 지었다. 그 글이 [반계일고]에 있다. 유형원의 인생 초기에 있었던 가장 충격적인 사건은 유몽인 옥사와 병자호란이다.

유형원은 아버지가 죽은 일을 한스럽게 여기고, 부안 땅에 내려와 나라에서 불러도 출사하지 않았다. 북인의 정치적 파멸과 함께 닥친 아버지의 비명횡사가 남행을 결심한 계기가 된 것이다. 하지만 그가 남행을 결행한 당시의 시대적 상황을 보면 또 다른 중요한 동기가 있었다. [반계일고]의 문(文) 한편에 있는 유형원의 '서수록후'란 제목의 글을 소개하면,

"중국 대륙에서는 왕도가 폐기되고 만사가 질서를 잃고, 매사에 개인의 이익을 앞세워 법을 제정하니 마침내 이적(夷狄: 청나라)이 중화(명나라)를 침몰시키는 사태에 이르렀다. 우리나라의 경우는 폐습을 고치지 못한 것이 많고 쇠퇴가 쌓였기 때문에 끝내 큰 치욕을

당하였다. 천하국가가 대개 이 지경에 이르러 법을 변경하지 않고
는 치세(治世)로 돌아갈 길이 없다." 하였다. 명, 청의 교체와 삼전
도의 비극, 공도정치(公道政治)의 실종, 개혁의 필요성을 논한 것이다.

조선이 삼전도의 국치를 당한 8년 후인 1644년, 명나라가 망하
고 동아시아 세계의 패자로 청나라가 들어섰다. 병자호란을 만난
것은 유형원이 15세 때의 일이다. 당시 그의 집안은 노인과 아녀자
들뿐이어서 형편이 난감하였는데 그가 어린 나이에 온 가족을 이
끌고 무사히 피난한 일이 있다.

오광운의 [반계선생행장]에,

"공(유형원)은 학문에 뜻을 둔 것이 아주 일렀다. 신주(神州: 명
을 말함)가 침몰되고부터 공은 초연히 멀리 떠나 학문에 전심전력
하고 사색을 심오하게 하여 밤낮으로 이어졌다." 하였다.

임금이 오랑캐에게 무릎을 꿇은 사태로부터 명, 청 교체의 상황
은 당면한 지식인들에게 있어서 실로 엄청난 정신적 충격이었고
그 충격과 갈등이 유형원의 경우 피세(避世: 세상을 피함)를 결행
한 원인이 되었다.

반계 유형원의 대표적 저술인 [반계수록]은, 각종 제도에 관한
백과사전적 서적으로 율곡의 경장안(更張案)보다 더 다양하고 적극
적인 개혁안이 들어 있다. [반계수록] 서문을 쓴 이미(李瀰)는 [반
계수록]을, '경제대문자(經濟大文字)'라 하였고, [증보반계수록 서]
를 쓴 이현일(李玄逸)은 '경세유용지학(經世有用之學)'이라 하였다.
이익은 유형원을 국초 이래로 경세의 재목을 논할 때는 반계선생
을 모두 으뜸이라 하였다. [반계수록]은 전제(田制), 교선지제(敎選
之制), 임관지제(任官之制), 직관지제(職官之制), 녹제(祿制), 병제
(兵制), 속편(續篇) 상(上, 조례, 경연강의, 혼례 등), 속편 하(下, 노

예, 적전, 양노 등), 보유, 군현제 등으로 구성되어 있다.

[반계수록] 외에 이우성 교수의 [반계잡고]와 최근 임형택 교수가 새로 찬한 [반계일고]가 있다. [반계일고]에 대하여,

예전에 유형원의 시문 잔편에 철학적 논술의 서간문 등이 이우성 선생에 의하여 수습되어 [반계잡고]란 이름으로 간행되었다. 이 책은 유형원의 연구와 [반계수록] 인식에 획기적인 의미를 가진 내용이다. 뒤이어 (임형택 교수가) 최근 또 [반계일고]를 발굴하여 46장으로 정식 표제 없이 그냥 '잡고(雜稿)'라고 하였다. 그 내용은 문(文)의 형태를 갖추었으며, '잃어버린 나머지'란 뜻으로 [반계일고]라고 칭하였다. 반계 선생의 제자 김서경(1648 – 1681)이 작성한 '행장'에서는 유형원의 저술로 [반계수록] 외에 따로 시 1권, 문(文) 1권, 이기총론 1권, 논학물리 2권, 경설 1권, 문답서 1권, 기행일록 1권으로 총 8권이 있다고 하였다.

2) 실학의 인식론

반계는 실학자인가

유형원이 [반계수록]을 통하여 제시한 제도개혁안은, 전통의 정책들과는 분명 차별성이 있으며, 지금까지의 주장과 다른 새로운 사상적 경향을 가지고 있다. 한편 실학의 개념과 범위를 논의하면서 최근 반계의 입장에 대한 새로운 시각의 이론이 제기되어 주목된다.

지두환 교수는, "18세기 말에서 19세기 전반에 이르는 북학사상가를 근대사상을 가진 실학자로 규정하고 중세체제를 대변한 유형원, 이익, 안정복 등 성리학자와 구별하는 것이 실학 개념을 명확

하게 규정하는 데 도움이 된다. 북학사상가들을 실학자로 보는 경우 조선 성리학자들은 오히려 실학자들이 부정하는 대상이 되는 것이어서 유형원 등을 실학자로 보기 어렵다."고 하였다. 이에 대하여, 김낙진 교수는,

"어떤 사상이 성리학과 다른 후기 실학사상으로 평가받기 위해서는 경학관(經學觀: 철학적 입장)의 차이가 있어야 하고, 사회사상에 있어서도 근대 지향의 요소를 보여야 한다. 이런 규정에 적합한 것은 북학 사상(北學思想) 밖에 없다."는 지 교수의 주장을 소개한 뒤,

"성리학도 인륜의 사회 질서를 적극적으로 옹호 발전시키는 학문이라는 입장에서 보면 실학이라 할 수 있다. 학문의 실학성을 검토하기 위하여 우선 고려해야 할 것은 경학관의 변화 부분만은 아니다. 경학관의 변화를 실학 성립의 우선 요건으로 간주할 필요는 없다. 시대와 사상의 변화는 기존 사회에 대한 비판의식, 반항의식으로부터 시작하고 경학관이 먼저 변화하는 것은 아니라는 뜻이다. 또 경학관의 변화란 것도, 경전을 해석하는 방법과 관점의 변화로서 그것이 철학적 입장의 변화임을 감안하면 그 인식론의 변화는 최종적인 것이지 최초의 변화는 아니다.

실학 연구는 조선 후기 성리학에 대한 비판으로부터 이루어졌다. 성리학을 중세 이데올로기로 규정하고 성리학이 민생에 무용한 예학, 예송, 이기론에 매달려 사회개혁과 민생문제를 도외시한 데서 나온다. 후기 실학은 성리학의 한계를 극복, 탈피함은 물론 자생적 근대성의 맹아를 갖는 것이다." 하였다.

윤사순 교수는, "성리학이 비실용적 학문으로 지목한 대상은 훈고와 사장(詞章)유학, 특히 불교였지만 탈성리학의 비교 대상은 성리학의 폐단 그 자체로서, 양대 전란이 일어났던 16－17세기 이후

의 일이다. 후기 실학은 성리학적 바탕에서 그 현실적 취약성을 보강하려는 의식을 가지고 경세치용, 이용 후생의 범위 확대와 내실의 강화를 위한 방법들을 구사한 것에 그 의미가 있다."고 평하였다.

이기론(理氣論)

유형원은 원래 주희의 이기이원론(理氣二元論)에 반대하면서 비판의식을 가지고 나흠순, 서경덕의 주기론(主氣論)에 기울어, '기외무이(氣外無理: 기 밖에 이는 존재하지 않는다), 이지시기지이(理只是氣之理: 이는 단지 기의 이 이다)'의 논리를 주장하였다. 이 논리는 주기론자(主氣論者)인 서경덕 학문의 핵심이며 명(明)의 학자 나흠순의 학문세계를 구성하는 요소이다. 이들 유기론(唯氣論)은 기(氣)를 중심에 두고, 이는 기에 부수하는 존재로 파악하는 특성을 가지고 있다. 말하자면 기에 대한 이의 독자성, 주도성을 인정하지 않는 입장이다. 유형원의 기외무이론(氣外無理論)은 인간보다는 자연에 대한 이해와 관심을 우선시한 시각을 말한다.

반계의 글에,

"천지의 이(理)는 만물을 통하여 나타나며 만물(物)이 아니면 이(理)가 나타날 수 없다. 성인의 도(道)는 만사에서 실현되는 것이니 사(事)가 아니면 실현할 바가 없다." 하였다.

반계는 학문을 탐구하면서 자신의 실제 경험과 광범한 분야의 학문 추구(博學)를 항상 중요시하였다. 즉 "모든 일은 자신이 실제 경험한 후에야 비로소 같이 알게 되는 것이니 실제와 부합되지 않는 일은 하지 말아야 한다." 하였다. 그가 주장한 오교지목(五敎之目: 다섯 가지 가르침의 요목)을 실행하는 학자의 태도는 널리 배우는 박학(博學), 자세히 묻는 심문(審問), 조용히 생각하는 신사(愼

思), 분명히 판단하는 명변(明辯), 충실히 행하는 독행(篤行)을 필수 과정으로 삼았다. 이런 입장에서 보면 그의 이기론은 주기론(主氣論)이다.

그 후 유형원은 그의 주기론적 입장을 주리론으로 방향을 바꾸었다. 이런 입장 변화를 학자들은 실리론(實理論)으로 파악한다.

유형원의 사상은 그의 학통, 당색이 북인으로부터 출발하여 남인계로 확대되는 것과 맞물려 형성, 변화하였다. 대체로 북인의 전통 속에서 유기론적(唯氣論的) 견해를 갖는 전기와, 유기론의 한계를 나름대로 설정하고 이를 실리론(實理論)으로 극복하는 후기로 그 시기를 구분할 수 있다.

유형원은 원래 주기론적 입장에서 주희의 주리론적 견해에 대하여 의심을 품고 있었다. 그러던 그가 생의 후반에 주리론으로 방향을 바꾸었다.

주리론을 택한 그의 입장은 다름 아닌 소이연(所以然: 그렇게 된 까닭)으로서의 '이(理)'의 성격을 강화하고자 함에 있었다.

그는 "이(理)는 기(氣)로 인하여 있는 것이 아니며, 이(理)가 있음으로 해서 기(氣)가 있다."고 하여 이가 기보다 우선하는 것으로 간주하여 이와 기가 원인과 재료의 관계임을 명시하는 주리론의 입장을 받아들였다. 그가 주리론을 선택하게 된 이유는 다음 글에서 확인할 수 있다. 즉

"사물이 이미 '그러한 것(까닭)'으로부터 보면 이(理)는 단지 기(氣)의 이(理)이며 기(氣) 밖에 있는 것은 아니다. (한편) 본래 '(당연히)그러함'으로부터 본다면 이(理)가 있기 때문에 기(氣의 작용)가 있는 것이다. 기(氣)가 한 번 가고 한 번 오고 한 번 닫히고 한 번 열림에 반드시 원인이 있으니 이것이 곧 이른바 이(理)이다." 하였다.

유형원에게 이(理)란 초월적 본원이면서, 구체적인 인도(人道)로서의 성격을 갖는다. 문자 그대로 불상리(不相離), 불상잡(不相雜)의 관계 위에 이기가 존재한다는 인식이다. 말하자면 반계의 이(理)는 기(氣)에 내재하는 실리(實理)로 파악되고 있는 것이다.

실리론에 대하여 율곡은 '성(誠)은 하늘의 실리(實理)'라 하여 이(理)의 실천 행동을 강조한 바 있다. 반계의 실리론은, '물리(物理)와 사리(事理)를 통일적으로 파악하려는 것, 즉 이(理), 도(道)의 기본 원리를 실리(實理)를 통하여 발현한다.'는 뜻이다. 유형원은 이러한 실리가 실현되는 것은 현실적으로 예의(禮儀), 위의(威儀)와 같은 외재 규범의 규정이나 정도로 구체화된다고 말하였다. 즉 '실리의 실현이 행동 주체의 내면적인 도덕성에 의해서가 아니라 상황의 객관적인 조건 혹은 규범에 의존한다.'는 생각이다.

반계는, 인식론적으로는 이(理)의 형이상학적 소이연성(所以然性)을 인정하여 이기불잡(理氣不雜)을 말하면서도, 현실적으로는 이기불상리(理氣不相離)의 측면에 관심을 갖고, 이(理)를 기(氣)에 내재하는 실리(實理)로 파악하기에 이르는 현실적, 구체적 정신이 강하다. 다시 말하여, 반계는, '유기론(唯氣論)'에 부족했던 물리의 소이연(所以然)과 소당연(所當然)을 통일적으로 이해할 수 있는 이론 근거를 실리론(實理論)의 입장에서 제기하였다.

유형원의 글에,

"그 근본에 이가 있기 때문에 물에는 반드시 소이연이 있고 일에는 반드시 소당연이 있다. 이는 지극히 실제적이니 하늘의 하늘 됨, 땅의 땅 됨, 사람의 사람 됨이 실리 아닌 것이 없다. 천지의 이는 만물에 의착했으니, 물이 아니면 이는 의착할 바가 없다. 성인의 도(道)는 만사에서 행하여지니 일이 아니면 도는 행해질 바가 없다. 고대의 성왕은 하늘을 대신하여 인간을 다스렸다. 그가 지은 제도는 모두 도로써 일을 규정하여 만물로 하여금 각각 그 처할 바를 얻게 하였다.”라 하였다.

[반계수록]을 형성하게 된 근본이념은 이렇듯 실리(實理)에 있었던 것이며, 이(理), 즉 도(道)의 실현은 사업, 제도를 통하여 이루어진다고 한 것이다.

다시 말하여, 유형원은 이기, 사단칠정, 인심 도심 등의 문제에 있어 선배인 한백겸과 마찬가지로 이황의 입장에 동조하고 있지만 이(理)를 실리(實理)라 강조하고 실리로써 실사(實事)에 대처하려고 하였다. 학(學)으로서의 실학의 존재를 확인시켜 준 [반계수록]의 큰 저작은 이러한 정신을 바탕으로 쓰인 글이다. 반계는 한마디로 ‘주리의 입장이면서도 구체적인 현실을 더 중요시하는 실리론(實理論)’을 근본으로 하고 있는 것이다.

격물치지론

원래 주자의 수기치인론에서는, “사회의 모든 악이 항상 기(氣)의 발현에 있으며, 이를 제어할 이(理)의 기반을 확립하는 것이 최우선 과제였다. 주자의 이(理)는 절대 선이며 이(理)에 대한 인식(궁리와 치지)이 선행하고 이(理)에 의하여 기(氣)를 통제함으로써 순선(純善)의 이(理)를 실현한다.”고 했다. 여기서 이(理)에 대한 인식은 앞서 말한 대로 사물에 접하여 그 이치를 인식하는 것이 아니고 의식 속에 내재하고 있는 사물의 이치를 외계에 접하여 발한다는 것이다.

유형원에 의하면, “이와 기는 선, 후와 나누어지고 합치는 것이 없으며 도(道)는 기(器)에 의하여 실현되기 때문에 외계의 사물을 통한 자체의 경험이 중요하다.”고 하였다.

따라서 유형원에 있어서 '격물치지'는 주자의 '격치'처럼 경전의 궁구가 중요한 것이 아니고, 현실의 법제, 예법을 통하여 이(理)가 실현된다는 실리론(實理論)의 입장이다.

3) 제도 개혁론

유정제동(由靜制動)의 인식론

제도개혁의 바탕에는 반계의 실리론(實理論) 차원의 '유정제동(由靜制動)'의 인식이 바탕이 되고 있다. 반계는 토지를 원칙적인 기준으로 하고 사람이 이를 경작하는 논리를 다음과 같이 진술하였다.

"사람은 토지가 없으면 살아갈 수 없고, 토지는 사람이 아니면 개간할 수 없다. 토지는 일정하여 옮길 수 없고 사람은 동정존망(動靜存亡: 움직이고 쉬고, 죽고 사는 일)이 일정치 않다. 그런 까닭에 토지에 근본을 두고 그 분배를 분명하게 하면 그 가운데 고르지 못함이 없고, 토지에 근본을 두지 않고 사람만을 살펴보면 참차누탈(參差漏脫: 흩어져 빠짐이 있음)하여 고르지 못하다." 하였다.

또 친구 배상유(친구이면서 친사돈의 관계임)에 대한 답에서도,

"공부(功夫: 학문)로 말하면, 비록 동정(動靜)을 일관해야 하지만, 정(靜)이 아니면 본(本)을 삼을 수 없다. 비단 학문뿐만이 아니다. 천지조화(天地造化)의 이(理)가 끊임없이 유행하는 가운데 동정이 상호 근거가 되지만, 자세히 살펴보면 그 주(主)된 것은 반드시 정(靜)에 있다. 성인(聖人)은 정전(井田)의 법을 본(本)이라 하였다. 땅을 골고루 분배하는 것 역시 유정제동(由靜制動: 정으로 동을 제어함)을 뜻한다." 하였다.

반계에 있어서 정(靜)은 주관적 수기론(修己論)의 차원에 그치지 않고, 구체적 제도와 불가분의 관계를 갖는다. 이런 맥락에서 정(靜)으로 동(動)을 제어하는 이전위본(以田爲本)의 정전법이라는 제도가 정당화된다. 정(靜)은 천리요 도(道)이다. 정전법은 천리를 따르는 법으로 인욕(人慾: 사람의 욕심)을 제어한다는 논리다.

토지제도의 이상과 현실

토지 및 기타 제도개혁의 바탕에는 '유정제동'의 원리가 있다.

반계의 이상적인 토지 제도는 공전제(公田制)다. 토지의 사유제를 반대하고, 농민과 양반, 왕족들에게 토지를 그 직급에 따라 분배하여, 민생의 안전을 이룩하려고 하였다. 이와 관련된 내용 일부를 보면,

"옛날 (중국의) 정전법(井田法)은 이상적인 토지제도였다. 경지정리가 올바르게 이루어지면 다른 일들도 바로잡히게 된다. 여러 신분의 사람들이 각각 직업을 가지고 안정된 생활을 하게 되어 풍속이 바로잡히고 인심이 풍성해진다. 이를 바탕으로 나라가 공고히 유지되어 문화가 발달해 온 것은 모두 토지제도가 올바르게 유지된 데 기인한다.

후세에 이르러 이와 같은 제도가 무너지고 무제한적인 토지의 사적 소유가 가능해져서, 부역이 절제가 없어지고, 빈부의 격차가 심해졌으며, 토지 겸병으로 이익을 독점하는 자들이 활개를 치면서 백성들이 생활기반을 잃었다.

인구가 줄고 소송이 번거로워지고, 귀천의 분수가 분명치 않았다. 이 때문에 권력가들이 방자하여 도의가 실추되고 뇌물이 횡행하여도 법이 이에 미치지 못하여 인심은 들뜨고 풍속은 각박해졌

다. 토지제도와 군사제도가 분리되어 병역을 기피하는 사람이 늘었다. 부유한 자들은 계략을 써서 병역을 면하므로 가난하고 잔열한 자들만 등록되어 있다. 이들은 평시에도 마음이 안정되지 못하기 때문에 전쟁에 임해서는 쉽게 흩어져 버릴 것이니 그 폐단이 대단히 크다.

토지는 천하의 근본이므로 근본이 바로 서면 모든 제도가 온당하게 되는 것이다. 실로 정치의 본질을 깊이 이해하는 자라면 천리(天理)와 인사(人事)의 이해득실이 여기에 귀결됨을 알아야 한다.” 하였다.

토지분배의 원칙

유형원의 토지제도 개혁의 대강은, ‘경자유전(耕者有田: 땅을 경작하는 자가 땅을 소유함)’의 원칙으로 농민에게 토지를 균등 분배하고 조세, 군역, 공부도 일률적으로 부과하는 것. 토지를 품계에 따라 지급하되 소작을 금지시켜 겸병(兼倂: 둘 이상의 땅을 한데 모아 소유함)의 여지를 없애는 것. 종래의 결부법(結負法) 대신 토지 면적을 단위로 하는 경무법(頃畝法)에 의하여 토지를 측정하는 것 등이다. 이를 좀 더 설명하면 다음과 같다.

① 균전론(均田論)

전국의 땅은 일단 왕토(王土)로 간주되어 공전(公田)이라 한다. 반계는,

“중국 당나라시대에는 균전제를 실시하여 그것이 옛날 법에 가까웠고 고려 태조가 그 법을 실행하여 나라를 부강하게 하였다. 그러나 그 법이 토지를 주체로 하지 않고 사람을 주체로 하였기 때문에 장정을 등록시켜 토지를 지급하고 많은 등급에 따라 이를 배분

하면서 사람은 많고 토지가 모자라는 폐단이 생겼다. 경전의 경계를 분명히 하고 농민들이 제 몫을 받게 되면 그 폐단이 없게 될 것이다." 하였다.

반계는 전국의 경작지를 일단 국왕의 토지로 간주하고 이를 재분배하는 균전제를 구상하였다.

농민의 경우, 농부 한 사람이 1경(1결, 약 100묘, 3천 평)의 땅을 가지게 하여 4경의 땅을 4명의 농부가 소유한다. 농토 4경마다 군사 1명을 차출하고, 4명의 농부 중에서 신체 건장한 자 1명을 택하여 병(兵)으로 삼고 나머지 3명은 보(保: 보조병)로 삼는다.

지금 두메에 사는 농민들은 부부가 함께 경작할 수 있는 땅이 겨우 수전(水田) 10두락과 한전(旱田) 하루 경작할 것에 불과하니 함께 볍씨20두분이지만 그래도 여유 있게 살아가고 있으며 평야에 사는 사람들은 30두락을 경작하고서도 기한(飢寒)에 허덕이는 자가 있다. 두메에 사는 사람들은 농토가 귀하므로 좁은 땅이라도 힘써 경작하여 곱절의 수확을 얻고 평야에 사는 사람들은 농토가 많아도 재질이 없어 수확이 부실한 데가 있다. 보통 1경의 땅은 볍씨 40말을 심을 수 있는 것으로 그 정도를 경작하면 가족을 부양하고 조상의 제사를 올리며 조세의 부담을 감당할 수 있다.

관리는 실직(實職) 9품관 이상 7품까지는 6경을 지급하고 점차 지급 양을 더하여 정2품관에 도달하면 12경을 지급하며 모든 병역을 면제한다. 6품 이상은 8경을 받고 3품 이상은 10경을 받으며 정2품 이상은 12경을 받는다. 품직으로 토지를 받는 자는 비록 벼슬에서 물러나 시골에 가더라도 병역을 면제한다.

벼슬하는 자가 벼슬자리에 있을 때는 녹봉을 받고 물러나 집에 돌아가도 그 토지로 생활할 수 있게 한다. 관리가 강상죄를 범하거나 공금을 횡령한 죄, 적에게 항복하는 큰 죄를 짓지 않는 이상 그 토지를 회수하지 않는다.

서울에 있는 서리(아전)나 예복(隷僕: 종) 등이 관가에 복역할 때에는 그 봉급을 넉넉히 주어서 부모처자를 부양할 수 있게 한다.

② 사대부의 토지소유

한전법(限田法)을 채택하여 사대부에게는 농민보다 더 많은 토지를 지급하고 군인 차출을 면제한다.

사대부는 사(士)로부터 7품까지는 4경을, 6품 이상은 8경을, 2품 이상은 12경을 지급한다. 품직으로 토지를 받은 자는 그가 벼슬에서 물러나 시골로 가더라도 병역을 면제한다.

왕의 적자인 대군(大君)과 서자인 군(君), 공주와 옹주에게는 모두 토지 12경씩을 지급하며, 세자의 여러 아들과 군주(郡主)에게도 역시 12경을, 현주(縣主)에게는 10경을 지급한다.

이들이 받는 토지에 대해서는 다른 토지와 같이 공세(公稅)를 바치게 하고 군역의 차출은 면제한다. 여러 종실에게 지급하는 토지도 그 품등에 의거하여 문무관의 예와 같이 한다.

③ 경무법(頃畝法)

모든 토지 측정의 단위는 결부법에서 경무법으로 바꾸어야 한다.

경무법은 토지의 품질이 좋고 나쁨을 가리지 않고 다만 토지 면적의 넓고 좁음을 계량의 기준으로 하는 법이다. 우리나라에서 실시하고 있는 결부법은 본래 본말(本末)이 전도된 제도다. 만약 공전제도를 실시하려면 경무법으로 개정하지 않을 수 없다. 경무법은 토지를 주체로 삼은 것이다. 경자(頃字)나 무자(畝字)는 모두 토지의 넓이를 가리킨다. 결부법은 조세액은 일정하지만 그 토질이 비

옥하고 척박함을 보아 넓이가 달라지는 것이니 조세를 위주로 하
는 제도이다. 결(結), 부(負)란 글자는 조세를 가리킨다.

지금 적용하고 있는 결부법은 창졸간에 토지의 등급을 정하므로
정당한 판정이 어렵고 또 여러 등급의 토지를 합하여 결을 만들기
때문에 그 틀린 것을 가려내기 힘들다. 토지의 등급이 잘못 판정되
어 백성들의 부담이 고르지 못하지만, 세곡을 낼 때에는 결마다 세
액이 균일하다고 말하기 때문에 농민들은 그 등급이 잘못된 것을
잊고 있다.

모든 토지의 경계가 정확하지 못한 것은 결국 상하의 관리들이
서로 속이기 때문이다. 경무법을 실시한다면 경계가 명확해지고 근
거가 정확하여 실제와 부합되며 토지 대장에서 누락되는 일이 없
다. 결부법으로 토지를 측정하면 한때의 의견으로 토지의 증감을
정하고 토지를 균평하게 하기 어렵다. 감독하는 관리가 모두가 성
인이 아닌 이상 판단 기준이 확실치 않으며 개인감정의 개입 여지
가 많다. 이에 상하가 서로 의심하고 다투어 관가의 기율이 문란해
질 것이다. 이러한 현상은 모두 제도가 부적절한 까닭이다. 제도가
간략하고 평이하며 정돈되지 못하면 사심이 개입하여 불합리하다.

이상 반계의 개혁안을 항목별로 분석하면 다음과 같은 한계성을
갖고 있다.

첫째, 반계의 균전법은 그 실현성이 불투명하다.

반계는 봉건적 토지 국유의 이상으로 돌아가 토지분배를 구상하
고 있다. 하지만 당시만 해도 토지의 사유제가 시대의 흐름으로 발
전해 가고 있는 상황에서, 이를 과연 국가의 제도로 막을 수 있을
것인지 의문이다.

정조 때 좌의정 채제공은, "정전제(井田制)를 지금 실시하기는

매우 어렵습니다. 백성들의 자산이 같지 않은데다가 토지에 각기 주인이 있는데 부자의 것을 빼앗아 가난한 자에게 주는 것은 부자의 원망을 사게 됩니다." 주자가 말하기를, "정전법은 큰 난리 후에 시행할 수 있다고 하였으니, 이는 백성들이 재산을 모두 탕진했을 때 가능하다는 말입니다." 하여 혁명이나 왕권 교체가 아니면 그 제도 실행은 불가능하다고 하였다.

정조는 말하여, "우리나라 6도의 토지 대장에 등재된 전지의 넓이는 너무 좁다. 문무관 3천여 명을 제외하고 사람마다 1결씩을 나누어 준다고 할 때 663만 6천여 결이 부족하다."고 하였다. 아마 63만을 잘못 기재한 숫자 같다. 하여튼 유형원의 계획은 그 실천상의 문제가 있음이 분명하다.

둘째, 토지를 직접 경작하는 농민에게는 1인당 1경을 지급하면서도 비노동 세력인 사대부에게 2-4경의 토지를 지급하고 병역을 면제해 주는 것은 중세 신분법의 한계를 벗어나지 못했다는 비판을 면할 수 없다. 사족들에게 지급하는 토지 외에 왕족이나 여타 사람들에게 대한 토지 지급은 결국 지주, 소작제도의 여지를 남기게 된다. 양반들은 놀고먹는 풍토와 서원의 폐해를 극복하고, 양반의 생산활동을 적극 권장해야 할 시기에 반계의 신분 차별에 의한 토지 정책은 분명 그의 한계성이다.

셋째, 경무법으로의 전환에 대하여,

농민 부담 중 가장 비중이 큰 것은 농민 경작지에 부과하는 전조(田租: 논밭세)이다. 조선조에 들어와서 전조는 답험손실법(踏驗損失法)과 연분구등법(年分九等法)에 의하여 부과되었다. 답험손실법은 태종 원년에 실시하였다. 국가에서 관리를 파견하여 수확량을 답사하고 과세율을 개별적으로 정하여 전조를 부과하는 제도였다.

그 제도 자체는 이론상 이상적이었으나 실시 과정에서 많은 문제가 발생하였다. 이때 파견된 관리는 지방 향리와 결탁하거나 개별적인 정실관계에 묶여 공정을 기하지 못한 경우가 허다하였다. 이로 인하여 조세 분규가 일어나고 사무적으로나 기술적으로 번잡하여 곤란한 경우가 많았다. 세종은 그 대체 방법으로 공법(貢法: 논밭에 부과하는 세법)을 실시하였다. 공법은 찬반 시비가 많아 답험손실법과 병행하여 오다가 세종 26년에 전품6등법을 실시하여 답험손실법을 폐지하였다.

세종은 이 문제를 해결하기 위하여 무려 17년에 걸친 지속적인 토론과 숙의를 거쳤으며 제도의 문제점을 보완하고 조정하는 데 모든 노력을 다하였다.

그 후 논밭의 등급을 정하는 양전(量田)의 시행은 계속 문제가 되어 인조 12년에는 심지어 그 감독관이 피살되는 사례가 발생할 정도였다.

유형원은 이러한 번폐한 양전의 제도를 단순화하여 백성들의 불만을 줄이고자 하였다. 하지만 이는 그 실행 과정에서 땅의 기름지고 척박함 외에도 기후조건이나 수리(水利), 교통 그리고 지방 관리들의 의지와 능력 등 보다 복잡하고 다양한 논의가 계속되어야 할 문제라고 본다.

④ 관료 제도의 개혁

반계는, 조헌(趙憲)의 [동환봉사(東還封事)]를 인용하여 인재 충원의 경우, 문벌보다는 능력 위주로 합의에 의하여 추천할 것을 주장하였다.

조헌의 [동환봉사]에 의하면,

"대개 부호의 집안은 교만하고 음탕함이 습속이 되어 의리를 행하는 자가 적다. 오히려 가난한 선비가 마음이 활발하고 인내성이 있어서 능하지 못한 점을 보충하고 증진시킬 수 있다. 비록 상민(常民)이나 서족(庶族)이라도 그 재질이 뛰어난 자가 있다. 과거에 응하는 사람들이 헛되이 글짓기를 숭상하여 행동을 삼감이 적고 착실하지 못하면 도리어 관직을 역임한 사람들이 제대로 일을 수행하지 못한다." 하였다.

또 율곡 이이가 선조에게 보고한 차자(箚子)를 인용하여, 관직의 계속성과 관리의 임기 보장을 주장하였다. 즉 이이가 선조에게 보고하여 말하기를,

"지금 관직을 제수하는 것이 아침에 임명하였다가 저녁에 옮겨 버리니 자리가 더워질 겨를이 없습니다. 만약 오늘 사도(司徒: 지금의 교과부 장관)에 임명하였다가 내일 또다시 사구(司寇: 지금의 법무부 장관)에 임명한다면 분주하고 노고만 들 뿐 어떻게 일을 처리하겠습니까.

백성들의 생활이 편안하고 괴롭기는 수령에게 관련되고, 군액(軍額: 군인의 수)의 허실은 변장에 관계되며, 수령에 대한 업적 평가가 잘되고 잘못된 것은 감사에게 달려 있습니다. 바라건대 전하께서는 굳세고, 밝고, 어질고, 관후하셔서 한 지방의 행정을 맡을 만한 사람을 특별히 발탁, 감사에 임명함으로써 수령 중 옳은 사람은 승진시키고 악한 사람은 처벌하여 백성을 교화하면 옳은 정치가 제대로 이루어질 것입니다." 하였다.

반계는 서경법의 폐지를 주장하였다.

"조정은 정책을 수립하는 근원이며 주군은 그것을 받아서 실행하는 기관이다. 비록 중앙관직과 지방관직의 차이가 있고 본사(本

司)와 지사(支司)의 구분은 있으나 소위 정책을 새우는 근원은 조
정과 재상에 있을 뿐 기타 모든 관서는 한 가지 사무를 분담하는
기관일 따름이다. 우리나라는 지방을 가볍게 여기는 것이 특히 심
하며 근세에 이르러서는 곧바로 강등이나 좌천되는 자리가 되었고,
벼슬을 구하는 자리가 되었을 뿐이다. 관리 채용은 그 현명함과 재
질을 기준으로 할 것이며 문벌을 따지지 말아야 한다. 문벌의 폐단
을 개혁하고 아울러 서경법(署經法)을 폐지해야 한다. 혹 말하기를,
'지금의 서경법은 역시 어떤 사람이 그 관직에 적당한가를 심사하
기 위한 것인데 왜 그 제도를 폐지하느냐.'고 반문할 것이다. 서경
제도는 새로 관리로 임명되는 자의 내외사조(四祖: 고조부까지)와
아내의 사조를 적어 바치게 하고 사헌부, 사간원에서 이를 심사하
여 가부를 결정하는 것이다. 그 심사의 대상이 조상의 관직일 뿐,
본인의 사람됨을 살피는 것이 아니다. 헛되이 문벌을 숭상하는 폐
단이 어진 사람을 택하여 관직을 맡기는 뜻을 능가한 지 오래되었
으니 서경법은 폐지해야 한다." 하였다.

⑤ 교육제도의 개혁

반계는 학교의 설립을 위하여 다음과 같은 대안을 마련하였다.

"서울에는 선발된 선비가 공부할 태학(太學)을 세우고, 중학의
사학(四學)을 설치한다. 각 도의 감영에는 모두 영학(營學)을 설치
하여 주현에서 뽑은 선비를 받는다. 경기도 역시 경영(京營)에 가
까운 곳에 영학을 설치하고, 주현에 읍학을 둔다. 주현의 각 향(鄕),
즉 지금의 면에는 향상(鄕庠)을 설치하여 아이들을 가르친다. 지금
도 향리에 혹 서당(書堂)이 있어 아이들이 글공부를 하고 있다."고
하면서, 교육제도가 제대로 정착되면 서원(書院)도 없어질 것이라

고 하였다. 그는 주장하기를,

"옛날에 없었던 서원이 최근에 설립되었다. 요즘 들어 교육제도가 잘못되어 주현의 학교가 다만 과거 시험준비와 명성을 얻는 일, 이익을 챙기기 위한 자리가 되었다. 이 때문에 뜻있는 선비들은 부득이 한적한 벽지에 따로 정사(精舍: 학문이나 도를 닦는 집)를 세워 강론의 장소로 삼았으며 이러한 이유 등으로 서원이 발생하였다.

만일 국가의 교육제도가 올바르게 회복되고 읍학(邑學), 향상(鄕庠)이 설립되어 제 역할을 하게 되면 서원을 일삼을 필요가 없을 것이다.

서원은 선비가 조용히 학문을 닦거나 어진 이의 제사를 모셔서 그 덕에 보답하고 모범을 보이는 곳으로 출발하였다. 하지만 제사만을 목적으로 서원을 세운 자가 늘어가고 붕당의 의논이 생긴 후로는 서원들이 본래의 취지를 벗어나 난립되었다. 앞으로 학교가 제대로 기능을 하여 선비들의 풍속이 돈독해지면, 서원은 스스로 능히 없어질 것이다." 하였다.

⑥ 인재등용법의 개혁과 공거제 실시

반계는 천거법을 실시할 것을 제의하였다.

"먼저 3품 이상의 공경대부와 대간, 시종 이외에, 품질(品秩: 품계)이 높고 낮음을 막론한 근시(近侍: 승지 등 임금을 모신 신하)의 어진 유자(儒者)와 지방 주현(州縣)의 관리에게 명하여 선왕의 도에 밝고 학덕을 충분히 갖추어 족히 사표가 될 만한 사람과 그 다음으로 마음이 돈독하고 학문과 재질을 갖추고 수양이 있는 사람을 찾아, 보고하게 한다.

그 사람의 도덕, 학식, 재행 등을 추천장의 형식에 의하여 기술하고 추천에 관한 공과 죄에 관하여도 모두 천거법(薦擧法)에 따른다.

이런 과정을 거쳐 향당의 학교에서 이미 사류가 되면 비록 아전의 자제들이라 해도 일제히 나이로 차례를 정한다.”고 하였다.

과거제를 폐지하고 공거제(주현에서 인재를 추천하는 제도)를 실시하자고 하였다.

“헛된 문사(文詞: 문장)로 시험을 보는 과거제는 영원히 폐지한다.

중종대에 기묘사화로 희생된 사림파의 사람들은 과거제도를 그대로 두고 다만 이를 보충하는 수단으로 부득이 현량과를 시행하였다.

하지만 임금이 먼저 뜻을 세우지 아니하면 모든 일이 이루어질 수 없다. 임금의 학문이 맑고, 밝은 판단으로 결행하면 실효가 있을 것이다.

공거제도(貢擧制度: 천거제도)는 참으로 이상적인 제도다. 실력과 예의범절을 갖춘 인재를 보증하여 천거하면 사람을 잘 판단하여 추천할 것이요, 합당한 인재를 얻을 수 있을 뿐 아니라 천하가 모두 실질적인 일에 힘쓰고 현명한 사람에게 양보하여 풍속이 날로 순박하고 바르게 될 것이다.” 하였다.

반계가 추천제나 공거제 실시를 주장한 이면에는 그동안 과거제가 너무 문란하여 그 실시의 정당성을 상실하였음을 의미한다. 과거제는 반계가 세상을 떠난 이후 200년이 더 지난 갑오개혁(1894년) 때 폐지되었다.

⑦ 신분제 철폐

반계는 신분의 귀천을 구별하지 않고 능력에 따른 인재를 등용할 것을 주장하였다. 먼저 서얼 차별 철폐에 관한 주장은 중종 때 조광조가 제기하였다. 하지만 그는 단지 차별철폐의 원칙만을 말하였을 뿐, 그 실행을 주장한 것은 아니다. 오히려, "귀천의 분수는 침범할 수 없고 적서의 윤리는 엄해야 한다."고 하면서 차별윤리의 강화를 주장하였다.

율곡 이이는 서얼의 과거 허용과 공, 사천(私賤)의 종량(從良: 노예나 천민이 양민이 됨)을 주장하였다. 병조판서 율곡이 시폐를 극진히 아뢰기를,

"서얼과 공, 사천 중에서 무재(武才)가 있는 자를 모집하여, 스스로 식량을 준비하고 남, 북도에 들어가 방어하게 합니다. 북도는 1년, 남도는 20개월의 기한을 정하여 응모하고 지원자가 많도록 권장합니다. 이들 중 서얼은 벼슬길을 열어주고 노예는 면천하여 양인이 되게 하면 어떻겠습니까." 하였다. 이 일로 홍문관이 들고일어나 양사(兩司: 사헌부, 사간원)의 사표 소동까지 일어난 일이 있었다. 임진왜란 직후인 선조 25년(1592년) 5월, 서얼 출신 금군(禁軍: 궁중 호위군)을 허통(許通: 서얼들에게 과거에 응시토록 허락함)한 일이 있었으나 선조 34년에 다시 금지되었다.

병자호란 후 사정이 변하여 서얼 허통의 납속사목(納贖事目: 돈을 주고 면천하는 규정)을 만들어, 양첩의 아들은 쌀 두석(二石: 20두), 천첩의 아들은 3석 등으로 규정한 일이 있다.

이런 상황에서 반계는 서얼 차별과 노비 문제에 관하여 다음과 같이 말하였다.

서얼 차별의 문제

"귀천은 본래 현명하고 우매한 구분이 있어 생긴 것이다. 지금은 사람의 선악은 분별하지 않고 오로지 조상의 관직과 품계 여하에

차별을 두고 말하기를, '명분을 엄하게 한다.' 하니 그 뜻이 부당하다. 향, 당의 지방 학교는 장유(長幼: 윗사람과 손아래 사람)의 질서를 세우고 풍속과 교화를 돈독하게 하는 곳이니 문벌로 차례를 삼아서는 안 된다. 사류(士類) 중에서 뽑힌 사람은 재질과 덕이 이미 뛰어난 자들이다. 양반들과 나이로 차례를 정한다 해도 무방할 것이다. 서자는 그 가족 안에서 적서의 구분을 엄하게 하되 향당의 학교에서는 나이에 따라 차례를 정하는 의리를 올바르게 하여야 한다. 향당의 학교에서는 이미 사류가 되었으므로 일제히 나이로 차례를 정하는 것이 옳다." 하였다.

서얼이란 양반들이 첩을 얻어 낳은 아들이다. 공자는 부친 숙량흘의 셋째 첩의 아들이고, 왕은 물론 성현이라 불리고 있는 이언적, 퇴계나 율곡도 서자를 두었다. 과연 그 책임이 누구에게 있다는 말인가. 조광조 등 개혁사상가들도 적서의 차별을 주장하였다. 반계의, "집안에서는 적서의 차별을 엄하게 해야 한다."는 말도 서자들의 입장에서 보면 참으로 억울한 일이다. 그 일은 조선왕조 양반제도의 자기모순이었다.

노비법 문제

반계는 노비법에 대하여 우선 종모법의 일률적 실시를 주장하였다.

그동안 노비는 양반의 재산처럼 취급되어 이를 둘러싼 송사가 끊임없이 제기되었다. 전쟁에서 패한 사람들의 자녀뿐만 아니라 억울하게 역적으로 몰려 하루아침 사이에 노비가 된 사람들도 많았다.

조선조 초부터 종모법(從母法: 양인인 아버지와 천인인 어머니 사이에서 태어난 자녀를 어머니의 신분에 따르게 하는 법)을 실시해 왔으나 때로는 종부법(從父法: 아버지가 노비이고 어머니가 양

처인 경우 아버지의 신분에 따라 노비가 되게 한 제도)을 실시하여 양반들의 횡포가 심하였다. 이 때문에 천인의 수가 많아져서 인구 10명 중 노비의 수가 8, 9명을 헤아렸으며 양민의 수가 급감하였다고 한다(하지만 반계의 이 주장은 너무 과장되었다).

반계는 노비제도의 비참상을 말하면서도 현실의 어려움을 들어 그 폐지를 적극적으로 주장하지 않았다. 다만, 앞으로 정치가 제대로 이루어지면 노비제도가 폐지될 것이라는 희망적인 기대로 결론을 맺었다.

반계는, "왕도 정치가 실시되고 여러 제도가 바로잡혀 편벽되고 고루한 풍속을 씻어버린다면 노비제도는 반드시 폐지되어야 한다. 임금은 하늘을 대신하여 사람을 다스리는 것이다. 어찌 다시 그 사이에 따로 노비를 만들어 임금의 백성을 해칠 수 있을 것인가. 이로 인하여 가까운 친척에게 해를 끼치고 스스로 나라를 병들게 하니 구태여 노비법의 득실을 말할 필요가 없다. 노비법은 개혁하려고만 하면 가능하며 근원적인 어려움은 없다."고 결론을 내렸다.

숙종 4년(1678년), 그가 죽은 5년 뒤 전 참봉 배상유가 고(故) 진사 유형원의 [반계수록] 전제, 병제, 학제 등 7조목을 전달하며 차례로 시행하기를 청하였다. 이에 대하여 묘당(廟堂: 의정부)에서 그 말이 오활(현실성이 부족함)하다 하여 채택되지 못하였다. 그 60년 후 영조 17년, 전 승지 양득중이 상소하여 을람(乙覽: 임금이 열람함)에 대비하자고 하였다. 즉

"호남의 유사(儒士) 유형원은 처음으로 전제에서부터 설교, 선거 및 관직, 병록의 제도에 이르기까지 미세한 부분을 모두 거론하였습니다. 무려 13권이나 된 책을 윤증의 집에서 보았습니다. 그의 자손들이 호남의 부안과 경기의 과천에 살고 있습니다. 바라건대

고을의 수령에게 명하여 책을 가져다가 을람하게 하시고 중외에 반포하여 차례대로 시행하게 하소서." 하였다. 그 후 영조는 드디어 [반계수록]을 간행하여 인쇄하도록 명하였다. [영조실록]에 다음 글이 있다. 즉

"유형원의 [반계수록]을 간행하되, 단지 3건만 인쇄토록 명하였다. 한 건은 남한산성에 보내어 판본으로 새기게 하고 다섯 군데 사고(史庫)에 간직할 것도 남한산성에서 인쇄하여 가지고 오게 하였다." 하였다. 하지만 그 제도들이, 정책으로 채택되어 실시된 것은 아니다.

끝으로 [정조실록], 승지 서형수의 소(疏)에, "유형원의 [여지지(輿地志)]에 단군릉에 관한 기록이 있다."고 하였는데 이를 확인하지 못하였다.

3. 이익(李瀷)

성호 이익은 실학의 전도사와 같다고 한다.

토정 이지함, 율곡 이이, 반계 유형원 등에서 비롯된 실학의 흐름이 이익의 호수로 모였다가 다시 안정복, 이중환, 박지원, 박제가, 정약용 등의 강줄기를 이루었다. 이익은 경학과 역사뿐 아니라 천문, 지리, 자연, 의약, 복서, 풍수, 사주, 혼백 등에 이르기까지 방대한 제목을 설정하여 글을 썼다.

이익은 또한 유머가 넘쳤다. 그의 유머에 넘친 이야기 한 토막을 소개한다.

노인십요 즉 '노인의 열가지 좌절'에,

"대낮에는 꾸벅꾸벅 졸면서, 밤에는 잠을 못 잔다. 곡하며 울어야 할 때에는 눈물이 없고, 웃을 때에 눈물을 흘린다. 30년 전 일은 기억하면서 눈앞에 일은 문득 잊어버린다. 고기를 먹으면 모두 이(齒) 사이에 끼며, 뱃속에 들어가는 게 없다. 흰 얼굴은 검어지고 검은 머리는 희어진다. 이는 태평 노인의 명담이다." 하였다. 다음에 그의 생애와 이론 등을 알아보자.

1) 생애와 환경

이익(1671 – 1763)은 조선조 초의 명문, 여주 이씨 집안에서 태어났다. 그의 8대조 이계손(李繼孫, 1423 – 1484)은 세조, 성종대의 명신으로 예조, 병조판사를 지냈고 증조 이상의(李尙懿, 1560 – 1624)는 선조, 광해조 때 이조판서, 좌찬성을 역임하였다.

그의 조부 4형제(지완, 지굉, 지정, 지안)가 모두 문과에 급제하여 현달하였고 부친 이하진(李夏鎭, 1628 – 1682)은 숙종 때 대사간을 역임하였다. 그의 조부 이지정(李志定, 1588 – 1650)의 고손자가 이중환이다.

성호의 부친 이하진은 숙종 6년(1680년) 경신대출척(1680년)으로 남인 세력이 몰락하면서 당화(黨禍)를 입어 평안도 운산으로 귀양가서 죽었다. 이익은 그곳에서 태어나, 다음 해에 부친을 잃었다. 그 후 그의 가족은 안산의 첨성촌으로 돌아왔다. 이익은 편모슬하에서 자랐는데 둘째 형 이잠(李潛)으로부터 글을 배웠다. 이잠은 장희빈을 두둔한 죄에 몰려 그의 매형인 목창명과 함께 당화를 입었다. 그는 벼슬을 단념하고 83세에 이르기까지 학문에 전념하였다.

이익의 집에는 부친 이하진이 1678년 사신으로 중국의 연경에 갔을 때 구입해 온 많은 서적이 있었다. 관직에 나갈 것을 단념한 이익은 이 서적을 통하여 학문을 닦았다. 이익의 대표적 저작인 [성호사설]은 천지문(113항), 만물문(29항), 인사문(579항), 경사문(543항), 시문문(114항)으로 구성되어 있다.

이익은, 당시 자신의 집안을 몰락하게 한 가장 큰 원인은 당쟁이고, 그에 따른 제도의 모순과 양반들의 횡포라고 믿었다.

그의 이기론적 입장은 퇴계 이황의 주리론이지만 개혁 정책은 율곡 이이와 반계 유형원을 따랐다. 그의 학풍은 안정복, 이가환, 이중환, 정약용에까지 이어졌다.

2) 이익의 경학관

이익의 경학관에 관하여 편의상 다음 세 항목으로 나누어 살펴보겠다.

이기론

이익은 이(理)우선론의 입장이다. 즉

"이익의 초학시절부터의 학문적 바탕은 주희와 이황을 존숭한 성리학의 세계였고, 경제적 무실(務實)에 관한 관심은 이이와 유형원을 계승하였다. 이익은 이황을 존경하고 사모하여 그의 언행록을 편집, [이자수어(李子粹語)]를 편저하였고 [사칠신편] 같은 저술을 남겨 성리학적 논의에도 깊은 관심을 보였다. 그 결과 이황보다도 더 철저한 주리적 입장을 취하였다. 물론 그의 경학세계가 성리학의 단순한 연장선상에 머무르고 있는 것은 아니다."

이익의 [사칠신편(四七新編)]에, 나온 글을 보면,

"동(動)의 차원에서 보면 이(理)와 기(氣)는 선후를 말할 수 없으나, 정(靜)으로 인하여 보면 반드시 먼저 동(動)의 이(理)가 있고, 다음에 기(氣)가 비로소 동한다. 그러므로 주자는 ‘움직이지 않으나 능히 움직이게 하는 이(理)이다.’라고 하였다. 그렇다면 동정(動靜)하는 것은 비록 기(氣)이나, 동정하는 소이(所以)는 이(理)이다. 사람에게 있어서도 마찬가지다. 정(情)은 성(性)이 움직인 것이요, 기(氣)는 그것을 싣고 있는 것이다.” 하였다.

이익은 움직이기 시작한 뒤를 관찰하여 보면, 이기(理氣)는 항상 함께 활동하므로 어느 하나를 먼저라고 할 수 없다고 한다. 그러나 움직이기 이전 상태를 보면 분명 동(動)의 이(理)가 있은 후에 기(氣)가 이(理)에 따라 움직인다고 했다. 여기서 이익은, 이(理)는 기(氣) 작용의 원인이 되지만 기(氣)는 이 작용의 원인이 될 수 없다는 것을 강조했다. 이익의 이러한 이기설(理氣說)은 주희가 ‘생성의 인과관계’로 진술한 ‘이의 동정설’을 ‘현상세계의 이(理)의 동정설(動靜說)’로 바꾸어 말하고자 한 변화라 할 수 있다.

이익은 다시 다음 글에서 ‘이의 동정’ 문제를 더욱 분명하게 밝히고 있다.

“태극에 동정이 없다고 하는 것은 그렇지 않는 것 같다. 대저 동정하는 것은 기(氣)이고 동정하게 하는 것은 이(理)이다. 애당초 동정(動靜)의 이(理)가 없다면 기(氣)는 무엇으로부터 이것(동정)이 있었겠는가 하는 말은 주자가 이미 충분히 밝혔다. 진실로 동과 정에 이(理)가 관여하지 않는다면 이것은 장수 없는 군졸처럼 제멋대로 날뛰어 그칠 바가 없을 것인데 아마 그것이 괜찮겠는가.” 하였다.

위의 글에서 이익은 태극에 동정이 없다고 하는 것을 인정하지 않는다고 하였다. 동정할 수 있는 것은 기(氣)이고 동정하게 하는 것은 이(理)이다. 동정하는 이(理)가 있기에 기(氣)가 동정하게 된다는 뜻이다.

하지만 성호철학에 있어서 이기체계는 기의 차별상 — 동정(動靜), 정조(精粗), 본말(本末), 대소 등 — 에 따라 이(理)에도 그에 상응하는 차별상이 있다고 상정한다. 다시 말하면 일기(一氣: 一個體)에 일리(一理)를 대응시켜 [불상리, 불상잡]의 명제를 수용하고 있다. 성호가 이(理)를 소이연(所以然)으로 보는 것은 주자와 같지만 성호의 이(理)는 하나의 기(氣)의 소이연(所以然)이 될 뿐, 서로 회통되는 것으로 보지 않는다. 주자는 모든 현상적 존재는 본질의 이(理)에 있어서는 같으나, 기질의 차이 때문에 현상의 이(理)가 다르다고 생각한 데 비하여, 성호는 보편의 이를 전제하지 않고 기질의 차이뿐 아니라, 기의 대소, 즉 각 개체의 운행 범위에 따라 이(理)가 서로 달라진다고 하였다.

격물치지론(格物致知論)

이익은 우선 격물의 대상이 객관적으로 존재하는 사물임을 분명히 한다. 그는 정좌(定座)하여 마음을 관조(觀照)한다든가 하는 방법으로 격물을 완성할 수 없음을 강조하고 격물을 위하여 사물에 나가야 한다고 하였다. 격물을 통한 사물의 개별적 이치에 대한 탐구를 강조하면서(주자가 주장한 바와 같이), 그것을 하나의 이치로 통합시키는 것에 관심이 없다. 격물을 다양한 사물의 당양한 이치를 '변별'해 내는 것이라고 설명한다. 물격(物格: 개별적 이치를 남김없이 파악하는 것)과 지지(知至: 인식의 완성)를 분리하는 것에 반대하고 양자를 완전히 동일시한다. 물격 이후에 지지란 말에 관하여 사물을 이미 격(格)한 이후에 따로 지지의 일이 있겠는가 의문을 제기하였다.

이익의 글에, "진북계(陳北溪: 주자의 주석을 번역한 중국학자)가 물건이 각각 태극임을 논하여 말하기를, '마치 둥근 한 개 큰 덩이의 수은을 흩으면 작은 덩어리가 되나 저마다 모두 둥글며 작은 덩어리를 합치면 다시 큰 덩어리가 되어 여전히 둥글어지는 것과 같다.'고 하였으나, 통체태극(統體太極: 아직도 많은 작은 태극으로 나눠지기 전의 태극의 본체)은 나누어져 만수(萬殊: 여러 가지로 차이가 있음)가 된 것이 아니고 만수태극(萬殊太極: 천지만물을 구성하며 많은 작은 태극으로 나누어진 상태)은 합쳐져서 통체가 된 것이 아니니 이치에 있어서 차이가 난다."고 하였다.

정자와 주자의 격물치지론은 인식주체와 객체 간에 존재하는 보편적 이(理)를 체득하는 데 있다. 성호는 이러한 보편적 이(理)의 체득이 아니고 개별적인 사물에 존재하는 각기 다른 특성을 하나하나 변별, 축적하려는 입장이다. 따라서 정, 주는 그 전제(前提)에 통체태극에 대한 분수의 이(理), 상도(常道)에 대한 권도(權道)를 항상 문제로 제기한다. 성호는 이러한 보편적인 이(理)를 전제하지 않고 두 개체의 대비를 통하여 그 표리(表裏), 정조(精粗), 선후(先後), 본말(本末)의 단계를 밟아 변별한다고 평가한다.

사칠론(四七論)

성호는 이정(二情: 사단과 칠정)이 모두 이(理)가 발한 것이라고 규정하고, 사단칠정 이발기수일로설(理發氣隨一路說)을 주장한다. 성호는

"사단과 칠정의 이발과 기발은 지극하다. 사단은 형기를 인하지 않고 곧게 발하므로 이발에 소속시킨다. 칠정은 이가 형기를 인하여 발한 것이므로 기발에 소속시킨다. 이발기수는 사단과 칠정이

같은 것이다.”라 하였다.

사단, 칠정이 모두 하나뿐인 본성의 발현이라는 점에서 모두 이 발이라고 말하는 것이요, 그럼에도 불구하고 칠정은 그 성(性: 즉 理)이 발함에 있어서 형기가 개입한 것이므로 기발이라고 하고, 사 단은 형기가 개입하지 않은 것이므로 이발이라고 한 것이다. 사단 은 성이 발한 것이라는 점에서 이발이고 형기의 개입이 없다는 점 에서 이발이며, 칠정은 성이 발한 것이라는 점에서 이발이고, 형기 가 개입했다는 점에서 기발인 것이다. 다시 말하여, 사단(四端)은 이발기수일로 중의 이발이며 칠정은 이발기수일로 중의 기발인 것 이다. 그래서 이를 일성이정론(一性二情論)이라 한다.

퇴계와 율곡은 모두 본연지성(本然之性)과 기질지성(氣質之性)의 관계는 사단칠정의 관계와 같다고 보았는데, 성호는 이들의 관계가 다르다고 했다.

본연지성이 발한 것은 사단이요 기질지성이 발한 것은 칠정이라 는 점에서 퇴계와 율곡은 그 인식을 같이한다. 퇴계의 이기호발론 (理氣互發論)은 ‘본연지성과 기질지성’ ‘사단과 칠정’을 이원적으 로 보는 이성이정론(二性二情論)이고 율곡의 기발이승일도설(氣發 理乘一途說)은 이들을 일원적으로 보는 일성일정론이다. 성호는 본 성은 하나이며 그것이 발현하는 정에는 두 가지가 있다는 일성이 정론(一性二情論)을 피력하였다.

이기론 비판

이익은 실학자로서 특히 이기론의 번잡한 논의를 경계하였다.

첫째, 태극설에 대하여, 이익은 말하기를,

“주자와 상산 육구연이 서로 편지를 주고받으며 태극도설(太極

圖說)을 다투어 변론한 것은 고금을 통한 일대 논쟁이었다. 이들의 논쟁은, 다만 '무극이태극(無極而太極)'이란 이 다섯 글자에 관계될 뿐인데, 이 뜻을 해결하지 못하여 천 마디 만 마디 말에 이르기까지 하였으니 너무 지나쳤다.

주자와 염계(주돈이)의 설은 허물이 없다. 그런데 (육구연이) 치우친 마음과 고집스런 학문으로 자기의 뜻을 가져 염계의 뜻을 맞이하지 않고 의심을 가지게 되니 왜 그렇게 이상하게 여겼을까?" 하였다.

둘째, 천재지변과 인간사에 관하여 그 상관성을 부정하였다.

이익은 천재지변은 하늘에 속한 일일 뿐 땅 위에 사는 인간사(人間事)와는 상관이 없는 일이라고 하였다. 즉

"백성이 나쁜 짓을 하는 것에는 국가에 일정한 법률이 있어 제재를 과한다. 임금이 임금 노릇을 못 하는 일에는 하늘이 벌을 내리지 않는다. 그러므로 간혹 불길한 징조가 하늘에서 나타난다 해도 임금은 두려워하지 않는다. [춘추] 이후로 불길한 징조가 나타날 때마다 반드시 인간과의 관계를 가지고 결부시켰는데 동중서, 유향(劉向) 같은 사람은 가장 철저하였다. 하지만 쳐다보고 내려다보아도 서로 들어맞지 않을 것이므로 임금이 그다지 두려워하지 않게 된 것이다.

대개 재이(災異)란 하늘에 속한 것, 땅에 속한 것, 사람에 속한 것이 있으니 이를 구별해야 한다. 해와 달, 다섯별이 모두 일정한 궤도가 있는데 그것이 얇아지고 부식되거나, 능멸하고 침범당하는 현상이 어찌 국가의 조그마한 문제나 미세한 사건 때문에 나타나겠는가. '임금의 말 한마디에 별이 3사(舍 1사는 30리를 말함)를 뒷걸음쳤다.'는 따위의 말은 믿을 수 없다."고 하였다.

3) 주체적 자각의식

이익은 먼저 단군신화를 역사시대로 편입하여, 그 영토의 범위를 주장하였다. [성호사설]에 다음과 같은 글이 있다.

"우리나라 역사는 단군, 기자 이상은 상고할 데가 없다. 단군은 요(堯)와 같은 시대에 나라를 세웠으며, 역시 순(舜)과 같은 시대다. 순이 맨 처음으로 12주(州)를 설치하였다. 유주(幽州), 병주(幷州), 영주(營州)는 모두 동북지대이다. '순은 저풍([맹자] 이루편에 나오는 지역 이름)에서 태어났는데 동이(東夷) 사람이다.' 하였다. 저풍이란 지역은 요동, 심양과 서로 가깝게 닿았던 모양이다.

[주례(周禮)] 직방씨를 상고하면 '유주에는 의무려라는 산이 있고 생산물로는 어염(魚鹽)이 있다.' 하였다. 지금 연경으로 가는 길 오른편에 의무려 산이 보이고 어염 역시 바다에서 생산되므로, 유주란 지대가 우리나라와 서로 연해 있었다는 것을 짐작할 수 있다. 맨 처음에는 요동과 심양이 모두 조선의 소유였으므로 반드시 저풍과 멀지 않았을 것이다. 순은 1년 만에 부락을 이루고 2년 만에 고을을, 그리고 3년 만에 도읍을 이루었다. 단군도 순에게 따르게 되었음은 의심할 여지가 없다." 하였다.

이익은 [삼성사(三聖祠)]에서 [동국여지승람]의 '고기'에 나오는 단군신화를 소개하고, "단군이 아사달에 들어가 신이 되었다."고 하였다.

다만 [삼국유사]와 달리 환인(환웅이 아니고)이 곰과 혼인한 것으로 잘못 이해하여 그에 대한 의문을 제기한 것은 그 착오가 어디에서 비롯되었는지 알 수 없다.

[성호사설]에서 특히 성호의 사론(史論)이 드러난 것은 그의 화

이사상(華夷思想)을 극복하려는 노력이 엿보인 점이다.

중국의 한족(漢族)은 외민족(外民族)에 의하여 정치적 위협을 당할 때마다 그들을 이적시(夷狄視)하고 한문화(漢文化)의 우월성을 강조하였다. 이는 조선에서 존주대의(尊周大義) 혹은 존명대의(尊明大義) 등 사대주의 사상으로 표출되었다. 조선조 성리학자들 중에는 자신의 조국인 조선을 낮추고 (중국의 '대중화'에 대하여) 소중화(小中華)라고 자처한 학자가 있었음을 감안하면 이익의 사상은 더욱 의미가 있다.

조선의 존명 사대주의자들은 청나라의 연호를 피하여 명의 [숭정기원후(崇禎紀元後)]를 썼다. 지금도 도처의 산록에 편재한 조선조 양반들의 묘비를 자세히 보면 필시 [숭정기원후]가 새겨져 있다.

이익은 '숭정기원후'의 이 다섯 글자를 비판하면서, "이 다섯 글자가 전국에 널리 사용되고 있다. 이는 다만 가문의 우환(憂患)으로 될 뿐 아니라 나라에 화를 미치게 할 것이다." 하였다.

또 그의 [화이지변(華夷之弁)]에 다음 글이 있다.

"우리나라는 병력이 매우 모자라 목전의 편안만을 상책으로 삼았다. 고려 때부터 망령되게 고론(高論: 고상한 언론)을 내어 무릇 외구(外寇)의 침략이 있으면 대국의 힘만을 의지하였으며 그렇지 아니하면 형세가 궁하여 애걸하는 수밖에 없었다. 오늘에 있어서는 그 양상이 또 달라져서 명나라가 호원(胡元: 원나라)을 몰아낸 뒤부터는 화이(華夷)의 분별이 더욱 중해져서 (중국을 섬기는 정도가 더욱 심해져서, 군사력의) 강약 따위가 문제가 아니다. 조정의 시책을 담당한 벼슬아치들은, 국내 정치를 닦아 나갈 생각은 하지 않고 외이(外夷) 물리치는 데만 급급하여 무관들의 대우를 소홀히 하고 있다. 그 빗나감이 이와 같다." 하였다.

말하자면 외적으로부터의 국가 방위가 문제가 아니고 힘의 강약과 상관없이 무조건 중화를 추종하는 존주(尊周), 존명(尊明)을 신랄하게 비판한 글이다.

4) 육두론(六蠹論: 여섯 종류의 좀)과 결울론(決鬱論: 막힌 기운을 소통시킴)

이익이 내놓은 '여섯 가지 국가의 좀 같은 존재' 즉 육두론과 이를 소통하는 방법으로 내놓은 결울론은 나라의 숨통을 트이게 하는 방안으로 의미가 있다.

육두론

이익의 육두론은 대개 다음과 같다.

"사람 중에 간사하거나 범람(氾濫: 바람직하지 못한 것들이 크게 나돎)한 자가 있으면 천하가 왜 다스려지지 않겠는가? 간사하고 범람한 짓을 하는 것은 재물(財物)이 모자라는 데서 생기고, 재물이 모자란 것은 농사를 힘쓰지 않는 데서 생긴다.

농사를 힘쓰지 않는 자 중에 그 좀이 여섯 종류가 있는데 장사꾼은 그중에 들어 있지 않다.

첫째, 노비, 둘째, 과거제, 셋째, 벌열(閥閱 혹은 벌족으로 벼슬과 공로로 먹고사는 집안을 말함), 넷째, 기교(技巧), 다섯째, 승니(僧尼: 승려), 그리고 여섯째, 유타(遊惰: 놀고먹는 게으른 사람)를 말한다. 장사꾼은 본래 사민(四民: 사, 농, 공, 상) 중의 하나로 그래도 통화(通貨)의 이익을 얻는다. 소금, 철물, 포백 같은 종류는 장사가 아니면 운반할 수 없지만 여섯 종류의 해로움은 도둑보다도 더하다.

노비는, 당대에 그치지 않고 대대로 전해지고 있으니 이는 고금 천하에 없는 일이다. 덕이 없고 재질이 모자라 어떤 계획을 생각하지 못하여 남의 종이 되었는가. 어쩌다 도피하면 수색하고 위협하여, 마침내는 그들로 하여금 재산을 탕진하고 처소를 잃게 하고야 만다. 노비전세법(奴婢傳世法)으로 노비의 수는 갈수록 늘고 아무런 재주도 덕망도 없는 사람이 양반이랍시고 노비들을 혹사하니 그것은 국가적 낭비다.

과거제는, 이에 종사하는 유생들이 효제에는 관심이 없고 생업을 포기한 채 날이 가고 해가 바뀌도록 붓끝이나 빨고 종이쪽만 허비하여 결국 심술(心術)을 망치고 나라에 화를 가져온다. 다행히 벼슬을 얻기만 하면 곧 스스로 뽐내어 사치와 교만이 끝이 없고 백성의 것을 박탈하여 소원을 이루고 욕심을 채우려 한다. 그 사이에 요행으로 자리를 차지하고 있는 자가 많기 때문에 이것을 본받아 모두들 밭고랑을 버리고 분주하게 날뛴다.

벌열이란, 자신이 어떤 공로의 자랑거리가 있음을 말한다. 지금 세속이 양반집 자손에 대하여는 통틀어 벌열이라 하고 서민층과 구별한다. 선대의 업이 모두 끝나고 자신의 재예(才藝)가 부족한 자도 이치에 어긋난 일을 해 가면서 삶을 구할 뿐 농사를 짓지 아니한다. 이들은 농사의 일을 부끄럽게 여겨 차라리 굶어 죽을지언정 천역(賤役)을 하지 않으려 한다. 한 번만이라도 농사 쟁기를 잡으면 그만 농부로 지목되어 혼인이 통하지 않고 교제에도 남에게 뒤떨어져 이 때문에 혹시 자력으로 살아갈 마음이 있는 자도 역시 어쩔 수 없게 된다.

기교란, 한갓 구경거리의 기물일 뿐 아니라 무릇 방술(方術: 신선의 술법)로 사람을 속이거나 미혹게 하는 종류의 일을 하는 자들이다. 그중에서도 광대와 무당 따위가 더욱 해롭다.

음양의 방술은 예로부터 있었고 의약과 복서(卜筮: 점치는 일)는 성인이 남긴 듯하다. 귀신의 복이 사람에게 미친다는 것에 대하여 감여가(堪輿家: 풍수가)가 말하기를, "그것은 [서경]에서 시작되었다. 과연 방술이 꼭 들어맞는가 하는 것은 증험할 수 없는데도 세상 사람들이 마치 풍파 밀리듯이 거기에 쏠려 다시는 금할 수 없게 되었다." 하였다.

이 땅 위에 군자는 조금이라도 (방술에 관하여) 마음을 두어서는 안 된다. 그 설이 맞는 경우는 적고 맞지 않는 경우는 많다.

천하의 이치는 다 궁구(窮究: 속속들이 깊이 연구함)할 수 없는 것이요, 천하의 일은 다 행할 수 없는 것이다. 당연한 일도 할 겨를이 없거늘 하물며 그 밖의 일이야 할 필요가 있겠는가. 방술은 해서는 안 될 일이다.

이것이 험난하게 퍼져서 원망과 혼란이 생겨 이따금 이로 인하여 명예를 손상하고 몸을 죽이는 사람이 있으니 감히 할 수 없는 것이다.

승니에 관하여, 사찰의 수는 헤아릴 수 없이 불어가고 있으니, 승려의 수가 얼마나 많은가를 알 수 있다. 군사와 식량이 군색하고 백성들이 곤궁한 까닭이 여기에 원인이 된다. 세상에 이에 관한 관심을 보이는 자가 없어 애석한 일이다.

국초의 제도에 도첩(度牒)의 법이 있었다. 이제는 모두 없어지고 평민들이 임의로 집을 버리고 절로 들어가 중이 된다. 내가(이익이) 옛날 남도(南道)를 지날 때, 길가는 행인 가운데 중이 거의 3분지 1이 되기에 괴상히 여겨 물으니, 모두 '부역이 번거로워 백성들이 아들 삼형제를 두면 하나는 꼭 절로 보내, 중이 되게 하는 것이 어느덧 관례가 되었습니다.' 하였다.

승려는 부처를 위해서가 아니고 여러 가지 역(役) 혹은 군역(軍役)을 도피할 것만을 생각하여 밭이 없는 깊은 산중에 들어가서 거처한다. 이들은 일하지 않고 다른 사람들이 밭이나 옥토에서 생산한 곡식을 축내는 무리들이다.

농사의 이익은 두어 곱절에 불과한데 여름철 밭고랑에서 힘든 것은 이보다 더한 것이 없다. 그러기에 민가에서 자식을 낳으면 가장 우둔한 자를 지목하여 '농사나 지어 먹으라'고 한다. 만약 선비와 농사꾼을 하나로 합치고 교도하는 법을 만든다면, (이들을 교화시킨다면) 고기가 물에서 헤엄치듯 새가 숲에 돌아가듯 할 것이다. 그리하여 재능과 덕이 있는 자를 밭둑길 사이에서도 선발하여 스스로 자랑하기를 기다리지 말 것이다.

이와 같이 하면 백성은 제 분수로 여겨서 눈에 익고 손에 익어 각자가 그 직업을 편하게 행할 것이다."고 주장했다.

말하자면 이익은 사농(士農)의 화합으로 당시의 위기를 극복하자는 현실적 대안을 내놓은 것이다.

그는 특히 과거시험제도에 대한 문제점을 지적하여,

"시부(詩賦)만으로 재주를 비교하는 것이 무슨 타당성이 있기에 이것을 풍속으로 삼아, 무릇 나라의 경사가 있을 때마다 과거를 베푸는가. 처음에는 동경증광과(同慶增廣科)라 칭하여 실시하다가, 비용이 많이 든다 하여 정시(庭試)만을 보였다. 합격자는 천만 명 중 한두 사람뿐이고 나머지는 모두 눈물을 머금고 돌아갔다. 먼 지방 사람들이 천 리가 넘는 길에 발바닥이 부풀도록 온갖 고생만 하고 합격하지 못하니 너무나 옳지 못하다. 문벌 있는 집안 자제들은 글 읽는 것보다는 요행만을 바라는 것이 습관이 되어 떼를 지어 다니면서 부탁을 하면 재상도 따라 찬성을 하니 먼 지방 사람들에게는 이보다 더한 학정(虐政)은 없다.

후세에 당파의 화(禍)는 거의 과거를 자주 보여 사람을 너무 많이 뽑은 데서 기인하였다. 이토록 화가 심한 줄을 알았다면 당장 오늘부터라도 사람 뽑는 것을 차츰 줄여야 한다. 만일 그렇게 되면 10년 된 병에 3년 묵은 쑥(쑥처럼 좋은 약)을 구하게 될 것이다. 그러나 국가에 경사는 자주 있고 경사가 있을 때마다, 반드시 과거를 보이는데, 과거와 경사가 무슨 상관이 있겠는가. 과거에 등제하는 사람은 몇 사람뿐이고 천만 사람이 눈물을 흘리는 것이 어찌 경사에 함께한다 하겠는가. 방목에 참여한 자는 모두 권문세가의 자제들뿐이요, 사방에서 모여든 한미한 자는 아무 의미가 없는 행사다." 고 하였다.

결울론

이익은 결울(決鬱)에 관하여,

"천지가 변화하면 초목이 번성하고 천지가 폐색(閉塞)하면 어진 사람이 숨는 법이다. 폐색이란, 기운이 울결(鬱結: 가슴이 답답하게 막힘)하여 소통되지 않는 것을 말한다. 풀이 울결하면 부패하고, 나무가 울결하면 좀이 생기며, 사람이 울결하면 병이 생긴다. 나라가 울결하면 백 가지 폐단이 아울러 일어나는 것인데, 그 울결한 가운데서도 군자의 도(道)가 사라지는 것보다 더 심한 것은 없다.

지금 세상에 울결한 일을 대강 손꼽아 본다면, 첫째, 습속으로 보아, 인재를 천대하여 어진 이를 물러가게 하는 일, 둘째, 문벌을 숭상하고, 서얼과 중인을 구별하는 풍습이 있어, 이들을 백 세 후

까지도 청환(淸宦: 학식과 문벌이 높은 사람이 참여한 규장각, 홍
문관 등의 벼슬)에 참여하지 못하게 하는 일, 셋째, 지난 4백 년 동
안 서북 3도(황해도, 평안도, 함경도) 사람들을 써 주지 않는 일, 노
비법이 있어 그 자손들을 사람으로 취급하지 않은 일 등이다. 이런
것들이 원인이 되어, 성중에 울결한 기운이 10분지 9를 차지하고
있다. 또 오늘날에 이르러서는 당론(黨論)이 공적으로 행하여져서
서넛씩 짝을 지어 각기 파벌을 만들어 한번 득세하면 다른 당파는
모조리 쫓아 버리니, 천지가 어찌 변화할 수 있겠는가.” 하였다.

5) 붕당과 서원의 폐에 대하여

이익은, 성리학의 부정적 측면으로 지적되어 온 당파의 대립과
서원의 폐를 서슴없이 비판하였다.

우선 당론에 관하여 이익은,

“당론은 하나의 크나큰 옥송(獄訟)이다.

사람들은 대단히 어진 사람과 한없이 흉악한 사람을 알고 있다.
어진 이가 흉악한 사람을 배격하면 금방 그 시비를 눈으로 알아차
릴 수 있는데 어찌하여 편당이 생기는가.

하지만 세상에는 올바른 일 가운데도 잘못이 있고 잘못한 일 가
운데도 올바름이 있다. 또 올바른 듯하면서도 그른 것이 있고 그른
듯하면서도 올바른 것이 있다. 사람들은 다만 자신의 올바름과 남
의 그릇된 일만을 보기 때문에 편당이 생기는 것이다.

요즘 조정에서는 떼를 지어 벼슬을 쟁취하는 난장이 벌어지고
있다. 이들은 벼슬 얻기를 걱정하고 벼슬을 잃지 않을까 염려하기
에 겨를이 없다. 이들이 어떻게 임금을 높이고 백성을 도울 일을

하겠는가. 진실로 국가에 아무 공로도 없는 사람들이 뜻을 얻고 공로가 있는 사람들은 멀어지고 있으니 세상일이 한탄스럽다.

형제들이 집안에서 싸우는 것은 재산이 넉넉하지 못한 때문이요, 처첩이 내실에서 싸우는 것은 사랑이 두루 미치지 못한 때문이다. 신하들이 조정에서 서로 편당을 짓는 것은 작록의 귀천과 선후가 있어서가 아니겠는가.

붕당의 의론이 성하여 어질고 어리석은 구별이 없어지고, 국시(國是)의 논설이 성하여 착하고 악한 것이 전도되었다.

붕당에 아부하여 풍습을 선동하며, 흑백이 정한 데가 없어졌다. 이러한 현상은 마치 배를 타고 방향을 돌리면 남북이 자리를 바꾸듯 하니, 백성들은 장차 어디로 따라가야 할 것인가. 그러므로 스스로 국시라고 창론하는 자는 나라를 망치는 논설인 것이다.” 하였다. 이익은 당시 당론이 무성하여 나라의 규준(規準)이 무너지고 있음을 한탄하였다.

또 “각기 색목을 정하여, 나가고 몰려다니는 데도 서로 구별을 하여, 당파를 모으고 다른 당을 공격하는 장소로 (서원을) 이용하고 있다.”고 하면서 서원의 폐를 지적하였다. 이익은 이어 말하기를,

“하등에 속하는 자들은 서원의 명부에 이름을 올리고 부역을 회피하는 곳으로 삼아 학문을 강론하는 것도 도외시하였으니, 그 폐단은 이루 말할 수 없다. 수십 년 전에 조정에서 명을 내려 한 사람을 위하여 서원을 거듭 세우는 것을 금지하였다. 하지만 권문세가의 집은 금지하지 못하였으며 또 금령이 내린 후에도 서원을 함부로 세운 자는 훼철할 것을 명하였으나 이를 모면한 자가 많아 법령의 문란함이 심하였다. 이미 고을에 향교가 있는 이상 서원은 필요하지 않으며 향교와 거리가 먼 곳에는 웅천 서원의 규례와 같이

서재를 세우도록 하고 사람은 향사하지 않을 것이니 이는 금령 밖의 일이다."고 하여, 향교가 있는데도 서원을 세워 그 부작용이 심하다고 비판하였다.

6) 제도 개혁론

이익은 제도개혁에 관하여 토지제도와 부세제도를 비롯하여, 인재등용, 서얼차별, 노비문제 등 여러 분야에 걸쳐 다양한 의견을 개진하였다. 몇 가지만 간단히 소개하면 다음과 같다.

토지제도

이익의 토지제도 개혁이론은 우선 그의 [균전론]부터 알아볼 필요가 있다.

천하의 토지는 모두 임금의 땅이다.

백성들이 각각 그 전지를 자기 명의로 하고 있는 것은 임금의 땅을 한때 강점한 데 불과하다.

내가 전에 [균전론(均田論)]을 지었다. 그 대략은, "전지 및 묘(1묘는 약 30평)로 한계를 정하여 한 농부의 영업전(永業田)을 만들되, 노력에 따라 많이 점유한 자의 것을 빼앗지 않고 없는 자를 추궁하지 않으며 몇 묘 외에는 마음대로 사고팔게 한다. 다만 많이 가진 자는 그 토지 가운데 몇 묘의 영업전을 가지게 하고 다른 문권(文券)은 불살라 버린다. 관(官)에서 토지 장부를 만들어 함부로 팔 수 없게 하고 없는 자들이 혹 조금씩 전지를 얻을 수 있게 될 것이다." 하였다. 이익의 균전론을 요약하면,

첫째, 농가 호당 소유 토지의 기준량을 마련하여 그 기준 토지를

1호의 영업전으로 한다. 영업전의 면적은 50묘 혹은 100묘(1경 혹은 1결)로 한다.

둘째, 영업전 이외의 토지는 이를 빼앗지 않고 무제한 자유매매를 허용한다. 셋째, 앞으로 수 세대가 지나면 영업전의 기준량을 중심으로 균전이 이루어질 것이라 하였다.

이상 이익의 개혁 내용은, (유형원이 주장한) 국가 권력에 의한 토지의 재분배가 부자들의 반대로 불가능하다고 보고, 강제력이 없는 방식을 도입해서 장기간에 걸쳐 토지 소유의 균등화를 시도한 것이다. 그러나 영업전의 매매 금지와 영업전 이외 토지의 자유매매로 과연 일정 기간 이후 토지 소유의 균등화가 이루어질지 의문이다. 이익의 한전론(限田論)은 토지 소유의 하한(영업전의 기준량)만을 설정하고 토지 소유의 상한을 설정하지 않았다는 점이 주목된다.

부세제도

부세(賦稅)에 관하여 이익은, 1결(結)에 1천 두(斗)를 수확하여 도정(搗精)하면 9백 두의 쌀을 얻을 수 있다고 보았다(사실은 그렇지 못한 경우가 많다). 이익은,

"지금 국가에서 제정한 부세가 1결에 대하여 공미(貢米) 16두이니 25분지 1에 해당된다. 10분지 1의 부세로 낸다면 40두의 쌀을 내야만 이 수량에 해당된다. 하지만 이는 조정의 경비만을 계산한 것이요, 고을의 잡부금과 곡식을 운반하면서 소요되는 허다한 비용들을 계산하지 않았으니 결국 10분지 1의 부세를 바치는 결과나 마찬가지다. 무릇 10분지 1세는 천하의 공정한 법칙이다.

이제 만약 공정한 부세를 정할 경우 10분지 1로 단정한 뒤에, 고을에는 일체 잡부를 없애고, 다만 복록을 더 주어 용도를 풍족하게

해 준다면 백성의 부세는 예전같이 10분지 1을 내게 될 것이요, 국가의 수입은 옛 제도에 비하여 몇 갑절이 될 것이다." 하였다.

대동법

대동법의 실시에 관하여 이익은,

"의정 김육에 이르러서 (하등급의 전지를 표준으로 1결당 매년 징수하는) 4두 경비 이외에 따로 대동의 공법(貢法)을 만들어 봄, 가을에 합쳐서 12두를 징수하였다(이 제도는 그동안 공물로 바치던 것을 미곡으로 통일하여 바치게 하여 백성들의 부담을 줄이자는 취지로 출발하였다.).

백성 다스리는 요점은 관부가 드물게 접촉하도록 하는 데 있거늘 어찌하여 대동세는 봄, 가을로 각각 바치게 하고 각 읍에서는 읍마다 각 창(倉)에서 나누어 바치게 하여 허다한 사사로운 뇌물을 바치게 하는가. 만약 세납과 공납을 합쳐서 동시에 한 창에 모두 바치게 한다면 나라도 허비가 없고 백성들도 은사를 받게 될 것이다." 하고, 사창(社倉)의 운용이나 상평법(常平法)의 일 등 여러 분야에 관심을 보였다.

인재등용법

이익은, 인재 등용에 관하여, 법을 중시하고, 유형원과 같이 특히 서경제(署經制)의 혁파를 주장하였다.

"법이 없으면 백성을 다스릴 수 없고 어진 이가 아니면 법을 제대로 시행할 수 없다. 이것이 소위, '사람과 법이 서로 유지되어야 한다.'는 것인데 이 두 가지 중에 하나만 없어도 정사가 제대로 이루어지지 않는다.

몸소 농사의 어려움을 아는 자 중에서 재능과 덕망이 있는 사람을 등용해야 한다. 오늘날에는 벌열과 당파가 한 덩어리가 되어 서로 벼슬을 독차지하고 있다. 이들이 결탁하여 대를 이어가면서 원수와 나의 편을 갈라놓고 있다. 이런 고질이 골수에 배어 죽은 뒤에야 그 버릇이 없어질 것이다. 아무것도 모르는 어린이 같은 자들과 어리석은 사람들이 벼슬에 올라서 백성의 어려움은 관심 밖의 일이 되었다.

나는, 이 폐단을 개혁하려면 크게 뛰어난 수단이 아니고는 해낼 수 없다고 생각한다. 지금 서경(署經)의 법을 빨리 혁파하고 과장(科場) 봉미(封彌: 과거답안지에 쓰는 이름 등)에 있어서도 다만 그 조부와 아버지의 이름만 기재하고 관직은 빼야 한다. 인재를 등용함에 있어서 오직 그 어질고 어리석음만을 가릴 것이고 조상의 현달함과 미천함은 잊어버려야 한다.” 하였다.

서얼의 허통

서얼의 부당한 처우에 관하여, 이익의 글에,

“[사기] 악의전(樂毅傳)에, ‘법령을 닦고 서얼(庶孼)을 신(愼)해야 한다.’ 했는데, 해설자는(신하여야 한다는 구절의 뜻을) ‘방비하고 현달하지 못하도록 한다.’ 하였다. 이는 잘못된 듯하다. 신(愼)한다는 말은 ‘삼가고 사랑한다.’는 뜻이다. 이 말은 ‘전국책(戰國策)’에 나오는데 신(愼)이 바로 순(順)으로 되어 있다. 순과 신은 통용되는데 이는 [주역] 몽괘(蒙卦)와 승괘(升卦)의 주(註)에도 나온다. 얼(孼)이란 [맹자]에 나오는 고신얼자(孤臣孼子)와 같은 뜻으로 원한을 품고 뜻대로 할 수 없는 자들을 말한다.

[예기]를 상고해 보면 그 소(疏)에,

'서자는 비록 벼슬이 대부가 되고 나이가 적자(嫡子)보다 많다 하더라도 적자의 밑에 앉게 된다.' 하였으니 이는 첩의 아들로서 벼슬하는 데 아무 구애를 받지 않는다는 뜻이다.

집에 있을 때는 비록 귀천의 구별이 있다 해도 벼슬이란 본래 덕을 숭상하는 것이므로 그렇게 했으니(서얼도 벼슬을 주었으니) 어찌 서얼이라 하여 (그 벼슬길을) 차마 막았겠는가." 하였다.

노비환천법

노비환천법에 대하여 이익은,

"고려 태조는 일찍이 포로를 석방하여 양인을 만들고자 하였으나, 공신들의 뜻을 동요시킬까 염려하여 편의에 따를 것을 허용하였다. 정종 5년에, '천한 자는 어미를 따른다.'는 법(從母法)을 제정하였다. 조선 성종 6년에 노비환천법(奴婢還賤法)을 제정하여, 속량(贖良: 천인을 속하여 양인이 됨)된 자들도 세월이 흐르면 혹 그 본주(本主)를 경멸하는 일이 있으므로 마침내 법을 정하여, 본주에게 욕설을 하거나 본주의 친족과 서로 맞서는 자는 환천(還賤)하여 노역시키기로 하였다."고 소개한 뒤, 이러한 법이 너무 혹독하다고 평하였다.

이상 [성호사설]에 나오는 제도 개혁안을 간단히 소개하였다. 그 내용은 대개 유형원의 것과 비슷한 대목이 많다.

7) 성호의 몇 가지 오해

[성호사설]의 내용을 보면 이익은 주정(主靜)의 도(道)를 내세우고 세상을 넓게 바라보아야 한다는 그의 선의(善意)를 쉽게 읽을

수 있다. 즉

"주정(主靜)에 대한 방법은 마치 하늘에 해가 있는 것처럼 분명하니 다시 의논할 여지가 없다. '천지와 인간의 덕이 부합되면 발육됨이 한량없고, 일월과 밝음이 부합되면 세상을 밝게 비치며, 사시(四時)와 질서가 부합되면 행하는 길이 틀림없고 귀신과 길흉이 부합되면 감응이 어긋나지 않는다.'고 한 나홍선의 말은 역시 취할 점이 있다. 배우는 자는 마음을 크게 가져야 한다. 마음이 커지면 만물의 이치를 다 통하게 되나 반드시 궁리공부가 있어야 마음이 크게 된다.

왕자(王者)는 하늘을 본받아 도를 행하고, 필부(匹夫: 서민)도 마찬가지로 하늘을 본받아 (하늘과 같이 넓은 마음으로) 생각해야 한다. 하늘은 모든 것을 두루 덮고 만물이 함께 자라 이루어지지 않는 것이 없다. 내 마음도 온갖 것을 포용하여 힘은 미치지 못하나 항상 천하를 잊지 말아야 한다. 사방이 청명하고 밝게 비치는 해와 달을 보고 곧 내 마음도 하늘처럼 밝고 환하도록 본받아야 한다."고 하였다.

또한 후한의 역사가인 반고(班固)의 [고금인물표]에서 분류한 인물 분등(分等: 9등급으로 분류함)을 소개하였다. 그중 상지(上智)에 있는 자란, 선(善)은 같이할 수 있으되 악을 같이할 수 없는 자들의 층이고, 선과 악을 같이할 수 있는 층이 중인(中人), 그리고 선은 같이할 수 없어도 악을 같이할 수 있는 자를 하우(下愚)라 하고, 이들 어진 이와 어리석은 자들을 구별하는 제도가 필요하다고 했다.

하지만 성호의 글 중에는 그의 평소 주장과는 다른 내용이 있어 과연 그의 진의가 무엇인가 의심된다. 그 몇 조목만 열거하면 다음과 같다.

첫째, 이익은 정이(程頤)와 주희(朱熹)를 신(神)에 이르는 성인(聖人)으로 보고, 우리의 국왕 앞에서조차도 그 이름을 지칭해서는 안 된다고 하였다.

그는 말하기를, "만일 정자, 주자가 맹자 이전에 있었다면 반드시 성인으로 지목되었을 것이다."고 하면서, 그들(정이, 주희)의 이름을 지칭해서는 안 된다고 하였다. 즉

"공자, 맹자, 정자, 주자는 후세 사람의 스승이므로 귀천을 물론하고 존경하는 것이 일반적이다. 근래에 임금의 권위에 위압되어 소장(疏章)에서 그의 이름을 지칭하는 자가 많으니 그릇된 일이다. 이제 퇴계의 소, 주(疎, 奏)를 상고하건대, 매양 정자, 주자라고 이르고 그 이름을 부르지 않았으니, 이로써 법을 삼아야 할 것이다." 하였다.

퇴계의 말이 "주자가 창주서원을 세우면서 도통(道統: 도를 계승함)을 자임하였다."고 하였는데 여기서 도통이란 성인의 도(道)를 이어가는 인물의 대열에 들어가는 것을 말한다. 이익은,

"주자가 위로는 복희, 신농에서 아래로 정자 형제(정호, 정이)까지를 미루어 이야기하고 자신을 그 뒤에 붙여 놓았다."고 하였다. 원(元)나라 학자 오징(吳澄)에 의하면, "도(道)의 근원이 하늘에서 나왔는데 신성(神聖)이 그 도를 계승하였다. 요, 순 이상은 도의 원(元), 그 이후는 도의 형(亨), 공자, 맹자는 도의 이(利), 주돈이, 장재, 정호, 정이, 주희는 정(貞)이다. 근고(近古)의 도통은 주돈이가 원(元), 장재와 정이, 정호가 형(亨), 주희가 이(利)에 속하는데 누가 오늘날 정(貞)이 될까." 하였다.

이러한 고사(故事)를 들어 퇴계가 창주서원의 석전(釋奠: 공자의 제를 올림)은 예외가 되어야 한다고 하였다. 이익은 공자의 향사(享

祀: 제사)까지도 성균관이나 각 군현에서 행하여도 충분하다는 논리로(서원의 설립을) 반대하다가 퇴계의 말을 듣고 다음과 같이 말하였다.

"나의 생각에도 성탕(成湯: 은의 탕왕)과 무왕(武王)은 걸(桀: 하왕조 최후의 왕), 주(紂)를 주벌(誅伐)하였고, 이윤(伊尹)은 그 임금을 내쳤으며 순(舜)은 부모에게 고하지 않고 장가들었지만 이런 일은 오직 이들만이 할 수 있었던 일이고, 주자의 석전도 그 뜻이 이와 같다고 여겨진다." 하였다.

삼황오제로부터 공자, 맹자와 정자, 주자로 이어지는 도통(道統)의 성현들을 신(神)처럼 숭배하는 것은 강대국의 물리적인 힘에 복속하거나 숭정(崇禎)의 연호와 같은 형식상의 문제보다 더욱 심각하다.

과연 우리는 이 문제를 어떻게 받아들여야 옳을 것인가. 기왕의 학자들이 평가한 대로, 그는 수사추로(洙泗鄒魯: 공자와 맹자)나 염락관민(濂洛關閩: 주돈이, 정호, 정이, 장재, 주희)의 성리학을 기반으로, '조선의 현재와 미래를 조망'한 것인가, 아니면 지금 새로이 싹트고 있는 진정한 의미의 실학의 방향을 오히려 과거로 회귀하는 것은 아닌가 의문이 제기된다. 그에 대한 의문은 다음으로 이어진다.

둘째, 지역 편견(偏見)을 조장하였다.

이익은 당론의 폐를 말하였지만 그가 내놓은 지역 편견은 그보다 더 무서운 민족분열의 파괴력을 가지고 오늘에 이르렀다. 만일 오늘의 지역감정이 그의 논조와 관계가 있다고 가정한다면 그는 만고에 씻을 수 없는 망국적인 과오를 범한 것이다. 이익은 지역편견을 풍수설과 인심론을 가지고 평하였다.

영호남의 풍수설

이익은 감여가(堪輿家: 풍수가)의 술(術)을 믿는 자들을 소개하고, "사람으로 하여금 배를 잡고 웃게 한다."고 말하면서 자신도 그와 비슷한 풍수론을 가지고 전라도를 폄하하였다. 즉

"훈요십조에 차현 이남과 공주강 외라는 글이 나오는데 공주강은 금강을 말하며, 감여가들은 금강의 흐름을 반궁수(反弓水)라고 한다. 그에 이어서 전라도의 수세는 산발사하(散髮四下)의 형세가 되어 국면을 이루지 못하였다.

즉 한 도(道)의 물이 무등산 동쪽의 물은 모두 동으로 흘러 바다로 들어가고 서쪽의 물은 모두 남쪽으로 흘러 바다로 들어가고 덕유산 이북의 물은 북으로 흘러 금강과 합류한다. 비유하면, 머리를 풀어 사방에 흩어진 것과 같아 국면을 이루지 못한 것이다.

그로 인하여 이 고장에는 재주와 덕 있는 사람이 드물게 나오니 사대부가 살 만한 곳이 아니다." 하였다.

다른 항목에서 '백두정간'을 소개하기를,

"(먼저 백두대간을 소개한 뒤), 그를 따라 흐른 물이 모두 여러 갈래로 갈라져 영남지방의 동래와 김해를 좌우로 싸돌아서 물막이가 되었다. 이것은 곧 산이 끝난 곳에 물이 합류된 형국으로 거칠고 사나운 기운이 흔적 없이 제거된 것이다. 그러므로 그곳 영남에서 무한한 인재가 양산되었다. 대체로 그 일직선의 큰 산맥이 백두산에서 시작하여 중간에 태백산이 있고 지리산에서 끝났으니 퇴계가 태백산과 소백산 밑에서 출생하여 유학의 우두머리가 된 것이다. 그 계통을 받은 인물들이 깊이가 있어서 빛을 발하였고 예의 바르고 겸손하고 문학이 찬란하여 수사(洙泗: 공자, 맹자)의 유품을 방불케 하였다. 남명조식은 지리산 밑에서 출생하여 우리나라 기개

의 절조로서 가장 높은 위치를 차지하게 되었다. 퇴계와 남명은 모두 경상도 땅에서 태어났다. 북도에서는 인을 숭상하고 남도에서는 의를 앞세워 유교의 감화와 기개를 숭상한 것이 넓은 바다와 높은 산과 같게 되었다. 우리 문화는 여기에서 절정에 달하였다. 나는 두 분의 후대에 출생하였다."고 하였다.

영남의 수세에 관하여,

"지금은 나라 안에 오륜이 구비된 고을을 구하려면 오직 영남 한 구역이 있을 뿐이다. 그 까닭은 무엇인가? 산천의 풍토와 기후로써 징험할 수가 있다. 무릇 영남의 큰 물은 낙동강이다. 사방 모든 냇물이 크든 작든 간에 흐르는 물은 일제히 합류해서 한 번이라도 밖으로 새는 곳이 없다. 그 물이 이와 같으니 그 산도 알 수 있다. 이 때문에 여러 사람의 마음도 함께 모여서 외치는 이가 있으면 반드시 화답하여 일을 당하면 힘을 아울러서 가담한다. 유현(儒賢)이 대마다 일어나서 성교(聲敎)가 되는 데 달리 변경할 수가 없다." 하였다.

'반궁수'와 '산발사하'에 대하여 최근 국내의 유명한 풍수지리학자인 최창조 교수는 다음과 같이 평하였다.

"반궁수의 문제는 주체를 개경 등지의 중부 지방으로 보는 경우, 화살이 그쪽으로 향하는 수세가 되겠지만 그 이남을 주체로 보는 경우 수태극(水太極)의 길세가 된다. 산발사하의 경우는 한반도 남부 지방에서는 어디에서나 볼 수 있는 현상으로 지세의 대관을 보는 안목에 따라 그 해석이 다르다. 풍수에서 지세를 관상할 때, 거시규모(macro-scale: 영남, 호남 등)로 해석하지 않는 법이기 때문에 이익의 풍수론은 의도적인 것일 수밖에 없다." 하였다.

강의 흐름에 관하여 우리는 이익의 말대로 눈을 크게 뜨고, 넓은 안목으로 바라보는 시각이 필요하다.

가령 남미, 북미, 아프리카 대륙의 아마존 강, 미시시피 강, 나일 강은 하나의 큰 줄기로 통일되어 대륙을 관통하여 흐른다. 반면 이익이 이상적인 나라로 믿고 있는 요, 순의 중국은 황하와 양자강의 양대 물줄기가 대륙을 감아 돌아 황해에 이른다. 우리나라는 좁은 땅에서 압록강, 두만강, 대동강, 한강, 금강, 영산강, 섬진강, 낙동강 등 여러 강들이 각각 삼면의 바다로 흘러 들어간다. 일본의 경우도 마찬가지다. 또한 하나의 물줄기로 흘러나오는 나일 강(수단과 이집트)과 메콩 강(캄보디아와 월남), 아마존 강(브라질)의 경우 등, 세계 지도를 놓고 강의 흐름을 보면, 과연 이익의 풍수설이 얼마나 황당한가를 미루어 짐작할 수 있다.

현재 우리나라 강줄기를 보면 한강은 서울을 관통하고, 낙동강은 영남을, 영산강은 호남 서쪽을 관통한다. 섬진강은 영남의 하계장 터를 지나 하동에 이르고 금강은 전라도에서 발원하여 충청도를 거쳐 전라도 군산과 충청도 장항에 이른다. 섬진강은 영남과 호남이 공유하고, 금강은 호남과 충청이 공유하여 흐른다. 전라도의 물은 전남은 영산강 하나로 흐르고, 전북은 금강, 섬진강, 낙동강의 발원지가 되어 모두 다른 도를 통과하여 흘러나간다. 강물도 인심처럼 흐른다면, 한 지역에 외줄기로 흐르는 것보다 여러 곳을 두루 관통하는 것이 더욱 강답고 자연스럽다.

인심론(人心論)

전주 사람들에 관한 글은 [성호사설] 생재론에 있다. 그 내용의 대략에,

"전주는 감사영이 있는 곳이다. 장사꾼이 많아 온갖 물화가 모여

든다. 생강과 마늘이 가장 많이 생산되고 지금 우리나라 전역에 쓰는 생강은 모두가 전주에서 흘러나온 것이다.

풍속이 사나워서 나그네가 방을 얻을 수 없다. 습속과 기질이 나약해서 추위와 굶주림을 참지 못하는 것도 도내가 모두 마찬가지다. 더구나 곡식이 흔하기 때문에 세력 있는 자들이 재물 모으기가 쉬워서 아름다운 옷에 준마를 탄 호족들이 곳곳에서 거드름을 피우며 약한 백성들을 강제로 질타하는 횡포가 일어나지만 관아에서는 이를 금지할 길이 없다.

타향에서 떠들어 온 자를 고용하여 멋대로 종이라 부르고 갓을 쓰고 도포를 입고서 선비인 체하며 첨정(僉正: 돈영부, 훈련원 등에 소속된 종4품의 벼슬)에도 참여하지 않는 자가 3분지 2나 된다.

나머지 3분지 1만이 문부(文簿: 장부)에 실려 조세를 낸다. 따라서 조세가 치우치고 혹독하여 가난한 백성들은 생업을 잃게 된다. 삼형제를 둔 집에서 아들 하나는 머리를 깎고 중이 되어 군역을 피하기 때문에 도내 곳곳에 사찰이 널려 있다. 중들은 농사일을 알지 못하여 일반 백성들에게서 얻어먹으니 농사를 해치는 일이 더욱 심하다. 중들이 하는 일은 신을 삼고 종이를 만드는 것이 고작이다. 종이는 닥나무로 생산하는데 만마동 것이 가장 좋아 상품의 으뜸이다. 바닷가에 위치한 산에는 소나무를 기르고 제주도처럼 사슴이 많아서 백성들이 그것을 잡아 돈을 마련한다.” 하였다.

한편 경상도 인심에 관하여, “경상도는 언어와 풍습이 중국과 흡사하여 예의를 숭상하고 길쌈을 부지런하게 하며 서울보다 더 많은 명현이 배출되었다. 그러나 농부는 적고 선비는 많으므로 경제가 신장되지 못하여 사람들이 너무 인색하고 송사하는 것을 부끄럽게 여기지 않고 아무리 작은 일이라도 그냥 넘기지 않는다. 벼슬아치도 탐묵(貪墨: 욕심이 많고 하는 짓이 더러운 것)이 심하다.”
하였다.

또 다른 한편으로 경상도 인심에 대하여 다음 글이 있다.

“영남지역에서는 선비를 논하면서 관직의 위계를 따지지 않는다. 진실로 고을에 명망이 없으면 비록 몸은 공경이라 해도 그 수효에 참여하지 못한다. 선현(先賢)을 매우 좋아하고 사모한다. 퇴계 이황(1501 – 1570), 남명 조식(1501 – 1572), 서애 유성룡(1542 – 1607), 한강 정구(1543 – 1620), 우복 정경세(1563 – 1633), 여원 장현광(1554 – 1637) 등 여러 선생들의 문하에 출입한 자의 후손은 모두 훌륭한 가문이며 조부나 부친의 관작이 없어도 나쁘게 말하지 않는다. 선비는 행검(行檢)에 힘을 쓴다.

벼슬길에 들어간 이후에도 벼슬을 구하기 위하여 영(嶺)을 넘어 서울로 가는 것을 치욕으로 여기며 시대의 여론(時論)에 야합하는 것을 천하게 여긴다. 지방 풍속을 말한다면 사람들이 부지런하고 검소하다. 부녀는 반드시 밤에 길쌈하고 선비는 신을 삼는다. 혼인과 상사(喪事)에는 친구와 친척이 서로 돕는다. 국가에 사변이라도 일어난다면 서로 거느리고 달려가서 생사를 무릅쓰고 싸운다. 진실로 글을 읽고 진리를 말해서 덕행과 재능이 나타난 자가 있으면 옷깃을 여미고 스승으로 높이지 않는 이가 없다.

이곳은 풍속이 돈후한 낙원이며 인의의 고장이라 부른다. 공자는 말하기를, ‘예양(禮讓)으로써 나라를 다스린다면 무엇이 어려우리오.’ 하였다. 오직 영남에 이러한 풍습이 있다.

영남 사람들은 누에를 치고 길쌈하며 겸해서 무명을 생산하여 부녀자가 밤에 잠을 덜 자고 사철 옷을 장만한다. 아이들의 성장과 혼인에 필요한 물자가 집안에서 마련되지 않음이 없으며 또 서로 구휼(救恤)하는 일에 독실하여 그 가세가 빈곤하여 의식을 갖출 수 없는 자는 친척과 벗이 함께 도와서 파산을 면하게 한다. 가난한 선비의 낙원(혹은 낙토)이라고 할 만하다.

내가 영남의 인사를 보면 모두 삼으로 신은 신을 신었기에 물어보면 말하기를, "집에 있으면 집신을 신을 뿐, 삼으로 삼은 신은 신지 않는다고 하였다. 그 검소함이 이와 같다. 경기도에 이런 검소한 사람이 있다면 사람들은 모두 그와 혼인하지 않으려 할 것이다." 하였다.

한마디로 영남지역은 세상에서 가장 살기 좋은 지상낙원이요, 전주는 지옥과 같은 곳이다. 이러한 지역 폄하는 그의 재종손인 이중환(1690 - 1752)의 유명한 [택리지]에도 나온다. 그 내용을 간단히 소개하면 다음과 같다.

"전라도는 습속이 노래와 계집을 좋아하고 사치를 즐기며 사람이 경박하고 간사하여 문학을 대단치 않게 여긴다. 까닭에 과거에 올라 훌륭하게 된 사람의 수효가 경상도에 미치지 못한 것은 대개 문학을 힘써서 자신의 이름을 나게 하는 사람이 적은 까닭이다. 그러나 인걸은 땅의 영기로 태어나는 것이므로 전라도에는 인걸 또한 적지 않다. 고봉 기대승, 일재 이항, 하서 김인후, 재봉 고경명 건재 김천일, 고산 윤선도, 천묵재 이상형, 의정 이상진, 부윤 신말주 등이 있다." 하였다.

한편 경상도의 예안, 안동에 관하여 이중환의 다음 글이 있다. 즉 "예안은 퇴계 이황의 고향이며, 안동은 서애 유성룡의 고향이다. 고을 사람들이 이 두 분이 살던 곳에다가 각각 사당을 짓고 제사를 올렸다. 이런 까닭으로 서로 가까운 다섯 고을(예안, 순흥, 영천, 안동, 예천)에 사대부가 가장 많으며, 모두 퇴계와 서애 문하생의 자손이다. 의리를 밝히고 도학을 중히 여겨서, 비록 외딴 마을 쇠잔한 동리라도 글 읽는 소리가 들리며, 해진 옷을 입고 한 집에 가까이 살아도 또한 도덕과 성명(性命)을 말한다.

그런데 이런 풍습이 근세에 와서는 점점 쇠약해져서, 비록 정성스럽고 삼가나 도량이 좁고, 실상은 적으면서 말다툼을 좋아하니, 또한 옛날보다 못 하다는 것을 알 수 있고, 경상 우도의 여러 고을은 모두 이보다 더 못 하다.” 하였다.

이중환은 이익보다 약 20년 늦게 태어났지만 10년 먼저 죽었다. 누가 먼저 이 글들을 썼는지 모르겠으나, 이익의 글은 이중환의 경우보다 훨씬 신뢰성이 없다. 그는 전국 도처에 퍼져서 고질화된 양반사회의 폐습을 구태여 전주 지역으로 예를 들어 서술함으로써 오늘날 망국적인 지역감정의 원조가 되었다.

[조선왕조실록]을 보면 당시 영남의 상황은 다음과 같다.

숙종 22년(1696년 이익의 나이 26세),

“이때에 굶주림이 날로 심하여져서 서울과 각 고을에서 진휼장(賑恤場)을 설치하여 구제하였다. 그때 먹으러 오는 자가 날로 늘어나 서울은 1만 명이 넘고 팔도는 각각 수만 명이며, 영남에서 신보(申報: 고하여 알림)한 것은 56만여 명에 이르렀다. 굶어 죽은 수는 전후에 모두 수만이었다.”

다음 영조 4년(1728년, 이익의 나이58세),

영남에서 이인좌의 난이 일어났다. 난의 거병지는 청주였지만 남인들의 고장인 영남에서 모의자와 동조자가 가장 많이 나왔기 때문에 [영조행장]에서도, ‘영남의 역적 이인좌와 정희량 등이 모반하였다.’고 되어 있다. 난이 평정된 후 경상도 감영 소재지인 대구부의 남문 밖에 영남반란평정비(平嶺南碑)를 세워 영남을 반역향으로

못 박았다. [영조실록]에,

"정희량이란 자는 고 명신 정온(鄭蘊: 1569－1641, 한강 정구의 문인)의 고손자이며 참봉 정중원의 아들이다. 정중원(서애 유성룡의 종 고손자와 친사돈이다)은 대대로 안음에서 살아 성명(盛名)이 있고 도내에서 호부(豪富)로 알려졌으며 노비와 전택이 많았다. 정중원이 만년에 순흥으로 이사하여 죽었다. 정희량이 이인좌, 박필현, 한세홍의 무리와 체결하여 영남에서 거사하여 서로 응하기로 약속하였다." 하였다. 이 사건으로 영남이 반역향이 된 것이다.

그 후의 상황을 보면, 영조 9년(1733년, 이익의 나이63세) 4월,

"전라도에 전염병이 또 크게 번져 흥양 한 고을에 1백 명이 사망하였고, 경상도 26읍에서 8백여 명이 죽었다. 경상도의 진휼장에 나아간 기민이 179,865명, 거지가 11,685명, 죽은 자가 1,326명이었다." 하였다.

왜 특히 경상도에서 이토록 병들고 가난한 자들이 많이 나왔을까? 이에 대하여 다음 통계를 보면 그 원인을 짐작할 수 있다.

18세기 초, 중반기 대구부의 양반 호수가 579호, 양민 호수가 1,689호, 노비 호수가 824호이던 것이 18세기 말에는, 양반 호수가 1,055호로 82.2%나 증가하였고, 반면 상민 호수와 노비 호수는 각각 1,616호, 140호로 4.4%와 83.2%로 급감하였다. 양반 호수의 증가와 상민, 노비 호수의 상대적 감소는 일하지 않고 놀면서 먹는 (遊衣遊食) 비생산 계급의 증가와 생산계급의 고통이 가중됨을 말한다.

사람이 사는 곳에는 착한 사람, 간사한 사람, 악한 사람, 거짓말하는 사람들이 모두 뒤섞여 살고 있다. 다만 한 나라 안의 사람들을 편을 갈라 어느 쪽이던 과대 포장하여 지역갈등을 일으키는 것

은 필시 간사한 사람의 짓이라 아니 할 수 없다.

셋째, 전해론(錢害論)을 주장하였다.

이익이 경제 발전을 위하여 제시한 대안은 물물 교환의 자급자족적 농촌경제를 지향한 것으로 그는 미구에 닥쳐올 용전(用錢)의 필요성을 전혀 감지하지 못하였다.

이익은 백성을 번성하게 하는 요령에 관하여 다음 세 가지 방법을 제시하였다. 즉 '농사에 힘쓰게 하는 것, 검소함을 숭상하게 하는 것, 그리고 토색질을 금하게 하는 것' 등이다. 이익의 글에, "농사에 힘쓰게 하기 위해서는 상업(末利)을 억제해야 한다. 상업에서 사용되는 거래의 수단은 곡식과 포목인데 이는 은자와 돈보다 편리하지 못하며, 은자는 귀하고 또한 돈보다 불편하다. 결국 돈은 흔하고 편리하여 사람들을 돈에 의존하게 한다.

돈의 제도가 시행됨으로써 백성은 일체 이익에만 골몰하여 혹 농사를 버리고 상업에 종사하는 자가 많아서, 농사는 그 돈의 폐해를 입게 되었다.

검소함을 숭상하는 것은 사치를 금하는 데 있다. 일용 사물에 있어서도 때로는 돈이 없어서 갖추지 못하는 경우가 있는데 갖추지 못하면 형세가 부득이하여 절약하게 된다.

토색질을 금하는 것은 토호를 억제하는 것이요 간악한 꾀를 부리는 데는 고리대금보다 더 고약한 방법이 없다. 백성이 파산되는 것은 고리대금 때문이니 이는 모두 돈의 폐단이다." 하였다.

이익은 자신이 태어나기 전부터 실시해 오고 있는 화폐제도의 폐지를 주장하여 농촌 경제의 어려움을 해결코자 하였다. 이는 그가 주자학의 틀 속에서 헤어나지 못하고 시대상황의 객관적인 변화를 외면했던 또 하나의 중대한 과오였다.

4. 박지원(朴趾源)

연암 박지원(1737 - 1805)이 살았던 18세기는 동서양 전역에 걸쳐서 급격한 변화가 있던 시대다. 중국에서는 그동안 조선이 하늘처럼 받들고 의지하던 명 황제가 죽고, 대륙의 주인은 북방의 이민족으로 바뀌었다. 중화사상에 젖어 있던 당시 조선 선비들의 입장에서 보면, 이들은 머리를 빡빡 깎고 옷깃을 왼쪽으로 만들어 입고 다니는 해괴망측한 오랑캐에 불과했다. 하지만 이들이 세운 청(淸)이 명(明)을 대신하여 조선을 위협하자 결국 우리 국왕은 청 황제 앞에 무릎을 꿇고 군신의 맹약을 하였다. 이제 청나라는 하, 은, 주 3대 이래 당, 송, 명이 지배하던 모든 땅을 차지하고 천하를 호령하게 되었다.

조선의 조정과 관료들에게도 큰 변화가 필요하였다. 하지만 그들은 여전히 우물 안 개구리처럼 편협한 자신들의 세계에 갇혀 있었다. 이런 상황에서, 국가의 녹만 축내며 백성들의 고통을 외면하는 지도층에 반기를 들고 각 방면에 새로운 이론들을 내놓고 시대의 변화를 역설한 일단의 학자들이 일어났다. 바로 이들이 실학자다. 연암 박지원은 대표적인 실학자다. 그가 평생을 바쳐 집필한 주옥 같은 글들은 번역되어 현대 지식인들의 인기를 독차지하고 있다. 그가 자라온 생애와 사상의 구체적인 내용은 무엇인가.

1) 생애와 환경

[연암집]을 번역한 박수밀이 소개한 연암의 생애는 다음과 같다. 박지원은 영조 13년(1737년), 아버지 박사유(朴師愈)와 함평 이

씨 사이에서 2남 2녀 중 막내로 태어났다. 16세 때 처사 이보천(李輔天)의 딸과 결혼하였다. 당시 삼남지방에 대기근이 계속되어 사람이 사람을 잡아먹는다는 악성 유언비어가 나도는 시기였다. 청년시기에는 세상 돌아가는 일에 실망하여 불면증과 우울증으로 고생하였다. 이런 성장배경을 바탕으로 진실한 인간형에 대하여 모색한 전(傳) 아홉 편을 저작, [방경각외전]이란 이름으로 편찬하였다. 영조 47년(1771년) 마침내 과거를 보지 않기로 결심하고 서울 전의 감동에 은거하여 홍대용, 이덕무, 박제가, 유득공을 비롯한 젊은 지식인들과 더불어 학문과 우정의 세계를 펼쳐 갔다. 정조 2년(1778년) 홍국영이 세도를 잡고 벽파를 박해하자 생명에 위협을 느끼고 황해도 금천군에 있는 연암협으로 피신, 은둔생활을 하였다. 이곳에서 연암이란 호를 얻었다.

정조 4년(1780년)에 삼종형 박명원(朴明源)의 연행 권유를 받고 정사의 자제군관 자격으로 북경을 갔다. 이때 청의 건융황제가 열하에서 피서를 즐기고 있어서 열하까지 가는 행운을 얻었다. 그때 쓴 일기가 [열하일기]다.

정조 10년(1786년) 유언호의 천거로 음사(蔭仕)인 선공감 감역에 임명되었다. 그 후 평시서 주부, 사복시 주부, 한성부 판관(정조 15년)을 거쳐 안의 현감에 임명되었다. 그해부터 임지에서 관직생활을 시작하였다. 정조 21년에 면천군수로 임명되어 임금에게 '과농소초'를 지어 올렸다. 1800년 양양부사로 승진, 이듬해에 벼슬을 그만두었다. 순조 5년(1805년), 서울 가화방 재동 자택에서 깨끗하게 목욕시켜 달라는 유언만을 남기고 세상을 떠났다.

박지원의 문학정신은 한마디로, '법고창신(法古創新)'이란 말로 요약할 수 있다. '옛것을 본받고 법도를 지키면서도, 변화를 알고 새롭게 지어낸다.'는 뜻이다. 그는 틀에 박힌 표현이나 관습적인 문체를 거부하고 그 자신만의 독특한 글투를 지향하였다. 이를 말하여, '연암체'라고 한다.

박지원의 학문적 성취와 사상은 [열하일기]에 집대성되어 있다. 이 책에서 연암은 이용후생의 정신을 기반으로 청나라의 선진 문화를 받아들여 낙후된 조선의 현실을 타개하겠다는 주장을 폈다. 그의 저술은, [열하일기] 외에도 [방경각외전], [과농소초], [한민명전의] 등 다수가 있다.

2) 연암의 경학사상

연암의 문체반정

우선 그의 문체에 대하여 여러 논의가 있다.

지금까지 알려진 바에 의하면, 박지원은 정조로부터 문체 문제로 무거운 견책을 받아 매우 곤혹스러운 일이 있었다고 한다. 연암의 아들 박종채는 그의 [과정록]에서 세상에 알려진 통념과 다른 점을 지적하였다. 그 글에 의하면,

"(임금께서) 근일 문풍(文風)이 이 모양으로 된 것은 박 모(朴某: 박지원을 말함)의 죄이다. 속히 일부 순정지서(純情之書: 참되고 깨끗한 글)를 지어 올려 속죄하라."라는 하교가 남공철을 통하여 내려졌다. 이때, 서울에 있는 여러 사람들의 의론은 모두 "이는 실로 (왕의) 노여움에 따른 꾸지람이 아니고 장차 관행을 벗어난 특별대우가 있으리라."는 것이라고 평하였다.

박지원은 당시 안의현감으로 재임 중이었다. 관아의 여러 문사들은,

"모두 기뻐 날뛰며 혹은 붓을 들고, 공책을 매기도 하면서 베끼

거나 고증한 따위의 작업을 맡겠다며 서로 나섰다.”고 했다.

정조가 박지원을 문책, 타락의 죄괴(죄인의 우두머리)로 지목했지만 그 속뜻은 벌책이 아니고 문임(文任: 홍문관, 예문관의 제학)의 청화(淸華: 문장이 조촐하고 화려함)를 박지원에게 베풀려는 데 있었다. 정조가 박지원에게 ‘순정지서’를 지어 올리면 ‘남행(南行: 蔭職)의 문임’도 아끼지 않겠다고 한 것은 그에게는 실로 파격적인 대우였다.

성리학의 인식방법

연암의 인식방법은, [원도(原道)에 대해 임형오(任亨五)에게 답함], [소완정기(素玩亭記)], [열하일기]의 ‘도강록’, ‘상기(象記)’, ‘호질(虎叱)’ 등에 나타나 있다. 이들 몇 구절을 간단히 소개하면 다음과 같다.

길(道)을 아는가

연암 박지원이 연경으로 가는 도중의 일이었다.

내(연암)가 역관인 홍군(洪君)에게 물었다.

“자네, 길을 잘 아는가.”

홍군이, “무슨 말씀이요.” 하자. 내가,

“길이란 알기 어려운 것이 아닐세, 바로 저 강 언덕에 있다네.” 하였다.

홍군이, “먼저 저 언덕에 오른다([서경]에 나오는)는 말입니까.” 하고 묻는다.

내가 말하기를,

“그런 말이 아니야. 이 강은 바로 저편과 우리와의 경계로서 응당 언덕이 아니면 물일 것이다. 무릇 세상 사람의 윤리와 만물의 법칙이 마치 이 물가나 언덕이 있음과 같으니 길이란 다른 데서 찾을 것이 아니라, 곧 이 물과 언덕 가에 있는 것과 같다. 옛글에 인심(人心)은 오직 위태로워지고 도심(道心)은 희미할 뿐이라고 하였다. 서양 사람들은 이 문제를 기하학의 선(線)이나 빛으로 접근하려 하였으니 그 세밀한 부분을 표시하지 못하였다. 불씨(佛氏)는, 다만 불즉불리(不卽不離)라 하여 선(善)하지 않는 것은 선악(善惡)이 서로 분리하지 않는 것이란 말로 설명하였다. 선(善)에 이르는 것은 오직 (그 선에 이르는)길을 아는 자만이 가능할 수 있다.” 하였다.

그렇다면 길을 아는 것이란 무엇일까.

연암은 그의 [일야구도하기(一夜九渡河記)]에서 다음과 같이 말하였다.

“지금 나는 밤중에 한 줄기의 강을 아홉 번이나 건넜다. 폭우가 쏟아져 대하(大河)가 앞을 가로막은 탓으로 앞 언덕이 보이지 않을 정도였다. 낮에는 물을 볼 수 있으므로 오로지 눈으로 위태로움만을 보고, 무서워 떨며 오히려 눈을 가진 것을 걱정하는 판이어서 아무것도 들리지 않았다. 밤중에는 눈의 위태로움은 보이지 않으나 귀에 온 정신이 쏠려 두렵고 무서운 감정을 감당할 수가 없었다. 나는 이제야 길(道)을 알았다.

명심(冥心: 마음을 깊고 고요하게 가짐)한 자는 이목(耳目)이 누(累: 해로움과 고통)가 되지 않고, 이목에 의지한 자는 보고 듣는 것이 많을수록 병통(어떤 사물 안에 해가 되는 점)이 된다. 옛날 우(禹: 우왕)가 강을 건너는데 황룡(黃龍)이 배를 등으로 저어서 지극히 위험하였다. 그러나 살고 죽는 것에 대한 판단이 먼저 마음에 분명해지고 보면 그것이 용이라 해서 크게 보이고, 지렁이라 해서

작게 보일 것도 아니다. 소리와 빛은 외계의 사물이다. 외계의 사물이 항상 이목에 누가 되어 사람으로 하여금 그 이목의 올바름을 잃게 한다. 강물보다 더 험하고 위태로운 인생의 일은 더욱 말할 필요가 없다.

나는 다시 산중으로 돌아가 앞에 흐르는 시냇물 소리를 들으면서 이 일을 증험해 보고, 몸가짐에 교묘하고 스스로 총명함을 자신하는 자들에게 경고하는 바이다."고 하였다.

명심, 즉 깨달음이 곧 길이라 하였다.

깨달음, 심회지(心會之)

연암이 여기서 주장한 명심, 즉 깊고 신중하고 밝은 학문적 자세란 무엇일까. 그가 소완(素玩: 책을 완상한다는 의미의 호) 이서구(李書九)에게 다음 네 가지 길을 말하였다. 아마도 이 길은 책을 완상하는 길이요, 진리를 터득하는 (성리학에서 말하는) '격물치지'의 방법일 수 있다.

첫째, 자신의 감각 기관에 가려진 편견을 없애고 보다 초연한 객관적 자세로 사물을 바라보아야 한다. 즉

"자네(이서구)는 물건 찾는 사람을 보지 못하는가, 앞을 바라보면 뒤를 놓치고, 왼편을 돌아보면 바른 편을 빠뜨리게 된다. 왜냐하면 방 한가운데 앉아 있어 제 몸과 물건이 서로 가리고 제 눈과 공간이 너무 가까운 때문일세, 차라리 제 몸을 방 밖에 두고 들창에 구멍을 내고 엿보는 것이 낫네. 그렇게 하면 오로지 한쪽 눈만으로 온 방 물건을 다 취해 볼 수 있네." 하였다.

둘째, 전체를 한눈으로 보는 약(約: 널리 보되 핵심을 취한다는 뜻)의 자세가 필요하다.

"저 해라는 것은 가장 왕성한 양기(陽氣)다. 온 누리를 감싸주고 온갖 생물을 길러 주며, 습한 곳에 볕을 쪼이면 마르고 어두운 곳은 빛을 받으면 밝아지는 법이다. 하지만 해가 나무를 태우거나 쇠를 녹여내지 못하는 것은 무슨 이유인가. 광선이 두루 퍼지고 정기(精氣: 양기)가 흩어지기 때문이다. 만약 만리를 두루 비추는 빛을 거두어 아주 작은 틈으로 들어갈 정도의 광선이 되도록 모으고 유리구슬로 받아서 그 정광(精光: 양광)을 콩알만 한 크기로 만들면, 처음에는 불길이 자라면서 반짝반짝 빛나다가 갑자기 불꽃이 일며 활활 타오르는 것은, 광선이 한군데로 집중되어 흩어지지 않고 정기가 모여서 하나가 된 때문이다." 하였다.

셋째, 마음으로 핵심을 터득하는 '깨달음'의 방법이 중요하다.

"무릇 하늘과 땅 사이에 흩어져 있는 것들은 모두가 이 책들의 정기다. 제 눈과 너무 가까운 공간에서 제 몸과 물건이 서로를 가린 채 관찰하고, 방 가운데서 찾을 수 있는 것은 본래 아니다. 또 책을 완미할 때, 어찌 눈으로만 보고 살피는 것으로 만족하겠는가. 입으로 맛보면 그 맛을 알 것이요, 귀로 들으면 그 소리를 들을 것이요, 마음으로 이해하면 그 핵심을 터득할 것이다." 하였다.

넷째, 마음을 비우고 사심이 없어야 한다.

"지금 자네(이서구를 말함)는 들창에 구멍을 뚫어 오로지 한쪽 눈만으로 들여다보며, 유리구슬로 빛을 받아 마음에 깨달음을 얻었다. 그러나 방의 들창이 비어 있지 않으면 밝음을 받아들이지 못하고, 유리알이 투명하게 비어 있지 아니하면 정기를 모아들이지 못한다. 무릇 뜻을 분명하게 밝히는 방법은 본래 마음을 비우고 외물(外物)을 받아들이며 담담하여 사심(私心)이 없는 데 있는 것이니, 이것이 아마도 소완(小盌: 책을 완상함)하는 방법이 아니겠는가."

하였다.

연암은 주자학자들이 인식문제를 다룰 때 자주 사용하는 '격물치지'보다는 '깨달음', '마음으로 이해함(心會之)'이라는 개념을 사용한 것이다.

이기론

연암의 이기론에 대한 기본 입장은 다음 세 가지로 요약할 수 있다.

첫째, 이(理)와 기(氣)가 우주 만물을 이루고 있으며, '이(理)가 단일의 근원이다.'

"만물이 생겨나는 데 어느 것이고 기(氣) 아닌 것이 없다. 천지는 큰 그릇이며 거기에 가득 차 있는 것은 기(氣)요, 가득 차게 한 것은 이(理)이다. 음과 양이 서로 부딪치니 이(理)는 그 안에 있고, 기(氣)는 그를 감싼다. 이(理)는 마치 모든 복숭아가 씨를 품고 있고 모든 동전이 구멍이 있는 것과 같다. '이(理)는 단일의 근원'이니, 길은 달라도 귀결점은 같다. 지금 불이라는 것은 쇠붙이와 돌을 서로 부딪치기를 지성으로 하면 (불을) 얻지만(그 안에 理가 있으므로), 이를 물에 던지고(氣가 따르지 않는 상태에서) 불타오르기를 바란다면 올바른 소견이 아니다." 하였다.

둘째, 우주의 이치, 즉 이(理)의 불변성을 불의 비유를 들어 설명하였다.

"불이라는 물(物)의 성질은 태양으로부터 정기를 기르고 태음으로부터 정기를 지켜 아무리 한여름이라 해도 그 열이 뜨겁지 않고 한겨울이라 해도 그 빛이 줄어들지 않는다. 부귀한 사람이라 해서 (불이)남아돌지도 않고 가난한 사람이라 해도 부족하지 않아, 백성들은 날마다(불을) 쓰되 그 공을 알지 못한다. 땔나무를 바꾸어도 불이 바뀌지 않는 것은 성(性) 때문이요, 행(行)이라 하면서 기(氣)라고 칭하지 않는 것은 덕(德) 때문이다. 나는 들으니 자기 몸을 닦으려는 사람은 먼저 그 마음을 바르게 한다고 했는데 촛불이 이와 흡사하다.”고 하였다.

셋째, 불에도 천명지성(天命之性)과 기질지성(氣質之性)이 있느냐는 물음에 성(性)과 심(心)의 관계를 이(理)와 기(氣)의 관계로 답하였다(단 ‘기질지성’에 관하여는 답이 없다).

“만물은 다 같이 기화(氣化) 속에 있으니 어느 것인들 천명이 아니겠는가. 무릇 성(性)이란 심(心) 자와 생(生) 자의 뜻을 따른 것이니 심에 갖추어진 것이요 생과 같은 무리에 속한다. 기가 없으면 생명이 끊어지니 성(性)이 어떻게 생겨나겠는가. 생(生)이 아니면 성(性)이 그치는데 선(善)은 어디에 붙어서 이루어지겠는가. 진실로 천명을 궁구하면 어찌 성(性)만이 선하겠는가. 기(氣) 역시 선하다. 어찌 기(氣)만이 선하리오. 만물 중에 생을 누리는 것은 모두 선하다. 그러므로 천명을 즐거이 여기고 그 천명을 순순히 따르면 물(物)과 내가 다름이 없다. 이것이 바로 하늘이 명한 성(性), 즉 천명지성(天命之善)이다.” 하였다.

성(性)은 기(氣)를 통해서만 드러나는 이(理)이다. 천명의 성에서, 사람과 사물이 모두 같은 것은 그 천명이 바로 영원불변한 이치이기 때문이다. 연암이 낙학파(洛學派)의 인물동성론(人物同性論)을 말하고 있는 것이다.

연암은 이(理)의 항존성(恒存性: 불변성)을 주장하면서, 또한 ‘기(氣)가 없으면 생명도 없고 성(性)도 없다.’, ‘만물 중에 생을 누리는 것은 모두 선하다.’고 하여 기(氣)가 이(理)를 품고 있음을 주장하였다. 이처럼 이(理), 기(氣)에 대한 입장이 분명치 않는 것은 연암이 이(理)와 기(氣)의 문제에 큰 관심을 보이지 않고 있다는 뜻으로 해석된다.

참고로, 낙학파는 영조 때 이간(李柬: 1640-1699)의 학파로 호학파(湖學派)와 대칭된 이름이다. 송시열을 이은 권상하의 문하에 한원진과 이간이 있어 인성(人性)과 물성(物性)의 같고 다름에 의견의 차이가 있었다. 영남 지방의 이간은 인물동성론을 주장하고 호남 지방의 한원진 등은 인물이성론(人物異性論)을 주장하여 대립되었다.

이용후생의 북학사상

연암의 북학사상은 [연암집], [열하일기] 등 문헌의 여러 곳에 나타나 있다. 특히 [북학의서(北學議序)]에 다음과 같은 내용이 있다.

"학문하는 방법에는 별다른 길이 없다. 모르는 것이 있으면 길가는 사람을 붙들고라도 물어야 한다. 하인(下人)이라 해도 나보다 한 글자 더 알고 있다면 그에게 배워야 할 것이다. 내가 남보다 못한 것은 부끄럽게 여기면서도 나보다 나은 사람에게 묻지 않는다면, 그것은 평생 고루하고 아무런 술수도 없는 지경에 스스로 갇혀버리고 말 것이다. 옛날 순(舜) 임금은 농업, 요업, 어업에서부터 제왕의 일에 이르기까지 그 어느 것 하나 남으로부터 배우지 않는 것이 없었다.

우리나라 인사들은 외진 지역에서 편협한 기질을 타고나 중국의 땅을 밟거나 중국인들을 만나지도 못 한 채, 태어나서 늙고 병들어 죽을 때까지 나라 밖을 떠난 일이 없다. 마치 우물 안의 개구리와 밭두둑의 두더지가 오로지 그들 세상 밖의 일을 모르고 살아가듯이 자신들의 주변 세상만이 전부인 줄 믿고 살아가고 있다. 이른바 사민(四民: 士, 農, 工, 商)이란 신분상의 직업도 명목만이 있을 뿐, 이용(利用), 후생(厚生), 기구(器具)에 이르러서는 날로 곤궁해지고 있다. 이 까닭은 다른 데에 있는 것이 아니고 학문의 과오를 인식하지 못하고 있는 탓이다. 만약 학문(學問)을 한다면 중국을 버리고 어느 나라를 택하겠는가.

하지만 사람들은 지금 중국(청나라)을 이적(夷狄)이라 하여 배우기를 수치스럽게 여기고, 중국에 전해 내려온 문화까지 야만시하고 있다. 청나라가 비록 야만족이라 하지만 이들이 점거하고 있는 땅이 하, 은, 주 삼대 이래 한, 당, 송, 명의 중국이 아니고 어디겠는가. 그곳에서 태어나 살고 있는 사람들도 역시 이들의 후손이다. 진실로 통용되는 법이 양호하고 제도가 제대로 시행되고 있다면 이적이라 해도 스승으로 모셔야 한다. 황차 그 규모가 광대하고 호연한 문체에 아직도 중국의 고유한 문화가 보존되어 있음에랴.

우리는 중국에 비교해 보면 진실로 한 치도 내놓을 만한 것이 없다. 그러면서도 오직 한 줌의 상투만 가지고 천하에 뽐내면서 말하기를, 지금의 중국은 옛날의 중국이 아니라고 말한다. 중국의 산천은 비린내와 누린내가 난다고 헐뜯고 인민들은 개나 양 같은 족속이라 욕한다. 언어는 야만의 말이라고 모함하면서 중국 고유의 좋은 법, 훌륭한 제도까지를 싸잡아 배척한다.

내가(연암이) 연경에서 돌아오자 재선(在先: 박제가를 말함)이 그의 [북학의] 내외 2편을 나에게 보여주었다. 그는 나보다 먼저 연경을 다녀왔다. 박제가는 그곳의 농잠, 목축, 성곽, 궁실, 주거의 기술에서 기와, 삿자리, 붓, 자의 모양에 이르기까지 일일이 살피고 비교하였으며 의문 나는 것이 있으면 반드시 물어보고 배웠다.” 하였다.

또 [일신수필서(馹迅隨筆序)]에서 다음과 같이 말하였다.

"대개 천하를 위하여 일하는 자는, 진실로 백성들에게 이롭고 나라에 도움이 되는 일이면, 그 법이 비록 이적(夷狄)에게서 나온 것이라 해도 이를 거두어서 본받아야 한다. 진실로 이적을 물리치려면 중화(中華)의 영향을 받은 법을 모조리 배워서 먼저 우리나라의 유치한 문화를 (이용후생의 방향으로)열어야 한다. 밭 갈기, 누에치기, 그릇 굽기, 풀무불기 등으로부터 공업, 상업 등에 이르기까지 모두 배워야 하며 남이 열을 한다면 우리는 백배로 노력하여 먼저 우리 백성들에게 이롭게 해야 한다." 하였다.

그는 특히 '차제(車制)'에서 다음과 같은 자세한 내용을 적어 놓았다.

3) 이용후생의 개혁정책

개혁을 주장하는 연암의 글은 방대하다. 다만 대표적인 사례로 다음 몇 가지만을 지적하여 설명하겠다.

차제(車制)

연암은 말하여, "사람들이 항상 하는 말에, '우리나라는 길이 험하여 수레를 쓸 수 없다.' 하니 도대체 그게 무슨 말인가? 나라에서 수레를 쓰지 않으니까 길이 닦이지 않을 뿐이다. 만일 수레가 다니게 되면 길은 저절로 닦이게 될 터인데 어찌하여 길거리의 좁음과 산길의 험함만을 탓하리오.

중국에도 검각(劍閣: 중국의 험한 산길) 아홉 구비의 험한 잔도(棧道: 절벽 사이의 길)와 태행(太行: 산 이름)과 양장(羊腸: 양의 창자처럼 굽은 길)처럼 구불구불하고 위태한 재가 없음은 아니련만

(중국에서)수레는 역시 (수레를 끄는 소나 말을) 채찍질하며 지나지 않는 곳이 없다.

어떤 곳에서는 흔한 물건이 다른 곳에 가면 귀할뿐더러 그 이름은 들어도 실지로 보지도 못한 까닭은 무엇인가. 그것은 오로지 물건을 멀리 운반할 수레가 없는 탓이다.

사방이 겨우 몇 천 리도 되지 않는 나라에서 백성들의 살림살이가 이다지도 가난한 것은 한마디로 표현하자면 수레가 국내에 다니지 못한 까닭이다.

어떤 사람이, '그렇다면 수레가 무슨 이유로 다니지 못합니까.' 하고 묻는다면 역시 한마디로, '이는 사대부들의 허물입니다.'고 답할 것이다. 왜냐하면 사대부들이 평소 글을 읽을 때면, '주례(周禮)는 성인이 지으신 거야.' 하면서 또, '윤인(輪人: 수레 만드는 직인)이니, 여인(輿人: 수레, 가마를 만드는 천인)이니 거인(車人: 수레 만드는 직인)이니 떠들었으나, 마침내 그 만드는 기술이나, 움직이는 방법이 어떠한가 등에 관하여는 전혀 연구하지 않고 한갓 글만 읽을 뿐이어서 유용한 학문이 되지 못한 까닭이다.

이제 나는 날마다 눈에 나타나는 놀랍고 반가운 것들을 이 수레의 제도로 미루어 모든 일을 짐작할 수 있으며 어렴풋이나마 몇천 년 성인들의 고심을 알 수 있다. 밭에 물을 대는 수레, 불을 끄는 수레, 전투에 사용하는 수레 등 뜻있는 이가 있어 이를 잘 연구하여 그 제도를 본받는다면 극도에 달한 우리나라 백성들의 가난병도 어느 정도 개선할 수 있을 것이다. 이제 내가 살펴본 불 끄는 수레의 제도를 대략 적어서 우리나라에 돌아가 이를 전하겠다." 하였다.

한민명전의(限民名田議)

연암은 이 상소에서 한전법(限田法)을 주장하였다.

연암은 사대부들의 병통이 국가 경제에 심각한 장애가 되고 있음을 실감하고 토지개혁의 필요성을 누누이 강조하여 주장하였다.

그의 [과농소초(課農小抄)]에서, "오늘날 농, 공, 상이 실업상태에 있는 것은 사(士)에 속한 양반들이 실학을 이해하지 못한 데에 있다."고 한 것은 유명한 이야기이다. 그는 [과농소초]의 [한민명전의]에서 토지겸병의 폐단을 억제하기 위한 방법으로 토지 소유의 상한을 법으로 정하자고 하여, 앞서 이익이 토지소유의 하한을 설정하지 않았던 것과 대조를 이룬다. 박지원이 올린 한전법(限田法)의 내용은 대개 다음과 같다.

"신(박지원)이 황공하게도 농서(農書: '과농소초'를 말함)를 바치는 기회에 이 건의를 드립니다. 신이 지금 맡고 있는 면천군(沔川郡: 지금의 당진군)은 남북이 50리, 동북이 30리의 면적으로 원장(元帳)에 기입된 전결(田結)은 총 5,896결(結: 1결에 대개 3,000평을 말함), 호수는 4,139호, 인구는 13,508명입니다. 하지만 여러 가지 사정으로 보아 현재 경작되고 있는 토지는 2,824결에 불과합니다. 이 중 현재 민호 가운데 자기 소유의 전토를 자경(自耕)하고 있는 경우는 10분의 1도 안 되고, 공부(公賦: 관청에 바치는 세)는 10분지 1이지만 사세(私稅)로 바치는 도조(賭租: 남의 논을 지어 먹고 바치는 세)로 절반을 떼입니다. 공사(公私)의 세를 합치면 전 수확의 10분지 6이 됩니다. 이 때문에 아무리 농민이 농업 기술에 밝고 부지런히 일하여, 가령 1호당, 1결 2부(약 3,600평)의 전토(田土)를 가꾼다 해도 실제 자기 몫으로 남는 것은 매호당 33섬의 절반도 안 됩니다. 이 정도의 수입으로 부모를 봉양하고 아래로 처자를 먹여 살리려면 끝내 유민으로 굶어 죽을 수밖에 없습니다.

문제는 호부(豪富)의 토지 겸병(兼倂: 토지를 합쳐서 소유함)에 있습니다. 토지의 소유를 십 배, 백 배로 늘려가는 자들이 국고를 축내는 일을 막자면 나라를 잘 다스리는 일밖에 없습니다.

또한 온갖 폐단과 고질은 군대 문제에 있으며 그 근본을 따져 보면 병농(兵農: 군대와 농사 일)이 일치되지 않는 까닭입니다. 따라서 토지 소유를 한전(限田: 토지 소유의 상한을 법으로 정함)한 후라야 겸병자가 없어지고, 겸병자가 없어져야만 산업이 균등하게 발달할 것입니다.

산업이 균등하게 발전하면 백성들이 모두 안정된 일터에서 자신들의 토지를 경작하며 근면하게 일할 것입니다. 근면한 자와 나태한 자의 구별이 드러나면 국가는 농사를 권면하고, 백성을 교도할 수 있습니다.” 하였다.

박지원의 한정법도 역시 문제점은 있다. 즉 그 평에

“박지원의 토지 개혁안은 토지 소유의 상한을 설정, 그 이상의 토지겸병을 법률로 금지하여 토지 소유의 균등화를 꾀하였다.

만일 토지 소유의 상한과 하한을 모두 설정하여 그 소유의 폭을 좁게 하면 그 균등화의 실현 속도가 빨라질 수 있을 것이다. 그리고 토지 소유의 상한을 훨씬 초과하여 국가가 이를 매입하거나 몰수하는 경우 그 대책이 매우 미온적이다. 또한 한전법 역시 지주 소작제도의 폐지를 해결하기 어려운 한계성이 있다.”고 하였다.

서얼 금고의 철폐

연암은 의청소통서얼소(擬請疏通庶孼疏)를 작성, 상소하여 서얼들의 등용을 주장하였다. 그 소에,

"하늘이 인재를 내리는 데 차별을 두지는 않았습니다. 넘어진 둥치나, 불필요하게 뻗은 곁가지에도, 하늘은 골고루 비와 이슬의 혜택을 나누어 줍니다. 또한 썩은 그루터기와 더러운 거름흙에서도 지초(芝草: 약초)가 돋아나게 합니다. 마찬가지로 성인이 정치를 하는 데는 인재의 귀천을 따져 차별을 두지 않습니다. 우리나라에서 서얼을 폐고(廢錮: 종신 관리 자격을 박탈함)한 지가 백 년이나 되었습니다. 역사를 상고해 보아, 이 문제보다 더 큰 일은 없고 예와 율법을 고구(考究: 상고하여 연구함)해 보아도 그 근거를 찾을 수 없습니다. 국초에 소인 관료배가 기회를 타서 사감을 풀자고 한 것이 어느새 일대 제한이 되어 버린 데에 불과합니다. 그 후의 당국자들이 명분을 핑계대고 그 잘못을 그대로 답습하여 하나의 습속을 이루었고 이미 굳어진 인습을 개혁하지 못하고 있는 실정입니다. 혈육인 서자를 놔두고 일가 집에서 양자를 들여오고 있는 것은 군왕을 속이는 죄과를 범하는 것이요, 모계에다 무거운 비중을 두어 부계를 존중하는 본의를 소홀히 하는 결과가 됩니다. 적서(嫡庶)의 등급이 아무리 엄격해도 국체에 이로울 것은 없으며 차별의 제한이 너무도 가혹하여 가정에 은의(恩義)만 줄어들 뿐입니다. 서얼이 정적(正嫡: 적자)과 다른 것은 사실이지만 그 가세(家世)를 본다면 그들 역시 같은 사족(士族)임에는 틀림없습니다. 도대체 그들이 국가에 무슨 죄가 있어서 금고(禁錮: 관리 등용을 제한함)하고 폐절(廢絶: 뒤를 없앰)하여 양반, 관료의 대열에 참여하지 못하게 합니까.

신(박지원)이 현재 서얼 중에 누구는 그 인격이 등용할 만하고 누구는 그 재질이 발탁할 만하다고 말씀드리는 것은 아닙니다. 다만 조정이 일시동인(一視同仁: 모든 사람을 평등하게 대접함)의 은 덕을 천지와 같이하고, 위대한 덕화로 일체 만물과 간극이 없이 하여, 묵은 인습을 씻어내고 새로운 질서를 연마함으로써 지금 땅에 떨어진 윤리를 다시 일으키고 인재를 진작 배양해야 합니다. 아울러 법이 [경국대전]과 상치되지 않게 하고 부계존중의 의리가 완벽하게 고례(古禮)로 돌아가도록 해야 합니다. 그렇게 되면 가정에서 부자간의 명분이 바로 서고 학교에서 장유(長幼)의 질서가 잡혀서 3백 년간의 쌓인 폐단을 벗어날 수 있습니다. 이들이 다시 인간의 대우를 받게 된다면 사람마다 자신을 새롭게 하도록 노력하고 나라에 충성하여 국가의 은덕에 보답할 것입니다. 오늘날 우리나라의 정치 문제 중에 이 문제보다 더 중한 일은 없으니 성군(聖君: 임금)께서 향수(享壽: 장수하는 복을 누림)하시면서 인재를 양성시키는 공적은 오래도록 빛날 것입니다.” 하였다.

4) 연암 소설의 개혁성

연암의 개혁사상은 [방경각외전(放璃閣外傳)], [허생전], [호질] 등 소설에 나타나 있다.

[방경각외전]은 ‘마장전(馬駔傳)’을 포함해서 9편이 있는데 그 속에 [양반전]도 들어 있다. 박지원은 이 9편의 글 내용을 그의 자서(自序)에서 간결하게 사행시(四行詩)로 요약해 놓았다. 자서의 내용에서 우선 그 대강의 뜻을 알아보자.

자서(自序)

오륜 끝에 벗이 놓인 것은

보다 덜 중요해서가 아니라
마치 오행중의 흙이
네 철에 다 왕성한 것과 같다네
친(親), 의(義), 별(別), 서(序)에
(父子有親, 君臣有義, 夫婦有別, 長幼有序)
신(信) 아니면 어찌하리(朋友有信)
상도(常道)가 정상적이지 못하면
벗이 이를 시정하나니
그러기에 맨 뒤에 있어
이들을 후방에서 통제 하네
세 미친 사람들이 서로 벗하여
세상 피해 떠들면서
참소하고 아첨하는 무리들을 논하는데
그들의 얼굴이 비치어 보이는 듯하네.
이에 [마장전]을 짓는다.

선비가 먹고 사는데에 연연하면
온갖 행실 이지러지네
호화롭게 살다가 비참하게 죽는다 해도
그 탐욕 고치지 못하거늘
엄 행수는 똥으로 먹고 살았으니
하는 일은 더러울망정 입은 깨끗하다네.
이에 [예덕선생전]을 짓는다.

민옹은 사람을 황충이 같이 여겼고
노자의 도를 배웠네
풍자의 골개로써
제멋대로 세상을 조롱하였으나
벽에 써서 스스로 분발한 것은
게으른 이들을 깨우칠 만하네
이에 [민옹전]을 짓는다.

선비란 바로 천작(天爵)이요

선비의 마음이 곧 뜻이라네
그 뜻은 어떠한가
권세와 잇속을 멀리하며
영달해도 선비 본색 안 떠나고
곤궁해도 선비 본색 잃지 않네
이름 절개 닦지 않고
가문 지체 기화삼아
조상의 덕만 판다면
장사치와 뭐가 다르랴.
이에 [양반전]을 짓는다.

홍기는 대은이라
노니는데 숨었다오
세상이야 맑건 흐리건 청정을 잃지 않았으며
남을 해치지도 않고 탐내지도 않았네.
이에 [김신선전]을 짓는다.

광문은 궁한 거지로서
명성이 실정보다 지나쳤네
이름나기 좋아하지 않았음에도
형벌을 면치 못하였거든
더구나 이름을 도적질하여
가짜로서 명성을 다툰 경우리오.
이에 [광문전]을 짓는다.

아름다운 저 우상은
옛 문장에 힘을 썼네
서울에서 사라진 예(禮)를 시골에서 구한다더니
생애는 짧아도 그 이름은 영원하리
이에 [우상전(虞裳傳)]을 짓는다.

세상이 말세로 떨어져
허위만을 숭상하고 꾸미니

시를 읊으면서 무덤을 도굴하는
위선자요 사이비 군자라네
은자인체 하며 빠른 출세를 노린 것을
예로부터 추하게 여겼으니
이에 [역학대도전(易學大盜傳)]을 짓는다.

집에서 효도하고 밖에서 공손하면
배우지 않았어도 배웠다 하리니
이 말이 비록 지나치지만
거짓 군자를 경계할만 하네
공명선(公明宣)은 글 읽지 않았어도
삼 년을 잘 배웠으며
농부가 밭을 갈며
아내를 손님 같이 서로 공경하니
글자를 읽을 줄 몰라도
참된 배움이라 이를만 하네
이에 [봉산학자전(鳳山學者傳)]을 짓는다.

다음에서 엄행수의 '똥으로 벌어먹는다'는 [예덕선생전]과 [민옹전]의 '황충' 이야기 그리고 [양반전]의 내용 등 몇 구절을 소개하겠다.

[예덕선생전]

연암은 엄행수의 이야기를 통하여 놀고먹는 양반 벼슬아치들의 폐습을 비판하였다. 즉

"무릇 엄행수는 똥과 거름을 져 날라서 스스로 먹을 것을 장만하는 만큼 그를 '깨끗하지 못하다.'고 말하겠지만 그가 먹을 것을 장만하는 방법은 향기로웠다. 그가 똥을 푸고 일하는 몸은 더러울지 모르겠으나 그의 정의를 지키는 일은 지극히 숭고하다. 그의 뜻을 따져 본다면 비록 만종의 봉록(萬鐘錄: 매우 후한 봉록)을 준다 해도 바꾸지 않을 정도다. 세상에는 깨끗하다 하면서 깨끗하지 못

한 사람이 있고 더러운 것처럼 보여도 더럽지 않는 사람들이 많다.

누구라도 그 마음에 도적질할 뜻이 없다면 엄행수의 행위를 갸륵하게 여기지 않을 수 없다. 그의 마음을 미루어 확대해 보면 성인의 경지에 이를 수도 있다. 무릇 선비란 그 가난한 기색이 나타난다면 이는 부끄러운 일일 것이요, 또 뜻을 얻어 영달했다 하여 그 교만이 온몸에 흐른다면 역시 부끄러운 일이다. 이들을 엄행수의 행실과 견주어 보면 부끄럽지 않을 자 드물 것이다. 나는 엄행수에 대하여 '스승'이라고 부를 수는 있어도, 감히 '벗'이라고 부르지는 못하겠다. 또 나는 엄행수에 대하여 감히 그 이름을 부르지 못하고 그에게 호를 지어 바쳐 '예덕 선생'이라고 하였다."

[민옹전]의 황충(蝗蟲: 누리, 메뚜기과의 곤충)

연암은 이글에서도 역시 황충이 같은 양반들의 존재 때문에 농사를 망친다고 비판하였다. 즉

어떤 손님이 말하기를, "해서 지방에서는 방금 황충이 생겨서 관가에서 백성들을 동원하여 잡는답니다." 했다. 민옹은, "황충이를 잡아서 무엇 하려고요." 하고 물었다. 그는,

"이놈의 벌레는 첫잠 자는 누에보다도 작은 놈이 빛은 알록달록 털이 돋았고, 그놈의 날개는 멸구 나방이가 되어 곡식에 붙으면 게심이란 나쁜 벌레가 됩니다. 그놈들은 우리들의 곡식을 거의 모두 해치므로 장차 잡아서 흙에 묻어야 합니다." 했다. 민옹은 또 말하기를,

"이만한 조그만 벌레야 무엇을 걱정한단 말이요, 내가 보기에는 저 종루 네거리에서 길을 메워 오가는 것들이 모두 황충이뿐입니다. 그들 키는 모두 일곱 자가 넘고, 머리는 검으며, 눈은 빛나고,

입은 주먹이 드나들 만큼 큰데다가 큰 소리로 지껄이며 거리를 활보하고 다닙니다. 이들은 농사를 해치며 곡식을 축내는 것이 그 이상 더할 수가 없으니, 내 그놈들을 잡으려 하지만 큰 바가지가 없어서 한스러울 뿐입니다.” 하였다.

[양반전]과 [허생전]의 이야기는 연암의 대표적인 글로 그 내용이 재미있는 대조를 이루어 주목할 만하다.

[양반전]

이 글을 보면 대개 네 사람이 등장한다. 양반과 부호, 양반의 아내와 정선 군수다. 그 내용을 간단히 소개하면,

첫째, 양반이 너무 가난하여 관가에 갚아야 할 환자(還子: 관가에서 빌린 곡식) 천 섬을 챙기지 못하고 그 고을의 부호에게 양반을 팔아먹은 일이다.

둘째, 정선 군수가 양반 매매 문서를 작성하여 그의 권세를 부린 일이다.

셋째, 양반이 도둑놈이 된다는 말에 부호가 양반되기를 거절한 일이다. 그 내용들에 담긴 메시지는 대개 다음과 같다.

양반이 군량을 갚지 않았다는 말을 듣고 군수는,

“그 양반의 가난이야말로 참으로 딱하구나. 무엇으로 이를 갚는단 말인고.” 하였다. 한편 양반은 밤낮으로 울었을 뿐이고 아무런 대책이 없었다. 아내가 그 꼴을 보고 기가 막혔다.

“당신은 한평생 글 읽기만 좋아하고, 관가의 환자 갚기에 아무런 도움이 되지 못하는군요. 한 푼어치도 못 되는 양반이 무슨 소용이 있을까.” 했다.

때마침 동네에 부자가 있어 이 소문을 듣고 가족회의를 열었다. 부자가,

"양반이란 아무리 가난해도 지체는 높고 영광스러운 존재다. 우리는 남부럽지 않은 부자지만 늘 천하게 살고 있으니 이런 창피를 견디며 살 필요가 있겠는가. 길을 다닐 때엔 말 한번 타 보지 못하고 양반만 보면 기가 죽어 굽실거리며, 코가 땅에 닿도록 뜰 밑에 엎드려 절을 해야 한다. 이 기회에 그 양반의 환자를 대신 갚고 양반의 자리를 차지함이 어떨까." 하자, 가족 간 합의가 이루어져, 관가에 양반의 환자를 대신 갚았다.

이때 군수는 다음과 같이 말하였다.

"허허, 참 점잖으신 부자이십니다. 도대체 부자이면서 인색하지 않고 남의 어려운 일을 도와주며 높은 지체를 숭모하는 것은 참된 양반입니다. 이런 귀중한 일을 사사로이 사고팔며 아무런 문서가 없다면 뒷날 송사거리가 될 것입니다. 그대와 함께 군민을 모아 증인을 세운 뒤 증서를 만들어 내가 직접 서명하겠습니다." 하고 이르기를,

"건륭 10년(건륭은 청 고종의 연호, 영조 21년) 9월 1일 다음과 같은 문서를 밝힌다. 양반을 팔아 곡식을 갚은 일이 생겼는데 곡식은 천 섬이다.

양반에는 글만 읽는 양반(즉 '선비'라 한다), 정치에 종사하는 양반(즉 '대부'라 한다), 착한 덕이 있는 양반(즉 '군자'라 한다)이 있다. 무관은 서쪽에 품계 순으로 벌려 세우고 문관은 동쪽에 차례대로 자리 잡게 되니 이들을 통틀어 '양반'이라 한다. 새 양반은 이 중 멋대로 골라잡되 다만 오늘부터는 지난날의 야비한 일은 깨끗이 버리고 아름다운 옛 전통을 이어받아 뜻을 고상하게 가져야 한다.

언제나 새벽 오경만 되면 일어나 '동래박의(송의 여조겸이 지은 책)' 같은 어려운 글을 서슴없이 외우고 아무리 춥고 배가 고파도 참고 견디어 입에서는 절대로 '가난하다'는 말을 내지 말아야 한다.

'고문진보'와 '당시품휘' 같은 책들을 깨알처럼 가늘게 베끼되 한 줄에 백 자씩 배열할 것이요, 손에는 돈을 지니지 말 것이다. 쌀값은 묻지도 말고, 아무리 더워도 버선을 벗지 말 것이며, 밥 먹을 때는 상투 꼴로 앉지 말 것이다. 국부터 마시지 말고, 훌쩍훌쩍 소리 내어 마시지 말고, 젓가락은 조용하게 내려야 한다. 생파를 먹어 냄새를 풍기지 말고, 막걸리 마시고 수염을 빨지 말며, 볼이 오목 파이도록 담배를 빨지 말 것이다.

아무리 화가 나는 일이 있어도 아내를 치지 말고, 맨주먹으로 아이들을 때리지 말 것이며 종들의 잘못이 아무리 커도 족쳐 죽이지 말 것이다. 병이 들어도 무당을 들이지 말고 중을 들여 재 올리지 말 것이다. 아무리 추워도 화롯불에 손을 쬐지 말고 남과 대화 중에는 상대방에게 침이 튀지 않게 조심해야 한다. 소 잡는 일을 하지 말고 돈치기 놀이도 함부로 하지 않는 법이다. 이상 여러 가지 행위 중 부자가 한 가지라도 어긴 일이 있으면 양반은 이 증서를 가지고 관청에 와서 송사하여 바로잡을 수 있다." 하였다.

군수가 서명하고 좌수와 별감 증인이 도장을 찍어, 호장이 증서를 한번 읽어 드디어 수속이 끝났다. 부자는 한참 주춤거리다가 말하였다.

"양반이 겨우 이것뿐이란 말이오. '양반' 하면 신선이나 다름이 없다더니 정말 이것뿐이라면 너무 억울하게 곡식만 없앴군요. 아무쪼록 좀 더 이롭게 고쳐주시오." 하자, 군수는 부자의 요청에 의하여 또 다음과 같은 내용을 (처음 증서에) 추가하였다.

"이 세상에 양반보다 더 큰 이익은 없을 것이다. 그들은 제 손으로 농사나 장사도 할 것이 없으며 옛글이나 역사를 대략만 알 정도이면 곧 과거를 보고 크게 되면 문과요 작게 이루어도 진사는 될 수 있다. 진사에 오른 선비는 나이 서른에 첫 벼슬을 해도 오히려 늦지 않아 이름 높은 음관이 될 수 있다. 비록 그렇지 못해서 궁한 선비의 몸으로 시골에 살아도 오히려 무단적(武斷的)인 행동을 할 수 있다. 이웃집 소를 몰아다가 내 김을 먼저 갈고, 동네 농민을 잡아다가 내 밭 김을 먼저 매게 해도 어느 놈이 감히 거역할까. 이에 순종하지 않으면 잡아다가 코에 잿물을 부어 넣고, 상투를 쥐어 틀고, 수염을 뽑더라도 원망조차 못하리라." 하였다.

이에 증서가 거의 반쯤 되었을 때, 부자는 어이가 없어 혀를 내두르면서,

"아이고 그만두세요, 제발 그만두세요. 참 맹랑합니다. 당신네들이 나를 도둑놈이 되라 하시는구려." 하며 머리를 내저어 흔들며 달아나 버렸다.

양반을 돈으로 사고팔던 조선조 후기의 부조리를 고발한 내용이다. 이를 요약하면, 양반을 신선으로만 여겼던 천부(賤富)가 1차 증서에 별다른 이득이 없이 엄한 규율만 있는 것을 듣고 이를 더 이롭게 고쳐달라고 요청하였다. 그 결과 2차 증서에서는 노동을 하지 않아도 먹을 양식을 주고 과거에 급제하거나, 음직으로 관직을 받을 수 있고, 거침없이 서민들에게 행패를 부리며 마음대로 행동할 수 있다고 하였다. 하지만 천부는 혀를 내두르면서 이를 거절하고 떠났다.

1차 증서는 양반 본래의 규범적인 모습이다. 하지만 그것은 허례허식에 가득 찬 비생산적인 모습이며, 연암은 이들을 풍자적으로

다루었다. 다음 증서는 양반의 무도(無道)한 전횡(專橫)과 특권의식을 통박하고 있다.

[허생전]

이 글에서도 대략 네 사람의 인물이 등장한다.

주인공은 허생과 그 아내, 변승업과 이완(李浣) 대장이다.

이야기의 줄거리는, "먼저 허생의 아내가 글만 읽고 있는 남편에게 돈을 벌어오라고 청한다. 허생은 변승업을 찾아가서 장사 밑천을 빌려, 매점매석으로 큰돈을 번다. 그 돈으로 무인도에 이상향(理想鄕)을 세우고 변산의 군도(群盜)들을 먹여 살린다. 후에 허생은 이완 대장을 만나 인재 등용과 부국의 길을 제안한다."는 내용이다.

이들이 주고받은 메시지는 다음과 같다.

허생의 아내는 [양반전]의 아내보다 더 적극적이다. 부인은 몹시 배가 고파 울면서 남편에게 돈 버는 방법을 제시한다. 즉 노동과 상업, 도둑질 등 세 가지 방법이다. 하여튼 남편 허생은 10년을 기약한 공부를 7년 만에 중단하고 아내의 요청에 따라 돈을 벌려고 나갔다.

허생은 부자인 변승업에게서 빌린 돈 만 냥으로 과일과 말총을 매점 매석하여 돈을 벌었다. 그 돈으로 도적들에게 살길을 마련해 주었다. 이들 도적떼들에 관하여 다음 글이 있다. 즉

이때에 뭇 도적들은 웃으며, "논밭 있고 아내가 있다면 어찌 이처럼 괴로운 도둑질을 일삼겠습니까." 한다.

허생이, "정말 그렇다. 아내를 얻고 집을 세우고 소를 사서 농사를 지어 산다면 도둑놈이란 더러운 이름도 없을뿐더러 살림살이에는 부부간의 즐거움이 있고, 밖에 나가 자유롭게 다녀도 붙잡혀 갈 걱정도

없이 잘 먹고 잘 입고 편안하게 살 수 있지 않겠는가." 하자, 도적들은, "그야 정말 소원이겠지만 돈이 없을 뿐입니다." 하였다.

허생은 이완 대장을 만나 다음 세 가지 제안을 했다.

첫째, 와룡 선생과 같은 훌륭한 인재를 임금께 아뢰어 삼고 초려하여 모시는 일. 둘째, 명나라 장졸의 후손들에게 종실의 딸을 시집보내 훈척, 권귀의 재산을 빼앗아 오는 일. 셋째, 가장 쉬운 일로 변발 호복을 입혀 사대부 집안 인재들을 중국에 유학 보내고, 평민들에게는 무역을 권장하여 부국의 방도를 꾀하고 남만(南蠻)의 유물인 상투와 백의를 폐지할 것 등이다.

하지만 이 세 가지 제안을 이완 대장은 모두 거부하였다.

[허생전]은 한마디로 허생의 아내를 통하여 양반들의 공리공담과 허례허식의 모순을 비판한 글이다. 허생이 부자가 되고 거지들을 도운 일을 통하여 연암은 빈민들의 비참상과 그의 경제사상을 이야기하고, 이완과의 갈등, 대화에서 당시 인재 등용의 모순과 북학사상을 피력하였다.

[호질(虎叱)]

이 글은 [열하일기]에 나온다.

그 원문은 연암이 중국의 옥전현을 여행하는 중 어느 벽 위에 걸린 기문(奇文)을 발견하여 그것을 수정 가필한 내용이다.

'호질'이란 호랑이가 (사람을) 꾸짖는다는 형식으로 되어 있다. 그 내용은 북곽 선생과 동리자라는 인물을 통해서 유자(儒者)와 인간, 유교의 이치를 비판하였다, 그 다음 편 [호질후지(虎叱後識)]에서 연암은 특별히 연암 씨의 말(자신의 말)이라 하여 오늘(당시)의 청조를 언급하였다. 그 내용들을 열거하면 다음과 같다. [열하일기]

'호질편'에,

　"정(鄭)의 어느 고을에 살고 있으면서 벼슬을 좋아하지 않는 척하는 선비가 있었는데 그의 호가 북곽 선생이었다. 그는 나이 마흔에 손수 교정한 글이 1만 권이요, 또 구경(九經: 역경, 서경, 시경, 춘추좌전, 예기, 주례, 효경, 논어, 맹자)의 뜻을 부연해서 책을 엮은 것이 1만 5천 권이나 되므로 천자가 그의 의(義)를 가상히 여기고 제후들은 그의 이름을 사모하였다."

　한편, 마을 동쪽에 동리자(東里子)라는 얼굴 예쁜 청춘과부가 살고 있었다. 천자는 그녀의 절조를 갸륵하게 여기고 제후들은 그녀의 어짊을 연모하여 그 고을 사방 몇 리의 땅을 봉하여 [동리과부지여(東里寡婦之閭)]라 하였다.

　동리자는 수절 과부였으나 각기 다른 성을 가진 아들 다섯이 있었다. 어느 날 이들 다섯 아들은 (부곽 선생과 서로 사랑을 나누고 있는) 어미(동리자)의 방을 에워싸고 들이닥쳤다.

　북곽 선생이 크게 놀라서 뺑소니를 칠 때 남들이 행여 제 얼굴을 알아볼까 봐, 다리 하나를 비틀어 목덜미에 얹고 도깨비처럼 춤추고 웃으며 문밖으로 나가다가 벌판 구덩이에 빠졌다. 그 속에는 똥이 가득 차 있었다. 간신히 기어올라와 목을 내밀고 바라본즉 호랑이가 "어흥!" 하며 길을 막았다.

　호랑이가 코를 싸쥐고 구역질하면서 머리를 왼편으로 돌리고 하는 말이,

　"에케케, 그 선비 구리도다." 하였다.

　북곽 선생이 머리를 조아리며 꿇어 앉아 여쭈되,

　"호랑이님의 덕이야말로 참 지극하십니다.

　대인은 그 변화를 본받고 제왕은 그 걸음을 배우며 남의 아들

된 사람은 효성을 본받고 장수는 위엄을 취하며 그 거룩하신 이름은 신용(神龍)과 짝이 되어 한 분은 구름을 일으키시니(易經에 나오는 말), 저 같은 땅 아래 천한 신하 감히 하풍(下風: 아랫것이란 말)해서 옵니다." 하였다. 이 말을 듣고 호랑이가 꾸짖기를,

"에이 앞에 가까이 오지 말라. 내 들은즉 유(儒)란 것은 유(諛: 아첨)라 하더니 과연 그렇구나. 네가 평소에는 온 천하에 모든 나쁜 이름을 모아서 내게 붙이더니 이제 다급하자 낮간지럽게 아첨하는 것을 뉘라서 곧이듣겠느냐. 대체 천하의 이치야말로 하나인 만큼 호랑이가 몹쓸 진대 사람의 성품도 역시 몹쓸 것이요, 사람의 성품이 착하다면 호랑이도 착할 것이다.

너희들의 천만 가지 말이 모두 오상(五常: 父義, 母慈, 兄友, 弟恭, 子孝)을 떠나지 않으며 경계나 권면이 언제나 사강(四綱: 禮, 義, 廉, 恥)에 있긴 하나, 저 도회지나 큰 고을 간에 코 베이고 발 잘리고, 얼굴에 먹 바늘 뜨고 다니는 것들은 모두 오륜을 순종하지 않았다는 사람이란 말이 된다. 사람들은 (형벌에 쓰일) 밧줄이며 먹 바늘이며 도끼며 톱 따위를 날마다 공급하기에 겨를이 없다. (사람의) 나쁜 짓들은 막을 길이 없지만 호랑이의 집에는 원래 이러한 악독한 형벌이 없으니 이로 미루어 보면 호랑이가 사람보다 더 어질지 않느냐.

너희들은 밤낮을 헤아리지 않고 쏘다니며, 눈을 부릅뜨고 함부로 남의 것을 착취하고 훔쳐도 부끄러운 줄 모르며, 심지어는 돈을 형(兄)이라 부르고(중국 진나라 노포의 '전신론'에 나오는 고사), 장수가 되기 위하여 아내를 죽이는 일(중국 전국 때 명장 오기의 고사)까지도 있은즉 이러고도 인륜의 도리를 논할 수 있을 것인가.

너희들은 이(理)를 말하며 성(性)을 논하되 툭 하면 하늘을 일컬

으나, 하늘의 명한 바로써 본다면 호랑이나 사람이 다 한 가지의 동물이요, 하늘과 땅이 만물을 낳아서 기르는 인(仁)으로써 논한다면 범과 메뚜기, 누에, 벌, 개미와 사람이 모두 함께 길러져서 서로 거스를 수 없는 것이다. 또 그 선악으로 따진다면 뻔뻔스럽게도 벌과 개미의 집을 노략질하고 긁어가는 놈이야말로 천하의 큰 도적이 아니겠으며, 함부로 메뚜기와 누에의 살림을 빼앗고 훔쳐가는 놈이야말로 인의(仁義)의 큰 적(賊)이 아니겠는가.

지난해 관중(중국의 협서 지방)이 크게 가물었을 때 사람들끼리 서로 잡아먹는 것이 몇 만 명이요, 그 앞서 산동에 큰물이 났을 때에도 사람들끼리 서로 잡아먹는 것이 역시 몇 만 명인지 모를 정도였다. 하지만 서로 잡아먹는 사람들의 수가 많기로는 춘추전국시대만 하였으랴. 춘추시대는 명색이나마 정의를 위해 싸운다는 난리가 7회요, 원수를 갚는다고 일으킨 싸움이 30회에 그들의 피는 천 리를 물들였고 죽어 넘어진 시체는 백만이나 되었던 거야.

호랑이의 집에서는 물이나 가뭄의 걱정이 없고 하늘을 원망하거나, 원수와 은혜란 것도 없다. 따라서 다른 동물로부터 미움을 받지 않고, 천명을 알고 순종하므로 무당이나 의원(醫員)의 간교함에 혹하지 않고, 타고난 바탕 그대로 천명을 다함으로 세속의 이해에 병들지 아니하니 이것이 곧 범이 착하고 성스러운 것이다. (범은)고자질하는 자는 먹지 아니하며 병폐한 자도 먹지 않고 복(喪服)을 입은 자도 먹지 않으니 그 의(義)야말로 알 만하다.” 하였다.

이상과 같이 연암은 호랑이의 입을 통하여, 양반들의 위선, 인간의 잔인성과 그 이치의 부조리함을 신랄하게 비판하였다.

당시는 인물동성론의 입장이겠지만, 지금으로 말하면 동물심리학이나 심층심리학의 입장에서 인간과 동물을 논한 바와 같다. 또 연암은 특히 중국 역사에서 횡행했던 인간 살육의 잔인성을 고발하였다.

연암은 [호질] 후편에 [호질후지]란 제목으로 명과 청에 대한 조선 선비들의 화이관(華夷觀)을 비판하였다. 즉

연암 씨(연암 박지원을 말함) 가로되,

"이제 청(淸)나라가 천하의 주인이 된 지 겨우 4대에 불과하건만 그들은 모두 문무를 겸하고 장수(長壽)하였으며 태평을 노래한 지 백 년이 되었다. 그동안에 온 누리가 고요하니 이는 한(漢), 당(唐) 시대에서도 볼 수 없는 일이다. 이처럼 편안하게 터를 닦고 모든 일을 제대로 세워나가는 뜻을 볼 때, 이 또한 하늘이 배치(配置)한 명리(命吏: 제왕을 말함)가 아닐 수 없다.

요컨대 사람으로 보면 중화와 이적(夷狄)의 구별이 뚜렷하겠지만, 하늘의 눈으로 보면 은(殷)나라의 우관(모자의 일종)이나 주(周)의 면류(면류관)도 제각기 때를 따라 변하였다. 이에 천정(天定: 하늘이 정해 놓은 일은 사람이 막을 수 없음), 인중(人衆: 백성의 뜻이 많으면 하늘도 어쩔 수 없음)의 설(說)이 그 사이에 유행되더니 사람과 하늘이 조화되는 이(理)는 도리어 한 걸음 물러나 기(氣)의 명을 받게 되었다.

이런 문제로 옛 성인의 말씀을 따라 본다면, '천지의 기수(氣數)가 이런 것이다.'고 할 것이다. 하지만, 아! 슬프다. 이것이 어찌 천지 기수의 소치라 이르고 말 것인가. 명(明)의 왕통이 끊어진 지 벌써 세월이 오래 흘러 중원의 선비들이 그 머리 모양을 고친 지도 백 년이 되었다. 자나 깨나 가슴을 치고 명나라 왕실을 생각함은 무슨 까닭일까." 하였다.

[열녀함양박씨전]

연암의 [열녀함양박씨전]에 관한 글은 그의 휴머니즘 사상과 관련하여 특히 돋보인다. 이 글은 통인(通引: 아전) 박상효의 조카딸이 함양으로 시집가서 일찍 홀로 되었다가 남편의 삼년상을 마치고 자결한 청상과부의 이야기로 그 표현이 감동적이다. 즉 [연암집], 함양박씨편에, 다음과 같은 과부의 애틋한 글이 있다.

'과부란 외롭고 쓸쓸함에 의한 슬픔이 그 극에 이른 사람들이다. 대저 사람의 혈기는 음양에 뿌리를 두고 가슴 깊이 엉켜 있다. 혈기란 특히 젊은 시절에 왕성한 만큼 과부라고 해서 어찌 정욕이 없겠는가.'

깜박거리는 등불이 외로운 심정을 가련히 여기듯,
홀로 지새는 밤이 더디도 지나간다.
처마 끝에 빗물 소리 들려오고,
달빛이 창문에 흘러 올 때면,
또한 뜨락에 한 잎 낙엽이 날아 떨어지고,
외로운 기러기 하늘을 울며 날아가면,
먼 곳의 닭 우는 소리도 들려오지 않는구나.
어린 종년은 코를 골며 잠에 취해 있는데,
깜박거리는 불빛 따라 잠 못 이루는,
괴로운 속마음을 누구에게 하소연하랴.

참으로 절절한 과부의 심정이다.

남편을 사별하고 가난과 외로움 속에 고통받는 가련한 과부들에게, 조선의 사대부들은, 과부 재가 금지라는 혹독한 굴레를 씌우고 그것을 당연한 미풍처럼 받아들였다. 아무도 이들 힘없고 가련한 여인들의 하소연을 대변하는 사람들이 없었던 그 시절, 박지원의 이 글 한 구절만 보아도 그의 인간적인 품격을 충분히 엿볼 수 있다.

요컨대, 박지원은 조선 성리학의 교조적인 사상을 극복하려고 노력한 학자로 그와 그를 둘러싼 학자들이 내세운 이용후생의 북학 사상은 단순히 청조 문물의 수입 이상의 차원에 있다. 임진, 병자의 환란을 겪으면서도 여전히 주자학의 명분론만을 유일한 위기 극복의 대안으로 여겼던 그 시대에 이들 사상은 진정 참신한 변화의 기운을 제공하였다. 박지원은 청나라와의 현실적 국제관계를 긍정하면서 해체되어 가는 조선 사회의 문물개혁과 이에 따른 의식 개혁을 주창한 선구자였다.

5. 박제가(朴齊家)

1) 서자의 서러움을 딛고

박제가(1750 - 1805)의 호는 초정(楚亭) 혹은 정유(貞蕤)다. 그는 영조 26년 우부승지 박평의 서자로 태어났다. 12세에 아버지를 사별하고 홀어머니 슬하에서 자랐다. 원래 서자에게는 상속권이 없으므로 박평이 죽자 박제가 모자(母子)는 하루아침에 거지가 되었다. 그의 어머니가 서울 도심의 벼슬아치들을 찾아다니면서 삯바느질감을 얻어와 겨우 입에 풀칠만 할 정도로 어렵게 살았다.

서자들의 서러움이란 원래 양반 집안에 태어나 양반의 외형을 모두 갖추고 있으면서 실제 생활에서는 천대를 받는 경우로 그 습속은 나라가 개방된 후에도 오래도록 지속되었다. 이러한 상황에서 박제가는 이미 16세 때에 시(詩), 서(書), 화(畵)로 이름을 날렸다.

초정은 1769년(영조 45년, 당시 20세)에 자신의 시집을 엮었다.

이 무렵 북학론자 박지원, 이덕무, 유득공, 이서구, 서상수 등과 교유하였다. 1776년 이들이 저작한 [사가시(四家詩)]가 중국에 소개되었다.

1778년(정조 2년) 이덕무와 함께 사은사(謝恩使) 유제공을 따라 중국 연경에 들어갔다. 중국인 학자와 교유하고 중국 문물을 배우고 돌아와 [북학의]를 저술했다. 1779년 규장각의 검서관이 되어 그 직에서 14년을 근무하면서 각종 서적을 출판하고 장서를 두루 섭렵하였다. 1790년 진하사(進賀使) 황인점을 따라 연경에 갔고 그 해 9월에 다시 왕의 특명으로 연경을 다녀왔다(당시 그의 직함은 군기시정(軍器寺正)이었다). 1794년 무과별시에 장원하여 오위장이 되었다.

1798년(정조 22년) 영평현령으로 있을 때, 왕지에 응하여 진북학의소(進北學議疏)를 올렸다. 1801년(순조 1년), [주자서] 선본(善本)을 구하기 위하여 유득공과 함께 사은사를 따라 연경에 다녀왔다. 이해에 신해사옥(辛亥邪獄)이 일어나 흉서(凶書) 사건에 관련되어 종성으로 유배되었다가 3년 만에 귀향 명령을 받았다. 1805년(순조 5년), 석방된 지 한 달 만에 세상을 떠났다.

2) 성의(誠意), 신독(愼獨)의 경학(經學)

박제가는 정, 주학의 주경론(主敬論)을 거부하고 성의(誠意), 신독(愼獨: 스스로 삼감, 양심적으로 행동함)을 바탕으로 이용후생론을 주장하였다. 그 구체적인 내용으로, [정유각전집]에 다음 글이 있다.

"(주자가 말하는)격물(格物)의 물(物)이 만약 천하 만물(天下萬物)의 물(物)이라고 한다면, 경(經: 경전)에서 마땅히, '먼저 그 물(物)의 뜻을 바로 밝혀야 한다(格해야 한다).'고 말하고, 또 '그 물(物)

이라고 말한 것은 어떤 물(物)이다.'라고 말해야 했다. 지금 다만 '지(知), 물(物)이라.'고 말하고 있는 것은 대개 '지(知)라 함은 차물(此物: 앞서 말한 천하 만물)이다.'고 한 것이리라." 하여 주자의 물(物)에 대한 논의를 문제 삼았다. 즉

초정(박제가)은 '격물(格物)'의 '물(物)'이 천하 만물의 물이 아니라 경문(經文) 중에 있는 '물(物)'을 가리킨다고 하였다. 이는 그가 '격물치지'가 '성의(誠意)' 이하의 일을 떠나 독자적으로 성립하는 일이 아니라는 주장이다. '격물치지'의 사변에만 집착하는 성리학자들의 공소함을 '성의(誠意)'라는 덕목에 의하여 해소하려고 한 것이다.

초정의 글에 의하면, "성의(誠意)는 정심(正心)보다 먼저에 있다. 의(意)란 안에서 발현하므로 그 독(獨)을 신(愼)해야 한다."고 말하면서, "학자의 일이 비록 만단(萬端)으로 생각할 수 있지만 신독(愼獨)보다 먼저 해야 할 일은 없다. 신독이 아니면 치국평천하도 모두 가(假)이다."라고 하였다.

그의 학문이 성의, 신독을 요지로 하였음을 알 수 있고, 여기서 가(假)란 말의 뜻은 입으로만 하는 위학(僞學), 즉 주자학을 말하는 것이다.

초정은 '격물치지성의정심치국평천하(格物致知誠意正心治國平天下)'의 8조목뿐 아니라 명덕(明德), 신민(新民), 지선(止善)의 삼강령에 대하여도 주희와 시각을 달리하였다. 즉

"신독(愼獨)을 행하는 자는 지선에 이를 수 있다. 수기치인(修己治人)이 모두 지선(至善)을 궁극 점으로 삼는 것이라면 지선이 명명덕, 신민보다 앞에 있어야 하는 것은 당연하다. 하지만 지선이 명덕, 신민의 뒤에 있으니 이는 이른바 지선에 머물러 옮기지 말아

야 한다는 것이다." 하였다.

박제가에 의하면 성의야말로 학자가 가장 먼저 노력해야 할 일이고 성의가 제대로 보장되어야 치국평천하가 이루어질 수 있다. 그러므로 성의 이전에 지선을 추구하는 것은 시의(時宜)에 맞지 않는다고 하였다. 실제의 현실에서 성의를 바탕으로 실천하는 것이 학문의 올바른 길이라고 본 것이다.

3) 북학변(北學辨)

박제가는 학문하는 사람들에게 그 시각을 넓혀 열린 눈으로 넓은 세상을 보아야 한다고 하였다. 즉 초정은 그의 [북학의]에서,

"하등의 선비는 중국에도 오곡(五穀)이 있는가 하고, 중등의 선비는 중국의 문장이 우리나라보다 못 하다고 한다. 또 상등의 선비는 중국에는 성리학이 없다고 한다. 과연 중국에는 한 가지도 볼만한 것이 없고 '중국에도 배울 만한 것이 있다.'는 내말이 틀렸을까.

하지만 중국은 천하의 대국이니 무엇인들 없겠는가.

내가 다녀온 곳은 중국의 한 모퉁이에 불과한 유주, 연주이고 내가 만난 사람도 문학을 하는 선비 몇 사람일 뿐 도학(道學)을 물려받은 큰 선비는 실제로 보지 못하였다. 이제 육농기(청의 정주학자), 이광지(1641 - 1704, 청의 정주학자)의 성명학과 고정림(1613 - 1682, 청나라 초기 고증학자로 새로운 학술을 개척했음)의 존주론(尊周論), 주죽택(1629 - 1709, 청의 학자로 명나라 역사의 편찬관)의 박학(博學)과 왕어양(청 학자), 위숙자(명 말기와 청 초기의 학자로 명이 망하자 은둔생활을 했음)의 시문을 알지 못하면서 '중국의 도학과 문장은 볼만한 것이 없다.'고 단언하고, 천하의 공론마저 아울러

믿지 않으니 요즘 사람들이 무엇을 믿고서 그런지 나는 모르겠다.

대저 서적에 기재된 것은 극히 범위가 넓고 의미가 무궁하다. 중국 서적을 읽지 않는 자는 스스로 식견에 한계를 긋는 것이고 중국을 모두 호(胡: 오랑캐)라고 하는 것은 남을 속이는 것이다.

우리나라에는 사람마다 정주학설을 말할 뿐, 나라 안에 이단(異端: 유교와 다른 사상)이 없으므로 사대부는 감히 강서(江西: 육구연), 여요(餘姚: 왕 양명)의 학설을 논하지 못한다. 어찌 도(道)가 하나의 학설에서만 나와서 그렇겠는가.

과거(시험)라는 것으로 몰아치고 풍속으로 구속하여 이와 같이 하지 않으면 몸을 용납할 곳이 없고, 자손마저 보전하지 못한다. 이것이 중국의 큰 규모보다 못한 이유이다. 나라의 장기(長技)를 다한다 해도 중국의 한 부분에도 지나지 못할 터인데 서로 비교하려는 것은 이미 자신을 알지 못함이 심한 것이다." 하였다.

나라에 유행하고 있던 책 몇 권 겨우 읽고, 그나마도 과거 응시용으로 공부하여, 천하 만물의 이치를 모두 터득한 사람처럼 뽐내고 세상 돌아가는 이치를 외면한 이른바 사대부들이 얼마나 많은가. 초정은 전통의 고루한 주자학자들에 대하여, 변화를 갈망하는 하소연을 하고 있었다.

진북학의소(進北學議疏)

초정은 [북학의]를 바치는 소에서 인재의 등용과 수레(車)를 사용할 것을 건의하였다.

"첫째, 선비를 도태(淘汰)시켜야 합니다. 대과(大科: 문과 급제), 소과(小科: 생원, 진사)의 과거를 보는 장소에서 응시하는 사람이 10만이 넘고, 그 10만뿐 아니라 이들의 부자 형제도 비록 과거를 보러 오지 않는다 해도 또한 모두 농사일을 하지 않는 사람들입니다.

지난 수십 년 동안에 대과와 소과에 합격한 인원이 국가관직의 정원보다 10배나 됩니다. 10배나 되는 인원을 모두 임용할 수 없으니 10명 중 9명은 불필요하게 돈을 들여 뽑은 결과가 됩니다. 이들 선비는 모두 놀고 앉아서 농민들을 부리는 존재에 불과합니다.

당나라 시인(詩人)이 있어 여경전행(女耕田行: 부녀자가 밭을 갈다)이라는 글을 지었는데, 이는 난리를 겪은 뒤의 참담한 농촌의 광경을 탄식한 내용입니다. 지금 우리나라는 백여 년이나 태평세월이 계속되었는데도 부녀자가 밭을 갈고 있다는 것은 참으로 이웃나라에 알릴 수 없는 창피한 일입니다.

사대부들은 농사를 방해할 뿐 아니라 실은 배웠다는 사대부로서 오히려 농사를 망치고 있는 자들입니다. 이런 사람들이 나라 인구의 절반을 차지한 지가 백 년이 되었습니다.

둘째, 수레를 통행시키는 일입니다.

옛 상신 김육(金堉)이 평생에 고심한 것이 수레와 돈에 대한 시책이었습니다. 돈을 사용하는 일에 엇갈린 의논(이익의 폐전논을 말함)이 많아서 그만둘 뻔하다가 겨우 실시하였습니다. 그 일은 제 종조부 박수진이 주관하였습니다.

이제 수레를 통행하도록 하면 10년 이내에 백성들이 마치 돈 좋아하듯 할 것입니다. 농사일에 비유하자면 농사는 사람의 창자이고 수레는 혈맥입니다. 혈맥이 통하지 못하면 사람이 윤택할 수가 없습니다.

우리나라에는 쓸모없는 선비는 많고 쓸모 있는 수레는 없습니다.

이를 위하여 중국 요양에 가서 각종 농구를 사고 서울에 대장간을 개설하여 그 제도를 본떠 수레를 만듭니다. 먼 지방 철이 생산되는 곳에는 관속을 보내 분담하여 농구를 만들게 하고 그곳에서 남은 이익은 그 제도를 실시하는 데 사용하여 확대해 가면 됩니다.” 하였다. 이 수레와 농기구의 사용에 관한 글은 ‘북학의’ 곳곳에 산재해 있다.

4) 강남, 절강과의 통상을 제의하다

초정은 그의 [북학의]에서 해외통상의 절실함을 역설하였다. 즉 그의 [북학의]에서,

“우리나라는 나라가 적고 백성이 가난하다.

지금 농민은 밭을 가는 일을 빨리 하고 국가에서는 어진 인재를 등용해야 한다. 상업이 잘 융통하게 하고 공업에 혜택을 내려서 나라 안에서 얻을 수 있는 이익을 총동원하여도 부족함을 면치 못할 것이다. 반드시 먼 지방의 물자가 통한 뒤라야 재물이 늘어나고 온갖 이용이 생겨난다.

대저 수레 백 채에 싣는 양이 배 한 척에 싣는 것에 미치지 못하고, 육로로 천 리를 가는 것이 뱃길로 만 리를 가는 것보다 편리하지 못하다. 통상을 하려면 반드시 물길을 통해야 한다. 우리나라는 삼면이 바다에 접하여 중국과 교역하기가 편리하다. 하지만 조선 4백 년 동안에 다른 나라 배가 한 척도 들어오지 않았다. 지금은 면포를 입고 백지에 글을 써도 물자가 부족하지만, 배로 무역을 하면 비단을 입고 죽지(竹紙: 중국산 얇은 종이)에 글을 써도 물자가 남아돌아 갈 것이다. 지난날 왜국이 중국과 무역하기 전에는 우리나라와 교섭하여 연경에서 실을 매입해 갔으므로 우리나라 사람들이 거간이 되어 이익을 보았다. 지금 왜국인들은 직접 중국과 교섭하

고 있으며 그 밖에도 30여 나라와 무역을 하고 있다. 중국 선원들을 이용하여 그들에게서 기술을 배우고 그 나라 풍속을 탐방하여 백성들의 견문을 넓혀야 한다. 백성들이 우물 안 개구리가 된 것을 부끄럽게 여기고 세상 넓은 줄을 깨닫게 되면, 통상으로 얻은 이익은 실로 크리라고 생각한다.

일찍이 토정 이지함이 다른 나라 상선 몇 척과 통상하여 전라도 지방의 가난을 구제코자 하였으니 그의 높은 식견을 따라갈 수가 없다.” 하였다.

초정의 해외 통상론은 우리 역사에서 가장 선진적인 이용후생의 정책이었다. 이는 좁은 땅에서 평생토록 가난을 면하지 못하고 구태의연하게 살아가고 있는 백성들에게 상공업 진흥이란 희망을 제시한 그의 선견지명을 증험한 것이다.

5) 인재활용의 방법과 용사론

박제가는 병오년(정조 10년) 조회에 참석하여 그의 의견을 여쭈었다. 그중에서 ‘인재활용의 방법’과 ‘용사론’은 특히 주목된다.

인재활용의 방법에 관하여,

“대저 놀고먹는 자는 나라의 큰 좀입니다. 놀고먹는 자가 나날이 불어나는 것은 사족(士族)이 나날이 성하여지기 때문입니다. 이 무리가 거의 온 나라에 퍼져 있으며 한 부분의 벼슬만으로는 이들을 모두 수용할 수 없습니다. 반드시 이들을 활용하는 방법이 있어야 부언(浮言: 뜬소문)이 일어나지 않고 국법이 시행될 것입니다.

무릇 수륙(水陸)으로 교통하여 무역과 판매하는 일은 모두 사족

(士族)에게 허가하여 문서에 올리기를 청합니다. 밑천을 마련하여 빌려주고 가게를 설치해 주어서 좋은 성과를 올리는 자에게는 높은 벼슬에 발탁한다는 것으로 권장합니다. 이들로 하여금 날마다 이문을 추구하게 하여 놀고먹는 자들의 마음을 열어주어, 호강한 권세에 의지하는 마음을 사라지게 하면 이 또한 풍속을 변화시키는 데 도움이 될 것입니다. 인재는 아주 적은데 (인재를)양성할 생각을 하지 아니하고 재물이 나날이 없어져도 (상품의) 유통할 방책을 생각하지 아니하면서 세상이 그릇되고 백성이 가난한 탓이라고 할 뿐이면 이것은 나라가 스스로 속는 것입니다.

또한 아버지를 아버지로 부르지 않는 자가 있으며, 형을 형으로 부르지 아니하고 사촌 간에 서로 종으로 부리는 자가 있습니다. 백발에 허리가 굽은 노인을 쌍상투 머리를 땋은 아이의 아랫자리에 앉게 하는 자가 있으며 할아버지, 아버지의 항렬이건만 절하지 않고 손자나 조카뻘 되는 자가 어른을 꾸지람하는 자도 있습니다.

이런 버릇이 점점 교만하게 되면서 이제 세상은 오랑캐가 판을 치고 있지만, 자신의 행실은 예의 바르며 그것이 옛날 중화(中華)의 법이라 하고 있으니, 이것은 그동안의 잘못된 습속 때문에 나라가 스스로 속는 것입니다.

사대부는 나라에서 만든 것입니다. 그럼에도 국법이 사대부에게는 시행되지 않고 있다면 이는 스스로 만든 폐단이 아니겠습니까.

과거는 인재를 뽑으려는 제도인데 인재를 뽑으면서 과거 때문에 나라의 정치가 잘못되고 있으니 이것이 스스로 만든 폐단입니다.

서원을 세워서 선현에게 제사하는 것은 유술(儒術)을 숭상하는 것인데, 병역을 피하는 군정(軍丁)을 숨겨두고, 금령(禁令)을 어기면서 술을 빚어 의연하게 법을 어기니 이것 또한 스스로 만든 폐단인 것입니다." 하였다.

용사론(用奢論)

초정의 용사론은 특히 근대적인 안목이 있다.

사치를 억제하고 근검절약하여 가정이나 국가 경제를 살찌운다는 논리는 만고의 진리로 여겨졌다. 그것은 또한 욕망을 억제하고 가난을 미덕으로 살아온 선비들의 자랑이기도 하다. 하지만 인간의 욕망과 동력은 끊임없이 움직이고 변화를 추구하고 있으며, 오히려 편익과 사치의 경제가 오늘날의 문명을 발전시킨 동인이 되었음을 간과할 수 없다. 초당은 그의 '용사론'에서 가장 미래지향적인 정책 대안을 제시하였다. 즉 그가 전설사 별제로 있을 때 올린 소를 요약하면 다음과 같다.

"지금 세상에서는, '사치가 나날이 심해진다.'고 말하며 세태의 변화를 염려하는 사람들이 많습니다.

그러나 신이 보기에는 그것은 근본을 모르는 사람들의 말입니다. 대저, 다른 나라에서는 '사치 때문에 망하였다.'고 하지만 우리나라는 너무 검소하여 쇠해졌습니다. 왜냐하면 무늬 있는 비단 옷을 입지 않으므로 비단 짜는 기계가 없고 따라서 여공(女功: 여자의 길쌈, 바느질)도 쇠하였으며 풍악을 숭상하지 않으므로 오음(五音)과 육률(六律)이 화(和)하지 못합니다. 물이 새는 배를 타고 더러운 말을 타며 비뚤어진 그릇에 밥을 담아 먹습니다. 먼지가 풀썩거리는 방에 거처하므로 공장(工匠)과 목축(牧畜)과 질그릇 장수의 일이 망쳐졌습니다. 농사일도 거칠어져서 제 시기를 놓치고 장사도 이윤이 박하여 업(業)을 잃게 됩니다. 사민(四民: 사, 농, 공, 상)이 모두 곤란하여 서로 돕지 못하므로 가난한 자들은 날마다 채찍질하여도 우수한 물건을 생산하는 일이 불가능합니다.

지금 대궐 뜰 예(禮)를 거행하는 곳에는 거적을 폈고 동서 궐문을 지키는 위병들은 무명옷에다가 새끼를 동여매고 섰는바, 신이 보기에도 부끄럽습니다. 이러한 모든 근본에 대한 일은 요량도 안 하고, 도리어 여염집에 조금이라도 높은 문간이 있으면 헐어버리고 가죽신을 신은 장사치를 잡아들이며 마부가 귀걸이를 쓰는 것을 금하니 이것은 말단만 다스리는 것입니다.

전하께서 큰 사업을 하고자 하시면서 아직 시작도 하지 않고 있는 지가 벌써 10년이란 오랜 세월이 흘렀습니다. 장차 그릇된 습속에 따라 그대로 정치를 하며 임시방편으로 깁고 때워서 소강상태인 것으로 스스로 편하게 여기실 것입니까."라고 하면서 왕의 적극적인 정책 실천을 권유하였다.

그동안 우리는 오랜 세월 중세적인 질곡에서 벗어나지 못하고, 주자학의 공리공담과 신분제의 모순, 과거제, 서원의 남발 등 모든 폐습에 젖어 헤어나지 못하고 있었다. 이를 고쳐 나가기 위하여 과연 어떤 부분에서 무엇부터 어떤 방식으로 변화를 단행해야 할 것인가 하는 것이 당시 지식인들의 큰 고민이었다. 이런 상황에서 초정은 상업과 무역을 실행하고, 사치도 일종의 산업으로 필요하다는 주장으로 미구에 다가올 근대화의 신호를 올렸다고 볼 수 있다.

6. 정약용(丁若鏞)

다산 정약용(1762 - 1836)은 참으로 위대한 실학자이며 정치개혁가였다. 정약용이 살았던 시대는 세계의 모든 나라들이 한참 국제

무대에 나와 경쟁을 벌이던 18세기 말에서 19세기 초에 해당된다. 유럽에서는 정치개혁과 산업혁명이 한참 전개되고 이미 자본주의의 모순이 드러나기 시작한 때였다.

정약용은 당시 우리의 정치 상황을 바로 보고 이를 개선, 극복해 나가는 데 가장 필요한 인물이었다. 정조는 이를 이미 간파하고 그를 적극 활용하고자 하였으나 시운(時運)이 맞지 않아 일찍 승하하였고, 그 뒤를 이은 국왕들은 정약용의 능력을 인정하면서도 주변 신하들의 반대에 부딪혀 끝내 그를 발탁하지 못하였다.

나라에 시운이 있고 없고는 인간의 힘으로 어쩔 수 없겠지만, 지도자의 능력이나 역할을 통하여 이를 뛰어넘을 수도 있다. 조선조 초기의 태종처럼 왕정의 초석을 다진 강력한 지도자도 있고, 세종대왕처럼 나라를 부흥시킨 성군도 있다. 반면 나라가 위기를 맞은 중요한 시기에 선조나 인조 같은 무능한 군주가 나와 국토를 황폐화한 경험도 있다.

대개 나라의 흥망성쇠는 임금을 보필하는 인재에 의하여 영향을 받는다는 것은 우리 모두가 너무나 잘 알고 있는 사실이다.

1) 가족 배경과 생애

정약용은 영조 38년(1762년), 서울의 마현(경기도 양주군 와부면 능내리)에서 정재원의 4남으로 태어났다. 정재원은 영조가 그의 아들 사도세자를 뒤주 속에 가두어 죽였을 때 반대한 남인계 시파(時派)에 속해 있었다. 사도세자가 노론계 벽파의 음모에 의하여 죽자, 그는 관직을 그만두고 마재의 고향으로 돌아와 농사를 짓다가 정약용이 31세 때 죽었다. 그는 첫 부인에게서 정약현을 낳았고 재취부인에게서

3남 1녀를 낳았다. 정약전, 정약종, 정약용 형제가 그들이다.

정약용은 천주교를 우리나라에 들여온 순교자들의 집안에서 살았다. 우리나라에서 최초로 영세를 받았던 이승훈은 정약용의 매부이며 친사돈이기도 하다. 신주를 불사르고 어머니 권씨 부인의 장례를 천주교식으로 치른 윤지충은 정약용과 내외종간이며, 전라도 지방에 천주교를 전파하는 데 주도적인 역할을 담당하였던 유항검은 윤지충과 이종 간이다. 1794년 우리나라에 들어온 중국인 신부 주문모에게 사사하여 전도활동을 벌이다가 순교한 황사영은 정약용의 조카사위다.

정약용의 어머니는 해남 윤씨로 고산 윤선도의 후손이고 공제 윤두서의 손녀였다. 정약용의 어머니 윤씨 부인은 그가 9세 때 세상을 떠났다.

정약용의 맏형 정약현은, 그의 처남 이벽도 천주교 신자였고 황사영이 그의 사위였지만 천수를 누리고 살다가 순조 21년에 71세로 세상을 떠났다. 둘째형 정약전은 처음 천주교 신앙생활에 전념하였으나 부친의 만류와 신해사옥(1791년, 정조 15년) 등에 의하여 신앙활동을 그만두었다. 셋째형 정약종은 끝까지 그의 신앙을 굽히지 않고 순교하였다.

정약용은 4세 때부터 '천자문'을 배우기 시작하여 7세 때 벌써 한시를 지었다. 10세 때에는 경서(經書)와 사서(史書)를 수학하였다. 15세에 풍산 홍씨 집안에 장가들었는데 그해에 그의 부친도 15년 만에 호조좌랑에 복직되어 서울로 이사하였다. 1783년(22세), 생원시험에 합격하고 성균관에 입학하여 실학을 주로 공부하였다. 1789년(28세) 문과에 급제하여, 부사정(副司正), 가주서(假注書)를 역임하였다. 1790년(29세) 예문관 검열, 사헌부 지평, 사간원 정언 등을 역임하였다. 1792년 부친이 별세하였다. 1792년 홍문관 수찬, 1794년 경기도 암행어사, 1795년 사간원 사간, 동부승지, 호조참의에 올라 정조의 총애를 받았다.

1800년 정조가 갑자기 승하하였다. 1801년(40세), 정약용은 경상도 장기로 유배되었다가, 그해 10월, 황사영 백서사건으로 다시 투옥되어 전라도 강진으로 유배되었다. 그해에 신유사옥(辛酉邪獄)이 일어나 둘째형 약전은 유배되고, 셋째형 약종, 주문모 등은 처형되었다. 1808년 강진 도암면 만덕동 다산의 산 밑에 있는 윤박의 산정으로 옮겨 [다산문답]을 지었다. 1817년, [경세유표]를, 1818년 [목민심서]를 저술하고 유배가 풀리자 강진을 떠나 고향에 돌아왔다. 1819년, [흠흠신서]를 저술하고, 1822년 회갑을 맞아 [자찬묘지명(自撰墓誌銘)]을 지었다. [비명]을 짓고도 14년을 더 살다가 1836년 세상을 떠났다.

2) 경학관

다산은 그의 경학, 경세학의 입장을 [묘지명]에 다음과 같이 썼다. "[육경사서(六經四書)]로 자기 몸을 닦고 [일표이서(一表二書)]로 천하국가를 다스리게 함이니 본말(本末)이 구비되었다. 알아주는 사람은 적고 나무라는 사람은 많으니 천명(天命)이 허락해 주지 않는다면 불에 태워도 상관없다." 하였다. [육경사서]는 다산의 철학적 인식론을 쓴 것이고 [일표이서]는 그의 정책서이다.

다산은 전 생애를 통하여 [육경사서]에 대하여 232권이라는 방대한 양의 저술을 남겼다. 그의 사상에서 경학이 차지하는 비중은 실로 크다. 다산 경학관의 특징에 관하여 학자들은 여러 항목으로 나누어 그의 실학관을 규정하고 있다. 그중에서 대개 중요한 특징이라고 생각되는 몇 가지만을 열거하면 다음과 같다.

수사학(洙泗學)

수사학이란 공자, 맹자의 유학이란 뜻이다.

다산의 수사학은 바로 공, 맹자의 [논어], [맹자] 등 고전의 새로운 해석으로 주자학의 폐단을 극복하려는 데 있다. 그는 오학(五學)으로 상징되는 성리학, 훈고학, 문장학, 과거학, 술수학의 장막을 걷고 원시 유학으로의 회귀, 곧 공문의 원의를 탐구함을 지향하였다. '오학론(五學論)'의 두 항목만을 요약, 열거하면 다음과 같다.

"성리학은 도(道)를 알고 자기를 인식하여 실천하는 데 힘쓰는 것이다.

성리학은 원래 그 근본이 있다. 옛날 학자들은 성(性)이 천(天)의 근본이며, 이(理)는 천에서 나오고 인륜이 도(道)에 미치는 것을 알았다. 효제충신으로 하늘을 섬기는 근본으로 하고, 예악형정(禮樂刑政)으로 정치하는 수단으로 하며 성의정심(誠意正心)으로 사람의 주축을 삼았으니 이를 인(仁)이라 한다. 인을 행하는 것이 서(恕)이고 이를 베푸는 것이 경(敬)이다. 이에 불편부당(不偏不黨)하고 과불급(過不及) 없이 중화를 잡는 것이 중화의 용(中庸)이라고 한다. 이 이상은 아무리 말을 많이 하여도 성리학은 이미 한 말을 되풀이하는 것밖에 되지 못하고, 다른 말은 필요 없다.

지금 성리학을 한다는 사람들은 이(理), 기(氣), 성(性), 정(情), 체(體), 용(用), 본연기질(本然氣質), 이동기동(理同氣同), 심선무악(心善無惡), 심선유악(心善有惡)을 들어 서로 꾸짖고 나무라며 기를 쓰고 핏대를 올려 천하의 오묘한 것은 모두 자신이 안다고 한다.

혹은 동쪽으로 혹은 서쪽으로 부딪치며 꼬리를 잡고 머리를 벗겨서 문마다 한 기치를 세우고 집마다 한 집터를 쌓아서 당대에 그 송사를 결말짓지 못하고 자손들까지 그 원수를 풀지 못할 형편이다.

아! 지금 속학(俗學: 속된 학문)에 빠진 자들은 은근히 주자를 끌어당겨서 자기를 변명하지만 이는 모두 주자를 속이는 것이다.

주자가 어찌 그렇게 하였던가?(朱子何嘗然哉)

사람들이 그 체면을 차리고 행동을 가다듬는 것은 비록 방종하고 음탕한 자들보다는 낫다고 하지만 속은 텅 비었으면서 마음만 높다 하니 요, 순, 공자의 도(道)로 돌아갈 수 없는 것은 지금의 성리학이다.

훈고학은 옛날 경전 중 문자와 문구의 정의를 정확하게 해석함으로써 그것이 담고 있는 도(道)의 기본 내용을 옳게 이해하며 실천하자는 것이다. [육경사서]의 기본 정의와 진리는 처음 보면 의심나는 것 같지만 마침내 정확해지고 곧 서로 이해하게 된다. 그런 후에 자신이 직접 실천하여, 몸을 닦고 가정을 바르게 하는 것으로부터 국가를 다스리는 것과 천덕(天德)에 달하고 천명(天命)에 들어가는 것까지 한다면 이는 옳은 학문이라 할 수 있다. 옛날에는 학문을 하는 데 박학(博學), 심문(審問), 신사(愼思), 명변(明辯), 독행(篤行) 등을 다 같이 하였다. 지금 학문하는 사람들은 박학 한 가지에만 힘쓸 뿐이고 심문 이하는 돌아보지도 않는다. 대체 한 나라 선비들의 학설이라면 그 요령도 묻지 않고 결과도 따지지 않는다. 스스로 반성하여 성품을 닦는 것을 괘념하지 않고 세상일이나 백성들에게 도움이 되는 것을 유의하지 않으며 단지 힘써 암기하는 것과 큰 소리로 변론하는 것 등으로 자고자대(自高自大: 교만함), 자기도취에 빠져 온 세상에 피해를 주고 있다.” 하였다.

다산은 수사(洙泗)의 구관(舊觀)으로 복귀하는 데 (경학 연구의)

목적이 있다고 스스로 말하였다고 하나, 후세 학자들은 다산의 학문을 높이 평가하여 그 이상의 의미를 부여하고 있다. 그의 경학은 하나의 용광로처럼 모든 경학적 입장을 수용하여 이를 나름대로 다산의 방식으로 재해석하고 체계화하였다. 그의 경전세계는 '수사학'으로의 복귀가 아니고 현실에 바탕을 둔 경험적이고 실학적인 학문 지향성을 갖고 있다. 공자와 맹자를 비롯한 옛 성현들의 권위를 빌려 중세적인 사변철학을 비판하고 실증, 실용의 새로운 발전과, 독창적인 경전 세계로의 재창조를 위한 것이었다. 다음에서 그의 중요 사상인 인(仁), 성(性), 이기론(이기론)에 관한 내용을 간단히 살펴보자.

인(仁)과 인의예지(仁義禮智)

다산은 [논어고금주]에서 인(仁)에 관하여 다음과 같이 말하였다. "인이란 두 사람 사이에 이루어지는 일이다. 아버지와 아들, 군주와 신하, 남편과 아내는 각각 두 사람으로 그 본분을 다하여 처신하니, 즉 인(仁)이다. 인(仁)이란 필시 두 사람 사이에서 발생하는 것이다." 하였다.

주자는 인(仁)을 '천지생물지심(天地生物之心)'이나 '본심전체의 덕'이라고 파악하였다. 주자에 의하면, "인(仁)은 애지리(愛之理)의 변하지 않는 보편적 가치로서의 이(理)요, 심(心)의 덕이다. 인의예지(仁義禮智)의 성(性)인 네 알맹이를 상천(上天: 하늘)이 인성(人性) 속에 부여하였다."고 하였다.

하지만, 다산은 인(仁)이란 결코 심덕(心德)이나 천리(天理)가 아니고 인덕(人德)이라 하였다. 주자는 인을 '애지리(愛之理)'나 '심지덕(心之德: 심체에 갖추어진 덕)'이라 하여 이학적(理學的)으로 해석하였으나, 다산은 인(仁)을 행사(行事)로 이루어지는 것이며 결코 마음속에 이치가 아니라고 하였다.

다산은, "인(仁)은 두 사람이 그들 노력으로 직분을 실천하는 것이다. 인륜지선(人倫至善)의 이름으로 착한 일을 행한 후(인을 행사한 후)에 이루어지는 윤리적 행동이라."고 하였다. 다산의 말에,

"주자에 의하면, '인의예지(仁義禮智)를 비유하건대 꽃과 그 열매 같은 것이어서 오직 그 근본은 마음속에 있다. 측은수오지심(惻隱羞惡之心)이 안에서 발하여 인의(仁義)가 밖에서 이루어지고 사양시비지심(辭讓是非之心)이 안에서 발하여 예지(禮智)가 밖에서 이루어진다.'고 한다. 지금의 유자(儒者)들은 인의예지의 네 알맹이가 뱃속에 오장(五臟)처럼 있고, 사단(四端)이 모두 이로부터 나온다고 알고 있으니 이것은 잘못된 것이다.

인의예지(仁義禮智)의 이름은 행사(行事: 자신의 직분을 실천함)한 뒤에 성립된다. 사람을 사랑한 뒤에 인(仁)이라 하고, 그전에는 인(仁)이라는 이름이 성립하지 않는다. 나를 착하게 한 뒤에 의(義)라 하고, 주인과 손님 사이에 만나는 예의를 갖춘 뒤에 예(禮)의 이름이 성립하며, 사물을 변별한 뒤에 지(智)의 이름이 성립한다. 어찌 인의예지(仁義禮智)라는 네 개의 알맹이가 뇌뇌락락(磊磊落落: 磊落, 호탕하고 공명정대함)하게 복숭아씨나 살구씨의 알맹이처럼 인심 가운데에 감추어져 있을까." 하였다.

주자는 인(仁)의 개념을 이른바 '인의예지'나 '사단' 등 인간 내면의 본연지성(本然之性)으로 본 데 대하여, 다산은, 인간 상호의 관계라고 규정하였다.

다산은 말하여,

"부모를 사랑하고 봉양하는 것을 효도라 이르고, 형제들이 우애

로운 것을 제(悌)라 이르며, 그 자녀를 가르치는 것을 자애라 이른다. 이를 오교(五敎: 父義, 母慈, 兄友, 弟恭, 子孝)라고 한다.

아버지를 섬기는 데서 임금과 어진 이와 스승을 섬기는 도가 성립하고, 형을 섬기는 데서 어른을 섬기고, 아들을 양육하면서 여러 사람을 사랑하게 됨을 배운다. 부부란 서로 함께 덕을 닦아 집안을 다스리고 붕우는 함께 도리를 익혀 집밖의 일을 돕게 된다. 다만 자애란 것은 힘쓰지 아니해도 이를 할 수 있으니 성인께서 교육을 마련할 때 오직 효도와 우애를 가르쳤다.

맹자는, '인(仁)의 실상은 어버이를 섬기는 것이요, 의(義)의 실상은 형에게 순종하는 것이요, 예(禮)의 실상은 이 두 가지(효도, 우애)를 절문(節文: 차례나 서열을 지킴)함이다. 악(樂)의 실상은 이 두 가지를 즐기는 것이요 지(智)의 실상은 이를 알아서 떠나지 않는 것이다.' 하였다. 이로 미루어서, [대학]의 명덕(明德)을 밝히는 것은 이 두 가지(효도, 우애)를 밝히는 것이요, [중용]의 성(誠)으로 인하여 밝아지는 것은 이 두 가지를 성실히 실천하는 것이다. 충(忠)이란 이 두 가지를 다 하여 자기에게 성실함이요, 서(恕)란 이 두 가지를 미루어 물(物)에 미치는 것이다.

사물의 이치를 연구하여 지식을 넓히는 [격물치지(格物致知)]는 이 두 가지를 먼저 연구하고 뒤에 할 바를 아는 것이다. 사물의 이치를 연구하여 사물의 본성(本性)을 다하는 것은 이 두 가지를 연구하여 나의 성분(性分)을 다함이다. 이 두 가지가 마음에 성실함을 정심(正心)이라 하고, 두 가지를 밝혀서 성명(性命: 천부의 성질)에 순종함을 사천(事天)이라 한다. 하늘이 명한 것이 성(性)이요 성에 따르는 것이 도(道)이며 도를 닦는 것을 교(敎)라 이르니 교(敎)란 오교(五敎)를 말한다." 하였다.

다산은 인(仁), 성(性), 격물치지(格物致知)도 인간 상호의 관계인 효도와 우애의 실천에 그 근본이 있다고 하였다.

[성상근야, 습상원야, 유상지하우불이

(性相近也, 習相遠也, 唯上智下愚不移)]

[논어]에 나오는 위 구절은 공자의 '평등론과 차별론'을 화두로 학자들 사이에 논의가 많다. 처음 두 구절은 평등론이고 다음 구절 (唯上智下愚不移)은 차별론으로 알려져 있다. 다산의 이에 대한 주장을 다음 세 부분으로 나누어 설명하겠다.

첫째, 성(性)에 대하여,

[논어] 양화편에 나오는 위 글은 일반적으로,

"본래 사람의 (선천적인) 성품은 차이가 없으나 노력 여하에 따라 차이가 난다. 다만 상지(상위의 어진 이)와 하우(하층의 어리석은 사람들)는 본래 다르다."로 해석되고 있다.

주자는 이를 그의 이기론 체계로 해석하여 본말(本末), 기질(氣質)의 양성론(兩性論)을 폈다. 즉 주자에 의하면

"만유(萬有)의 근본인 태극의 이(理)가 인간에게 부여한 것을 본연지성(本然之城)이라 하고, 태어날 때의 형기(形氣)에 인하여 (생긴 것을) 기질지성(氣質之性)이라고 하며 인간은 이 양성(兩性)을 공유하고 있다. 인간의 성과 그 밖의 만유의 성은 태극의 이(理)를 근원으로 하는 본연지성에서 같고 형기로 인한 기질지성에서 다르다."고 하였다.

주자의 이론에 의하면, 인간은 본연지성인 이(理)가 기질지성인 기(氣)에서 양과 음, 상과 하, 중화와 이적, 양반과 상인, 상지와 하

우 등 근본적인 차이가 생긴다고 한 것이다.

이에 대하여 다산은 성기호론(性嗜好論)을 전개하였다.

다산은, "성(性)은 내 마음으로 좋아하는 기호(嗜好)다. 나는 성(性)이라는 것은 기호를 위주로 말한다고 본다. 이른바 사안석(謝安石)은 성악(聲樂)을 좋아하고 위나라의 정공(鄭公)은 검소함을 좋아한다. 어떤 사람은 산수를 좋아하고 또 어떤 사람은 서화를 좋아한다고 하는 일들은 성을 기호로 보고 있는 것이다. 맹자는 성을 논할 때에 반드시 기호를 가지고 말하였다."고 하였다.

다산은 인성(人性)을 본연지성과 기질지성의 양성으로 보지 않고, 경험적인 성을 근본 출발점으로 하였다. 주자의 본연, 기질 양성론은 형이상학적인 이(理)를 위주로 한 데 반하여 다산은 도의와 기질을 공유하고 있는 인간의 경험적인 기호를 중요시한 것이다.

다산의 입장은 인간의 차이란 것도, 서로의 기호, 즉 자신이 좋아하고 싫어하는 취미나 성격의 차이에 불과하다는 뜻이다.

둘째, 상지하우(上智下愚)에 대하여,

주자는 상지(上智)와 하우(下愚)의 선천설을 주장하였다. 반면 다산은 후천적인 처신 여하에 따라 상지와 하우의 차이가 생긴다고 한다. 즉 다산은,

"[논어]에서 '성상근(性相近)'이라 할 때 본래 현자(賢者)와 불초(不肖: 현자를 본받지 못한 자)의 타고난 본성이 서로 가깝다는 뜻이지 사람들의 성품(인격)이 서로 가깝다는 뜻은 아니다. 습상원(習相遠)이라 할 때, 그것은 선함과 악함이 서로 멀다는 뜻으로, 비유하여 말하자면 두 사람이 서울에서부터 동시에 출발하여 서로가 남과 북으로 다른 길을 떠날 때 그 거리가 먼 것을 말한다."고 하였다.

주자는 상지와 하우의 차이가 선천적인 본성의 것임을 주장한 데 반하여, 다산은 후천적인 '모신(謀身: 일을 꾸미고 처신하는 것)의 공졸(工拙: 기교의 능란함과 서투름)'에 의하여 차이가 생긴다 하여 인간의 평등성을 주장하였다.

셋째, 불이(不移)에 대하여,

다산은 그의 [자찬묘지명]에서, '상지 하우 불이'의 개념을, 종래에는 '성(性)에서 오는 선천적인 것'으로 해석하였는데 다산은 실학적 개념으로 규정하였다. 즉 선을 지키려는 사람은 악한 사람과 아무리 어울려도 습성이 옮겨지지 않기 때문에 '상지'라 하고, 악에 안주해 버리는 사람은 아무리 선한 사람과 어울려도 습성이 옮겨지지 않기 때문에 '하우'라 한다. 그래서 '불이'라고 한 것이다.

이기론(理氣論)

다산의 이기론에 관하여 다음 글이 있다. 즉

"성리학에서 이(理)와 동일시되는 태극에 관하여, 정약용은 (태극은) 기(氣)와 존재론적으로 일치하며, 특히 기의 원초적 형태 또는 양태를 뜻한다고 하였다. 태극은 자기 분화를 통하여 이기(二氣: 천지)를 산출하며, 하늘과 땅은 상호관계를 통하여 사기(四氣: 天地火水)와 팔물(八物: 天地火水雷風山澤)을 거쳐 사물 일반(만물)을 생성한다. 이러한 만물 생성의 전체 과정과 그 이후의 복잡하고 다양한 생성, 소멸의 변화 과정은 모두 원초적 기(원기, 태극)의 자기 운동에서 비롯된다." 하였다. 이 글은 다산의 다음 내용들을 보고 평한 글이다. 즉 다산의 글에,

"태극이란 것은 천지가 분화되기 이전의 혼돈 상태로 유형적(有形的)인 것의 시초요, 음양의 배태이며, 만물의 시초이다.

태극은 천지의 배태(胚胎)한 것이다. 양의(兩儀: 음양을 말함)란 가볍고 맑은 것은 위(하늘)에 있고, 무겁고 탁한 것은 아래(땅)에 있는 것을 말한다. 사상(四象)이란 천지화수(天地火水)의 체질(體質)이 각기 그 위상(位相)과 차례가 있음을 말한다. 이 네 개가 존재하여 하늘과 불이 상호 작용하여 우뢰(雨雷)와 바람이 일고, 땅과 물이 서로 어우러져 산과 못(澤)을 이룬다.

지금 사람들은 성 자(性 字)를 하늘처럼 높고 큰 것으로 받들고, 태극음양설, 본연, 기질론을 혼돈하여 이해하고 있다. 애매하고 아득한 것은 숨기고 멀리 빛나는 것처럼 과장하면서도, 스스로 자세한 내용까지 분석하여 하늘과 사람들이 발휘하지 못한 비결을 궁구(窮究)하지만 결국 일용의 행동에 도움이 되지 못한즉 무슨 소용이 되겠는가." 하였다.

다산은 위에서 본 바와 같이 태극을 정신적 실체인 이(理)라고 규정한 주자를 비판하고, 태극은 물질적인 것이며 따라서 천지의 시원(始原)도 물질적인 것이라 하였다.

하지만 이기의 논쟁에 있어서는 이이의 주장을 수용한다고 하여, 이(理)의 무형적 존재로서의 소유론(所由論)을 받아들이고 있다.

"율곡이 논한바 이(理), 기(氣)는 천지만물을 총괄하여 말한 것이다. 이(理)는 형체가 없는 것으로 사물이 그렇게 되는 까닭이며, 기(氣)는 유형적인 것으로 사물의 형체와 형질이다. 따라서 사단칠정(四端七情)으로부터 천하 만물에 이르기까지 기(氣)가 발하여 이(理)가 타지 않는 것(氣發理乘이 아닌 것)이 없다. 대체 사물이 능히 발동하는 것은 그 사물의 형질이 있기 때문이다. 그러므로 발동하기 전에 먼저 이(理)가 있다 해도 그것이 발할 때에는 기(氣)가 반드시 먼저이다. 율곡의 말은 그래서 옳은 것이다." 하였다.

위의 글을 보면 당시 당파의 싸움과 관련하여 이기론 또한 그 논쟁이 서로 극렬하게 대립된 상황에서 다산은 이들 이론(주리론과 주기론)을 수용하고 보다 실천적 입장에서 재해석하여 자신의 입장을 밝혔다고 볼 수 있다.

격물치지론(格物致知論)

주자는 [대학]의 주석에 심혈을 기울였으며 특히 격물치지의 장을 삽입하였다. 격물(格物)이란 인간의 생활에 있어서 사물(事物)의 당위적인 원리나 법칙, 존재 근거를 말하는 것으로, 주자는 물(物), 즉 만물이며, 만물의 이(理)는 태극의 일원(一源)이라고 하였다. 주자는 격물치지에 의하여 지선(至善)의 원리를 밝히고, 격물치지 후에 성의, 정심, 수신, 제가, 치국, 평천하가 가능하다고 보았다.

다산은 주자와 다른 [격치사물론]을 내놓았다. 다산은 자신의 [격치도(格致圖)]를 고안하여 그의 이론을 설명하였다.

첫째, 물(物)이란 유물유측(有物有則)의 물(物)로 본다.

물이란 스스로 형태를 이룬 것, 즉 자립성상(自立成象)을 말하며, 의(意), 심(心), 신(身), 가(家), 국(國), 천하(天下)를 말한다. 사(事)는 작위(作爲)가 있는 것이며, 성(誠), 정(正), 수(修), 제(齊), 치(治), 평(平)을 말한다.

둘째, 다산은 주자의 8조목을 6조목으로 나누었다. 8조목이란 격물, 치지, 성의, 정심, 수신, 제가, 치국, 평천하의 8항목이고, 6조목은 격물, 치지의 두 항목을 뺀 것을 말한다. 다산에 의하면 성의, 정심이 중요하므로 따로 격물치지의 항목이 필요 없다는 뜻이다.

셋째, 성의, 정심 등 6조목 중에서도 [대학]의 조목은 효(孝), 제(悌), 자(慈)가 있을 따름이며 격물, 치지, 성의, 정심은 교육의 조목은 아니다.

진실한 마음으로 부모를 섬기면 성의와 정심으로써 효도를 이루게 되고, 진실한 마음으로 어른을 섬기고 어린이를 자애롭게 기르면 또한 우애와 자애를 이루게 될지니 결국 성의와 정심을 다하면 치국평천하를 다 할 수 있는 것이다 하였다.

3) 일표이서(一表二書)

일표에서는 [경세유표], [목민심서], [흠흠신서]를 말한다.

이들 책 내용은 실로 방대하여 모두 다루기 어렵다. 이 책에서는 편의상 다산의 자서(自序)에 있는 글 내용을 열거하여 책의 특징을 소개하는 데 그치겠다.

[경세유표]는 정부기구 개편에 따른 국가 재정의 확립을 시도한 책으로 주로 중앙행정에 관한 개혁 구상을 담고 있다. 국가 재정은 파탄에 이르고 임진, 병자의 양란을 겪은 후 삼정(三政: 전정, 군정, 환곡)의 문란이 그 극도에 달하였다. 다산의 책은 이런 시기에 나왔다. 기구 개편의 기본정신은 주공(周公)의 [주례]에 근거하고 있는 만큼 본래 유교정신의 현실적 재현이라고 볼 수 있다. 다산의 [방례초본 인]에 다음 글이 있다.

"이 책에서 논한 것은 법이다.

법이면서 명칭을 예(禮)라 한 것은 무슨 까닭인가?

선대의 왕들은 나라를 예로써 다스렸고 백성을 지도하였다. 그 예가 쇠하여 법이라는 명칭이 생겼다. 법은 나라를 다스리는 것이 아니고 백성을 지도하는 것도 아니다. 천리에 비추어서 합당하고 인정에 시행하여도 화합한 것을 예라 하며, 위엄과 협박으로 백성을 겁나게 하여 범하지 못하게 하는 것을 법이라 한다. 선왕들은 예로써 법을 삼았고, 후왕들은 법으로써 법을 삼았으니 이것이 다른 점이다.

우리 효종대왕께서 공법(貢法: 田賦 이외에 특산물을 거둬들이는 법)을 고쳐서 대동법으로 하였고 영조께서 노비법과 군포법, 한림법을 고쳤다. 이는 모두 천리에 합당하고 인정에 화합하여 사계절이 변하지 않고 돌아오는 것과 같다.

법을 시행한 지 수백 년에 낙(樂)을 누리고 덕(德)을 받아 비로소 백성의 뜻이 조금 안정되었다. 만약 효종, 영조 두 임금이 근거 없는 논의에 의혹되어 시일만 보내고 끝내 (법을) 고치지 않았더라면 그 법의 이해득실은 마침내 천고(千古)에 밝혀지지 않았을 것이다. 영조가 '균역법'을 제정할 때에 저지하는 자가 있었는데 영조가 말하기를, "나라가 비록 망한다 해도 이 법을 고쳐야 한다."고 하였다. 아아, 이는 대성인의 정대한 말씀으로 시속 임금으로서는 애를 쓴다 해도 입 밖에 낼 수 없는 말이 아니던가.

우리나라 법은 고려의 법을 따른 것이 많았다. 세종대왕 때 조금 줄이고 보탠 것이 있다. 임진왜란 이후 온갖 법도가 무너지고 모든 일이 어수선하였다. 군영(軍營)을 여러 번 증설하여, 나라의 경비가 탕진되었고, 전제가 문란하여 세금 징수가 편중되었다. 재물이 생산되는 근원은 힘껏 막고 소비하는 길은 마음대로 열었다. 이제 오직 관서(官署)를 혁파하고 관리의 수를 줄이는 것만이 우선 필요한 방법이다. 관직이 정비되지 않은 탓으로 올바른 선비들에게는 녹이 없고 탐묵한 풍습이 크게 일어나 백성들이 시달림을 받고 있다. 생각건대 대개 터럭 하나만큼이라도 병통이 아닌 것이 없다. 지금 고치지 아니하면 나라가 망한 뒤에 (그 병통이)그칠 것이다. 어찌 충신(忠臣), 지사(志士)들이 팔짱 끼고 방관만 할 수 있는 일이겠는가.

잘 정비된 수레에 잘 길들여진 말을 멍에에다 붙들어 매었다 해도 (말을 잘 이끌어 가자면), 그 말을 좌우로 옹호하고 지켜서 앞으로 수백 보를 더 시험하여 나간 후에 겨우 조화가 이루어져 이끌고 몰아갈 수 있다. 왕이 법을 세워서 세상을 이끌어 나간 것이 이 일과 무엇이 다르겠는가.” 하였다.

그동안 성리학의 전통적인 틀에서 헤어나지 못하고 가난과 질곡, 부패와 쇠락의 길로 치닫고 있는 나라를 구하고자 했던 다산의 개혁 구상에 대한 푸념이다.

[경세유표]는 [주례]의 6조 6전에 따라, 천관이조(天官吏曹), 지관호조(地官戶曹), 춘관예조(春官禮曹), 하관병조(夏官兵曹), 추관형조(秋官刑曹), 동관공조(冬官工曹)라 하여 논의하였다. 다산은 종래의 토지제도를 근본적으로 재편성하려는 의지로 ‘정전론(井田論)’을 제안하였다.

다산은, “토지와 인구 약 30호를 1여(閭)로 하고 그 안에서 토지는 공유하여 공동의 노동으로 경작한다. 이는 놀고먹는 양반 사족을 생산자로 제도화하려는 방법이다. 즉 공동의 노동과 경작으로 작물을 생산하여, 그 생산물은 투하 노동량을 기준 삼아 가족 단위로 분배한다.”고 하였다.

이 문제는 보다 상세하게 논의해야 할 내용이지만 한마디로 그 실행 방법에 있어 고도의 정치력을 필요로 하기 때문에 우선은 그 실현성이 부족하다는 비판을 받았다.

[목민심서]는 지방행정에 관한 개혁을 구상한 책으로 주로 지방관의 수기(修己)에 관련된 글이 많다. [경세유표]가 중앙행정부의 국가 재정관리 제도와 정책의 개혁을 촉구한 것이라면, [목민심서]는 지방 관리와 농민 간의 문제를 주제로 국가 기반으로서 농촌 경

제와 지방 행정의 기틀을 바로잡으려는 의도로 집필하였다. 다산의 자서(自序)에 다음 글이 있다.

"성현의 가르침에는 원래 두 가지가 있다.

첫째, 사도(司徒: 교육을 담당했던 관직)는 만민을 가르쳐서 각기 자신의 몸을 닦게 하였고, 둘째, 대학에서는 국자(國子, 대학생, 공경대부들의 자제들)들을 가르쳐서 자기 자신의 몸을 수양하여 백성을 다스리게 하였다.

백성을 다스린다는 것은 백성을 기른다(牧民)는 것이다. 군자의 배움은 자신의 수양이 반이고 목민이 반인 것이다. 성현의 시대가 멀어짐에 따라 그 말씀도 사라져서 성현의 도(道)는 없어지게 되었다. 지금의 목민관은 오직 사리(私利)를 취하는 데에만 급급하여 목민하는 길을 알지 못한다. 백성들은 피폐하고 곤궁하며, 병들고 지쳐 쓸어져 구렁덩이를 메우고 있는데, 목민관은 바야흐로 비단옷과 기름진 음식으로 자신만을 살찌우고 있으니 어찌 슬픈 일이 아닐까.

멀리 변방에(강진 땅에) 궁하게 살아온 것이 18년, 그동안 오경사서(五經四書)를 가지고 되풀이 연구하여 자기 몸을 수양하는 수기(修己)의 학을 닦았다. 원래 학문으로 말하자면, 수신(修身)과 치민(治民)으로 이루어지는데 이제 반만을 배우게 된 것이다. 이에 우리나라의 여러 사기(史記)와 자, 집(子, 集)의 서책들을 가져다가 그중에서 옛날의 사목들이 목민한 사적을 뽑아다가 위아래로 실마리를 찾고 종류별로 나누어 모아서 책을 만들었다."고 하였다.

[목민심서]는 1. 부임(赴任), 2. 율기(律己), 3. 봉공(奉公), 4. 애민(愛民), 5. 이전(吏典), 6. 호전(戶典), 7. 예전(禮典), 8. 병전(兵

典), 9. 형전(刑典), 10. 공전(工典), 11. 진황(賑荒), 12. 해관(解官)의 12장으로 구성되어 있다.

율기편에서는 위엄과 신의로써 관속을 통솔하고 청백과 공정이라는 이도정신(吏道精神)에 입각하여 정사에 임할 것을 제시하고 있다. 이전편에서도 관속을 통솔하는 근본은 무엇보다도 몸가짐을 바르게 하는 데 있음을 거듭 강조하고 있다. 호전편에서는 전제의 실질적인 개혁을 촉구하고 백성들의 부세(賦稅)를 공정하게 할 것을 역설하였다. 다산의 글은 '부임'으로부터 '해관'에 이르기까지 전문을 통하여 오직 백성을 사랑하고 나랏일을 걱정하여 쓴 글이다.

그는 지방 관속들의 횡포와 부정을 막고, 그들이 맡은 바 임무를 충실히 이행하는 방법을 모색하였으며 역대 우리나라 수령들의 선치(善治)는 물론 중국의 유명한 목민관의 치적(治積)까지도 실례를 들어 보충 설명을 하였다.

[흠흠신서(欽欽新書)]는 형벌을 다스리는 저술이다. 다산의 '흠흠신서 서문'에 "하늘이 사람을 낳고 또 사람을 죽이니, 사람의 목숨은 하늘에 달려 있다. 목민관이 또 그 사이에서 선량한 사람은 편안하게 하여 살려주고 죄 있는 사람은 잡아서 죽이니 이것은 하늘의 권한을 나타내는 것이다.

사람이 하늘의 권한을 대신 잡았는데도 조심하고 두려워할 줄 모르고, 또 아주 치밀하게 (사건들을) 해결하지 않고, 함부로 (사람의 재산과 생명이 걸린 사건을) 다스리고 혼란하게 하여 혹은 살아야 할 사람을 죽게 하고 혹은 죽어야 할 사람을 살리게 한다. 사람의 목숨에 관한 옥사는 군현에서 항상 일어나고 있는데, 그 조사가 미흡하고 판결의 오류가 많다.

옛날 정조대왕의 시기에 백성들이 이 일로 항상 배척을 받았으므로 왕께서 이를 경계하여 신중하게 처리하셨다. 근년에는 정조 때의 예를 따라 다스리지 않아서 옥사가 원통한 것이 많아졌다.

이에 목민의 설(說)을 펴내면서 사람의 목숨에 관한 것에 이르러 서는 '이것은 마땅히 전문(專門)의 다스림이 있어야겠다.' 하여 마 침내 별도로 편찬하여 이 글을 만들었다." 고 하였다.

그 내용의 대강은 [경사요의] 3권, [비상준초] 5권, [의율차례] 4 권, [상형추이] 5권, [전발무사] 3권이다. [경사요의]에서는 경훈(經 訓)으로써 위의 뜻을 밝혔고, 이를 상세히 비판한 글을 [비상준초] 에 실었다. 청나라 판례를 기재한 것이 [의율차례]이고 우리나라 형조의 의논과 임금의 판결을 적은 것이 [상형추의]이다. 마지막으 로 [전발무사]에서는 "자신(다산)이 형조 일을 맡았고 그 후에 일어 난 옥사의 사정들을 듣고 쓴 책이다."고 하였다.

다산의 학문하는 입장에 관한 글을 보면,

"반드시 먼저 경학(經學)으로 저술의 기초를 닦고 난 뒤에, 역사의 선례들을 섭렵하여 그 득실(得失)과 치란(治亂)의 근원을 따진다. 실 용의 학에 유념하여, 옛사람들의 경제(經濟)에 관한 문자(文字)들을 긍정적으로 관찰하고, 만민을 윤택하게 하고, 만물을 육성하는 마음 을 항상 가지고 있어야 독서(讀書) 군자(君子)라 할 수 있다." 하였다.

다산은 조선 사회에서 학문을 한다면 먼저 [육경사서]의 경전을 두루 섭렵하고 이에 따른 중국과 조선 역사의 득실을 살펴야 한다 고 말하였다. 그리고 그 논의의 중심은 언제나 실용의 학이요 백성 을 잘살게 하는 것이다. 그는 가족과 이웃 친지들에게도 애착을 가 지고 많은 글을 남겼으며 특히 백성들의 생활에 관련된 제도와 법 령의 개정, 목민관(牧民官)의 자세에 관한 내용은 오늘의 공직자들 에게 귀중한 자료로 활용되리라 믿는다.

라. 위정척사론(衛正斥邪論)

19세기 초에 들어서서 조선은 서세동점(西勢東漸: 서양 세력과 문화가 차츰 동쪽으로 옮겨온다는 뜻)의 영향으로 그동안 절대적인 권위를 누리고 사회질서를 유지해 왔던 유교 논리가 크게 동요되기 시작하였다. 서세동점은 다음 두 가지 양태로 나타났다. 즉

첫째, 과학지식과 천주교 등 서양 문화와 문명의 유입이고, 둘째, 군사적, 정치적 도전이 중국을 통하거나 직접적으로 조정을 위협하기 시작한 일이다.

이에 대한 조선 사회의 대응은 개화사상, 동학사상 등 기존의 화이관(華夷觀)에서 탈피하여 중국과 평등한 주권국가를 지향한 사상과 기존의 사대주의 사상에 머물러 오히려 이를 강화하려는 이른바 '소중화주의(小中華主義)'의 위정척사론으로 나타났다. 소중화론은 화서 이항로(1792 – 1868), 중암 김평묵(1819 – 1891), 성제 유중교(1832 – 1893), 면암 최익현(1833 – 1906) 등에 의하여 제기되었다. 위 학자들 중 이항로의 [화서집]을 근거로 그 주장의 대강을 살펴보면 다음과 같다.

1. 주리론(主理論)

화서는 서인인 송시열을 따랐지만 그 이론은 공맹(孔孟)과 주정자를 정통으로 하는 주리론을 적극 옹호하였다. 즉

"요순으로부터 주공에 이르기까지는 도(道)를 행한 계통이요, 공자로부터 우암(송시열)에 이르러서는 학문을 전승한 계통이다. 공자

는 요순과 같고 맹자는 우와 같으며 주자는 주공과 같고 우암은 맹자와 같다.

하나의 이(理)는 만물이 이미 갖추고 있는 이(理)이고, 하나의 사물에는 만물의 이(理)가 가득하다. 태극은 한 번 동(動)하고 한 번 정(靜)함을 주관하여 끊임없이 만물을 낳는다. 이(理)가 건전한 곳의 기(氣)는 양(陽)이 되고, 형체는 하늘이 된다. 사람에 있어서는 남자가 되며 마음으로는 인(仁)이 된다.

오직 하늘의 일은 심오하고 원대하여 해와 달이 운행되고 추위와 더위가 순환되며 물은 쉬지 않고 흐르는 등 만물은 그치지 않고 생성된다.” 하였다.

2. 존중화론(尊中華論)

당시 주자학은 실학자들의 주장에 의하여 점차 그 영향력이 쇠퇴해졌지만 아직도 조선조 사림들에게 금과옥조처럼 신봉되고 있었다. 양반 선비들은 상황이 위태로울수록 기존의 위계질서를 더욱 강화하여 외부의 침투를 저지하는 것이 최선의 방법이라는 생각을 갖고 있었고, 화서는 이를 대변하였다.

화서의 주장을 보면,

“중국을 높이고 이적(夷狄)을 물리치는 것은 천지가 다할 때까지 대원리요, 사심(私心)을 버리고 선(善)을 받들어 행하는 것이 성현들의 중요 법이다.

이적과 중화를 분별하는 것은 천하의 대세이다. 하늘에는 음(陰)과 양(陽)이 있고 땅에는 강유(剛柔)가 있으며 사람에게는 남녀(男女)가 있고. 정통(正統)으로 말하자면 화(華)와 이(夷)의 구별이 있다. 이는 천지간의 큰 구별이다. 중화(中華)의 군왕이 나라를 다스리는 것은 정상이요, 오랑캐의 군주가 천하를 다스리는 것은 변칙이다. 사이(四夷), 팔만(八蠻)들이 중국을 사모하고 복종하여 중화를 모방하는 것은 자연적으로 고칠 수 없는 이(理)이다.” 하였다.

존중화의 논리에서 중화주의 혹은 주자의 주기론은 항상 옳고 도덕성의 문화적 가치에 있어서 우월하다. 이는 하늘의 이치에 합당하고 (우리나라 사람들은) 그런 이치를 받들고 사는 것이 정상이라고 하였다.

그 실례로 화서의 글 중, 다음 대목을 주목할 필요가 있다.

“고려의 임금과 최영은 원(元)을 끼고 명(明)을 침범하였으나 우리의 태조와 정포은은 원나라를 배반하고 명나라를 존숭하였다. 이는 명분이 옳고 말이 순리적이어서 흥망성세가 여기에 따랐던 것이다. 천하의 일을 논의하는 사람은 그 대의를 강구해야 한다.”고 하여 원, 명의 교체가 그 명분과 대의에 의하여 이루어진 것이라고 하였다. 아마도 미구에 청을 교체할 새로운 중국왕조가 탄생할 것을 희망하고 있었던 것이다.

3. 이단과 양이를 배척하는 일(異端, 洋夷 斥邪論)

[화서집] 이단(異端)의 첫 구절에,

“바른 학문과 이단이 서로 성하고 쇠한 것은 그 원인이 진실로 사람들의 마음 하나에 달려 있다. 천리(天理)와 인욕(人慾)이 서로 소장(消長: 쇠하고 성한 것)하는 것, 천운(天運)의 음과 양, 선과 악, 세도의 오르고 내림, 치란(治亂: 잘 다스려진 세상과 어지러운 세상) 등이 이에 관련된다. 천하 만물은 단 하나의 이치가 있을 뿐이기 때문에 난세를 구제하는 길은 이단을 물리치는 일보다 더 우선될 것이 없다. 이단을 물리치자면 바른 학문을 밝혀야 하고 이를 위하여 하나의 마음으로 천리와 인욕을 분간하여 구별 짓는 일밖에 없다." 하였다.

그는 이단이란 우선 불교와 육왕학이라 하였다. 즉

"우리 유학은 이(理)와 물(物)이 서로 분리되지 않고 섞이지도 않는 것인데, 석씨(釋氏)는 물을 제쳐두고 공(空)을 역설하였고 육왕(陸王)은 물을 인식하여 이(理)다."고 하였다.

화서는 이단의 폐해를 다음과 같이 혹평하였다.

"이단이나 사설(邪說: 그릇된 이론)이 남의 가정이나 나라를 해치는 것이 마치 독기 있는 화살이 사람을 명중하는 것과 같아, 비록 즉시 뽑는다 해도 그 맹렬한 독기가 근육의 세포와 힘줄, 뼈, 혈맥 사이에 파고들어 다시는 치료할 수 없게 되는 것과 같으니 어찌 슬퍼하지 않으리오." 하였다.

또 양이의 화에 대하여,

"요즘 학문하는 사람으로 능히 서양의 화(禍)를 알고 있다면 착한 편에 드는 사람이다. 서양 사람들의 말이 비록 천만 가지 단서(端緒: 일의 실마리)가 있다 해도 단지 아버지도 없고 임금도 없는 장본이요, 오직 돈이나 밝히고 여색(女色)을 즐기는 방법이 있을 뿐이다."

"사교(邪敎: 천주교를 말함)가 사람에게 퍼져 가는 것이 마치 계절 기후가 돌아가는 것 같아 사람들이 비록 백방으로 두렵게 여겨 피하려고 하여도 오히려 면할 수 없는데, 하물며 이를 사모하고 따라가 기뻐하는 사람이 있다면 되겠는가 여기에 빠져 들어가면 결국 죽게 될 것이니 비참한 일이다.

인의(仁義)를 막아 세상을 현혹시키고 사람들을 속이는 말이 어느 때고 없으리오만, 서양의 것(서양 문물이 주는 피해)과 같이 비참한 것은 없다."

고 하였다.

이상 이단과 서양 문물의 유입이 가져온 위기상황에 대하여 위정척사론자들이 생각한 유일한 대안은 오직 주자의 학을 공부하는 길뿐이었다. 즉

"머리를 들어 천지의 덕을 관찰하고 머리를 숙여 성현의 글을 읽어 그 온전한 본체와 광대한 작용의 학문을 발명하신 분은 오직 주자가 있을 뿐이라는 것을 안다. 주자의 이론은 광범(廣範)하고 세밀하여 그 완벽함이 천지 사이에 세워도 어긋남이 없고 귀신도 의아하지 않을 것이니 백세토록 성인으로 그를 의심할 사람이 없을 것이다."라고 역설하였다.

이러한 주장은 한 말까지 이어져서 고종 35년(무술, 1898년), 이미 국권이 일제에 의하여 위협을 받고 있을 때, 최익현은 다음과 같은 상소를 올렸다.

"중화(中華)와 이적(夷狄)의 구분을 엄격하게 하여 큰 한계를 세우시기 바랍니다. 신(최익현)은 생각하건대 천지가 개벽될 당시 올라간 기운은 하늘이 되고 내려간 기운은 땅이 되었으며, 남북은 중추(中樞)가 되고 동서(東西)는 주변이 되었습니다. 사람과 만물이 그 가운데에서 생존하니 중화와 이적의 구별이 없었습니다. 하지만 하늘은 자방(子方)에서 열려 축방(丑方)에서 개벽되니 그 위치가 북방입니다. 북방은 이미 천지가 처음 생겨난 위치요 음, 양의 기운이 (그곳에서) 생겼습니다. 정대(正大)하고 청수(淸秀)한 기운이

모두 이 북방에 모여 성인이 출생하였으니 삼왕오제가 이분들이요 곧 지금의 중원(中原: 중국) 땅입니다." 하였다.

최익현은 을사조약이 체결되자 전라도에서 임병찬과 함께 의병을 일으켜 싸우다가 체포되어 대마도로 유배되었다. 그는 "내 늙은 몸으로 어찌 원수(일본)의 밥을 먹고 더 살겠느냐."고 하면서 단식으로 끝내 운명하였다.

위정척사론자들은 중국의 이념을 빌려서라도 조국을 지키고 자주 독립을 이루겠다는 신념과 투지로 일관하였다. 하지만 그것은 실로 효용가치를 잃은 낡은 명품과도 같은 것이었다. 이들은 당시 엄청난 변화를 겪고 있는 세계정세의 객관적인 상황을 전혀 감지하지 못하고, 제국주의의 거센 물결이 우리의 앞마당에 밀려오고 있을 때까지도 공맹(孔孟)이나 주정자(朱程子)의 꿈에서 헤어나지 못한 채, 혼돈을 거듭하고 있었다.

참고문헌

경사서

[삼국사기]

[삼국유사]

[규원사화]

[한단고기]

[천부경]

[신증동국여지승람]

[반야심경]

[법화경]

[대승기신론소]

[화엄일승법계도기총수록]

[권수정혜결사문]

[수심결]

[구약성경]

[논어]

[맹자]

[사기]

[시경]

[서경]

[대학, 중용]

[주역]

[근사록]

[고려사]
[고려사절요]
[조선왕조실록]

문집

[삼봉집]
[회재집]
[퇴계집]
[율곡집]
[고봉집]
[토정집]
[미수기언]
[토역일기]
[해동야언]
[반계수록]
[성호사설]
[택리지]
[동사강목]
[사변록]
[열하일기]
[연암집]
[정유각전집]
[북학의]
[다산전서]
[여유당전서]
[경세유표]
[목민심서]
[흠흠신서]
[화서집]
[면암집]

서적

저자별

강만길 외, [다산학 연구], 민음사, 1990.

계명원, [논어], 삼중당, 1985.

김경주 역, [제왕운기], 역주, 1999.

김경탁 역저, [주역], 명문당, 1988.

김만규, [한국의 정치사상], 현문사, 1999.

김백호, [천부경], 심차, 2007.

김별아 장편소설, [미실], 문아당, 2005.

김삼용, [한국미륵신앙연구], 동화출판사, 1983.

김영호 외, [한국불교의 보편성과 특수성], 한국학술정보(주), 2008.

김용걸, [이익사상의 구조와 사회개혁론], 서울대 출판부, 2004.

김용걸, [성호 이익의 철학사상연구], 성균관대 대동문화연구원, 1989.

김운학, [반야심경], 삼성미술문화재단, 1980.

김은수, [한단고기], 가나출판사, 1985.

김재영, [한국사상 오디세이], 인물과 사상사, 2004.

김재영, [중종을 움직인 사람들], 한국학술정보, 2008.

김재영, [호남의 한], 한국학술정보, 2009.

김정배, [한국사], 국사편찬위원회, 1997.

김종명, [불교의 사상과 역사], 신아출판사, 1996.

김종서, [신시 단군조선사], 한민족역사 연구회, 2003.

김지용, [박지원의 문학과 사상], 한양대학교 출판원, 1994.

민석홍, 나종일, [서양문화사], 서울대학교 출판부, 1992.

박제가, [정유각 전집], 여강출판사. 영인본, 1986.

서경보, [불교철학개론], 명문당, 1971.

성백요 집주, [맹자], 전통문화 연구회, 1996.

송영배, [중국사상사], 한길사, 1986.

송준호, [조선사회사 연구], 일조각, 1987.

신용하, [신채호의 사상 연구], 한길사, 1984.

신현숙 역, [한국불교사], 민족사, 1989.

안정해, 양정현, [중국사 100장면], 가람, 2002.

유동식, [한국무교의 역사와 구조], 연세대학교 출판부, 1981.

유종명, [한국사상사], 이문출판사, 1980.

유종명, [중국사상사], 이문출판사, 1983.

유형원, [반계수록] 명문당, 영인본, 1977.

이기영, [한국의 불교], 세종기념 사업회, 1974.

이덕일, [당쟁으로 보는 조선 역사], 석필, 1997.

이동환, [대학, 중용], 성균서적, 1976.

이문정, [요해 도선비기], 한국 역사시스템, 1999.

이민수 역, [삼국유사], 삼성문화문고, 1971.

이법화, [법화경의 신앙], 영산법화사출판부, 1974.

이병도 역주, [삼국유사], 동국문화사, 1969.

이상익 역, [사칠신논], 다운샘, 1999.

이을호 역, [논어], 신양사, 1969.

이을호 외, [정다산의 경학], 민음사, 1989.

이익성 역, [택리지], 을유문화사, 1999.

이재호, [조선사 3대논쟁], 역사의 아침, 2008.

이종란 역, [주희의 철학], 예문서관, 2002.

이종욱 역주해, [화랑세기], 소나무, 1999.

이종호, [정암 조광조], 일지사, 1999.

이지견 외, [도선연구], 민족사, 1999.

이현종, [한국의 역사], 대왕사, 1982.

이형구 엮음, [단군을 찾아서], 살림터, 1994.

이호영, [다산 경학연구], 태학사, 1996.

이홍직, [국사대사전], 삼영출판사, 1984.

이희권, [정여립이여, 그대 정말 모반자였나], 신아출판사, 2006.

임형택, [우리 고전을 찾아서], 한길사, 2007.

작크, 제르네, 이동윤 역, [동양사 통론], 법문사, 1985.

정병헌, [다산 사서학 연구], 신우기획, 1994.

정약용, [다산전서], 문헌편찬위원회, 1960.

정약용, [여유당전서], 구인문화사, 1970.
정윤재 외, [세종의 국가경영], 지식산업사, 2006.
정호훈, [조선후기 정치사상 연구], 혜안, 2004.
조남호, [주희: 중국철학의 중심], 대학사, 2004.
조명기 외, [한국사상의 심층연구], 우석, 1986.
조좌호, [세계문화사], 박영사, 1984.
지두환, [조선시대 사상사의 재조명], 역사문화, 1998.
풍우란, 정인재 역, [중국철학사], 형설출판사, 1989.
최길성 역, [조선의 풍수], 민음사, 1990.
최창조, [한국의 풍수], 민음사, 1984.
한기두, 홍윤식, [한국불교], 원광대학교 종교문제연구소, 1974.
한우근, 이태진, [한국문화사], 일지사, 1996.
황원갑, [한국사를 바꾼 여인], 책이 있는 마을, 2002.
황원구, 안병주 역, [서경], 현암사, 1967.
황준연, [이이 철학연구], 전남대학교출판부, 1989.

논문

김낙진, '유형원 실학사상의 철학적 성격', [실학의 철학].
김명하, '한국 상고대 정치사상에서의 천인관계', 한국, 동양사상사학회,
    [동양정치사상사], 1권 1호.
김영호, '원효사상의 독특성', 김영호 외, [한국불교의 보편성과 독특성].
김영호, '실학의 개신유학적 구조', 조명기 외, [한국사상의 심층연구].
김영호, '정약용의 경학관', [실학의 철학].
김정호, '도선실록과 도선의 오해', 이지견 외, [도선연구].
김형찬, '박지원 실학사상의 철학적 기반', [실학의 철학].
나우권, '박제가의 실학사상', [실학의 철학].
박종홍, '한국철학사', 한국사상연구회, [한국사상사].
박태환, '연암 박지원의 한문소설연구', [방송통신대학논문집] 5집.
박현모, '세종의 공론 형성과 국가경영', 정윤재 외, [세종과 국가경영].
서윤길, '도선국사의 생애와 사상', 이지견 외, [도선연구].

송갑준, '이익의 경학관', [실학의 철학].

신용하, '실학파의 토지개혁사상', 조명기 외, [한국사상의 심층연구].

안재순, '유반계 실학사상의 철학적 기초', 도원 유승국 박사 회갑기념
　　　　논문집. [한국실학사상사 논문집] 유형원, 이익, 불함문화사, 1994.

유초화, '정약용의 인식설과 과학지향', [실학의 철학].

유정기, '유교의 생사관', 현대종교문화연구소, [현대와 종교].

윤사순, '한국성리학의 전개와 특징', 조명기 외, [한국사상의 심층연구].

윤병집, '삼봉집해설', [한국의 사상 대전집].

윤여성, '신라 진표의 불교신앙과 금산사', [전북사학].

이남영, '쟁점으로 본 한국 성리학의 심층', [한국성리학의 심층연구].

이동환, '박지원과 연암집', 강만길 외, [한국의 실학사상].

이재석, '조선조말 척사위정의 정치사상적 위상', [한국정치사상의 성찰].

이준곤, '도선전설의 변이와 생성', 이지견 외, [도선연구].

임형택, '한국실학개창자의 시문집', '아들이 그린 아버지 박지원, [과정
　　　　록]이란 책, 임형택, [우리 고전을 찾아서].

정성본, '선각국사 도선연구', 이지견 외, [도선연구].

채무송, '다산의 사서연구 적요', 강만길 외, [다산학 연구].

발행사별

민족문화추진회
[신증동국여지승람], 1977.
[퇴계집], 1977.
[율곡집], 1984.
[미수기언], 1982.
[성호사설], 1989.
[동사강목], 1978.
[열하일기], 이가원 역, 1976.
[연려실기술], 1985.
[사변록], 1976.
[경세유표], 1989.

[면암집], 김주희 역, 1989.

대양서적
[한국명저대전집]
노도양, 이석호 역, [택리지], [북학의], 1972.
김지용, 역, [다산시문선], 1972.
남만성 역, [목민심서], 1972.
김위희 역, [화서집], 1972.

동화출판사
[한국의 사상대전집] 정지상, 조준하 역 [삼봉집] 1972.
권영대, 이이화 역, [토정집], 1972.
이종술 역, [고봉집], 1972.
이식 역, [회재집], 1972.

삼성출판사
[세계사상전집] 이상은, 이병도 외 역, [한국의 유학사상] 1977.
이기영 역, [한국의 불교사상], 1977.
강만길 외 역, [한국의 실학사상], 1983.
[조선상고사, 상 하]
신채호 저, 삼성미술문화재단, 1980.

홍신문화사
[삼국사기], 최호 역, 1995
[근사록], 최대림 역해, 1995.
[목민심서], 노태준 역해, 2005.

인터넷 관련
http://zmanz. blogi: kr/ 617.
gaamchong.history.com 역사 208/09/05 차령산맥은 없다.
cafe.daum,net/hongheonfm 홍천 향토 사료관 솔빛 2007. 7. 2.
http://drumi.egloos/3519105
http://ko.wikipeda.org/wiki

학회지

[동양정치사상사], 제1권 1호, 2002. 3. 한국. 동양정치사상사학회.
[방송통신대학 논문집], 1986, 제5집.
[실학의 철학], 1997, 한국사상사연구회.
[전북사학], 제11, 12집, 1989. 9, 전북대학교 사학회.
[한국 불교], 1974, 원광대학교 종교문제 연구소.
[한국사 바로보기], 1996, 한국 역사교사모임.
[한국 사상사], 한국사상연구회, 1974.
[한국 실학사상사], 한국철학연구회, 2000.
[한국 실학사상논문집], 유형원 이익, 불함문화사, 1994.
[한국정치사상의 성찰], 1997, 한국정치외교사학회.
[현대와 종교], 1991, 10, 31, 대구, 현대종교문화연구소.

사전

[국사 대사전], 삼영출판사, 1984.
[새 우리말 큰 사전], 삼성출판사, 1980.
[세계 인명대사전], 현문사, 1975.
[엣센스 국어사전], 민중서관, 1989.
[한한대사전], 동아출판사, 1966.

신문 기사

조선일보
2009년 1월 19일
2009년 1월 20일 18면
2009년 5월 29일 26면
2009년 9월 16일 A 20

김재영 ───

▌약 력

서울대학교 정치학과 졸업
한국외국어대학교 대학원 수료(정치학 박사)
전북대학교 정치외교학과 교수
전북대학교 사회과학대학 학장, 행정대학원 원장
전북대학교 사회과학연구소장, 현대사상연구소장 역임
현, 전북대학교 정치외교학과 명예교수

▌주요 저서

『한국 정치사회화론』, 『현대사조론』, 『현대사조의 이해』, 『정치학개론』, 『현대 정치학』, 『정치문화와 정치사회화』, 『정치변동론』(역), 『정치학의 이해』, 『환경정치와 환경정책』, 『조선인물 뒤집어 읽기』, 『한국 역사인물 뒤집어 읽기』, 『내가 겪은 현대사』, 『한국사상 오디세이』, 『중종을 움직인 사람들』, 『호남의 한』 등

초판인쇄 | 2009년 12월 28일
초판발행 | 2009년 12월 28일

지 은 이 | 김재영
펴 낸 이 | 채종준
펴 낸 곳 | 한국학술정보㈜
주   소 | 경기도 파주시 교하읍 문발리 파주출판문화정보산업단지 513-5
전   화 | 031) 908-3181(대표)
팩   스 | 031) 908-3189
홈페이지 | http://www.kstudy.com
E-mail | 출판사업부 publish@kstudy.com
등   록 | 제일산-115호(2000. 6. 19)

ISBN   978-89-268-0670-8 93380 (Paper Book)
        978-89-268-0671-5 98380 (e-Book)

이담 Books 는 한국학술정보㈜의 지식실용서 브랜드입니다.